教育部人文社会科学研究项目：西南少数民族地区残疾人高考"合理便利"政策执行状况及优化策略研究（项目编号：21XJC880006）

中国残疾人高等教育
招生执行状况与优化路径研究

王振洲◎著

西南财经大学出版社

中国·成都

图书在版编目(CIP)数据

中国残疾人高等教育招生执行状况与优化路径研究/王振洲著.—成都:
西南财经大学出版社,2024.4
ISBN 978-7-5504-6141-3

Ⅰ.①中…　Ⅱ.①王…　Ⅲ.①残疾人—高等教育—研究—中国
Ⅳ.①G769.2②G649.2

中国国家版本馆 CIP 数据核字(2024)第 066264 号

中国残疾人高等教育招生执行状况与优化路径研究

ZHONGGUO CANJIREN GAODENG JIAOYU ZHAOSHENG ZHIXING ZHUANGKUANG YU YOUHUA LUJING YANJIU

王振洲　著

策划编辑:王　琳
责任编辑:廖　韧
责任校对:植　苗
封面设计:墨创文化
责任印制:朱曼丽

出版发行	西南财经大学出版社(四川省成都市光华村街55号)
网　　址	http://cbs.swufe.edu.cn
电子邮件	bookcj@swufe.edu.cn
邮政编码	610074
电　　话	028-87353785
照　　排	四川胜翔数码印务设计有限公司
印　　刷	郫县犀浦印刷厂
成品尺寸	170mm×240mm
印　　张	23.5
字　　数	551千字
版　　次	2024年4月第1版
印　　次	2024年4月第1次印刷
书　　号	ISBN 978-7-5504-6141-3
定　　价	88.00元

前言

　　残疾人的教育权利与教育公平问题逐渐成为我国教育学者关注的焦点问题。落实教育权利是执行残疾人教育公平的前提和基础，而残疾人教育公平的实现则是在落实教育权利环节中对残疾人的特殊需求给予适当支持的过程。在融合教育背景下，越来越多的残疾人进入大学接受高等教育，因此残疾人高等教育的权利实现问题理应是我国高等教育发展中的焦点问题。我国高校招收残疾人有普通高考、单考单招、成人高考、自学考试招生等多种形式，本书则以残疾考生单考单招为例，研究我国残疾人高等教育招生工作的现状及优化路径。残疾考生单考单招是依据残疾人身心特征对普通高考形式做出调整与改革后形成的，是属于残疾人的特殊高考制度。该制度的执行是落实残疾人高等教育权利的重要保障机制，有效地促进了残疾人高等教育入学机会的公平。

　　本书以残疾考生单考单招执行为研究主题，主要是基于对以下几个问题的思考：第一，残疾人高等教育的入学机会公平问题是当今教育发展中迫切需要社会关注的问题，残疾人教育公平是社会公平的重要组成部分，是新时代构建和谐社会的重要基础；第二，普通高等院校的招生体检标准，使那些中、重度的残疾学生无法参加普通高考，对他们而言，参加残疾考生单考单招是实现大学梦想的主要途径；第三，残疾考生单考单招在执行过程中，受到新旧问题的双重困扰；第四，关于残疾考生单考单招的相关研究非常少，而且现有的研究多停留在问题的表象分析，缺乏对政策执行理论的深入分析，较少考虑政治、经济、文化等社会其他子系统对残疾考生单考单招执行的影响。本书通过对我国残疾考生单考单招执行相关概念的界定，来确定研究的理论依据，明确研究内容和研究方法。残疾考生单考单招执行问题研究主要以政策执行理论、博弈理论、教育公平理论为理论依据，并以政策执行理论来构建理论分析框架。政策执行理论最初应用于政府公共管理活动，随着对该理论的研究的不断深入，特别是理论本身的可借鉴性特征，使该理论被教育科学领域吸收。政策执行理论的核心内容包括政策执行主体、政策执行客体、政策执行的程序、政策执行的条件、政策执行的效果等。

本书引入政策执行理论、博弈理论、教育公平理论，运用文献分析法、问卷调查法、访谈法以及个案研究法，紧扣问题、原因、对策的逻辑框架，对我国残疾考生单考单招执行问题展开研究。

本书在充分梳理国内外研究现状的基础上，对我国残疾考生单考单招的核心概念及其内涵进行深入解读，并基于新中国成立以来残疾人高等教育招生考试政策的演变历程，广泛考察了当前我国残疾考生单考单招的实施现状，深入分析了残疾考生单考单招执行存在的新旧问题，提出了残疾考生单考单招执行问题的优化路径。在理论层面，本书的研究有益于丰富教育公平理论和高校残疾人招生考试理论，分析残疾人与健全人分类高考的必要性，探索残疾考生单考单招的独特价值；在实践层面，本书的研究有益于教育主管部门或高等特殊教育院校更好地开展残疾人招生考试实践。本书的重要价值在于体现了以下三个方面的创新点。

一、理论视角创新

本书运用政策执行理论思考残疾考生单考单招执行过程中的问题。从研究选题与构架来看，本书实现的首要创新当属研究理论工具运用的创新，即运用政策执行理论分析残疾考生单考单招执行问题研究的基本思路和逻辑。当前残疾考生单考单招相关研究的主要缺憾就是缺失适当理论工具的观照，整个分析过程缺乏分析框架的引领，使人们对残疾考生单考单招的相关研究一直停留在"外围"谈论它的改革与建议，相关调查研究不够深入和系统。本书基于政策执行理论来构建残疾考生单考单招执行问题研究的理论分析框架，即残疾考生单考单招的执行主客体的利益博弈、执行程序、执行条件、执行监督以及执行效果的理论分析框架，并基于此理论框架展开理论分析、调查问卷与访谈提纲的编制以及实地调查。这使得本书的研究相较于以往的相关主题的研究，实现了经典理论在新领域应用的突破。

二、发现新的问题及其归因

本书确认了之前的研究中提到的关于残疾考生单考单招执行的相关问题，还发现了残疾考生单考单招执行中存在的一些其他问题：许多学校为解决残疾考生单考单招执行过程中出现的考试成本高的问题，结果给残疾考生及其家庭造成了巨大的人力负担和经济负担等问题。一些高等特殊教育院校（长春大学、南京特殊教育师范学院）执行"一校多点考"模式，这种考试改革在解决老问题的同时，又出现了新问题——高校在执行"一校多点考"模式时的组织、协调与管理的问题。

其他问题包括：高校缺乏执行残疾考生单考单招的全纳环境，高校提供的考试支持无法满足残疾考生的考试需求，高校没有对残疾考生单考单招的具体情况进行科学宣传，高校在执行残疾考生单考单招时拥有的潜在特权过多，残疾考生表达意见的渠道不通畅，残疾考生单考单招的执行没有起到促进残疾学生身份认同的效果。笔者对研究中发现的新问题进行了归因解释，比如：高校残疾人招生考试工作人员服务意识缺乏导致残疾考生单考单招宣传不科学，社会参与与监督的缺失导致高等特殊教育院校拥有过多的特权，以人为本理念的缺失导致残疾考生表达意见的渠道不通畅，残疾考生单考单招制度本身的缺陷制约其执行效果等。这些原因是经过对问题的深入分析而首次得出的，也是本书研究重要的创新点。

三、问题优化路径的观点创新

关于调查研究中验证与发现的问题，本书中的问题优化路径都是笔者基于对问题的具体归因分析，以及结合我国高等特殊教育发展的现有资源与条件而提出的。针对残疾考生单考单招执行过程中，各高等特殊教育院校"各行其是"，招考成本高、效率低的问题，笔者提出了构建残疾考生单考单招的各执行主体的协作机制，构建残疾考生单考单招联考或"一校多点考"模式；针对高等特殊教育资源不足、区域分配不均衡等问题，笔者提出了构建高等特殊教育发展的对口支援运行模式；针对残疾考生单考单招的招生专业狭窄、办学层次低等问题，笔者提出了整合高校内外资源，增加高校残疾人招生专业，以及根据残疾人的障碍程度，我国高校可以执行研究生分流招生模式；针对残疾考生单考单招执行过程中招生宣传不科学的问题，笔者提出了优化"线上+线下"相结合的残疾考生单考单招宣传模式，分层分类科学匹配：实现残疾考生单考单招招生宣传内容的精准化、转变招生管理意识、推进残疾人招生宣传服务常态化，以及深化残疾考生单考单招改革的顶层设计等解决策略。上述针对残疾考生单考单招执行问题的优化路径是首次提出的。因此，在某种意义上来讲，本书具有观点方面的创新。

因为时间、精力和能力有限，本书仍有一些不足，希望以后能够得到完善：一是残疾考生单考单招执行问题研究的样本局限于6个省份的9所高等特殊教育院校、12所特殊教育学校，对全国范围内的其他高等特殊教育院校、特殊教育学校相关问题的了解和考察还不够，在样本的代表性上仍有提升空间；二是对残疾考生单考单招相关因素的考察和分析不够，还需要对相关因素进行全面、具体的观照，将理论层面的分析与具体的实践构想紧密结合起来。

当前，我国残疾人高等教育的快速发展与社会经济、科技、政治、文化等外部环境有着密切的互动性联系，残疾考生单考单招同样不能抽离出特定的内外部环境。随着全国高等教育的普及，残疾人的高等教育需求愈加强烈。社会外部环境在变化，影响残疾考生单考单招发展的内外部环境也在时刻发生变化，这就意味着残疾考生单考单招是动态的、受内外部环境变化影响的。残疾考生单考单招的执行问题仍会不断变化，后续仍会有新的问题与矛盾出现，需要我们不断探索、考察与解决。

王振洲

2023 年 11 月

目录

第一章　绪论

第一节　选题缘由

一、残疾人教育公平是社会公平与社会和谐的重要基础

公平正义是人类的永恒追求，社会公平是公平正义的价值理念在现实社会层面的体现。人类进入现代社会以后，社会公平不仅是一种美好的价值理想，还是现代社会政治、经济、文化、法律和日常生活秩序得以建立的价值基石，是保障现代社会健康、和谐、有序和可持续发展的基本条件之一①。

残疾人教育是我国教育体系的重要分支，2010 年我国颁布的《国家中长期教育改革和发展规划纲要（2010—2020 年）》，明确提出把残疾人教育作为八大教育改革发展任务之一，并再一次强调残疾人教育对于构建社会主义和谐社会具有重大而深远的意义②。构建社会主义和谐社会的核心是实现社会公平，社会公平的实现依赖于教育公平的实现，因为教育公平是社会公平在教育领域的延伸和体现，是实现社会公平的重要基础③。因此，直接探讨残疾人高等教育的教育公平，可以帮助我们进一步明确残疾人高等教育的意义以及它在促进社会公平方面扮演的重要角色。发展残疾人高等教育是促进社会和谐的需要。我们所要建设的社会主义和谐社会应该是民主法治、公平正义、诚信友爱、充满活力、安定有序、人与自然和谐相处的社会，应该是以人为本的社会，应该是人们得到全面发展的社

---

① 石中英. 教育公平的主要内涵与社会意义 [J]. 中国教育学刊, 2008 (3)：1-6.
② 程凯. 发展特殊教育促进教育公平 [J]. 行政管理改革, 2011 (2)：44-48.
③ 邓猛，郭玲. 教育公平与特殊教育 [J]. 教师博览, 2007 (11)：34-36.

会。我国有 8 000 多万残疾人，他们的教育权利的实现直接关系到社会公平与社会和谐的实现。因此，残疾人教育公平是社会公平与社会和谐的重要基础①。

二、残疾考生单考单招是残疾学生进入大学的主要渠道

在我国，残疾人高等教育是指招收残疾学生的中等教育阶段以上的特殊教育，残疾人高等教育既是特殊教育的重要组成部分，又是我国高等教育体系不可或缺的部分。残疾人高等教育多是指为患有听力残疾、视力残疾和肢体残疾学生而实施的高等教育。在我国，残疾人进入大学接受全日制高等教育的途径主要有两个：一是专门招收残疾人（主要是听力残疾学生和视力残疾学生）的残疾考生单考单招，又称为残疾人单招考试。残疾考生单考单招是指经教育部和省、市教育行政部门批准，由招生院校根据考生实际情况，单独命题、单独组织考试、单独录取的特殊招生考试政策。执行残疾考生单考单招的是高等院校的特殊教育学院或特殊教育系，或单独设置的特殊教育院校。残疾人进入大学后，以高等院校特教班的形式接受高等教育。二是普通高考。普通高等学校招生全国统一考试，简称"普通高考"，是我国（不包括港澳台地区）合格的高中毕业生或具有同等学力的考生参加的高等院校招生全国统一的选拔性考试。通过高考进入高等院校的残疾学生，以融合教育的形式接受高等教育。上述两种高等教育的入学途径共同创造了残疾人接受全日制高等教育的机会，本书研究的是前者。

1987 年，长春大学特殊教育学院举行了全国第一次残疾考生单考单招。此后，残疾考生单考单招成为残疾人进入高等学校学习的主要渠道之一。该政策对于保障残疾人平等接受高等教育的权利、开发残疾人人力资源发挥了重要作用。由于身心障碍影响了残疾学生的知识理解和信息加工的能力，加上特殊教育学校（注：若无特别说明，本书中的"特殊教育学校"均指高中段）的课程内容偏少，与普通高中的课程大纲、进度、难易程度等都不相同，这些学校残疾学生（主要是听力残疾与视力残疾学生）的学习成绩普遍要低于普通高中学校的健全学生，这就极大地降低了残疾人参加普通高考被成功录取的概率。所以特殊教育学校的残疾学生进入大

---

① 马明，武红军，谭寒. 教育公平视野下残疾人高等教育研究 [J]. 高校教育管理, 2009, 3 (5)：36-39.

学的主要途径是残疾考生单考单招。根据《中国残疾人事业发展统计公报》发布的有关数据，2012年至2021年这十年间，我国共有17 727名残疾学生通过残疾考生单考单招进入特殊教育院校接受高等教育。

三、残疾考生单考单招在执行过程中遇到新旧问题双重困扰

我国学者对残疾考生单考单招的执行现状做过相关调查研究，研究结果是：我国高等特殊教育院校主要集中分布在东部省份和发达地区，在中、西部边远欠发达地区的数量较少，西部地区的新疆、西藏、宁夏、青海、甘肃、内蒙古等没有设立高等特殊教育院校[①]。同时相关研究还指出，我国残疾考生单考单招在执行过程中存在一些问题，比如高等特殊教育院校之间存在生源竞争现象[②]。各个院校残疾考生单考单招的考试科目、考试大纲和考试时间不统一，这给特殊教育学校的正常教学秩序造成冲击；为了增加被高校录取的机会，残疾学生奔波应试，参加多个学校的残疾考生单考单招，这给残疾学生及其家庭带来了沉重的人力负担和经济负担；残疾考生单考单招的招考投入大、招考成本高、命题难度大、考试效率低[③]。高校残疾人单独招生计划无法满足残疾人对高等教育的需求。最新数据显示，我国有高等特殊教育院校30所，但只有19个省、自治区、直辖市对残疾人单独招生，而且招生规模较小，无法满足全国范围内残疾人的高等教育需求。我国东、中、西部地区高等特殊教育资源分布差异大。东部地区的高等特殊教育院校数量比中、西部地区数量之和还要多，占总数的56.7%。而中部地区的高等特殊教育院校数量最少，只有6所，占总数的20.0%。这说明东部地区的高等特殊教育资源相对充足，而中、西部地区的高等特殊教育资源相对匮乏。残疾考生单考单招的受益群体比较狭窄。高等特殊教育院校主要招收听力残疾、视力残疾和肢体残疾等学生，其他残疾类型较少涉及。这说明残疾考生单考单招的覆盖面不够广泛，没有充分考虑到残疾人的多样性和差异性。上述问题是一些久未解决的问题。随着残疾考生单考单招的考试对象的数量与障碍类型的增加，又出现

---

① 边丽，张海丛，滕祥东，等. 我国残疾人高等教育单独招生考试现状与改革建议 [J]. 中国特殊教育，2018（5）：9-14.

② 黄伟，邓岳敏. 残疾人高等教育单独招考制度的改革目标与形式选择 [J]. 中国特殊教育，2014（7）：8-12.

③ 边丽，张海丛，滕祥东，等. 我国残疾人高等教育单独招生考试现状调查 [J]. 教育观察，2018，7（13）：132-136.

了一些新问题。比如残疾人已经不满足于高等职业教育的需求，他们有更高层次的教育需求。国家在继续扩大残疾人本科层次教育的同时，还应该考虑其研究生层次的教育需求。目前我国研究生教育对残疾人进行单独招生的院校比较少，只有北京联合大学、长春大学、天津理工大学三所院校，而且还没有形成一套残疾人（比如听力残疾学生或视力残疾学生）研究生教育的准入机制和培养机制。

四、需要用新的理论视角来审视残疾考生单考单招执行问题

残疾考生单考单招的执行还有以下发展趋势：①执行残疾考生单考单招的高校数量越来越多；②越来越多的高等职业院校加入残疾考生单考单招的行列；③高等特殊教育院校的办学层次整体性提高，呈现出以职业教育为骨干、本科教育为主体、研究生教育为补充的残疾人高等教育发展格局；④越来越多的高等特殊教育院校尝试实施残疾人联合招生考试。笔者对残疾考生单考单招发展趋势的分析结果，恰恰印证了残疾考生单考单招在执行过程中旧的问题还没有得到很好的解决，新的问题便陆续产生的现象。学术界之前对残疾考生单考单招存在问题的研究大多基于问题表象进行分析，没有用制度分析理论对问题进行深入分析。在宏观视角下，残疾考生单考单招执行问题研究较少考虑政治、文化、经济等其他社会子系统的影响，因此"头痛医头、脚痛医脚"的问题解决策略"治标不治本"。残疾考生单考单招执行问题研究，目的就是通过对残疾考生单考单招进行理论与现实考察，梳理残疾考生单考单招执行过程中存在的新旧问题，运用政策执行理论、博弈论来分析与解释残疾考生单考单招执行问题的内部因素和外部因素，并且以全纳教育视野下的教育公平理论为解决问题的价值取向，以博弈主体的利益均衡来调整与协调残疾考生单考单招执行过程中主客体之间的利益冲突，解决残疾考生单考单招执行过程中的残疾人日益增长的高等教育需求与高等特殊教育资源紧缺的供需矛盾问题，构建多元评价、多元入学的高校残疾人大学招生考试体制与机制。

第二节　研究问题的提出、理论判断与确定

一、残疾考生单考单招执行问题的提出

（一）残疾考生单考单招执行过度左右、干扰高中特殊教育教学

残疾考生单考单招在执行过程中，由于是各高等特殊教育院校自主命题，存在招生考试内容及其难易程度不同的现象，特殊教育学校则根据残疾考生单考单招大纲制订不同的课程计划。这增加了特殊教育学校的负担，使特殊教育学校的教学忙于应付残疾考生单考单招，走向了靠押题、猜题来提高学生考试成绩的应试教育之路①，从而忽略了对学生进行基础知识的教育，导致严重的应试现象②。由于各特殊高等教育院校或机构自行安排单考单招时间，考试科目、考试大纲和考试时间不统一，高等特殊教育院校为争夺生源，竞相提前考试时间，对特殊教育学校正常教学秩序形成冲击。

（二）残疾考生单考单招执行成本高、效率低

残疾考生单考单招的录取率远低于普通高考，主要原因是高等特殊教育院校数量少，而残疾人的高等教育需求日益增加，并且高等特殊教育资源区域分布差异比较大③。残疾考生单考单招的招生规模比较小，高等特殊教育院校的招生计划多则招收上百人，少则仅有几十人。对于残疾考生而言，单考单招的竞争非常之大，大多数考生为了提高被录取的概率，会选择报考多所高等特殊教育院校。在报考多个学校的情况下，每年各地的残疾考生在家长和学校教师的带领下，奔波应试，耗费大量时间、精力、金钱，人力负担和经济负担较重④。这些高校考试投入大，招生成本高；

---

① 鲍国东. 发展聋人高等教育和高等职业技术教育的几个问题 [J]. 现代特殊教育，2000 (5)：41-42.

② MUDGETT-DECARO P A，DECARO J J，刘玉芳. 中国聋人高等教育：现状、需求和建议 [J]. 中国特殊教育，2007 (8)：12-17.

③ 童欣，曹宏阁，康顺利，等. 聋人高等教育中几个问题的思考 [J]. 现代特殊教育，2008 (5)：12-15.

④ 边丽，张海丛，滕祥东，等. 我国残疾人高等教育单独招生考试现状与改革建议 [J]. 中国特殊教育，2018 (5)：9-14.

对于残疾考生来说，题目难度大，考试效率低①。

（三）残疾考生单考单招执行程序杂乱

报考高校的程序较复杂，不同地方的报考程序不一样，报名时间也不一样，外省考生的报考程序更复杂。问题主要存在于报名、考试与录取环节。在残疾考生单考单招报名环节，那些身处偏远地区且身心存有障碍的残疾考生，获得残疾考生单考单招信息存在一定的困难，再加上报名时间有限，需要准备的报名材料比较繁杂，个别残疾考生很容易因报名不及时，错过当地残疾考生单考单招的报名时间。一些高等特殊教育院校为抢夺生源而想早于其他学校开考，故意迟迟不向社会公布残疾考生单考单招时间，待其他学校公布考试时间后，再把本校考试时间安排在其他学校之前。在残疾考生单考单招的考试环节，残疾考生参加考试往往由家长或教师陪同。对于报考多所学校的残疾考生而言，在多个学校之间奔波，耗费时间、精力、财力，增加了家庭的经济负担。各高等特殊教育院校每年必须用一部分人力、物力、财力来组织与执行这种考试规模较小、招考成本高、整个过程的程序比较繁杂的考试。在残疾考生单考单招的录取环节，经常出现的问题有：对于那些报考两所及以上学校的残疾考生，如果这类残疾考生同时被两所学校录取，那么他们的就读学校该如何提交材料，以及各省级主管部门对这类残疾考生的材料该如何审核，现在还没有明确的文件作为依据。此外，残疾考生单考单招的录取环节还出现了以下现象：①在某些省份，两年或三年才有一名残疾考生被高校录取，对这类考生审批材料的处理办法，相关部门未予明确。②高校向省级主管部门寄送审批材料时，普通高考尚未开始，主管部门办理不了审批手续，而由于这些材料较少，往往容易被遗落。高考录取期间联系不通畅，通常是高校录取程序缓慢，考生非常着急，入学报到的时间很快要到了还没有公布审核结果。③因为这部分考生数量少，个别省份录取结束后，出现考生数据在上报教育部注册时被遗漏的现象。

（四）相关人员对残疾考生单考单招信息的知晓度较低

目前仍有个别省市县的教育主管部门，对残疾考生单考单招的报名工作不了解，对教育部颁布的相关政策文件的内容不了解。各高等特殊教育

---

① 边丽，张海丛，滕祥东，等. 我国残疾人高等教育单独招生考试现状调查 [J]. 教育观察，2018，7（13）：132-136.

院校单考单招的考试时间和考试内容不尽相同，导致一些残疾考生因不能够及时获知残疾考生单考单招的招考信息，而错失考试机会①。此外，残疾学生对我国高等特殊教育院校的数量、办学层次、专业设置的了解既不全面，对残疾考生单考单招的考试时间、考试方式、考试难度以及高等特殊教育院校对残疾人的态度等信息的了解也比较少。相比特殊教育学校，普通高中对残疾学生提供的专业支持及辅助设备较少，比如没有为残疾学生提供调频助听器、扩音电话、盲文点字书籍以及盲用计算机等。此外，在普通学校就读的残疾学生获得残疾考生单考单招信息的渠道较少，对残疾考生单考单招的了解不全面②。

（五）残疾人参加单考单招存在强考强招等不公平现象

当一些残疾考生因障碍程度无法参加普通高考时，残疾考生单考单招为那些中、重度的残疾考生创造了接受高等教育的机会，可以说是普通高考的有效补充。一部分轻度残疾考生原本想参加普通高考，但是残疾人参加普通高考，教育部门就需要在现有的工作基础之上超额付出大量的精力和物力对考试进行调整。以视力残疾考生为例，为确保他们能够顺利完成高考，教育考试机构要事先协调盲文出版印刷等相关机构印制盲文试卷或大字号试卷，考试过程中可能需要安排专门的工作人员予以行动帮助，评卷环节可能需要先翻译盲文答卷再进行评阅等，这一系列的环节都需要相关教育考试机构做大量工作。所以，一些相关部门嫌麻烦，不愿开展这方面的工作。因此，一部分本可以参加普通高考的残疾考生，被强行劝导参加残疾考生单考单招，这就违背了选择"适合性"入学考试的教育机会公平原则。此外，通过残疾考生单考单招入学的残疾学生，毕业后的就业率远低于普通大学生。很多社会企事业单位拒招残疾大学毕业生，存在就业歧视现象。因此，因材升学的支持保障不完善导致因材就业的社会支持力度不够③。

二、残疾考生单考单招执行问题的理论判断

相关研究显示，残疾考生单考单招执行问题在多篇研究文献中重复出

① 刘珍. 我国残疾人高等职业教育现状与对策研究 [D]. 南昌：江西农业大学，2014.

② 刘扬，任伟宁，孙颖，等. 北京残疾人高等教育入学机会保障调查研究 [J]. 北京联合大学学报，2018，32（4）：61-70.

③ 路颜铭. 依法保障残疾人平等参加高考促进考试公平公正 [J]. 中国考试，2015（4）：24-29.

现，需要引起社会的关注与重视。在现有文献研究的基础上，笔者结合以往的思考，对残疾考生单考单招执行问题进行理论判断。

第一，残疾考生单考单招是残疾人日益增长的高等教育需求与高校招生体检标准限制及高考考试调整乏力相冲突的产物，残疾考生单考单招执行问题是在融合教育背景下我国高校招生考试制度发展中必然会出现的问题。随着我国高等院校招生体检政策的放宽，越来越多的残疾考生通过普通高考进入大学接受高等教育，但是那些不符合高等院校招生体检标准的残疾学生，仍然无法参加普通高考。为了保障这部分残疾人的受教育权利，残疾考生单考单招于1987年应运而生。我国颁布了为残疾人参加普通高考提供考试支持的相关政策，比如，2015年教育部与中国残联联合颁布与实施的《残疾人参加普通高等学校招生全国统一考试管理规定（试行）》（以下简称《管理规定》），明确地提出为身心障碍学生参加普通高考提供12项合理便利及其申请、审核、申诉的程序。《管理规定》中提及的考试调整，为轻度残疾考生公平有效地参加普通高考提供了保障，但是由于地方教育部门执行考试调整的能力受到限制，一部分残障程度较高的残疾学生无法参加普通高考，于是残疾学生以分考分流的方式进入大学接受高等教育：绝大部分轻度残疾学生参加普通高考，一小部分中、重度残疾学生参加残疾考生单考单招。如图1-1所示，在融合教育背景下，2012—2021年，被高等特殊教育院校和普通高等院校录取的残疾学生人数总体呈增长态势。2021年，全国被普通高等院校录取的残疾人有14 559人，被高等特殊教育院校残疾考生单考单招录取的残疾人有2 302人，为前者的15.81%。两种高考制度相互调适，发挥各自优势，共同为满足残疾人日益增长的高等教育需求提供机会和条件。因此，残疾考生单考单招是残疾人日益增长的高等教育需求与普通高校体检标准限制及高考考试调整乏力相冲突的产物。随着融合教育理念持续产生影响，参加残疾考生单考单招的残疾学生障碍类型日趋多样化，残疾考生单考单招在执行过程中的问题日益凸显。

第二，虽然残疾考生单考单招执行问题是一个必然出现的挑战，但是残疾考生单考单招也是我国高校招生考试制度改革与发展的重大成果，是我国高等教育整体发展水平提升的重要标志。这是认识残疾考生单考单招执行问题的基本前提，没有这个前提，或者不承认这个前提，就无法全面、准确地理解残疾考生单考单招的重大教育意义：残疾考生单考单招的

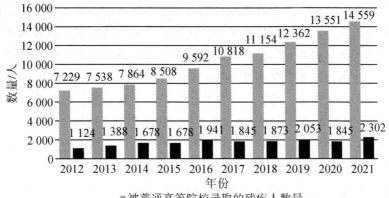

图 1-1　2012—2021 年全国高校录取残疾人概况

出现，不仅增加了残疾人的大学入学机会，保障了残疾人接受高等教育的权利，而且完善了高校残疾人招生考试制度，既从入学机会上进一步保证了残疾人的教育公平，同时也符合《残疾人教育条例》的"积极推进融合教育"和《联合国残疾人权利公约》的精神，它是我国高校招生考试制度改革与发展的重大成果。残疾人高等教育一直是我国高等教育体系的短板，残疾考生单考单招是扩大残疾人高等教育规模、提升残疾人高等教育质量的重要制度。

第三，残疾考生单考单招执行问题由来已久，但一直未能得到有效解决。对于残疾考生单考单招执行问题的长期性、复杂性，许多学者的研究提供了相关证据，包括：残疾考生单考单招招考成本高、效率低；残疾考生单考单招政策的执行过度干扰了高中特殊教育教学；残疾考生单考单招的招生专业范围窄，招考时间、考试大纲不统一，而且考生满意度较低以及存在强考强招等。这些问题涉及残疾考生单考单招执行主体、程序、条件、监督、执行效果等方方面面。导致这些问题出现的原因比较复杂，既有高等特殊教育资源匮乏、资源区域分布不均衡等，又有国家缺乏专门的管理机制与体制，还有社会心理与传统招考制度安排对现实残疾人招考制度的排斥，更有考试支持、社会支持的不足等原因。所以，残疾考生单考单招执行问题不是单一因素导致的。我国对于残疾人参加高校招生考试的歧视及不公平的政策已基本消除，但残疾考生单考单招执行问题仍然比较严重，尤其是在融合教育背景下，高等特殊教育资源的供给与需求发生了巨大变化：一是全国高等特殊教育资源的总和在不断增加，而中东西部地区资源配置失衡的问题却持续扩大，这势必影响到高等特殊教育与高等教育整体的健康、协调发展；二是我国社会经济的迅速发展，财力持续大幅度增强，也为残疾考生单考单招执行问题的解决奠定了丰富的物质基础；三是关于残疾人招生、考试、录取的相关政策不断完善，如《残疾人教育条例》《特殊教育提升计划》《残疾人参加普通高等学校招生全国统一考试管理规定》等的颁布、修订，为解决残疾考生单考单招执行问题提供了政策保障；四是习近平新时代中国特色社会主义思想成为国家在新时代的指导思想，其中"必须坚持以人民为中心的发展思想，不断促进人的全面发展"成为新时代发展的主旋律，在教育领域进一步促使了教育机构及教育管理者"以人为本"的管理意识的觉醒。虽然残疾考生单考单招执行存在一些问题，但这也恰恰说明了我国高校招生考试制度一直在改革与进步，国家也日益具备了解决残疾考生单考单招执行问题的条件。

第四，残疾考生单考单招执行问题反映在残疾学生身上，是他们的身心缺陷未能得到充分的补偿。残疾考生单考单招的招考对象是残疾人，目前主要包括听力残疾学生、视力残疾学生，还有少数精神残疾学生和言语残疾学生。与普通高考相比，残疾考生单考单招政策的执行更能体现高等教育的机会公平。为补偿残疾考生，高校为他们参加残疾考生单考单招提供相应的支持与服务，比如为视力残疾考生提供大字试卷及答题卡，或者盲文试卷及答题卡；为听力残疾考生提供相应的手语翻译服务，并可以免除英语听力考试；肢体残疾或运动障碍考生可以申请使用特制的考试桌椅，甚至还可申请延长考试时间。各地在落实国家残疾人教育考试政策时，由于高校办学条件以及考试支持技术的限制，我国残疾考生单考单招的招生对象目前仅包括听力残疾学生、视力残疾学生，还有少数精神残疾学生和言语残疾学生，现有的考试无法补偿所有残疾考生。因此，这也是残疾考生单考单招执行问题的具体体现。

第五，解决残疾考生单考单招执行问题，需要多管齐下，不仅需要高等特殊教育院校的组织与执行，也需要政府与社会承担起自己的责任。高等特殊教育院校在组织与执行残疾考生单考单招过程中，必须遵守国家颁布的残疾人招生、考试、录取的相关法律及政策。立法机关需要承担起制定与完善相关法律的责任，包括修订旧法，制订新法，来确保残疾人的教育权益有明确的法律依据与切实的法律保障；司法机关需要用司法权威来维护残疾人的合法教育权益；在解决残疾考生单考单招执行问题的过程中，政府需要承担的责任就是要确保有关残疾人的各项教育法规与政策得到落实；社会亟须树立公平、正义、共享的价值观，用平等的理念与包容的态度，实现主流社会环境对残疾人的真正开放，并对残疾人融入主流社会环境采取真正欢迎与积极鼓励的态度。社会要为残疾考生单考单招的执行创造尊重、理解与接纳的环境，同时也需要提供必要的支持与协助。

第六，解决残疾考生单考单招执行问题，不仅决定着我国高校残疾人招生考试制度体系协调、健康发展的进程，而且决定着社会对残疾人教育机会公平的理解。我国已初步形成"以普通高考为主体，以残疾考生单考单招为骨干，以多校联合考试为发展趋势，以'一校多点考'为补充"的多元化的残疾人招生考试格局。残疾考生单考单招执行问题的解决，能促进我国高校残疾人招生考试制度体系的完善，向着健康、协调的方向发展。高校执行残疾考生单考单招的初衷是通过为残疾人提供适合其身心特征的招生考试制度，使残疾人公平且有效地参加高校招生考试，而不因学生自身的残疾处于不利地位①。因此，教育机会公平在高校招生考试制度上的体现，并不是所有的残疾学生都应该参加普通高考，而是根据考生的身心特征和实际需求，执行大学多元入学的形式。残疾考生单考单招增加了残疾人接受高等教育的机会，促进了高等教育的公平②。

三、残疾考生单考单招执行问题的确定

通过对残疾考生单考单招执行问题的提出与理论判断，我国残疾考生单考单招执行问题可以归纳为：残疾考生单考单招的执行过度干扰了高中特殊教育教学，残疾考生单考单招的招考成本高、效率低，残疾考生单考单招程序繁杂、混乱，残疾考生单考单招执行过程中参与者的知晓度、满意度较低，残疾考生单考单招存在强考强招等不公平现象。从政策执行理论视角来看，残疾考生单考单招执行问题可以归纳为执行主客体的利益博弈或矛盾冲突问题、制度执行程序问题、制度执行条件问题、制度执行监督问题以及制度执行效果问题。以上是笔者在文献研究的基础上从政策执

① LOVETT B J, LEWANDOWSKI L J. Testing accommodations for students with dis-abilities：research-based practice ［M］. Washington, DC：APA Books, 2014.

② 王振洲，汪红烨，周喜梅. 后现代视野下的全纳教育及其对残疾儿童教育公平的启示［J］. 现代教育论丛，2018（5）：39-46.

行理论视角对我国残疾考生单考单招执行问题做出的理论判断。

随着融合教育理念的深入且广泛传播，参加残疾考生单考单招的残疾人的异质性日益凸显，主要体现为障碍程度不一，障碍类型日益多样，残疾人对高等教育的需求也日益多元化，导致的结果是：残疾考生单考单招执行中已有的问题还没有得到很好的解决，新的问题却已出现。因此，妥善、全面地解决残疾考生单考单招执行问题，是对教育主管部门以及高等特殊教育院校等执行主体的管理能力、执行能力的巨大考验。国家"十四五"教育发展规划已经开始实施，残疾考生单考单招执行问题，可以作为中国未来教育发展中的重点问题来解决，相关部门可以统筹考虑、综合协调，积极地促进残疾考生单考单招执行问题得到解决。本书将基于政策执行理论，对残疾考生单考单招执行的相关问题进行深入、全面的研究，既剖析并验证原有问题形成的原因，提出优化路径，又希望能够探究残疾考生单考单招在执行过程中存在的新问题，并提出相应的优化路径。

第三节　研究意义

一、理论意义

（一）有利于深化社会对高等特殊教育起点公平的理性认识

传统意义上，我们把高等教育起点公平界定为教育权利公平和教育机会公平。教育权利公平的理念源于 18 世纪启蒙思想家的"天赋人权"思想，后来被赋予"教育权利公平"的意义[①]。《世界人权宣言》（1948 年）提出"人人享有受教育的权利"约半个世纪之后，1990 年世界全民教育大会再次声明，"所有人，不论其个体差异如何，都有受教育的权利"。1994年在西班牙萨拉曼卡市召开的世界特殊教育大会颁布的《萨拉曼卡宣言》提出"全纳教育"的理念，即"所有儿童，包括各类有特殊教育需要的儿童都有受教育的权利"，为残疾学生平等参与学校教育奠定了起点公平。近年来，我国出台了一系列的政策法规来保障残疾儿童受教育的权利，比如《残疾人教育条例》（修订案）第二条写道："国家保障残疾儿童享有

---

① 彭玉琨，贾大光. 影响义务教育过程平等的因素分析与对策 [J]. 现代中小学教育，1998（4）：11-13.

平等接受教育的权利，禁止任何基于残疾的教育歧视。"关于教育机会公平，在我国法律中也有规定，比如《中华人民共和国教育法》第九条规定：公民不分民族、种族、性别、职业、财产状况、宗教信仰等，依法享有平等的受教育机会。本书对残疾人教育起点公平进行了补充：第一，在教育权利公平、教育机会公平的基础之上，实现教育起点公平必须要有教育机会得以实现的保障，包括专业支持、社会支持、自然支持以及自我支持等，解决残疾人在高等教育起点公平落实时出现的各种问题，其中包括残疾考生单考单招在执行过程中出现的一些问题。第二，全纳教育视野下的教育机会公平观认为，残疾学生高等教育入学机会公平，并不意味着所有的残疾学生不分障碍类型和障碍程度，统统都通过参加普通高考进入同样的大学接受高等教育，而是基于个体差异，执行多元评价，建设多元入学的途径，实现残疾学生的高等教育安置形式多元化。尊重与理解残疾学生与普通学生的差异是深入理解残疾学生高等教育入学机会公平的理论逻辑。

（二）有利于丰富我国残疾人从高中至大学的教育转衔服务理论研究

1997 年美国《身心障碍者教育法案》将转衔定义为以社会适应问题为导向的一系列服务与相关经验[①]。残疾学生在人生某一发展阶段，面临着环境发生巨大改变，需要外界支持和服务来帮助其适应新的环境的问题，比如从医院到学校的转衔服务[②]、幼小转衔服务[③]、高中到大学的转衔服务[④]、学校到就业的转衔服务[⑤]等。残疾考生单考单招，作为残疾人由高中向大学转衔的形式之一，其在执行过程中出现的一些问题，也可以归纳为由高中向大学转衔时出现了问题。我国已开始尝试探索本土化的特殊教育转衔服务，目前残疾人由高中向大学的教育转衔服务是极其薄弱的环节。随着越来越多的残疾人渴望进入大学接受高等教育，对从高中到大学的教育转衔服务的相关理论与实践的探索已迫在眉睫。从高中到大学的教育转

① 林幸台. 身心障碍者生涯发展与转衔服务 [J]. 中等教育, 2001 (5)：26-37.
② 方慧. 从医院到学校的转衔：美国患病儿童学校融入计划及启示 [J]. 现代中小学教育, 2014, 30 (5)：103-108.
③ 李雅蓉, 刘春玲, 王和平. 美国特殊儿童幼小转衔服务研究 [J]. 现代特殊教育, 2018 (11)：22-26.
④ 武砀, 蔺红春. 台湾高中残障学生升学转衔服务及启示 [J]. 现代特殊教育, 2016 (2)：58-62.
⑤ 徐添喜, 苏慧. 从学校到就业：美国残障学生就业转衔模式的发展及其启示 [J]. 残疾人研究, 2016 (2)：25-29.

衔服务的内容包括学习支持、考试支持，以及高等特殊教育院校的专业设置、高等院校的区域布局和院校类型能够满足残疾学生的需求等。残疾考生单考单招执行问题研究以社会公正和谐为解决问题的价值取向，来讨论残疾考生单考单招的必要性，运用博弈论来分析造成残疾考生单考单招执行问题的内部因素和外部因素，并且运用全纳教育背景下的教育公平理论来分析残疾考生单考单招执行问题的解决思路和发展趋势。因此，残疾考生单考单招执行问题研究的结果在一定程度上有利于丰富残疾人由高中到大学教育转衔服务体系的理论研究。

二、实践意义

（一）有利于为教育主管部门或高等特殊教育院校招考制度改革与调整提供参考

最近十年国家陆续出台了实现残疾学生教育转型发展、提高残疾学生教育质量、促进残疾学生教育公平的法规政策，如《特殊教育提升计划（2014—2016年）》《第二期特殊教育提升计划（2017—2020年）》《残疾人教育条例》等，其中提到，在继续推进义务教育阶段特殊教育发展的基础之上，要扩大残疾人教育的两翼，即促进学前特殊教育和残疾人高等教育的发展。国家政策对残疾人高等教育权利的落实提供了政策保障，社会经济的快速发展为残疾人高等教育权利的落实提供了物质保障。在此背景下，我国残疾人对高等教育的需求越来越大，越来越多的残疾人想上大学。目前残疾人高等教育的突出问题表现在以下几个方面：我国东、中、西部地区残疾人高等教育资源差异大，西部地区高等特殊教育资源严重不足；高等特殊教育院校之间缺乏合作机制，各个学校自主命题、单独组织考试和招生录取工作，造成命题成本高、招生效率低、学生家庭考试成本高、考试难度大等问题。此外，残疾考生单考单招，是特殊教育学校教育教学的风向标和指挥棒。虽然各个高校招生对象的类别和专业设置相同，但是各个高校的考试科目和考试大纲差异较大，导致残疾考生单考单招出现多个风向标和多支指挥棒的现象，严重困扰了特殊教育学校的教育教学，并且加重了残疾学生的学习负担。如果相关的研究能够针对上述残疾考生单考单招中存在的问题提出执行方案方面的建议或制度设计方面的建议，为教育主管部门或高等特殊教育院校招考制度改革与调整提供参考，那么，这样的研究就有利于残疾考生单考单招执行问题的解决。

（二）有利于完善高校残疾人招生考试管理制度

理想的招生考试制度，是使所有的高等院校招收到最优质的生源，所有的考生都能够被最合适的、最心仪的高校录取，这就是招生考试制度的应然状态下的双向选择原则。高校残疾人招生考试制度同样也是一项庞杂的系统性工程，涉及每一位残疾学生的切身利益。残疾考生单考单招执行问题研究是基于博弈理论来探讨教育主管部门、特殊教育高等院校、特殊教育学校、残疾考生等利益相关方在高校残疾人招生考试管理制度过程中的地位、作用和职责，以及它们相互协调与合作的机制，这将有利于完善高校残疾人招生考试管理制度。

第四节　国内外文献综述

笔者通过中国知网搜索"残疾人单考单招"和"残疾人高考"等主题，在 1998 年至 2018 年的时间段共搜集了 27 篇相关文献，其中包括两大类：一类是残疾考生单考单招相关研究文献，有 18 篇；另一类是残疾人普通高考相关研究文献，有 9 篇。笔者通过将 WOS（Web of Science）数据库核心合集作为文献数据来源，以"残疾人高等教育入学考试"为检索条件对相关文献进行检索，并对国内外相关文献进行归类分析，发现国内外与残疾考生单考单招执行相关的文献研究主要包括：一是残疾人高等教育招生考试的执行问题研究，二是残疾人高等教育招生专业的现状研究，三是残疾人高等教育招考制度执行主体与执行客体研究，四是残疾人高等教育考试支持的相关研究。对国内外残疾人高等教育招生考试相关研究的综述，有利于准确反映我国残疾人高等教育招生考试的执行现状、存在的问题及发展趋势。

一、残疾人高等教育招生考试的执行问题研究

（一）国内残疾考生单考单招执行问题研究

刘扬等通过调查研究，得出残疾考生单考单招在执行过程中存在以下几个问题：第一，残疾人高等教育没有满足残疾考生的需求，高校专业设置没有达到残疾学生对专业的期望。第二，残疾学生从义务教育至高中教育的衔接并不顺利，这严重影响了他们的高中学习成绩。第三，残疾考生

单考单招的报考程序复杂，主要体现在各高校的报考程序不一样，报考时间不统一。由于获得高校招考信息的渠道少，残疾学生对各高校的招考信息了解不全面。第四，残疾考生单考单招缺乏必要的社会支持，比如经费、交通以及无障碍环境的建设等①。孙继红等对我国残疾考生单考单招的现状进行了反思，认为残疾考生单考单招存在的问题有：①残疾考生单考单招过程中各高校单独命题，单独组织考试，相同的专业考试科目却不尽相同，考试科目相同而考试大纲不同，形成"各自为政"的局面，这给特殊教育学校带来了教育教学的困惑。②很多学校自办考前辅导班，使一些没有上过高中或者高中没有毕业的残疾学生，经过短期的集训之后，幸运地、跳跃式地进入高等特殊教育院校接受高等教育，导致生源质量参差不齐。这样对其他正常上学的残疾学生而言是不公平的，又为后期的教育教学质量问题埋下了隐患。③由于参与残疾考生单考单招的残疾考生与高校数量的逐年增加，现行的残疾考生单考单招执行问题愈发明显，教育部门没有及时做出相应的机构调整，这导致各机构分工不明确，残疾考生单考单招的执行主体陷入困局。例如，给特殊教育学校的教育教学带来困惑与干扰，也使高等特殊教育院校的发展缺乏整体规划，其中存在两个突出问题：一是经费问题，二是招生考试问题②。边丽等对我国残疾考生单考单招存在的问题进行了现状调查。调查结果发现，由于缺乏国家层面的统一管理体制，残疾考生单考单招的问题日益凸显：残疾考生单考单招的考试科目、考试大纲和考试时间不统一，对特殊教育学校的正常教学秩序形成冲击；每年3~5月份，残疾学生奔波于各个高等特殊教育院校，参加残疾考生单考单招，给残疾学生本人及其家庭带来沉重的人力和经济负担；高等特殊教育院校的招考投入大，招考成本高，命题难度大，考试效率低等③。

（二）国外残疾人高等教育招生考试的执行问题研究

Ralph等认为英国接受高等教育的残疾学生人数是低于适当比例的（under-represented），这与高等教育机构不重视对残疾学生的招生有关，招

---

① 刘扬，任伟宁，孙颖，等. 北京残疾人高等教育入学机会保障调查研究 [J]. 北京联合大学学报，2018，32（4）：61-70.

② 孙继红，胡正纲. 关于我国聋人高校自主招生现状的反思 [J]. 中国特殊教育，2002（1）：28-32.

③ 边丽，张海丛，滕祥东，等. 我国高等特殊教育单考单招现状与改革建议 [J]. 中国特殊教育，2018（5）：9-14.

生部门与支持服务提供部门缺乏必要的协作，使残疾学生无法得到足够的招考信息，这导致在社会中有大量的残疾学生未被招收入校①。爱尔兰研究者认为残疾学生之所以不能完全融入高等教育过程，是因为高等教育机构未放宽对残疾学生的招收限制，仍把他们当作特殊群体，使其无法真正感到被接纳②。由高中向大学转变的教育转衔服务在一定程度上也会影响到高校对残疾人招生的预期效果。比如美国的一项研究表明，很少有残疾学生对由高等教育专业人员提供的转衔服务表示满意，被访学生表示高中阶段的评估信息不足以作为对高等教育支持服务的参考③。Shevling 等指出，影响残疾学生接受高等教育的阻碍之一就是残疾学生在考试前、考试中并未做好大学入学的准备，而从高中过渡到大学时档案文件的分离也导致学生在大学阶段的调整问题④。

通过对国内外高等教育残疾人招生考试制度的执行问题研究现状的梳理可知，我国对残疾考生单考单招执行问题的研究主要集中在考试的组织和管理方面，各个高等院校自主招生、单独命题、单独组织考试和录取工作，造成了招生考试的高成本、低成效，而且还造成了高等学校之间、残疾学生之间的激烈竞争，具体原因除了各高等院校之间缺乏必要的合作机制，还有与高等特殊教育资源的紧缺有关。国外对高等特殊教育院校招生考试制度问题研究主要集中在中等教育与高等教育之间的教育转衔问题上。

二、残疾人高等教育招生专业的现状研究

（一）国内残疾考生单考单招招生专业的现状研究

左小娟等介绍了高等特殊教育院校为视力障碍者和听力障碍者开设的专业。基于视障学生的特殊性，目前针对视障学生设置了以触摸性强、实践性强、声音敏感性强为特点的专业，如针灸推拿、按摩专业，声乐表

---

① RALPH S, BALLBOY K. Visible images of disabled students: an analysis of UK university publicity materials [J]. Teaching in higher education, 2005, 10 (3): 371-385.

② SHELVING M, KENNY M, MCCLELLAN E. Participation in higher education for students with disabilities: an Irish perspective [J]. Disability & society, 2004, 19 (1): 15-30.

③ GREGG N. Under served and unprepared: post secondary learning disabilities [J]. Learning disabilities research & practice, 2010, 22 (4): 219-228.

④ SHELVING M, KENNY M, MCCLELLAN E. Participation in higher education for students with disabilities: an Irish perspective [J]. Disability & society, 2004, 19 (1): 15-30.

演、音乐学专业。长春大学特殊教育学院针对视障学生开设的专业有针灸推拿学、康复治疗学、音乐表演；北京联合大学特殊教育学院开设的专业有针灸推拿、音乐表演；滨州医学院特教学院开设的专业为医学（针灸推拿方向）。基于听力障碍学生的主要特点，一般招收听障学生的高校充分考虑其身心特征，设置了重实操性、对视觉感官要求较强的专业，主要是美术、视觉传达设计、计算机科学与技术、动画设计、服装设计、园艺设计、广告装潢设计等专业。比如，长春大学特殊教育学院针对听障学生开设的专业有绘画、视觉传达设计、动画，同时有工商管理和特殊教育的辅修专业；北京联合大学特殊教育学院开设的本科专业有视觉传达设计、计算机科学与技术；天津理工大学聋人工学院开设了计算机科学、服装设计两个本科专业，同时还开设了工程造价、财务管理等"全纳教育"本科专业[①]。王得义等基于专业趋同视角对高等特殊教育专业设置进行了研究，发现我国高等特殊教育的办学层次和专业设置的情况是，一方面我国的高等特殊教育院校整体办学层次不高，另一方面高等特殊教育院校的残疾人可读专业的范围非常狭窄。我国高等特殊教育开办相同或相近专业的高校数量不断增加，虽然有些专业名称不完全相同，但其培养目标和核心课程基本相同，这实际上加剧了专业设置趋同的现象[②]。

（二）国外残疾人高等教育招生专业现状研究

美国国家聋人工学院（以下简称"NTID"）成立于 1965 年，设立在美国纽约州罗切斯特市的罗切斯特工学院（以下简称"RIT"），是世界上第一所也是世界上最大的聋人工科技术学院。NTID 的教育目标和使命是根据现实的就业机会为聋人提供优秀的职业技术教育，因此 NTID 所开设的专业紧跟时代和社会需求。NTID 2010 战略规划为有效利用资源，将其 11 个职业研究的副学士学位（AOS）计划的专业合并成 5 个"职业导向"的专业方向，即自动化技术（AT）、应用光学技术（AOT）、计算机集成制造技术（CIMT）、计算机辅助绘图技术（CADT）、应用机械技术（AMT）。专科的学生修完全部课程并取得足够的学分后，可以申请继续学位教育，

---

① 左小娟，李元元. 我国高等特殊教育发展及其专业设置情况 [J]. 湖北函授大学学报，2016，29（10）：38-40.

② 王得义，马建莲. 我国高等特殊教育专业设置趋同现象探析 [J]. 现代特殊教育，2016（8）：25-28.

进入 RIT 其他学院的 200 多个专业学习学士学位和硕士学位课程①。

美国加劳德特大学（Gallaudet University）是世界第一所为聋人开设的私立综合大学，也是世界上唯一一所专门为聋和重听人士开设本科、硕士及博士课程的大学。加劳德特大学本科专业的课程主要向残疾学生提供发展知识和技能的机会以使他们获得终身学习的基础。加劳德特大学的教学机构包括艺术与科学学院、交际学院、教育与人类服务学院和学校管理学院。艺术与科学学院本科涉及的专业包括：艺术、生物、化学与物理、英语、聋人学、家庭与消费学、法语、德语、政府与历史、数学与计算机科学、哲学与宗教、心理学、社会学、社会工作学。交际学院本科涉及的专业包括：美国手语、语言、翻译，听力与言语-语言病理学，交际艺术，电视、摄影与数字媒介，戏剧。教育与人类服务学院本科涉及的专业包括：咨询（学校咨询、康复咨询、心理健康咨询）、教育（偏重小学、中学、多重残疾教育和家庭早期教育）、管理、体育教育。学校管理学院本科涉及的专业包括：会计、商业管理、计算机信息系统、经济②。

通过对国内外高等特殊教育院校为残疾学生开设专业的研究进行比较，发现我国高等特殊教育院校为残疾人开设的专业非常有限，可选择性比较少。国外高等院校为残疾人开设的专业学科门类多，残疾人专业选择面比较广。

三、残疾人高等教育招考制度执行主体与执行客体研究

（一）国内高等特殊教育院校数量与招收残疾学生类别研究

高等特殊教育院校是残疾考生单考单招的执行主体之一。关于高等特殊教育院校的研究涉及高等院校区域布局和专业设置情况。例如，边丽等在调查研究中提到，截至 2016 年年底，我国的高等特殊教育院校分布在全国 16 个省份（注：截至 2023 年年底，我国 30 所高等特殊教育院校分布在全国 19 个省份）。这些学校中无教育部直属院校，全部为省属公办地方高校，其中 17 所隶属于省、直辖市教育行政部门，也有一小部分学校由省残联主办和管理，或隶属于省民政部门。高等特殊教育院校主要集中分布在东部省份和发达地区，在中、西部边远欠发达地区的数量较少。另有数据

---

① 韩梅，王妍，张雪慧. 美国国家聋人工学院课程设置的研究与借鉴 [J]. 教育与职业，2014（8）：94-95.

② 韩同振. 我国高等院校听障学生招生考试研究 [D]. 天津：天津理工大学，2016.

表明，我国 30 所高等特殊教育院校位于东部省份的有 17 所，占 56.7%；中部省份 6 所，占 20.0%；西部省份 7 所，占 23.3%。新疆、西藏、宁夏、青海、甘肃、内蒙古等省份还没有设立高等特殊教育院校。从整体来看，我国招收残疾学生的高等教育院校分布的不平衡及大部分集中在省会城市的状况，导致高等特殊教育远远不能满足残疾学生接受高等教育的需要。残疾考生单考单招的执行客体——残疾学生，主要包括听障学生、视障学生，还有少数肢体残疾学生①。

（二）国外招收残疾人的高校数量与招收残疾学生类别研究

邱鹄（2018）在研究中指出，在美国，考试的执行主体一般是第三方教育考试机构，美国教育考试服务中心（Educational Testing Service，ETS）是世界知名的非营利教育考试评估机构，它开发了诸如学术能力评估考试（Scholastic Assessment Test，SAT）、托福（Test of English as a Foreign Language）、美国研究生入学考试（Graduate Record Examinations）等多种有影响力的国际性考试，在高校残疾人招生考试方面也积累了丰富的经验。Raue 等指出，2008—2009 学年，美国 4 170 所高等院校中，有 3 680 所（88%）的两年制或四年制高等院校招收残疾学生，几乎所有（99%）的两年制或四年制公立高等院校都招收残疾学生，而两年制和四年制的私立高等院校分别有 74%、43%招收残疾学生。所有的大、中型高等院校（学生规模 3 000~9 999 人为中型高等院校，规模在 10 000 人及以上为大型高等院校）都招收残疾学生，83%的小型高等院校（学生规模少于 3 000 人为小型高等院校）招收残疾学生②。高等院校招收残疾学生的类型包括肢体残疾、智力残疾、情感障碍、听觉障碍、视觉障碍、语言障碍、孤独症谱系障碍、脑损伤及其他障碍类型③。除了执行组织与执行考试的主体之外，执行主体还包括高等院校、残疾学生等其他利益相关者。Gregg 等在研究中指出，学习障碍学生在参加高等教育招生考试时，尽管招考方为其

---

① 麻一青，孙颖. 残疾人高等教育现状及发展对策 [J]. 中国特殊教育，2012 (7)：21-24.

② RAUE K，LAURIE L. Students with disabilities at degree-granting post secondary institutions. First Look：NCES 2011-018. [Z]. National center for education statistics，2011：5.

③ RAUE K，LAURIE L. Students with disabilities at degree-granting post secondary institutions. First Look：NCES 2011-018. [Z]. National center for education statistics，2011：7.

提供了延长考试时间的服务，但是他们的考试成绩仍然低于同龄的普通学生[①]。Camara 等在研究中指出，在 SAT I 中，申请并得到考试支持服务的考生大约 90% 是学习障碍学生[②]。

通过对高等特殊教育院校招生考试制度执行主体与执行客体的相关研究的分析，笔者发现：①我国高等特殊教育院校数量相对较少，全国仅有 30 所，而且招收的残疾学生数量非常少。高等特殊教育资源无论从质量还是从结构层次上，都无法满足残疾人的需求。国外专门招收残疾人的高等院校数量非常多，以美国为例，约有 3 000 所高等院校招收残疾人。②目前我国高等特殊教育院校招收对象主要包括听障学生、视障学生，还有少数肢体残疾学生，个别学校如南京特殊教育师范学院，每年仅招收 1 名轻度精神障碍学生（孤独症）进行高等融合教育，招生条件是从小学至高中必须在普通学校随班就读。而在国外，以美国为例，其高等院校招收对象包括多达 11 个障碍类别的残疾学生。

四、残疾人高等教育考试支持的相关研究

（一）国内残疾人高等教育招生考试支持的相关研究

台湾学者刘芷晴指出，台湾地区为身心障碍学生的教育考试提供转衔服务或考试支持，以《身心障碍者权益保障法》（2007）及《特殊教育法》（2009）两大法律为依据，这两部法律为残疾人招生考试制度的执行提供了必要的法律保障。《身心障碍者权益保障法》包括入学零拒绝、入学考试规定，以及继续升学之奖助等法条。《特殊教育法》规范了与身心障碍学生的升大学政策有关的部分，包括升学辅导、考试服务、高等教育、转衔服务等方面的法律条款。从这些法条内容可以发现，其政策立足点是对身心障碍学生升大学采取积极、鼓励的方式，而措施应包括升学的辅导、入学应考的特殊需求服务，以及各级学校之间应提供身心障碍学生

---

① GREGG N，NELSON J M. Meta-analysis on the effectiveness of extra time as a test accommoda-tion for transitioning adolescents with learning disabilities：more questions than answers ［J］. Learn, 2012，45（2）：128-138.

② CAMARA W J，COPELAND T，ROTHSCHILD B. Effects of extended time on the SAT I：rea-soning test scores growth for students with learning disabilities：No. 98-7 ［R］. New York：The Collegel Board，1998.

转衔的辅导与服务①。

李彦群提出要探索多种形式的残疾人高校招生考试的执行机制。例如，一些高校可以实行分类招生，对于对身体没有要求的专业，鼓励其招收残疾学生，扩大残疾人高等教育的招生规模，落实残疾人平等接受高等教育的权利。此外，他还建议探索区域高校联考制度，互认高考成绩，如果本校已经录取满额，鼓励残疾学生到附近院校就读。这为高等特殊教育招生考试制度的改革创新提供了思路②。

（二）国外高等特殊教育院校招生考试的相关支持研究

考试支持是残疾学生平等有效地参加高等特殊教育招生考试的基本保障。Elliott 等指出，对考试的"调整"被认为是为残疾学生提供公平和有效服务的基础③。Thurlow 等认为考试支持可以是允许残疾学生通过改变考试管理程序或调整考试内容的呈现形式或考试环境来展示他们所学的知识和技能④。Fuchs 等认为，提供考试支持的目的是通过允许残疾学生展示他们由于残疾限制而不能做的事情，从而为残疾学生提供"公平的竞争环境"⑤。Sireci 等认为，考试支持是对考试内容的调整和考试试题呈现的改变，允许残疾学生平等地参加这些考试⑥。Lovett 等指出，为残疾学生提供考试支持的基本理由是：应该允许他们公平地参加考试，不能因残疾人自身的缺陷使其在考试过程中处于不利地位⑦。为残疾学生提供常见的考试

① 刘芷晴. 身心障碍学生升大学政策之探讨 [J]. 台湾特殊教育学会年刊, 2013 (102)：265-276.

② 李彦群. 高等特殊教育学校支持体系的建构 [J]. 宝鸡文理学院学报 (社会科学版), 2013, 33 (6)：181-184.

③ ELLIOTT S N, KETTLER R J, BEDDOW P A, et al. Handbook of accessible achievement tests for all students：bridging the gaps in policy, research, and practice [M]. New York：Springer, 2011.

④ THURLOW M L, THOMPSON S J, LAZARUS S S. Considerations for the administration of tests to special needs students：accommodations, modifications, and more [M] //DOWNING S M, HALA-DYNA T M. Handbook of test development. Mahwah：Lawrence Erlbaum, 2006：653-673.

⑤ FUCHS L S, FUCHS D, EATON S B, et al. Using objective data sources to enhance teacher judgments about test accommodations [J]. Exceptional children, 2000, 67：67-81.

⑥ SIRECI S G, SCARPATI S E, LI S. Test accommodations for students with disabilities：an analysis of the interaction hypothesis [J]. Review of educational research, 2005, 75 (4)：457-490.

⑦ LOVETT B J, LEWANDOWSKI L J. Testing accommodations for students with dis-abilities：research-based practice [M]. Washington, DC：APA Books, 2014.

支持包括调整考试内容的呈现形式、答题方式、考试环境和考试时间①。Bolt 等指出，美国和其他一些国家的教育部门已经正式批准了一种替代性反应式的考试支持方式，通常被称为"试卷上填写答案（mark answers in test booklet）"②。2013 年，澳大利亚执行"国家残障保险计划（National Disability Insurance Scheme）"，为残疾学生提供个人化的新型支持服务，包括个人护理、专业交通、永久助手和必要的设备等，其中就包括为残疾学生大学入学考试提供必要的支持或调整，有效降低了残疾学生进入大学的难度③。Heaney 等指出，要为学习障碍学生提供延长考试时间的支持④⑤。Lee 等指出，把参加考试的学习障碍学生（LD）或注意缺陷多动症（ADHD）的学生尽量安排在独立的、安静的考试环境中，因为这些学生容易受外界环境的干扰，导致考试注意力不集中，对考试不利⑥。美国为听力障碍考生配备了翻译服务，其中包括口语直译、提示性语言直译、手语翻译和解释性翻译等服务⑦。廖菁菁的研究指出，在日本，为了支援残疾学生参加高等学校的入学考试，使其顺利地进入大学学习，很多高校在考试前、考试中和录取环节都为残疾学生提供了相应的支持服务。例如，考试前高校在入学考试大纲（纸质版）和官方网站上都记载了"残疾人士可提前联系"及"可对应个别困难"等字样，随时接待残疾学生的考前咨询。在考试过程中，高校为残疾学生提供的考试支持服务有 23 项，比如使用轮椅、安排独立考场、允许开车进入考场等。选拔方式有三种：入学管

---

① YSSELDYKE J M, THURLOW M L, MCGREW K S, et al. Recommendations for making decisions about participation of students with disabilities in statewide assessment programs：synthesis report 15 [R]. Minneapolis：University of Minnesota National Center on Educational Outcomes，1994.

② BOLT S E, THURLOW M L. Five of the most frequently allowed testing accommodations in state policy：synthesis of research [J]. Remedial and special education，2004，25：141-152.

③ KILPATRICK S, JOHNS S, BARNES R, et al. Exploring the retention and success of students with disability [J]. International journal of inclusive education，2017，21：1-16.

④ HEANEY K J, PULLIN D C. Accommodations and flags：admissions testing and the rights of individuals with disabilities [J]. Educational assessment，1998，5（2）：71-93.

⑤ OFIESH N, HUGHES C, SCOTT S. Extended test time and postsecondary students with learning disabilities：a model for decision making [J]. Learning disabilities research and practice，2004，19：57-90.

⑥ LEE K S, OSBORNE R E, CARPENTER D N. Testing accommodations for university students with AD/HD：computerized vs. paper-pencil/regular vs. extended time [J]. Journal of educational computing research，2010，42（4）：443-458.

⑦ 吴根洲，刘菊华. 美国残障学生大学入学考试特殊服务研究 [J]. 黑龙江高教研究，2016（4）：48-52.

理局（Admissions Office，AO）入学考试、推荐入学考试、残疾人特别入学考试。这三类考试都为残疾人提供了特殊的照顾，通过书面材料和面试决定是否合格，基于"合理的考虑"录取残疾人学生。从 2016 年的录取结果来看，大学录取听觉、语言残疾学生最多，短期大学录取体弱多病学生最多，高等专门学校录取智力低下学生最多①。

综上所述，考试支持是保障残疾学生平等有效地参加考试的措施。通过对国内外对残疾学生参加大学入学考试的相关支持研究的分析，可以发现，我国残疾考生单考单招是对残疾学生单独命题、单独组织考试和单独录取的考试制度，所以它具有很强的针对性，主要针对听障学生和视障学生，有专门的考试方法和测验工具。例如，听障学生考试有笔试，还有面试环节，面试主要通过手语来进行问答交流；招生机构专门为视障学生编制了盲文试卷和语音测验工具。这些支持措施使残疾学生能够补偿自身障碍，在考试中获得客观的评价。国外对残疾学生的考试支持比较丰富，因为他们要与正常学生一起参加大学入学考试，因此考试支持就是要消除残疾学生考试困难的来源，在不影响考试目标的前提下通过考试调整，或者增加辅助设备来消除因残疾造成的限制。

五、文献述评

通过对我国残疾考生单考单招与国外大学入学考试的相关文献研究的综述，笔者发现，我国残疾考生单考单招的相关研究在十几年前就已出现，而且在理论与实践研究方面取得了一些成果。但是与国外的相关研究相比，我国对残疾考生单考单招理论与实践研究的广度和深度还远远不够，缺乏相关问题的系统性研究，具体表现在以下几个方面：

第一，理论研究不深入，缺乏系统性、创新性的理论建设，导致理论对实践的指导乏力，理论研究与实践研究缺乏紧密的联系。残疾考生单考单招作为一种特殊的高考制度，是根据各类残疾人的身心特征和实际需求对普通高考制度进行改革与调整的产物，是高等特殊教育院校的自主招生。关于普通高考和高校自主招生制度的理论研究与实践研究相当丰富，因此，残疾考生单考单招具有一定的理论根据。但是由于考试对象的特殊性，研究者需要对残疾考生单考单招执行问题进行深入思考。通过前文可

---

① 廖菁菁. 从全纳到高质量：日本高等特殊教育的新进展及启示 ［J］. 外国教育研究，2018（5）：18-30.

知，残疾考生单考单招的执行尚有很多理论困惑没有解决。例如，残疾考生单考单招执行的概念、内涵、评价内容等。这导致理论对实践的驱动力不足，因此研究者需要对残疾考生单考单招执行的概念与内涵、历史发展、功能定位、执行程序以及材料使用等问题进行深入思考，对残疾考生单考单招执行的相关问题，运用适当的理论予以解释和把握，来提高理论的深度和高度。这样不仅有利于指导残疾考生单考单招的实践，而且还能够促进残疾考生单考单招相关理论的深化发展。

第二，对残疾考生单考单招的相关问题的关注度不够，表现在：我国关注残疾考生单考单招及其执行的研究人员较少；研究成果的数量和质量都有待提升；研究的问题比较单一，而且相似度较高。我国虽说从十几年前已经开始对残疾考生单考单招执行问题进行研究，但笔者通过检索得知，目前国内发表相关论文的作者只有十人左右，比如南京聋人学校的孙继红、长春大学的方芳、北京师范大学的黄伟、北京联合大学的边丽、天津理工大学的韩同振等。目前我国学者对残疾考生单考单招执行问题的研究的焦点是现状调查与改革，如对残疾考生单考单招现状进行分析，主要包括专业设置现状研究、执行现状研究，对考试科目、考试时间、考试大纲、各高校残疾考生单考单招缺乏必要的合作机制等问题进行了相关研究。上述研究成果数量总和不足二十篇，其中主题高度相似的论文就有 6 篇；而且相关研究文献对残疾考生单考单招执行问题提出的建议也具有高度相似性，比如优化考试科目、统一考试大纲、建立以"联考为主"的学校招生考试制度等。

第三，对残疾考生单考单招执行问题研究的整体性把握不够。国外关于残疾学生大学入学考试的相关研究成果比较丰富，而且涉及的范围比较广，整体性较强，如有对残疾人大学入学考试法律政策的研究、考试支持研究、测验的设计与执行研究、考试公平研究等。对相关问题的整体性把握，有助于掌握残疾考生单考单招执行问题研究的现状，为更系统的理论建设提供现实依据，为实践提供经验教训。我国关于残疾考生单考单招的研究多注重现状调查和对国外模式的介绍，缺乏其他方面的理论思考，比如残疾考生单考单招的法律建设研究、考试支持服务研究、考试对象的扩展服务研究、测验的公平性研究、考试管理体制与机制研究等。因此，基于现有的理论，我国研究者应打开思路，对我国残疾考生单考单招的现实问题进行更深入、更全面、更系统的研究。

第四，对残疾考生单考单招执行中的关键问题没有提出根本解决方法。目前，我国残疾考生单考单招的执行过程中存在的主要问题（考试大纲、考试内容，造成特殊教育学校的教育教学应试倾向严重；各高校残疾考生单考单招的考试时间不统一，给报考多所学校的残疾学生及家庭造成一定的人力负担和经济负担；各地区因教学资源差异导致不同省市残疾学生间的入学不公平；各高校的残疾考生单考单招缺乏合作机制，各行其是，导致招考成本高等问题），仍然没有得到很好的解决。各高校执行残疾考生单考单招政策，既有竞争，又有合作，在执行残疾考生单考单招过程中如何处理好这种关系，各高校需要静下心来思考和讨论。高校要思考如何既强调残疾考生单考单招的甄选性，又突出它的教育性；讨论如何降低残疾考生单考单招的执行成本和残疾人家庭的经济负担，提高招考效率；讨论如何分配和补偿教育资源，促进残疾人高等教育入学机会公平。上述问题既是各高校亟须解决的招考问题，也是残疾人及其家庭最为关心的问题。因此高校需要在厘清残疾考生单考单招执行问题的情况下，把握好各个执行环节，增强执行的可操作性，优化残疾考生单考单招的考试支持服务，健全残疾考生单考单招测验的可通达性。教育主管部门要加强建设高校残疾人招生考试管理体制，调整与改革残疾人招生考试管理机制，从根本上解决残疾考生单考单招执行中的关键问题。

第五节　研究思路、技术路线与研究方法

一、研究思路

本书从澄清残疾考生单考单招执行的概念、内涵、发展演变历程等入手，为本书适配进一步研究的理论基础。本书基于政策执行理论来构建残疾考生单考单招制度执行的分析框架，分析残疾考生单考单招执行的现状、问题及原因。本书共八个章节，各个章节的安排如下：

第一章，绪论。本章根据残疾考生单考单招理论研究的现状、政策执行问题的判断与确定，对本书的选题缘由、研究意义、国内外相关文献、研究内容与研究方法、研究的技术路线以及研究可能存在的创新点等做出基本阐述。

第二章，概念界定与理论思考。本章通过文献分析，探讨了残疾考生单考单招执行问题的理论基础。笔者在本章对残疾考生单考单招执行的核心概念、内涵、相关概念之间的关系，以及本书研究的理论分析框架等进行理论思考。

第三章，高校残疾人招生考试政策的历史考察。本章通过对我国高校残疾人招生考试政策与文献的梳理，对残疾人高等教育招生考试政策进行历史阶段的划分，并对每个阶段高校关于残疾人招生考试的特征进行分析。

第四章，残疾考生单考单招执行问题研究的问卷。首先，本章基于政策执行理论构建残疾考生单考单招执行问题研究的理论分析框架，包括对执行主体、执行客体、执行程序、执行条件、执行监督和执行效果的分析。其次，本章根据本书研究的理论分析框架，对残疾考生单考单招执行问题研究进行问卷编制、检验分析。

第五章，残疾考生单考单招执行现状调查研究。本章对残疾考生单考单招执行问题进行现状调查并对调查结果进行分析，对残疾考生单考单招执行的典型个案进行分析，从一般的广泛调查研究转向具体的个案研究。

第六章，残疾考生单考单招执行问题与归因分析。本章根据现状调查结果，对我国残疾考生单考单招执行过程中存在的主要问题进行梳理，对我国残疾考生单考单招执行中存在的问题进行归因解释。

第七章，残疾考生单考单招执行的优化路径。本章通过对残疾考生单考单招的执行问题进行分析，并借鉴国内外相关先进经验，对其执行主客体、执行程序、执行条件、执行监督及执行效果方面的问题提出了对策。

第八章，研究结论与展望。本章归纳阐明本书的主要结论，结合现有研究的不足之处，提出未来研究的展望。

二、技术路线

本书研究的技术路线如图 1-2 所示。

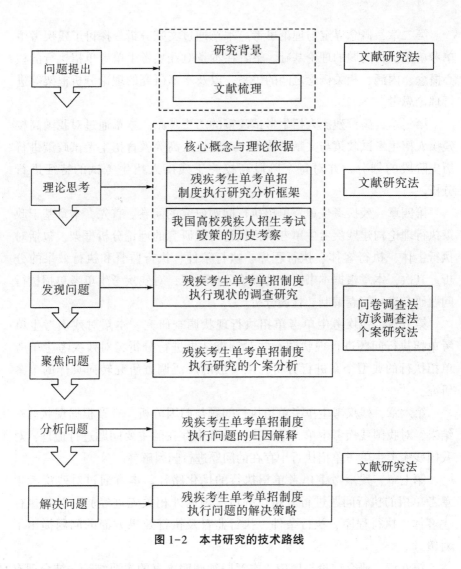

图 1-2　本书研究的技术路线

三、研究方法

（一）文献研究法

文献研究作为一种社会科学领域中较为传统的研究方法，对于教育领域研究的开展具有基础性价值。在教育领域，文献研究是根据特定的教育问题，采用有针对性的方法收集与分析国内外文献资料，对于所研究的教育问题的发展脉络进行深入考察、分析与思考的方法。残疾考生单考单招执行问题，既与考试制度的各内部因素有关系，又与政治、经济和文化因素具有密不可分的关系。正是在政治、经济、文化三者交织的背景中，我国特有的残疾人高校招生考试制度才得以成型。因此，本书通过对现有的文献进行搜集、查阅、梳理与评述，对影响考试制度执行的各内部要素及其之间的关系，以及对影响残疾考生单考单招执行的政治、经济和文化因素进行深入挖掘。因此，文献研究法能够帮助笔者整理残疾考生单考单招的发展脉络以及在执行过程中出现的一些问题。本书的文献研究主要纳入了国内外以"高校残疾人招生制度"为核心、其他相关概念下的研究为辅助的相关研究资料，以及近50年来国家出台的涉及残疾人招生考试相关问题的一系列法律条款与制度文本，对高校残疾人招生考试制度的发展脉络进行了梳理与划分，把我国高校残疾人招生考试政策的发展划分为四个时期：高校招生考试政策对残疾人限制的时期（1949—1977年），高校招生政策对残疾人宽松的时期（1978—1986年），残疾考生单考单招的建立与蓬勃发展时期（1987—2016年），高校残疾人招生考试的多元化评价时期（2017年至今）。文献的具体来源为图书馆资料，我国23个省份的高等特殊教育院校发布的残疾考生单考单招招生简章，国外统计局发布的数据资料，各类高校官方网站上的资料等。

（二）调查研究法

我国共有30所高等特殊教育院校，本书的调研对象就是从这30所高等特殊教育院校中选取的。为了使样本更具有代表性，本书在全国范围内选择了6个省份（四川、重庆、河南、北京、黑龙江、江苏），进一步选取了9所高等特殊教育院校（乐山师范学院、重庆师范大学、郑州师范学院、郑州工程技术学院、河南推拿职业学院、北京联合大学、绥化学院、长春大学、南京特殊教育师范学院），横跨东、中、西部地区。调查问卷涉及12所特殊教育学校（乐山特校、宜宾特校、重庆聋校、太原聋校、南京盲校、南京聋校、南充特校、璧山特校、郑州聋哑学校、双流特校、成都武侯区特校、北京东城区特校）。学术界之前的研究仅对某几个学校或某个城市的某个城区进行调查，相比之下，本书研究的覆盖范围更广，样本选择既包括我国东、中、西部的不同区域，又包括经济发达的省会城市和一般地级市；同时选择的学校既有省属本科院校，又包括高职高专院校。使样本具有广泛性和多样性的目的是保障研究结果的广泛代表性，这样才能凸显研究的价值和意义。调查研究是搜集和获取第一手资料的重要方法，而询问是调查研究法中主要的资料收集方式，抽样、问卷、统计分析则构成调查研究的三个基本元素。本书是关于我国残疾考生单考单招执行问题的研究，因此笔者从研究的实际需要出发，对我国部分高等特殊教育院校的教师、管理者、残疾大学生以及特殊教育学校的教师进行问卷调查。针对要考察的不同问题，笔者针对不同对象设计不同问卷，共有两个问卷：《残疾考生单考单招执行问题的教师问卷》和《残疾考生单考单招执行问题的残疾大学生问卷》。

问卷调查虽然能够快速地广泛收集相关信息，但一个复杂的研究问题，即使研究者尽可能地在问卷中囊括研究所需收集的各方面信息、尽可能地在科学抽样的前提下扩大样本规模，也往往难以深入地、极具说服力地印证或否定研究假设，揭示现象之下的深层原因。所以要深入了解人们对某件事的观点，还要运用深度访谈的研究方法。社会科学研究所面对的往往是复杂的研究现象，而现象的描述与分析又往往通过人的语言表达、理念传输而达成其意义建构，在这种情况下，访谈调查法的价值得到了凸显。残疾考生单考单招执行问题的访谈调查，即通过深度访谈来获得相关利益者（既包括高等特殊教育院校的行政领导、辅导员、专任教师以及残疾大学生，也包括特殊教育学校的教师）对残疾考生单考单招制度的评价，以更加深入地了解残疾考生单考单招执行现状。

在实地调查期间，笔者对少数高等特殊教育院校的管理者、专任教师、残疾大学生以及特殊教育学校的教师进行了半结构式访谈，通过深度访谈等方法与高等特殊教育院校及特殊教育学校的学校领导、教师、残疾学生等进行直接接触，有目的地收集信息，为本书的研究获取了翔实可靠的信息。本书研究的访谈调查样本的抽样，采取的是方便抽样的方法，在力所能及的范围内尽量寻找较为充足的访谈样本人数。在整个调查过程中，笔者选择残疾考生单考单招的直接利益相关者作为访谈样本，共30人，其中包括高等特殊教育院校行政管理人员（特殊教育学院的院长及副院长）4人、高等特殊教育院校专任教师8人、残疾大学生15人、特殊教育学校教师3人，访谈样本分布于我国东、中、西部地区。

（三）比较研究法

比较研究法是教育学的主要研究方法之一，它是根据一定的标准，对两个或两个以上有联系的事物进行考察，寻找其异同，探求教育之普遍规律与特殊规律的方法①。在形式上，比较研究包括纵向比较、横向比较以及纵横比较，如学校之间的比较、地区之间的比较，甚至是国家之间的比较。比较研究既可以拓展研究者的视野，也能加深研究者对于研究问题的认识②。

在本书研究开展的前期，国外残疾人招考政策及其执行的相关研究文献为本书的研究提供了理论基础与研究方法的借鉴；西方国家在高校残疾人招生考试政策、考试支持以及政策执行等方面的历史经验与改革措施也为本书的研究提供了参考。本书在对我国残疾考生单考单招执行问题的"共性"特征进行描述的基础之上，用大量篇幅分析了残疾考生单考单招执行问题在不同性别、年龄、教育层次、职称、学校、残疾类别、年级以及区域等之间的差异。笔者以 SPSSAU 为检验工具，来检验残疾考生单考单招执行过程所存在的差异。不同组别在各个因素上显现出的差异性为本书的后续研究提供了重要的依据。所以，比较研究法在本书研究中并不是以一种严格的操作步骤去开展的，而是作为研究的思维引导，或者是作为以上几种研究方法的辅助，渗透在整个研究的各个环节。

（四）个案研究法

在广泛调查的基础之上，笔者选择长春大学作为个案进行研究，基于政策执行理论，对长春大学残疾考生单考单招的执行主体、执行程序、执行条件、执行监督以及执行效果进行分析。对残疾考生单考单招执行问题的研究从一般到个体，既能从宏观上把握我国残疾考生单考单招的执行现状，又能通过对典型个案的观察研究，进而发现和印证残疾考生单考单招执行中的现实问题。

第六节　研究重点、难点与创新点

一、研究重点

本书研究的目的是通过调查分析，发现我国残疾考生单考单招的关键

---

① 袁振国. 教育研究方法［M］. 北京：高等教育出版社，2000：161.

② 吴志宏，冯大鸣，魏志春. 新编教育管理学［M］. 2 版. 上海：华东师范大学出版社，2008：22.

性问题，并探寻旨在完善残疾考生单考单招的有效策略或建议。因此，本书研究的重点包括：一是对残疾考生单考单招的概念、内涵及发展历程进行界定、解释和梳理；二是通过文献梳理和实际调研找出残疾考生单考单招在执行过程中存在的问题，并对问题的原因进行分析，这是深入研究残疾考生单考单招执行问题的前提；三是以政策执行理论为依据进行残疾考生单考单招执行理论框架及其应用的个案分析；四是对残疾考生单考单招执行问题进行分析并提出问题优化路径。

二、研究难点

本书研究的难点有以下几个方面：一是对残疾考生单考单招及其执行的概念、内涵的界定和解释。残疾考生单考单招虽说已执行二十余年，但是国内学者对其进行广泛深入的研究也仅始于约十年前，关于残疾考生单考单招及其执行的概念、内涵的相关文献屈指可数，而且随着时间的推移，其概念和内涵也在不断变化。因此，对残疾考生单考单招执行的内涵、概念进行界定、解释是本书研究的难点。二是理论选择与构建相关的理论分析框架。对于残疾考生单考单招，没有一个拿来就能使用的理论，运用已有理论来进行匹配是进一步研究的前提。构建残疾考生单考单招执行问题研究的理论分析框架，没有现成的模板和案例可以借鉴和参考，因此理论分析框架的构建质量取决于对研究理论的选择。因此，理论选择与构建理论分析框架也是本书研究的主要难点之一。

三、研究创新点

(一) 理论视角创新

笔者运用政策执行理论思考残疾考生单考单招执行过程中的问题。从研究选题与构架来看，本书研究实现的首要创新当属研究理论工具运用的创新，即运用政策执行理论来分析残疾考生单考单招执行问题，形成研究的基本思路和逻辑。以往对高校残疾人招考问题的研究，多从社会正义、公平等角度来强调残疾考生单考单招的改革，或对残疾人高等教育招生考试的现状进行调查，或对某一类残疾学生单独招生考试进行调查。上述研究固然有着不可忽视的研究价值，它们为本书研究的开展提供了有益的借鉴和参考。但笔者认为残疾考生单考单招的相关研究的主要缺憾就是缺失适当理论工具的观照，整个分析过程缺乏分析框架引路，致使人们对残疾考生单考单招的相关研究一直停留在"外围"谈论它的改革与提出建议，相关的调查研究也不够深入和系统。本书基于政策执行理论来构建残疾考生单考单招执行问题研究的理论框架，并基于此理论框架展开理论分析、调查问卷与访谈提纲的编制以及实地调查。这就使本书的研究相较于过往相关主题下的研究，实现了经典理论在新领域的应用。

（二）发现新的问题及其归因

本书的研究确认了之前学者们在研究中提到的关于残疾考生单考单招执行的相关问题，还发现了残疾考生单考单招执行中存在的其他一些问题。第一，为解决残疾考生单考单招执行过程中出现的考试成本高，给残疾考生及其家庭造成了巨大的人力负担和经济负担等问题，一些高等特殊教育院校（长春大学、南京特殊教育师范学院）执行"一校多点考"模式。这种考试改革在解决老问题的同时，又出现了高校在执行"一校多点考"模式时的组织、协调与管理的新问题。高校缺乏执行残疾考生单考单招的全纳环境。第二，高校提供的考试支持无法满足残疾考生的考试需求。第三，高校没有对残疾考生单考单招的具体情况进行科学宣传。第四，高校在执行残疾考生单考单招时潜在的特权过多。第五，残疾考生表达意见的渠道不通畅。第六，残疾考生单考单招制度的执行没有起到促进残疾学生身份认同的作用。本书对研究中发现的新问题进行了归因解释，例如，高校残疾人招生考试工作人员服务意识缺乏导致残疾考生单考单招宣传不科学，社会参与与监督的缺失导致高等特殊教育院校拥有过多的特权，以人为本理念的缺失导致残疾考生意见表达不通畅，残疾考生单考单招本身的缺陷制约其执行效果等。这些问题归因，是经过对问题的深入分析首次得出的，也是本书研究重要的创新点。

（三）问题优化路径的观点创新

关于调查研究中被验证与发现的问题，本书中的问题优化路径都是基于笔者对问题的具体归因分析，以及我国高等特殊教育发展的现有资源与条件而提出的，对于解决残疾考生单考单招执行问题具有一定针对性与可行性。例如，对于残疾考生单考单招执行过程中，各高等特殊教育院校"各行其是"、招考成本高、效率低等问题，笔者提出了构建残疾考生单考单招各执行主体的协作机制，构建残疾考生单考单招联考或"一校多点考"模式。对于高等特殊教育资源不足、区域分配不均衡的问题，笔者提出了构建高等特殊教育发展的对口支援运行模式。对于残疾考生单考单招的招生专业狭窄、办学层次低等，笔者提出了整合高校校内外资源，增加高校残疾人招生专业，以及根据残疾人的障碍程度执行研究生分流招生模式，例如，分残疾类别进行招生，执行研究生特殊教育班；在特殊教育学院执行融合教育，招收残障程度较轻的残疾学生；特殊教育学院与其他学院进行联合招生，优势互补，资源共享，执行研究生融合教育；等等。对于残疾考生单考单招执行过程中招生宣传不科学的问题，笔者提出了优化"线上+线下"相结合的残疾考生单考单招宣传模式，分层分类科学匹配；实现残疾考生单考单招招生宣传内容的精准化，转变招生管理意识，推进残疾人招生宣传服务常态化，以及深化残疾考生单考单招的顶层设计等优化路径。上述针对残疾考生单考单招执行问题的优化路径，在国内是首次提出。因此，在某种意义上来讲，本书具有策略、观点方面的创新。

第二章　概念界定与理论思考

第一节　核心概念界定与相关概念辨析

一、核心概念界定

（一）残疾人

《特殊教育辞典》中对残疾人的解释是："残疾人指的是身心发展上有各种缺陷的人，包括智力残疾、听力残疾、视力残疾、肢体残疾、言语障碍、情绪和行为障碍、多重残疾等类型。"[①] 1990 年 12 月 28 日第七届全国人民代表大会常务委员会第十七次会议通过的《中华人民共和国残疾人保障法》对残疾人做出了首个法律上的界定："残疾人是指在心理、生理、人体结构上，某种组织、功能丧失或者不正常，全部或者部分丧失以正常方式从事某种活动能力的人。""残疾人包括视力残疾、听力残疾、言语残疾、肢体残疾、智力残疾、精神残疾、多重残疾和其他残疾的人。"《中华人民共和国残疾人保障法》2008 年和 2018 年修订时，均未修改上述条文。《中华人民共和国残疾人保障法》对残疾人定义的描述具有医学属性和社会属性的双重属性。所谓残疾的医学属性，是指残疾人在心理、生理、人体结构上某种组织、结构功能丧失或不正常，并以此来区分残疾人与健全人；残疾的社会属性是指残疾人心理、生理、人体结构上的残疾，导致他们从事某种社会活动的能力完全或部分丧失，存在社会活动参与方面的障碍。上述两种属性，不能分离而独立存在，二者相互影响、相互作用。该定义的医学属性和社会属性，既有关于人体结构、身体功能障碍的描述，

---

① 朴永馨. 特殊教育辞典 [Z]. 北京：华夏出版社，2006：4.

也有关于精神、心智与社会功能障碍的描述，这对残疾人的认识、认定具有法律指导意义。

1975年12月联合国颁布的《残疾人权利宣言》对残疾人的定义是："残疾人是指任何由于先天性或非先天性的身心缺陷而不能保证自己可以取得正常的个人生活和社会生活上一切或部分必需品的人。"这一定义不仅抓住了残疾人的核心特征——身心缺陷，这也是残疾人的医学属性；而且还兼顾到了残疾人的社会属性，即先天性或后天性的残疾导致他们不能够保证自己获得正常的个人生活和社会生活上的全部或部分必需品。2006年12月由联合国颁布的《残疾人权利国际公约》第一条对残疾人的定义做出了如下界定："残疾人包括肢体、精神、智力或感官有长期损伤的人，这些损伤与各种障碍相互作用，可能阻碍残疾人与他人平等基础上充分和切实地参与社会。"[1]《残疾人权利国际公约》的概念认为"残疾"是一个不断演变的概念，既指出残疾人在心理、生理、精神等医学属性上的残疾，又强调了残疾也是由态度和环境障碍造成的。因此，残疾是伤残者与阻碍他们切实、平等参与社会活动的各种态度、环境障碍相互作用的结果。

如上所述，国外对残疾人的界定比较关注残疾人与社会环境之间的互动，即更注重社会因素对残疾人身心发展的影响。《中华人民共和国残疾人保障法》和《残疾人权利宣言》的定义有异曲同工之处。在时间上，《残疾人权利宣言》对残疾人概念的界定要早于《中华人民共和国残疾人保障法》，因此，不排除我国关于残疾人概念的界定是在借鉴与参考国外相关概念的基础之上做出的。我国对残疾人概念的界定，既关注残疾人本身的生理缺陷，又关注残疾人的心理发展状况，还有外界环境对残疾人能力的影响。也就是说，对残疾人这一概念的界定，一方面指向一种生理或心理缺陷，即形态和功能的缺陷，另一方面指向个人能力，也就是个体完全失去或部分失去作为正常人以正常方式从事某种正常活动的能力。但是这一概念却没有对残疾人的社会参与障碍给予重视。因此，对残疾人的身心障碍的界定，既要把残疾人与其生活的社会环境联系在一起，又要体现残疾人的社会参与能力。

残疾人由于身心发展存在一定的缺陷，从古至今就是社会中的一个特

---

① 联合国. 残疾人权利公约 [EB/OL]. （2008-05-12）[2023-03-13]. http://www.un.org/chinese/disabilities/convention/convention.html.

殊群体。新中国成立之后的相当长一段时间里，社会把身心发展有缺陷的人或伤残的人称为"残废人"，比如，把在战争中负伤的伤残军人称为"残废军人"。"残废"一词在一定程度上带有贬义、歧视的意思，没有把残疾人放在与健全人同等的地位来认识和对待。随着社会的发展和人类文明的进步，人们对残疾以及残疾人概念的认识也在不断发展变化。基于对人性的尊重和生命平等的角度，中国残疾人福利基金会呼吁用"残疾人"来替代"残废人"这一称谓，尽量规避或降低对残疾人的称呼中含有的歧视、贬义色彩。当前，我国在政策法规、学术论文等正式文本中将身心有缺陷的人称为"残疾人"。因此，本书也将身心发展有缺陷的人或伤残人士界定为"残疾人"。

根据残疾考生单考单招的特定环境和现实条件，以及我国高等特殊教育院校当前的招收对象，本书中的残疾学生主要是指听力残疾学生、视力残疾学生、肢体残疾学生以及少数轻微精神残疾学生（高功能孤独症）、言语残疾学生。

（二）残疾人高等教育

高等教育是传授高等知识与技能的专门机构，它既有广义上的教育的共同特性，同时也具有区别于其他各级教育的特性。布鲁贝克认为，高等教育与中等教育、初等教育的主要差别在于教材的不同：高等教育的教材涉及更高深的学问。影响"高等教育为谁服务"这一问题的两个相互关联的方面是学生的才能与学术课程的性质[①]。因此，对于任何人来说，接受高等教育的一个最基本的前提是要有健全的智力和一定的知识储备，包括残疾人在内。这是由"研究高深的学问"这一高等教育的性质所决定的，否则学生根本无法完成高等教育的学习任务。因此，残疾人高等教育与残疾人基础教育的一个重要区别就是教育对象的选择不同。本书涉及的残疾人主要是指感官障碍的学生，而智力障碍和精神高度残疾的人还不具有接受高等教育的能力。

目前，我国学者对残疾人高等教育内涵的界定主要有以下三种：

（1）朴永馨在其主编的《特殊教育词典》中将"特殊高等教育"（残疾人高等教育）定义为：中等教育以上的特殊教育。

（2）张宁生将"残疾人高等教育"定义为："是根据残疾人身心特征

---

① 李文长. 弱势群体高等教育权益研究：理念、政策与制度 [M]. 北京：人民教育出版社，2007：182.

和需要，建立在完全的中等教育基础上进行的各种层次、各种形式的专业教育，以培养他们成为对社会有用的高层次人才。教育对象是具有高中或同等学力的残疾青年，主要对他们进行国家规定的大学专科或本科层次以上的教育。"残疾人高等教育的目的就是"基于平等的理念，使残疾人的潜能得到最大限度的开发，培养对社会有用的高层次专门人才"①。

（3）"残疾人高等教育"的另一种定义是："为视觉残疾者、听觉残疾者和肢体残疾者举办的高等专门教育。"②

在以上三种观点中，第二种观点相对完整地表达了残疾人高等教育所具有的内涵。笔者认为，残疾人高等教育的定义至少应该明确两点：一是教育对象的界定，即包括取得高等教育资格的残疾青年，如视力残疾者、听力残疾者和肢体残疾者；二是对高等教育性质的界定，即高等教育是高级专业教育，它所培养的是高层次专门人才。因此，残疾人高等教育，可以定义为：根据残疾人身心的基本特征和需求，采用普通的或特殊的教育教学方法，使取得高等教育入学资格的残疾青年（主要是视力残疾、听力残疾和肢体残疾，以及少数精神残疾和言语残疾的青年）能够在普通高等教育院校或高等特殊教育院校接受高等教育的活动。

（三）残疾考生单考单招

高等教育单考单招是指经教育部批准的普通高校单独考试招生制度，既是高校自主招生政策的执行形式，也是高校自行选拔人才的一种途径。我国高校单考单招的主要实施形式包括运动训练和民族传统体育专业（简称"体育单招"）、保送生、艺术专业、插班生、外语小语种、第二学士学位、职教师资、残疾考生、少年班等③。本书中的单考单招特指高校残疾考生单考单招政策，该政策由高等院校的特殊教育学院（也称"高等特殊教育院校"）具体实施。

越来越多的残疾人通过普通高考进入大学接受高等教育，这源于残疾人对高等教育的需求。但是信息不对称、特殊学校教学内容与高考考试内容偏差较大、试卷结构与试卷内容呈现形式不符合残疾人身心特征等客观因素，导致残疾人并不能公平、有效地参加普通高考。因此，适当的制度

---

① 张宁生. 残疾人高等教育研究 [M]. 沈阳：辽宁人民出版社，2000：36.

② 袁茵. 残疾人高等教育的理论思考 [J]. 大连理工大学学报（社会科学版），2002（4）：60-63.

③ 樊本富. 中国高校自主招生研究 [D]. 厦门：厦门大学，2009：256.

安排可以消除一些客观因素的负面影响。残疾考生单考单招在一定程度上能够消除残疾人参加普通高考过程中上述客观因素产生的负面影响，实现残疾人个人利益最大化。残疾人高等教育单独招考制度是指经由教育部招生考试主管部门批准、由高等特殊教育院校根据残疾考生（专指视力残疾和听力残疾）实际情况，单独命题、单独组织考试和单独录取的特殊招生政策①。残疾考生单考单招是高等特殊教育院校根据国家教育政策的要求，由高等特殊教育院校制定并实施的。残疾人高等教育制度，从 1987 年开始一直沿用至今。为了提高残疾人高等教育入学率和公平性，有关部门还需要在该制度框架内细化、归类、制定各种政策来辅助其执行。近年来，随着残疾考生单考单招的改革与发展，残疾人高等教育的政策规定与内容也在变化。例如，《第二期特殊教育提升计划（2017—2020 年）》中提出了要显著扩大非义务教育阶段的特殊教育规模的目标，执行该目标的重要任务之一就是要稳步发展残疾人高等教育。稳步发展残疾人高等教育的主要措施就是：普通高等学校积极招收符合录取标准的残疾考生，普通高等学校要进行校园无障碍环境改造，给予残疾学生学业、生活上的支持和帮助。要积极规划与统筹残疾人高等教育资源的布局，支持高校增设适合残疾人学习的相关专业，提高残疾人招生总量。从上述政策规定可知，残疾人高等教育政策在高校残疾人招考制度中的生成与运用，表明教育政策从属于相关教育制度。但是政策的特性决定了它并非被动地适应制度，它在为完善制度框架服务的同时，还积极地或消极地在制度框架内发生量变，最终促进制度变迁，达成制度创新，即政策能动地反作用于制度。基于残疾人自身特殊的高等教育需求，相关残疾人高等教育政策在解决现实问题时，会在残疾考生单考单招执行过程中形成具体的操作。例如，受残疾人高等教育政策的影响，残疾考生单考单招的执行主体、招生对象（执行客体）、招生专业、考试形式以及录取要求和标准也在不断调整。因此，残疾考生单考单招与国家残疾人教育政策之间是相互影响的。

残疾考生单考单招与普通高考大致相似，都是由招生计划制度、考试制度与录取制度组成的。

高等教育招生计划是国家及高等学校根据社会经济发展的需要，以及高等学校的发展规模、办学条件、专业布局等因素确定的招生人数计划②。

---

① 麻一青，孙颖. 残疾人高等教育现状及发展对策 [J]. 中国特殊教育，2012 (7)：19-24.
② 徐萍. 高考制度伦理研究 [M]. 武汉：华中师范大学出版社，2016：25.

招生计划制度包括计划编制、计划形式两个方面。①计划编制是高等学校在每年招生工作开始之前根据学校发展规模、师资力量、教学设备、住房条件等可能的承受力来确定学校及专业招生的总量，并上报主管部门审批，并在此基础之上根据各省的考生数量、生源质量、各省份对专业人才的需求情况、毕业生的就业情况等来制定在各省份的招生总数及分专业招生人数。残疾考生单考单招的招生计划制度，是根据高等特殊教育院校或特殊教育学院的发展规模、师资力量、教学设备以及全纳教育校园与无障碍环境建设情况等来确定学校及各个专业的招生数量。笔者对全国 30 所高等特殊教育院校 2022 年公布的招生简章进行统计后发现，由于学校特殊教育学院的发展规模、师资力量及教学设备等的差异，不同学校招生计划编制差异比较大。其中招生计划编制最多的是山东职业技术学院，有 385 人；最少的是滨州医学院，仅有 9 人。②我国高等教育招生计划形式主要分为五种：国家任务计划、定向招生计划、委托培养计划、自费生计划和并轨招生计划。其中，国家任务计划和定向招生计划被统称为指令性计划，而委托培养计划和自费生计划则被称为调节性计划。资金来源方面，国家负责国家任务计划和定向招生计划，委托单位负责委托培养计划，自费生计划和并轨招生计划由国家和学生共同负担①。残疾考生单考单招是一种特殊的招生制度，专门面向残疾人群体，消除他们参加普通高考过程中的一些客观困难，实现残疾人考试方面的利益的最大化。从招生计划的分类来看，残疾考生单考单招制度可以被视为一种定向招生计划，因为这种制度是针对特定群体（残疾人）的，旨在满足这个特定群体的高等教育需求。同时，这种制度也具有调节性，因为它允许高等特殊教育院校根据实际情况和需求，自主地组织考试和录取过程。在资金来源方面，残疾人高等教育单考单招制度涉及多种方式的资金来源，具体的资金来源会根据具体的政策规定和实施情况而有所不同。例如，一部分资金来自国家的支持，一部分资金来自学生自费，还有一部分资金来自其他的支持单位或机构。由于残疾考生单考单招制度得到了国家的支持和认可，并且国家将提高残疾人的高等教育入学率作为教育目标，因此，残疾考生单考单招在一定程度上也可以被视为一种国家任务计划。这种制度不仅满足了残疾人的特殊需求，也符合国家高等教育战略发展规划，因此，它在招生计划中占有重要

---

① 徐萍. 高考制度伦理研究 [M]. 武汉：华中师范大学出版社，2003：125.

的地位。

考试制度作为教育制度中的一个重要组成部分，在历史和现实中均发挥着一定的社会导向作用。考试制度也是高等教育的一项重要制度，它规范着高校考试活动的行为和准则，为考试活动的参加者提供行为保障，并对其进行约束；同时也是考试活动执行主体权利和责任的集结体。高校考试制度是指高校根据国家性质、统治者意志和社会需要制定的考试目的、方针、政策和设施的总称①。考试制度是高考制度的核心内容，主要涉及考试内容、考试形式两个方面。考试内容是教育机构为测试考生的学习结果，为高校选拔合适的人才，有目的、有计划地安排的考核内容。考试内容主要包括两个方面的问题：一是考试科目设置的问题，即考试设置哪些科目；二是考试命题立意的倾向问题，即考试内容是倾向于知识立意还是能力立意。考试形式是组织执行考试的方法。如果考试内容要解决的是"考什么"的问题，那考试形式要解决是"如何考"的问题。有学者认为，考试形式可以归纳为宏观、中观和微观三种形式②。宏观的考试形式体现的是整个考试制度的结构方式和表现方式，宏观的考试主要涉及三个问题：考试由谁来组织——是国家、地方还是学校；考试以什么样的形式来组织——是采取全国统一考试，是各个地方分别组织，还是以学校为单位进行单独考试；考试次数是多少——是一次考试还是多次考试等。中观的考试形式主要是指考试内容在学科、科目上的选择，包括考试的组合形式以及执行形式。以普通高考为例，高考的科目组合形式是多样化的，从最初的"3+X""3+2""3+大综合"等，到新高考的"3+3""3+1+2"等组合形式。高考的考试执行形式主要涉及的问题有：考试是口试还是笔试；如果是笔试，是执行开卷考试，还是闭卷考试；等等。微观的考试形式指的是相对具体的各门考试科目的题型的设计。一门考试科目的题型一般包括以下几种：主观题与客观题，封闭题和开放题等。所以，归纳上述问题可知，考试形式指的是考试的组织形式，主要涉及考试的组织者、考试次数、考试科目组合形式和考试执行形式等。

与普通高考相比，残疾考生单考单招的考试形式具有一定的特殊性。根据上述思路来分析，从宏观角度来看，残疾考生单考单招是由各个高等特殊教育院校组织实施的，考试次数是每年一次。从中观角度来看，残疾

---

① 廖平胜. 考试学原理 [M]. 武汉：华中师范大学出版社，2003：31.
② 张耀萍. 高考形式与内容改革研究 [D]. 厦门：厦门大学，2007.

考生单考单招的考试科目一般是"文化课+专业课"的组合形式，其中文化课的考试科目有语文、数学、英语，专业课的考试科目视专业而定；考试形式是闭卷笔试的形式。长春大学残疾考生单考单招的考试科目组合形式也是"文化课+专业课"，以音乐表演专业为例，文化课的考试科目包括语文、数学、英语，专业课的考试科目包括基本乐理、听音、演唱或演奏。该校残疾考生单考单招采取的是闭卷笔试的形式。从微观角度来看，残疾考生单考单招的考试执行形式因考试科目而有所差异。长春大学残疾考生单考单招的考试题型既有主观题，也有客观题；既有开放题，也有封闭题。数学科目考试采取闭卷笔试的形式，考试的题型主要以客观题、封闭题为主，考试题型包括选择题、填空题和解答题等。语文科目考试采取的也是闭卷笔试的形式，考试的题型既有客观题、封闭题，如选择题、填空题；也有主观题、开放题，如综合运用分析题和作文。

录取制度，既包括国家对高等院校录取新生所制定的准则和规范，又包括高等院校自己制定的有关录取新生的原则和规范。高校录取新生是高等院校根据国家相关政策的规定，按照高等教育的培养要求选拔合格考生的具体执行过程。被录取的考生意味着获得了大学入学资格，所以录取是招生考试环节最后一个程序。录取制度包括录取机构、录取形式、录取程序和录取标准[1]。其中，录取机构是普通高等学校，录取形式根据考试制度而定。高校入学考试既有全国统一考试，又有自主招生考试，所以按照执行规则的主体，录取制度可分为统一录取制度和高校自主录取制度[2]。统一录取制度把考生的统一高考分数作为获得入学机会而进行投档排序的唯一标准参数。而高校的自主录取制度既将高考分数作为文化课考核的基础，高校又根据自己的培养目标和选拔标准对学生进行考核。学校自行考核的部分更加注重学生的全面素质，更加注重学生的个性特长，更加注重学生的创新思维能力及非智力因素，更多地体现人才标准的多样性[3]。残疾考生单考单招与高校自主招生的性质有些相似。高等特殊教育院校根据设置的专业和培养目标对残疾学生自主招生，录取规则既有文化科目的考核（一般为三个科目：语文、数学、英语），又有专业科目的考核。专业科目考试因专业的不同会有所不同，即使同一专业课，不同学校的考试科

---

① 刘建如. 中美一流大学本科生录取制度的比较研究 [D]. 大连：辽宁师范大学，2016.
② 谷振宇. 录取制度：高考改革的关键 [J]. 大学教育科学，2010 (4)：23-25.
③ 姜钢. 完善高校招生自主选拔录取办法的思考 [J]. 中国高等教育，2005 (24)：26-28.

目也有可能不同，甚至有些学校虽然专业相同、考试科目相同，但考试内容差异很大。因此，不同高等特殊教育院校的录取制度会因考核内容的差异，在录取的参照内容和标准上也有所区别。有些高等特殊教育院校的录取制度的参数标准除了文化课、专业课的考核成绩外，还增加了面试环节的考核，它能让学校更加直观地了解残疾考生的身心发展状况和综合素养。

（四）残疾考生单考单招执行

1. 残疾考生单考单招执行的概念

执行，原意是贯彻实施、实际履行等。"执行"在法律上是指将法院已经生效的判决、裁定所确定的内容付诸实现而依法进行的活动。"执行"在管理学科中指的是高效地利用资源，高质量地实现目标。"执行"对应的英文为 execute，它有两种含义：一是已经做出规划，并实施规划；二是指完成某一个比较困难的事务，并且是在没有做出规划的前提下去完成。从"执行"的含义来看，执行是一个过程，它搜集了内部和外部可以利用的资源，对资源进行整合，制定出可行性的战略，并通过一系列的手段、方法与措施来达成规划的效果，完成规定的任务，实现规划预期的目标。

制度包括正式制度和非正式制度，因此制度执行同样也存在着狭义与广义之分。狭义的制度执行，是指对正式制度的执行，即包括法律、规章、条令、政策、办法、合约、协议等方面的执行行为。换言之，制度执行是相关组织执行正式制度如法律、规章、条令、政策、办法、合约、协议等的行为。而广义的制度执行，既包括正式制度的执行，也包括非正式制度的执行。或者说，广义的制度执行既可以是对法律、规章、条令、政策、办法、合约、协议等的执行，也包括对规则、惯例、习惯、礼节、仪式、禁忌、行为规范、道德规范等的执行。总之，制度执行是指根据制度的规划，对制度规定行事的过程①。招生考试制度是国家基本教育制度，是由招生考试相关的法律、规章、条令、政策等内容组成的正式制度。而残疾考生单考单招是招生考试制度的重要组成部分，属正式教育制度范畴。

如上文所述，残疾人高等教育单独招考是指经由教育部招生考试主管部门批准、由高等特殊教育院校根据残疾考生实际情况，单独命题、单独组织考试和单独录取的特殊招生政策。关于残疾考生单考单招执行的定

---

① 彭和平. 制度学概论［M］. 北京：国家行政学院出版社，2015：208.

义，目前尚无明确的界定。笔者通过对制度执行和政策执行的定义的理解，为残疾考生单考单招执行做出一个操作性定义：残疾考生单考单招执行是一个动态的过程，它是执行者通过建立组织机构，运用各种法律、规章、条令、政策等，进行解释、宣传、准备、实施、协调、监控与效果评价等各种活动，将针对残疾人的招生考试观念形态的内容转化为实际效果，从而实现既定制度目标的活动过程。

2. 残疾考生单考单招执行的内涵

一项制度的执行通常会涉及某些问题，如执行什么（执行的内容）、谁来执行（执行主体）、为谁执行（执行客体，即制度执行的最大受益方）、如何执行（执行程序）、执行结果如何（执行的效果）等。制度本身关系到人们社会关系的构成形式、活动程序和行为样式①。制度始于规定，成于执行。一项制度规定的正式颁布象征着制度规定的基本过程已经告一段落，接下来要把制度付诸执行并将其作为重点。制度规定所设计的社会关系形式、活动程序和行为样式能否由文本变成现实，制度规定的设想在执行过程中会不会流于形式，这完全取决于制度执行的力度、效率和效果。美国著名的公共政策学家威尔逊说过：执行一部宪法远比制定一部宪法要困难得多②。残疾考生单考单招的执行同样也会遇到上述几个问题：执行主体的问题、执行客体的问题、执行程序的问题、执行条件的问题、执行监督的问题以及执行效果的问题。

第一，关于残疾考生单考单招的执行主体。制度执行主体，是回答谁来执行制度的问题。政策执行主体是政策执行活动的主要行为主体，其通过一系列计划和行动来完成政策的实施，在政策执行中发挥着主导作用③。残疾考生单考单招的执行主体包括教育行政部门、高等特殊教育院校，其中高等特殊教育院校是直接实施者。高等特殊教育院校作为一个组织实体，应该属于其他组织实体内的执行机构范畴。

第二，关于残疾考生单考单招的执行客体。政策执行客体，即教育政策执行结果的接受者、受益者，由受政策影响而必须采取新的观念和行动模式的那些人组成④。残疾考生单考单招的执行，使部分残障程度稍重的

---

① 彭和平. 制度学概论 [M]. 北京：国家行政学院出版社，2015：120.

② 彭和平. 国外公共行政理论精选 [M]. 北京：中共中央党校出版社，1997：4.

③ 袁振国. 教育政策学 [M]. 南京：江苏教育出版社，2001：289.

④ 袁振国. 教育政策学 [M]. 南京：江苏教育出版社，2001：289.

残疾人有机会进入大学接受高等教育，建立了特殊教育学校与高等院校之间的桥梁，丰富与完善了特殊教育学校的教学目标和办学定位。残疾人是该制度执行结果的最大受益者，因此，残疾人是该制度的主要执行客体。

第三，关于残疾考生单考单招的执行程序。高等特殊教育院校是相对独立的组织实体，其根据国家关于残疾人高等教育的政策与方针，并基于高等特殊教育院校的办学条件、师资队伍、教学设备等条件制定本校的残疾考生单考单招的相关政策、规章或制度，如残疾考生单考单招的招生简章与实施方案，以及在高等特殊教育院校内部执行的招生考试办法、实施细则。基于上述判断，高等特殊教育院校是最低层次的制度规制者。残疾考生单考单招执行的具体程序是：高等特殊教育院校公布招生简章及其宣传材料，准备招生考试需要的物质资源，残疾考生提交报名材料，残疾考生参加考试，学校公布考试结果，学校录取并公布录取结果等。

第四，关于残疾考生单考单招的执行条件。残疾考生单考单招的执行需要一定的条件。就影响因素而言，残疾考生单考单招的执行条件包括主观条件和客观条件。残疾考生单考单招执行的主观条件体现在执行主体与客体对残疾考生单考单招及其执行状况的知晓度和满意度上。客观条件是指残疾考生单考单招执行的外部环境，即执行残疾考生单考单招的必要的政策环境、文化环境、技术环境等。

第五，关于残疾考生单考单招的执行监督。残疾考生单考单招的监督制度贯穿于招生计划的确定、考试制度和录取制度的执行的全过程。在招生之前，教育主管部门会检查高校是否具有招生资格，在评议高等院校是否达到招生资格时，要严格审核高等院校的办学条件、师资以及相关教学设备等；在招生过程中，要检查高等院校的招生计划是否符合本校办学实际，是否严格按照上级教育主管部门的要求进行招生考试；关于考试制度，要检查高等特殊教育院校是否根据公布的考试大纲进行命题，试卷印刷等过程中是否做严格保密工作，考试形式是否符合残疾学生身心发展特征，阅卷教师在批阅考试试卷过程中是否做到参考标准与灵活给分相结合；在录取环节，要检查高等特殊教育院校在录取制度执行过程中是否做到人才选拔活动流程公平、公正、公开，是否存在"开后门""走偏门"等问题。保障高等特殊教育院校和残疾考生在招生考试中的合法权益，杜绝在招生、考试、录取等环节出现不正之风，需要配套完善的残疾考生单考单招执行的监督管理制度。

第六，关于残疾考生单考单招的执行效果。残疾考生单考单招执行效果是指残疾考生单考单招在执行过程中对各利益相关者（包括教育行政部门、高等特殊教育院校、特殊教育学校、残疾学生等）所产生的影响和所带来的成效。执行效果是残疾考生单考单招调整、变更、修订和完善的重要依据。对残疾考生单考单招执行效果的衡量，不仅要关注制度执行的效率、效益等事实性指标，还要关注公平、发展、文化传承与保护等价值性指标。在现实生活中，人们关注教育政策执行的效率，往往只关注教育政策执行效果的内涵指标，而不关注其外延指标。例如，关注残疾人招生考试制度的执行能否提升残疾学生的教育公平和教育质量，进而提升他们的生命尊严和生活质量，而不是仅关注考试资源分配和入学机会的均等。不可否认，现行的教育政策往往是通过某种外推的手段来尝试改变教育资源分配和教育机会不均等的问题，很少从文化属性、自身需求、社会公平正义、科学性、合理性等角度来驱动教育的内涵式发展。这在一定程度上过于注重制度执行效果评价的实用主义，即以工具理性与技术理性为导向，忽略了对强调价值导向的主观意识的评价。残疾考生单考单招涵盖了较多的社会公正、补偿性、差异性等价值因素，所以它的执行效果评价既要重视事实性评价，也要重视价值性评价。因此，探讨残疾考生单考单招执行效果的评价标准，不仅有利于从事实和价值两个层面去分析残疾考生单考单招的执行效果，还有利于残疾考生单考单招的调整、变更、修订和完善。

二、相关概念辨析

（一）普通高等院校与高等特殊教育院校的辨析

普通高等院校，简称"普通院校"，是指按照教育部规定的统一设置标准、相应的审批程序，批准举办的具有高等学历授予权力的教育机构。高等院校是对全日制大学、学院、高等职业技术学院/职业学院、高等专科学校的总称。大学、学院主要实施本科层次教育；高等职业技术学院/职业学院、高等专科学校主要实施专科（高职高专）层次教育。被普通高等院校录取的学生也叫"统招生"，是指通过按照规定的标准举办的"全国硕士研究生统一入学考试"（全国硕士统考）、"普通高等学校招生全国统一考试"（普通高考）、各省级行政部门统一组织的"普通高校专升本考试"（普通专升本）等正式考试入读全日制高等学校的学生。截至 2023 年

6月15日，全国高等学校共计3 072所，其中：普通高等学校2 820所，含本科院校1 275所、高职（专科）院校1 545所①。

截至2023年6月15日，全国共有高等特殊教育院校30所，这些高等特殊教育院校是包含在2 820所普通高等院校之中。因此，高等特殊教育院校有双重身份：一是通过普通高考招收正常考生，实施普通高等教育，从此角度而言，它是普通高等院校，简称"普通高校"；二是通过残疾考生单考单招招收残疾考生，实施残疾人高等教育，从此角度而言，它是高等特殊教育院校。因此，高等特殊教育院校所实施的高等教育，既包括残疾人高等教育，又包括普通高等教育。残疾人高等教育指的是各类残疾人的高等教育和培养为残疾人事业服务的人才的高等教育②。可以理解为，高等特殊教育院校既履行为残疾人创设特殊条件和设备，利用特殊教育手段和方法对残疾人进行高等教育的职责，同时又扮演普通高等院校的角色，即通过全国普通高考来招收具有普通高中学习经历或具备相应学习程度的正常学生，以及少数残疾学生（比如肢体残疾学生等），对他们施以普通高等教育。

通过比较可知，高等特殊教育院校比起其他普通院校，招收学生的渠道和招生对象更加多元。高等特殊教育院校既通过单考单招招收各类残疾学生，对残疾大学生实施残疾人高等教育；又通过普通高考招收正常学生，对其实施普通高等教育。其他普通高校主要是通过普通高考招收普通学生及少数轻微残疾学生。二者的共性就是：高等特殊教育院校与普通高校实施的都是全日制高等教育。本书为了区分执行残疾考生单考单招的普通高校和没有执行残疾考生单考单招的普通院校，把前者称为"高等特殊教育院校"，把后者称为"普通高校"。本书的研究对象是高等特殊教育院校的残疾考生单考单招。

（二）残疾考生单考单招与普通高考的辨析

残疾人高等教育单独招考是指经由教育部招生考试主管部门批准、由高等特殊教育院校根据残疾考生（主要指视力残疾和听力残疾）的实际情况，单独命题、单独组织考试和单独录取的特殊招生政策③。普通高考是

① 中华人民共和国教育部. 全国高等学校名单 [EB/OL]. （2023-06-19）[2023-07-11]. http://www.moe.gov.cn/jyb_ xxgk/s5743/s5744/A03/202306/t20230619_ 1064976.html.
② 朴永馨. 高等特殊教育的发展 [J]. 中国残疾人，2004（1）：122.
③ 麻一青，孙颖. 残疾人高等教育现状及发展对策 [J]. 中国特殊教育，2012（7）：19-24.

指以普通高中毕业生为主要对象的普通高等院校招生的全国统一考试制度，《教育大辞典》中"高等学校招生考试制度"的定义为"高等学校招收、录取新生的政策、条件、办法等的总称"①。

残疾考生单考单招与普通高考都是高等院校的招生考试制度，二者既有相同点，又有不同点。二者的相同点：构成要素和执行机制相同。残疾考生单考单招与普通高考制度都由制度执行机构和人员、考生，以及连接制度执行机构与考生的招生考试制度构成。残疾考生单考单招和普通高考制度都包括考试制度、招生制度、录取制度等。二者的不同点包括：一是考试对象不同。参加残疾考生单考单招的考生一般是身心发展有障碍的学生，主要包括听力残疾学生、视力残疾学生、肢体残疾学生以及少量的轻度精神残疾学生等；而参加普通高考的学生主要是身心发展正常的学生。二是残疾考生单考单招与普通高考制度的执行时间、考试科目、考试大纲和考试内容不一样。残疾考生单考单招的举行时间是每年的3~5月，且各高校残疾考生单考单招的具体时间不一样；残疾考生单考单招的考试科目包括文化科目和专业科目，文化科目包括语文、数学、英语，而专业科目根据每个高校设置的专业而有所区别，而且不同的高等特殊教育院校，即使招生专业相同，专业科目也有差异；残疾考生单考单招的考试大纲和考试内容，不同学校之间也有较大的差异。普通高考采用全国统一考试时间，一般是每年6月的7—8日；考试科目遵循原高考顶层设计，"3+X"模式中的"3"均指的是语文、数学、外语三个科目（全国高考必考科目），三科权重地位相同，高校院系招录时可自主决定三科加权系数；普通高考大多数省份的具体形式是"3+文科综合/理科综合"，理科综合指物理、化学、生物3个学科的综合，文科综合指政治、历史、地理3个学科的综合，绝大多数省份采用"小综合"模式②；普通高考的全国卷的考试大纲和考试内容基本一致。三是残疾考生单考单招与普通高考的考试管理机制不同。残疾考生单考单招的制度执行机构是我国各个高等特殊教育院校，各个高等特殊教育院校自行组织考试、自主招生，呈现出"各自为政"局面。我国的普通高考制度则是普通高校招收本专科新生，基本以高考成绩为唯一录取依据。普通高考制度的执行是在全国层面进行统一计

---

① 顾明远. 教育大辞典 [M]. 增订合编本. 上海：上海教育出版社，1999：413.
② 余澄，王后雄. 我国高考科目设置的发展历程及其改革价值取向 [J]. 教育理论与实践，2015，35（35）：22-25.

划、统一组织、统一报考、统一录取调配①。我国普通高考制度执行工作的领导层和管理层明确，有清晰的管理领导和管理机构，这为普通高考管理机制的正常运行提供了制度保障②。

本书的研究内容是残疾考生单考单招执行问题，普通高等院校按普通高考制度执行残疾人招生考试的问题并不在本书的研究范围之内。

第二节　理论基础

一、政策执行理论

政策制定只是完成了政策的观念化形态，下一步就要进入政策执行阶段。美国学者艾利森认为："在实现政策目标的过程中，方案确定的功能只占10%，而其余的90%取决于有效的执行。"③ 政策执行阶段是政策从观念形态走向现实形态的重要一步，是实现政策目标的必然途径，在整个政策周期中处于至关重要的地位。

（一）政策执行理论的发展

公共政策的执行在学术界早期的政策研究中并没有引起学者足够的重视，当时的学者更多地关注政策制定的理论研究。他们认为只要政策制定得好，政策执行便会顺理成章。这是基于一个基本假设：政府机构在执行政策方案过程中能够完全理解和认同政策方案，没有改变原有的方案；政府机构在执行过程中也能排除各种困难因素，不受政策执行机构及人员自身的能力、认识、价值观和利益等的影响。在实施现代行政方法的国家中，政治与行政二分现象日益凸显。在国家政治生活中，行政部门的作用会越来越大，它的行政自由裁量权范围也会不断扩大，行政授权数量与覆盖范围会日益增多，社会大众会越来越关注行政部门以及公共政策的执行，政策研究者也会由偏重公共政策制定的理论研究逐渐转向政策执行的实践研究。

---

① 郑若玲，万圆. 统一高考制度的问题及其成因评析 [J]. 华中师范大学学报（人文社会科学版），2015（4）：160-166.

② 尹晓彬. 普通高校招生考试的管理机制研究 [D]. 西安：西北大学，2013.

③ 丁煌. 政策执行 [J]. 中国行政管理，1991（11）：38.

20 世纪 60 年代，时任美国总统约翰逊提出"伟大社会"计划之后，推出了一系列国家政策。但由于政策在执行过程中遇到的问题比较多，导致政策严重失败，政策制定的目标并没有按预期达成，甚至有的政策根本没有得到执行。这不免让人思考一个基本性的问题：政策方案本身没有什么问题或缺陷，甚至有的非常优秀，但为什么这些方案最终都没能取得预期的效果，问题的根源何在？于是政策执行失效问题，使政策执行进入了学者的研究视野。哈佛大学肯尼迪政府学院在公开发表的《公共政策执行问题的报告》中指出，政策执行过程中人们往往会忽视政治与官僚等方面的问题。普雷思曼和威尔达夫斯基对美国联邦政府创造就业机会的政策项目——"奥克兰计划"的执行情况进行了跟踪研究。为了探索政策执行失败的原因，他们对个案做了具体和追本溯源式的分析，于 1973 年写成了题为《执行——联邦的计划在奥克兰的落空》的研究报告。他们在该报告中指出："要想使政策科学成为行动的科学而不仅仅是理论科学，就必须重视政策执行问题。不仅要重视政策执行本身，而且应当在政策执行与政策制定之间建立密切的联系。"[①] 该报告的出版成为政策执行研究兴起的标志，由此引发了二十世纪七八十年代"执行运动"的研究热潮。大量论著得以出版，通过对大量案例的实证研究及理论探索，公共政策执行研究得到了长足进步。学者们从各自专业视角开拓政策执行研究，提出了不同的理论与模型，极大地拓宽了公共政策研究的视野。这一时期提出的比较有影响力的公共政策理论有行动理论、组织理论、因果理论、管理理论、系统理论、演化理论等。发展至今，公共政策执行理论研究历经了第一代、第二代和第三代三个发展阶段。每个阶段的研究都有不同的侧重点，表明政策研究的途径差异比较大。

我国对公共政策的执行给予高度关注始于改革开放之后。这是因为改革开放以前，中央政府及领导人基于社会主义革命的成功和建设成就，建立了巨大的政治威望，各级政府执行公共政策的效率极高。但是随着改革开放和市场经济的发展，政策执行一定程度上出现了"敷衍性执行""选择性执行""附加性执行""对抗性执行"等情况，于是政策执行力研究便吸引了越来越多的学者，政策执行研究由此成为公共治理的热点问题。20 世纪 90 年代，我国学术界对公共政策执行研究已经给予了足够重视，

---

① PRESSMAN J L, WILDAVSKY A. Implemenialion: how great expectation in Washington are dashed in Oakland [M]. Berkeley: University of California Press, 1973: 174.

并形成了大量成果，如张金马的《政策科学导论》、陈庆云的《公共政策分析》、孙光的《现代政策科学》等著作。2000年以来，学者对公共政策执行的研究逐渐深入，研究更细致、更成熟、更系统，相关文章与著作数量比较多，比较成熟的著作有丁煌的《政策执行阻滞机制及其防治对策：一项基于行为和制度的分析》，赵凯农等的《如何贯彻执行公共政策》，金太军等的《公共政策执行梗阻与消解》等。国内公共政策执行的研究，从早期关于西方公共政策执行理论的介绍开始，逐步结合国内问题，研究中国公共政策执行中存在的问题，分析影响国内公共政策执行的因素，进行对策性研究。

（二）政策执行的基本内涵

迄今为止，政策执行尚未有一个确定的定义。政策研究者通常从不同的理论学派出发，从不同的角度概括政策执行的含义。行动学派的查尔斯·奥·琼斯认为："政策执行是一系列将政策付诸实际的具体行动，其中，尤以组织、解释和实施三种活动最为重要。所谓组织，是指政策实施中资源、机构和政策措施的形成和重新安排；所谓解释，是指将政策内容转化为公众可接受和理解的计划与指令；所谓实施，是指由执行机关提供必要的日常服务、资金和设施，从而完成设定的政策目标的活动。"① 行动学派非常重视政策作为行动指南的指导作用。组织理论学派则更强调组织机构在政策执行中的作用，C.P. 斯诺和 L. 特里林指出："任何一项把观念转化为行动的行为都涉及某种简化工作，而组织机构正是从事这种简化工作的主体，是它们把问题解剖成具体可以管理的工作项目，再将这些项目分配给专业机构去执行。于是只有理解组织是怎样工作的，才能理解所要执行的政策，也才能知道它在执行中是如何调整和塑造的。"② 普雷斯曼和威尔达夫斯基对于公共政策执行的界定是：目标的确立和达成这些目标的行动之间的一种相互作用过程③。

北京大学陈庆云教授对公共政策执行的界定是：政策执行可以理解为一种为了实现政策目标，把政策内容转化为政策现实的动态优化过程④。

---

① JONES C O. An introduction to the study of public policy [M]. 3rd, eds. Monterey, California: Brooks/Coles Publishing Company, 1984: 166.

② 张金马. 政策科学导论 [M]. 北京: 中国人民大学出版社, 1992: 206.

③ PRESSMAN J L, WILDAVSKY A. Implementation: how great expectation in Washington are dashed in Oakland [M]. Berkeley: University of California Press, 1973: 174.

④ 陈庆云. 公共政策分析 [M]. 北京: 中国经济出版社, 1996: 232.

张国庆认为，政策执行是一种活动或行动的过程。其目的是试图将既定的政策目标由一种法权的规定性变为一种可供观察、可供比较的实际结果①。陈振明认为，可以把政策执行界定为一个动态的过程，它是政策执行者通过建立组织机构，运用各种政策资源，采取解释、宣传、实验、实施、协调与监控等各种活动，将政策观念形态的内容转化为实际效果，从而实现既定政策目标的活动过程②。许文惠、张成福认为，政策执行是指国家行政机关将决策中枢系统所输出的决策指令付诸实际，从而实现行政决策目标的一种行为③。赵凯农、李兆光认为，所谓政策执行，是指政府机关将既定的公共政策适用于具体的个人、组织、事件和特定情景，直接推动或者监督保证公共政策得以落实的行动④。张金马指出："政策执行是一个过程，它是政策执行者运用各种政策资源，通过建立组织机构，采取解释、实施、服务、宣传等各种行动将政策观念形态的内容转化为现实效果，从而使既定的政策目标得以实现的过程。"⑤ 该定义回避了对政策执行的界定，仅把其视为对政策方案的实施，然而，政策执行远非如此简单。桑玉成、刘百鸣认为，政策执行是政府执行系统通过积极的行动使政策方案得以实施的过程⑥。杨宏山认为，政策执行既是将政策目标转化为实际结果的过程，也是细化政策方案、完善组织安排、探寻恰当的执行工具的学习过程⑦。

可见，学者们对政策执行内涵的阐释尽管有不同的视角，但也存在共性。这种共性是：政策执行是为了实现既定的政策目标而依托一定的主体，在合法的范围内，动员所需的社会力量，整合政策执行资源，所采取的一系列行为的过程。政策执行是各级政府的重要行政工作，也是公共政策运行的关键性环节。

（三）政策执行的理论模型

20 世纪 70 年代以来，许多学者探讨了政策执行问题，从不同的视角构建了政策执行的理论模型，这些模型为中国政策执行问题的研究提供了

① 张国庆. 现代公共政策导论 [M]. 北京：北京大学出版社，1997：167.
② 转引自：郑敬高. 政策科学 [M]. 济南：山东人民出版社，2005：279.
③ 许文惠，张成福. 行政决策学 [M]. 北京：中国人民大学出版社，1997：191.
④ 赵凯农，李兆光. 公共政策：如何贯彻执行 [M]. 天津：天津人民出版社，2003：88.
⑤ 张金马. 政策科学导论 [M]. 北京：中国人民大学出版社，1992：206.
⑥ 桑玉成，刘百鸣. 公共政策学导论 [M]. 上海：复旦大学出版社，1991：146.
⑦ 杨宏山. 情境与模式：中国政策执行的行动逻辑 [J]. 学海，2016 (3)：12-17.

重要的理论借鉴。学者们根据自己的学术背景所构建的政策执行的理论模型，主要研究影响政策执行的各种因素，以期更好地帮助人们发现和解决各种政策问题①。

（1）"浴盆"模型。有学者将政策执行的动态演化过程视为"浴盆"状态，即政策尽管具有自身的稳定性，但也会随外部事物的变化产生某种改变，政策制定后在执行过程中会产生失效性。为提升政策执行力和政策执行的必要可靠性，必须尽可能减少这种失效性。根据可靠性理论，政策执行过程中可能存在三个阶段的政策失效，即早期失效、偶然失效、耗损失效。这种政策失效的变化类似于浴盆，因此被称为"浴盆"模型。"浴盆"模型告诫政策执行主体，应尽可能前瞻性地预测和规避这些失效性，重视失效问题成因的分析，并尽可能在早期发现这些问题，避免失效的扩大，防患于未然，减少损失，提高政策执行力②。

（2）过程模型。美国学者 T. B. 史密斯（T. B. Smith）构建了政策执行的过程模型，即整合政策执行内在各要素的生态—执行的理论模型，又被称为"史密斯模型"。该模型认为政策执行主要包括四个变量，即理想化的政策、执行机关、目标群体和环境因素。其中理想化的政策是政策制定者试图追求的目标形态；执行机关是政策执行的主体；目标群体则受政策的直接影响，与政策执行过程有着密切的利益关联，是采取必要的政策反应并符合政策要求的群体或个体；环境因素是对政策执行过程产生影响的外部要素。图 2-1 描述了在政策执行过程中这四个主要变量及其相互关联对政策执行效果的影响过程③。史密斯用"处理"一词来表示对政策执行中各组成要素内部及彼此间的紧张、压力和冲突等关系的反应。

（3）互适模型。美国学者 M. 麦克拉夫林（M. Mclanghin）在 1976年的《互相调适的政策实施》中提出了政策执行的互适模型（见图 2-2）。他指出，政策执行过程是政策执行主体与执行客体之间的互相协调、互相合作、互相适应的过程，通过调适可促进公共政策问题的解决和政策目标的实现。互适模型体现出政策执行过程的四种逻辑关系：一是政策执行过程是执行主体与执行客体基于政策上的共同利益，彼此间通过沟通、协

① 宁国良. 公共利益的权威性分配：公共政策过程研究 [M]. 长沙：湖南人民出版社，2005：144-152.
② 陆小成. 公共治理视域下政策执行力研究 [M]. 北京：中国经济出版社，2017：56-57.
③ 陆小成. 公共治理视域下政策执行力研究 [M]. 北京：中国经济出版社，2017：56-57.

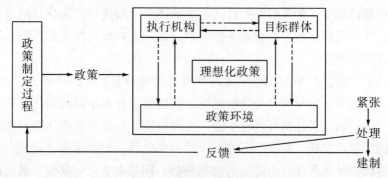

图 2-1　史密斯的过程模型

商、妥协、共识等确定双方可以理解并接受的执行模式；二是政策执行的互相调适是政策执行主体与客体均处于平等地位，彼此进行平等、双向、合作的交流过程，并非传统的、权威式的、自上而下的单向传导模式；三是互适是动态变化并不断调整的过程，政策执行的目标、内容、手段均可能随着外部环境的变化而变化；四是互适模型能实现有效反馈，即政策执行目标群体能通过有效渠道将其诉求、利益、价值等因素反馈给政策执行者或者政策制定者，进而对政策执行过程产生直接或者间接的影响。M.麦克拉夫林认为，政策执行是执行者（组织或人员）与受影响者之间就目标或手段做出相互调适的动态平衡的过程，政策执行的效果取决于二者互适的程度①。

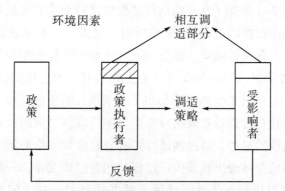

图 2-2　M. 麦克拉夫林的互动模型

①　桑玉成，刘百鸣. 公共政策学导论［M］. 上海：复旦大学出版社，1991：44.

（4）循环模型。美国学者 M. 雷恩（M. Rein）和 F. 拉宾诺维茨（F. F. Rabinovitz）在 1978 年构建了政策执行的循环模型，即政策执行以拟定纲领、分配资源、监督执行为三个阶段，执行者按照合法、理性、共识等执行原则，推进政策的落实。任何一个政策的有力执行，在第一循环需要经历拟定纲领和行动计划，确定和分配好执行资源，进而对政策执行过程进行有效监督和推动；在第二循环则是通过上一阶段的政策执行与监督，以及执行过程的反馈，针对政策执行情况再次拟定行动纲领，调整计划和相应措施，进一步分配资源，再次监督执行，最终确保政策目标的实现。在政策执行的循环过程中，环境条件包括目标显著性、程序复杂性、可利用资源的性质与层次，它们直接影响政策执行过程。这种模型揭示了"上令下行"与"下情上达"的执行—监控—再执行的循环回路，强调拟定纲领、分配资源、监督执行对政策执行力提升的重要意义（如图 2-3 所示）①。

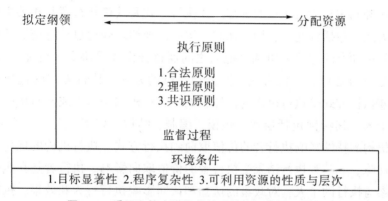

图 2-3　雷恩和拉宾诺维茨的政策执行的循环模型

（5）博弈模型。博弈模型就是运用博弈理论来观察、分析政策执行过程中相关参与者就政策目标或手段的达成所做的说服、协商与妥协等互动情形。该模型以完全理性人为假设前提，认为在政策执行中，当面临冲突和竞争时，每一个参与者在做选择时都会遵循最大收益-最小损失原则。美国公共政策学者巴得克（Bardach）是用"博弈"概念来分析政策执行过程的主要代表之一。他将政策执行视为一种赛局，其包括以下要素：①竞赛者，即政策执行者和相关人员；②利害关系，即竞赛可能的原因；

① 桑玉成，刘百鸣. 公共政策学导论 [M]. 上海：复旦大学出版社，1991：46.

③竞赛资源，即包括策略与技术等软资源和财经、权威等硬资源；④竞赛规则，即竞赛获胜的标准或条件，其中公平竞赛是最基本的原则；⑤其他规定，即竞赛者之间的信息沟通性质以及所得结果的不稳定程度等①。

（6）系统模型。美国公共政策学者雷恩和拉宾诺维茨在1978年《执行：理论的观点》一文中，构建了一个以循环为特色的政策执行分析框架——政策执行循环模型，即系统模型。该模型认为影响政策执行的因素包括六个方面：政策目标与标准、政策资源、执行方式、执行机构的特性、执行者的价值取向、系统环境②。①政策目标是政策制定者想要实现的社会效果，政策标准是衡量目标达成的指标。它们是政策执行的基础，直接决定政策的执行方式，间接影响执行者的价值取向。分析政策执行的影响因素时，要首先考虑政策目标与标准的设定和实现。②政策资源是为实现政策目标而需要具备的条件，包括人力、财力、物力、信息、权威等。政策资源的充足程度会影响政策执行质量和机构间的沟通。政策资源的分配和利用是政策执行的关键。③执行方式是政策执行者与相关主体的互动方式，包括沟通、协调、强制。沟通是他们之间通过信息交流达成共识或解决冲突的方式。协调是他们之间通过合作或妥协实现目标的方式。强制是他们之间通过权力或规则推动执行的方式。执行方式的选择很重要。④执行方式受执行机构的特性影响。执行机构是负责或参与执行的组织或个人，其特性包括层次、规模、编制、结构、权责、人员和关系等。执行机构的特性影响执行者的价值取向和执行方式。执行机构的优化是执行的保障。⑤政策执行结果受执行者的价值取向影响。执行者是在执行机构中参与执行的个人，对政策的认知和认同影响执行行为和效果。执行者的价值取向是执行的主观因素。对执行者的培训和激励是执行的手段。⑥执行过程受系统环境影响。系统环境是执行所处的外部条件，包括政治、经济、文化和社会环境等。系统环境影响执行机构的特性、执行者的价值取向和执行绩效。系统环境的变化是执行的不确定因素。这六个因素相互之间的联系，及其与政策执行绩效的关系如图2-4所示。

---

① 张红凤. 公共政策导论［M］. 上海：上海财经大学出版社，2013：146.
② 张红凤. 公共政策导论［M］. 上海：上海财经大学出版社，2013：147.

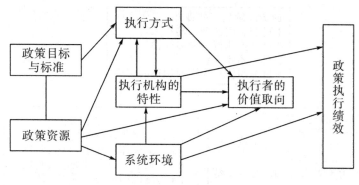

图2-4　雷恩和拉宾诺维茨的系统模型

（7）综合模型。梅兹曼尼安和 P. 萨巴蒂尔提出了政策执行的综合模型。他们认为，影响政策执行的相关因素可以分为三个大类：政策问题的可处理性、政策本身的规制能力、政策本身以外的相关变量。其中每一个大类又分为若干小类，共计 17 个因素。政策问题的可处理性包括 4 个小类：可资利用的理论与技术、目标团体行为的多样性、目标团体人数及其行为需要调适的幅度。政策本身的规制能力包括 7 个小类：明确的政策指令、政策本身存在充分的因果关系、充足的政策资源、执行机构间与机构内部的层级整合、建构执行机关的决定规则、高素质的执行人员、吸收社会各界参与的可能性。政策本身以外的相关变量包括：社会经济环境和技术条件、大众媒体对问题的关注程度、普通公众对政策的支持程度、各选民团体的态度和资源、监督机关是否支持、执行者的工作态度与领导艺术。三者之间的关系见图 2-5。

上述模型虽然各有不同的侧重点，但是都指出了公共政策执行是一定机构或人员，为了实现既定的政策目标而采取的各种行动的过程或行为这一本质。政策执行不仅是一个动态的过程，同时也是包含了建立执行机构、运用政策资源、解释政策内容、进行政治动员、开展局部实验、具体贯彻落实以及实施协调监控等诸多环节的复杂过程。在这个过程中，不仅各个环节之间相互联系、互相制约，而且每个环节本身都涉及众多的变量。其中任何一个环节出了问题，都会直接或间接影响到政策功能的有效发挥和政策执行的效果。所以，政策执行者要顺利实现政策目标，必须以系统思维为指导，采取多种有针对性的方法措施，对所要解决的社会公共问题系统地加以解决。

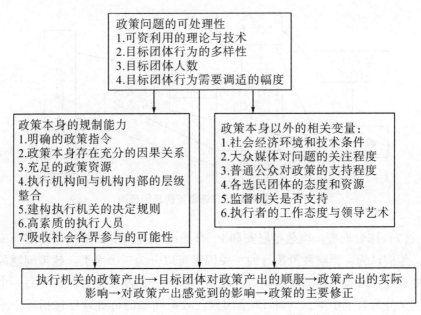

政策问题的可处理性
1.可资利用的理论与技术
2.目标团体行为的多样性
3.目标团体人数
4.目标团体行为需要调适的幅度

政策本身的规制能力
1.明确的政策指令
2.政策本身存在充分的因果关系
3.充足的政策资源
4.执行机构间与机构内部的层级整合
5.建构执行机关的决定规则
6.高素质的执行人员
7.吸收社会各界参与的可能性

政策本身以外的相关变量:
1.社会经济环境和技术条件
2.大众媒体对问题的关注程度
3.普通公众对政策的支持程度
4.各选民团体的态度和资源
5.监督机关是否支持
6.执行者的工作态度与领导艺术

执行机关的政策产出→目标团体对政策产出的顺服→政策产出的实际影响→对政策产出感觉到的影响→政策的主要修正

图 2-5 D. 梅兹曼尼安（D. A. Mazmania）和 P. 萨巴蒂尔（P. Sabarier）的政策执行的综合模型①

（四）政策执行的基本要素

政策执行的基本要素包括政策执行的主体、客体、环境、资源、监督、效果等。政策执行是由一定的执行主体与执行客体相互配合与协同，作用于一定环境，运用一定资源，从而达到既定政策目标的过程。

1. 政策执行的主体

各级政策的落实与执行需要特定的组织机构及其人员来完成。政策执行主体，即政策的直接实践者，是影响政策执行效果和力度的最直接因素。有研究指出，政策执行主体是依法承担政策执行权限的组织和个人。组织往往具有模糊性和宏观性，而一切政策的最终执行都要施加在个体身上。对于公共政策而言，公务员扮演着这一承担者的角色。因此，从某种意义上来说，公务员对政策执行效果负有重要责任②。毛泽东曾指出，政治路线确定以后，干部就是决定性的因素。各级领导干部是各级政策执行的核心主体。政治路线确定，也就是党和政府的政策得以确定，就需要好的领导干部负责执行。政策执行主体包括政策执行组织和政策执行个人。

① 宁骚. 公共政策学 [M]. 北京：高等教育出版社，2003：372.
② 周柏春. 提高公共政策执行力的思路选择 [J]. 理论学习，2011（5）：54-56.

在我国，地方政府的执行主体主要依赖于地方各级政府组织或机构。执行主体的因素在很大程度上决定了政策执行的效果和政策目标的达成，如政策执行主体的知识水平、思想观念、价值导向、道德修养、利益需求、心理倾向等均会影响政策执行主体的行为，进而影响政策执行力度。道德因素决定了行政官员在执行政策中的公正性、职业伦理素养等。品德高尚、正直廉洁的政策执行主体会努力按照行政伦理的要求自律，并依照法律规定和对组织的承诺、责任执行政策，对政策执行对象承担应有的责任，确保公共利益和政策目标的实现。

2. 政策执行的客体

政策执行客体即政策执行的对象或者具体内容，执行对象包括被执行的个人、群体或者组织。政策执行客体也可称为目标群体，是政策执行的受益者和利益关联者。政策执行效果直接关系政策执行客体的利益，同时政策执行与主体、客体的互动关联密切。缺乏政策执行客体的配合，便难以确保政策目标的实现。政策是否落实或者执行力的高低与执行客体是否接纳、服从、遵守直接相关。当政策内容不被目标群体所理解和接受，政策执行就会相当困难，政策执行力也会大大降低。

公共政策本质上是一种社会利益的"调控器"与"分配器"，表现为对特定对象的利益进行确认、综合、分配或调整，对其行为进行指导、制约或改变。政策执行能否达到预期的效果与公共政策目标群体对待政策的态度的好坏密切相关。目标群体对政策的认知度和理解度高，即对政策及其执行效果的满意度较高，政策执行客体就会表现出对政策执行的积极支持和主动配合；反之，则会出现抵触或对抗的态度①。

政策目标群体对政策执行的认可度与满意度。政策目标群体泛指由于政策的强制性而必须对本身的行为模式重新调适的群体。尽管政策的目标各种各样，但它总是表现为对一部分人的利益进行调整，表现为对一部分人的行为的指导、制约或改变。由于政策目标群体是政策作用和影响的对象，政策能否达到目标，与目标群体接受政策的程度的高低有直接关系。政策能否被目标群体所顺从、所接受，关键在于政策对目标群体是否有益，即目标群体是否从该政策中获得利益。如果是，目标群体就会对政策顺从、接受；反之，目标群体对政策就会不顺从、不接受，甚至是反对和

---

① 何静. 地方政府公共政策执行力：内涵、影响因素、提升路径 [J]. 中国管理信息化, 2015，18（22）：191-192.

抵制，政策便难以推行，即使推行也难以取得好的效果①。

3. 政策执行的程序

公共政策的执行作为政策运行整体的组成部分，是继政策问题界定和方案制定及选择之后向实现政策目标迈进的至关重要的一步，是将政策目标转化为政策现实的唯一途径。政策执行有效与否，关系到该政策预期目标能否实现，关系到该项政策制定实施的成败。所以，可以说公共政策的执行是公共政策目标得以顺利实现的关键。政策执行又是一个复杂的过程，按照微观程序模型理论，政策执行是由一连串的循环反馈流程构成的。这些微观流程包括政策的颁布、政策执行的准备、政策执行的宣传与试验、政策执行的组织落实与推广、政策执行的检查与监督等②。

第一，政策颁布就是下达实施政策的指令，政策一般是以法规、命令、指令、决定、决议、纪要、通知、规定、批示、章程、条例、制度、办法、细则等形式下发的。政策一经颁布，就进入实施环节，产生约束力和指导性。第二，政策执行的准备。政策执行是一种极为复杂的社会活动，因此，在政策方案颁布以后和正式进入具体的实施阶段之前，有必要做好一系列的准备工作。实施准备包括：组织准备，主要是指机构的设置和人员的配备；思想准备，即政策执行者对政策的意图和政策实施的具体措施有明确的认识和充分的了解，并在思想统一的情况下积极主动地执行政策，为实现共同的政策目标而努力工作；物质准备，任何一项政策的实施总是需要一定的物力和财力作为其实施的基本保障，所以，充分做好政策实施的物质准备，也是政策实施准备工作必不可少的一项内容；计划准备，政策执行者只有周密地做好执行前的各项计划，才有可能取得理想的执行效果，计划准备的具体内容包括分解政策目标、调配组织力量、准备防范措施等。第三，政策执行的宣传。宣传即宣布和传播，政策的执行离不开对政策的宣传。因为政策的有效执行不是政策执行者一厢情愿的事情，从某种意义上讲，它是以作为政策目标群体的广大民众对所推行的政策的认同和接受为前提的，而这种认同与接受又是以其对政策的准确认知为前提的。通过各种形式的政策宣传可以在更大范围使广大政策目标群体充分认识到所推行的政策与他们自己切身利益之间的紧密关系，使他们认

① 张金马. 公共政策分析：概念·过程·方法 [M]. 北京：人民出版社，2004：431.

② 何静. 地方政府公共政策执行力：内涵、影响因素、提升路径 [J]. 中国管理信息化，2015，18（22）：191-192.

同并自觉自愿地接受政策，从而为政策的有效执行奠定坚实的基础。第四，政策执行的试验。政策试验是政策执行过程中的必要环节和重要步骤。那些涉及利益群体比较大的政策，其风险也较高，在政策推广之前，需要在小范围内进行试验。因此，一方面政策所涉及的政治、经济、文化、心理等社会因素的影响十分复杂，而且这些因素往往很难进行精确的定量分析；另一方面，与其他现象相比，政策所产生的后果常常具有较为深远的影响，结果难以预料。所以一项涉及利益群体大、风险高的政策，在全面推广实施之前，为了减少不必要的损失，需要在小范围内进行政策试验，以验证政策的有效性，如发现偏差，要及时修正和完善政策。第五，政策的全面推行。政策执行经过上述四个阶段之后，下一步就进入政策的全面推广实施阶段。这是政策执行程序的最后一个环节，也是政策执行过程中最重要的阶段，因为政策执行效果在很大程度上取决于这一阶段的实施情况。在全面执行政策的过程中，由于政策执行的范围不断扩大，所涉及的人数越来越多，所处的环境越来越复杂，因此政策执行者不仅要注意正确地运用工作方法，严格地遵循政策执行的基本原则，而且要处理好一般与个别、权利与义务、普遍与特殊等关系。在政策全面执行过程中，政策执行者在深入调研的基础之上，根据事物发展的基本规律，遵循统一原则，为解决特殊性问题，可以创新执行手段，以处理新情况。在此过程中，政策执行者要恰当处理政策执行相关的沟通与协调方面的问题。

4. 政策执行的条件

政策执行是一个极其繁杂的过程，其最终效果往往会受到诸多因素的干扰和制约，如政策本身的质量、政策执行所需的政策资源、政策执行的环境等。

（1）政策本身的质量。政策的有效执行是以高质量的政策为基本前提的，政策执行的效果首先取决于政策本身的质量。政策质量不好，会导致人们对政策的不服从，对政策的不服从源于人们对政策的不理解或含糊不清、规定不具体或冲突的政策标准[1]。我国经济学家张曙光指出："制度实施的不完全还来自制度本身的不完善。"[2] 就政策执行而言，高质量的政策至少具备以下几个特征：一是政策要具有合理性。所谓政策的合理性，就

---

① 安德森. 公共政策制定 [M]. 谢明，等译. 北京：中国人民大学出版社，2009：147.
② 张曙光. 制度·主体·行为：传统社会主义经济学反思 [M]. 北京：中国财政经济出版社，1999：139.

是指政策本身所具有的因果联系。一方面，政策是否针对客观的政策问题，政策规定的各项内容是否反映了客观存在的现实情况；另一方面，政策的合理性，还包括政策的执行是否具有现实的可能性，即是否具有能够切实地解决这一政策问题的条件。二是政策要具有明晰性。政策作为人们行为的一种规范，其内容必须明确、清晰，决不能含糊不清或模棱两可，否则就会因政策执行者对政策目标或政策内容的错误解读而造成政策执行的阻滞。三是政策要具有协调性。所谓政策的协调性，是指任何一项可执行的政策在其适用的时空范围内，不得与其他政策相抵触、相矛盾。政策的协调性是由政策的系统性所决定的，即要求在确定的时空条件下，各项政策之间以及政策的各种表现形式之间不得互相抵触，互相矛盾。四是政策要具有稳定性。政策的稳定性要求在政策条款中明确规定它的有效期限，在这个有效期限内，政府动员各种资源并采取各种手段来维护该政策的权威性并保证其得以有效执行。如果对政策进行调整或废弃，既要考虑对利益受到损害的相关目标群体的补偿，也要考虑新旧政策之间的连续性和继承性。五是政策要具有公平性。公平常常是就分配而言的，对政策这种权威性的分配方案而言，它对社会资源和利益所进行的分配将在与其直接相关的目标群体之间进行。政策能否达到预期的目的，不是由政策制定者和政策执行者决定的，而是取决于政策的目标群体对政策的认同与接受程度的高低。利益分配的公平程度会直接影响到目标群体对政策的接受程度，进而影响到政策的执行效果①。

（2）政策执行所需的资源。兵马未动，粮草先行。粮草是取得战争成功的重要前提条件，缺乏粮草保障的战争注定是要失败的。政策实施中的"粮草"是指政策执行的资源。缺乏基本的资源保障，政策执行就会非常困难。政策执行资源是政策执行主体发挥作用的条件，也是政策执行系统所必需的动力②。政策执行资源就是把政策内容转化为实际行动的各类资源要素，包括人力资源、物质资源、信息资源、制度资源等，这些资源可以分为硬性资源和软性资源。硬性资源主要是指可见的物质条件和人力资源等。人、财、物自始至终都是政策执行中必不可少的关键资源，是保障政府部门正常运行及政策有效实施的关键资源。而软性资源主要包括信息、技术、制度、文化、权威等。信息资源影响政策执行过程的始终，是

① 张金马. 公共政策分析：概念·过程·方法 [M]. 北京：人民出版社，2004：412-418.
② 王学杰. 我国公共政策执行力的结构分析 [J]. 中国行政管理，2008 (7)：62-65.

政策执行的前提条件，缺乏必要信息的政策执行等同于无头苍蝇，信息资源是政策制定与执行的重要依据。在网络时代，信息更是提升政策执行力的重要基础。技术是政策执行的重要工具，网络技术、多媒体技术、交通技术等均对政策执行过程产生影响。制度、文化、权威等资源也是政策执行不可或缺的重要条件和基本保障。权威是政策执行过程中的软性资源，是集体行动中处理一切问题的意志。从本质上来讲，政策执行者的权威应构筑在理性基础之上①。

（3）政策执行的环境。环境是影响事物的各种因素及其相互作用的系统。从政策执行的角度来理解，环境就是指政府赖以生存的行政生态系统。政策环境是指政策执行直接或者间接关联的内外部环境。好的环境有助于政策的推广和执行，不好的环境会阻碍政策执行，甚至会导致政策失败。缺乏外部资源的输入和内部环境的配合，政策执行就会难以推进。一方面，政策环境是政府决策部门制定各类政策的外部条件和客观依据，地方政府只有从地方实际情况出发，结合国家政策背景和基本要求制定相应的政策方案，政策才可能具有有效性和科学性。另一方面，政策执行部门需要结合地方实际情况进一步细化政策方案，制订政策执行计划，根据地方文化特点、风俗习惯、群众偏好采取有效的执行措施，结合地方政策环境做好思想动员工作，才能推进政策的执行。可见，政策环境直接关系到政策执行的效果、力度，甚至成败。可以说，政策环境是政策执行力的重要影响因素，许多政策执行的障碍与问题，必须结合政策环境进行分析。政策执行的环境主要包括社会心理环境、文化环境、技术环境等②。执行者要从政策执行的内外部环境变化寻找政策执行规律，从而有效提升政策执行力。

5. 政策执行的监督

政策被制定出来之后，关键的工作就是正确地执行政策。然后，在实际的政策执行过程中，政策的有效性常常受到各种因素的影响，甚至出现政策执行活动偏离政策目标的现象，即政策失真③。政策执行是由众多执行机构和执行者共同完成的，政策执行者的思想认识、个人品质、文化素

---

① 何静. 地方政府公共政策执行力：内涵、影响因素、提升路径 [J]. 中国管理信息化，2015，18（22）：191-192.

② 张金马. 公共政策分析：概念·过程·方法 [M]. 北京：人民出版社，2004：438.

③ 张金马. 公共政策分析：概念·过程·方法 [M]. 北京：人民出版社，2004：440.

养以及工作经验等方面存在的差异，或者是政策制定者与政策执行者之间存在的利益差别，常常会使政策执行活动出现偏离政策目标和行为要求的现象。因此，在政策执行过程中，为了消除政策失真，必须对政策加以有效监督。对政策执行情况监督检查的形式多种多样，主要有专门机构的监督检查，上级机关对下级机关的监督检查，政策执行机构之间相互的监督检查，以及人民群众的监督、社会舆论的监督等。政策执行的监督检查是政策实施的保障环节，认真地做好监督检查，就能够及时发现和纠正政策执行过程中的偏差和失误，最大限度地减少政策执行不力造成的消极影响，使政策目标顺利实现。

6. 政策执行的效果

政策执行的效果是对政策执行的评价。政策执行的评价可分为政策过程评价和政策影响评价，前者关注的是一项政策按照原来的设想被执行的程度，后者关注的则是一项政策的效果实现的程度。多数情况下，对一项政策进行评价，既要有过程评价也要有影响评价。关于政策执行评价的另外一种观点是：政策评价的内容既包括一项政策或政策方案实现其预定目标的程度、被有效执行的程度、其相对于所投成本的效率水平，也包括对政策需要的评价，即研究分析社会或特定群体需要什么政策。综合上述观点，本书将政策执行评价界定为：政策执行评价是指采用现代科学研究方法，对一个社会或社区或特定社会群体的政策需求，对已经执行的政策所产生的效果、执行情况及其带来的影响等，进行客观、系统化的考察与评价。政策执行评价的目的是通过将评价信息直接或间接地反馈给政策的制定者或政策执行机构或政策执行人员，促使他们适时做出政策反应、选择好的政策方案、及时调整不当政策、废除无效的政策、改进政策执行行为，从而提高政策制定及执行的质量。

政策执行评价的内容一般包括以下几点：第一，要了解一个地区或某个群体的政策需求；第二，判断已经颁布执行的政策实现预定目标的程度；第三，判断政策执行是否按照政策目标方向执行；第四，评价政策产生的非预期影响，总结和评价政策执行的经验与问题。通过这个定义可以看出，政策执行评价既可以在制订政策计划、设计和选择政策方案的阶段进行，也可在政策执行的过程中进行，还可以在政策执行活动完成后进行。政策执行评价在一项政策的生命周期中的位置及其与有关环节的关系[①]见图2-6。

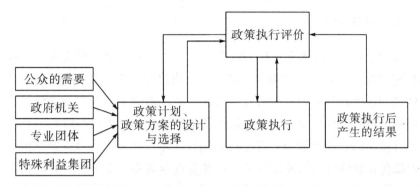

图2-6　政策执行评价在政策生命周期中的位置及其与有关环节的关系

（五）政策执行理论在残疾考生单考单招执行中的运用

政策学者基于政策执行问题的探索，从不同视角构建了不同的政策执行理论模型，这些模型为我国残疾考生单考单招执行问题的研究提供了重要的理论借鉴。其中 T. B. 史密斯的过程模型建构了政策执行的四个变量：理想化的政策、执行机关（机构）、目标群体以及环境因素。该模型为残疾考生单考单招执行问题研究提供了必须考虑的变量。我国应基于残疾人高等教育的需求，对高等教育招生考试政策进行改革与调整，构建一个符合残疾人身心特征的理想化的高考政策。残疾考生单考单招涉及的目标群体与执行效果，受执行机构政策资源的影响。政策执行的综合模型，提出了政策执行效果受政策本身规制能力和外在变量的影响，所以，残疾考生单考单招执行效果，既要考虑到制度本身的质量，比如制度指令的明确性、因果关系、充足的制度资源、执行人员的素质等，也要考虑到制度的外在变量，比如影响残疾考生单考单招执行的政治环境、文化环境、技术条件、社会的参与和支持等。

政策执行理论中关于制度执行的主体与客体、制度执行的程序、制度执行的条件、制度执行的监督以及制度执行的效果评价的一些基本要素，为残疾考生单考单招执行问题研究的理论分析框架提供了理论依据。基于政策执行的理论，残疾考生单考单招执行问题研究的分析框架为：残疾考

---

① 张金马. 公共政策分析：概念·过程·方法 [M]. 北京：人民出版社，2004：450.

生单考单招的执行主体、执行客体、执行程序、执行条件、执行监督、执行效果评价。

二、博弈论

美国学者 E. 巴德克（E. Bardach）等，从博弈论的视角考察了政策执行的"游戏"过程。政策执行过程是政策执行主体与客体之间、主体与主体之间、客体与客体之间的博弈过程，各方作为重要的利益主体，均从自我利益最大化视角出发，寻求最优的策略选择。政策执行博弈中存在竞赛者（player），即政策执行者、政策执行客体，利害关系即竞赛原因，竞赛资源包括软性资源与硬性资源，竞赛受竞赛规则、竞争者之间的信息沟通、所得结果的不稳定程度等因素的影响。我国学者陈振明教授指出，作为政策执行者的中央政府、地方政府以及执行人员，从某种程度上来说，都遵循博弈论的基本原则①。刘骥认为，中国虽然没有联邦制下的宪政架构，但也有中央与地方相互博弈的体制②。也就是说政策制定及其执行中存在博弈现象，这种现象在我国公共政策执行实践中是客观存在的。在我国，利益格局多元化及由此引发的复杂价值博弈，将在政府决策力和执行力双重层面构成严峻挑战，这也是推进公共政策执行力建设的着力点和难点。在很大程度上，公共政策执行力将表现为政府应对多元价值博弈之复杂"棋局"的能力③。

（一）与本书研究相关的博弈理论

（1）囚徒困境。1950 年艾伯特·塔克（Albert Tucker）提出博弈论经典假设"囚徒困境"（prisoner's dilemma），成为了解、研究和探讨博弈的基础理论。囚徒困境是博弈论的非零和博弈中最具代表性的例子，表明个人最佳选择并非团体最佳选择。囚徒困境是一个非常经典的占优策略均衡案例：博弈的两个主体分别被关入监狱，不能互相沟通，只能通过各自的理性计算，均选择不揭发对方，由于警方没有确切的证据，则每个犯人只坐 2 年牢；若有一人揭发，另一人不揭发，则揭发者因立功只坐一年牢，而被揭发者会坐 7 年牢；若二者互相揭发对方，二者都会被判刑 5 年。其

---

① 陈振明. 公共政策分析 [M]. 北京：中国人民大学出版社，2003：280.

② 刘骥. 找到微观基础：公共选择理论的中国困境 [J]. 开放时代，2009（1）：100-119.

③ 罗自刚. 公共政策执行力：从价值博弈到宪政之治：兼论楼市调控政策执行力 [J]. 中共山西省委党校学报，2012，35（1）：75-78.

模型如图 2-7 所示，"坦白"表示揭发对方，"抵赖"表示不揭发对方。

小偷 B

选项	坦白	抵赖
坦白	-5, -5	-1, -7
抵赖	-7, -1	-2, -2

小偷 A 对应"坦白""抵赖"行。

图 2-7 "囚徒困境"博弈论模型

上述选择显然不是体现集体利益的帕累托最优解决方案。在囚徒困境的理性选择中，每个人均选择"坦白"是必然的，然而每个人在均"坦白"状态下的收益比均"抵赖"状态下的收益要差。以各主体的集体利益最大化而言，倘若参与双方选择合作，即采取"抵赖"策略（-2，-2），结果比选择"坦白"策略（-5，-5）的情况更好，能实现集体利益最大化，所以这个博弈有唯一的纳什均衡（-2，-2）——所谓纳什均衡是一个稳定的策略组合点，在该点上没有人愿意主动改变策略，因为所有参与人的收益在他策略不变的情况下是最优的。根据以上假设，二人从个人理性角度出发所选择的占优策略，结果既没有实现两人总体的最大利益，也没有真正实现自身的个体最大利益，这个模型反映了个人理性和团体理性的冲突①。由于这种结果在博弈中又必然会发生，很难摆脱，所以这个博弈被称为"囚徒困境"。在上述博弈中，只存在一个纳什均衡，该均衡为这个博弈的最后结果。在这个结果中每个人的收益都为-2，这个结果对 A 来说，比 A "坦白" B "抵赖"（-1，-7）结果要差；对 B 来说，比 A "抵赖" B "坦白"（-7，-1）结果要差。但是，上述的纳什均衡难以在博弈中实现。

通过上述囚徒困境博弈的经典案例分析可知，一个博弈是多个人之间的互动。而一个最简单的博弈为：两个参与人，在某个参与人在自己的行动确定的情况下，每个参与人只有两个可选的策略。这样一个简单的博弈中任一参与人有四个可能的博弈结果。现实生活中的许多例子其实就属于囚徒困境。这个博弈理论模型有广泛的解释力，可以用于解释军备竞赛、环境污染、水资源调配以及校企合作等。本书将用它来解释残疾考生单考单招执行问题中的困境。

---

① 范如国，韩民春. 博弈论 [M]. 武汉：武汉大学出版社，2006：6-7.

（2）合作博弈。在囚徒困境中，策略组合（抵赖，抵赖）为参与人带来的利益是（-2，-2）。由（-5，-5）到（-2，-2），每个参与人的利益都增加了，即得到一个帕累托改进。但基于参与人的个人理性，（抵赖，抵赖）不会成为纳什均衡。如果两个参与人在博弈之前签署了一个协议：两个都承诺选择不坦白，为保证承诺的实现，参与人双方向第三方支付大于1的保证金；如果违背了这个协议，则放弃保证金。双方有协议之后，（抵赖，抵赖）就成为一个均衡，每个人的收益都得到改善。上述分析表明，通过一个有约束力的协议，原来不能实现的合作方案现在可以实现，这就是合作博弈。

合作博弈也被称为"正和博弈"，是指博弈双方的利益都有所增加，或者至少是一方的利益增加，而另一方的利益不受损害，因而整体的利益有所增加。合作博弈研究人们达成合作时如何分配合作所得收益，即收益分配的问题。合作博弈采取的是一种合作的方式，或者说是一种妥协。妥协之所以能够增进妥协双方的利益以及整个社会的利益，就是因为合作博弈能够产生一种合作剩余。至于合作剩余在博弈各主体之间如何分配，取决于博弈各方的力量对比和技巧的运用。因此，妥协必须经过博弈各方的讨价还价，达成共识，进行合作。在这里，合作剩余的分配既是妥协的结果，又是达成妥协的条件。

非合作博弈关心的是利益相互影响的局势中如何使自己的收益最大。合作博弈则使得博弈双方或多方的利益有所增加，即实现"双赢"或"多赢"；或者至少使一方的利益增加，而另一方的利益不受损害。这种合作关系是有效率的。合作博弈关心的是参与者可以用有约束力的协议来得到可行的结果，而不管是否符合个人理性。合作博弈研究的是人们的行为相互作用时，参与者之间能否达成一个有约束力的协议，以及如何分配合作所得收益。

合作博弈存在的基本条件。在 N 人博弈中，参与人用 $I = \{1, 2, 3, \cdots, n\}$ 表示，I 的任意子集 S 被称为一个联盟，联盟存在需要满足两个条件：一是对联盟来说，整体收益大于其每个成员单独经营的收益之和；二是对联盟内部而言，应存在具有帕累托改进性质的分配原则，即每个成员都能获得比不加入联盟时多一些的收益。由此可知，能够使得合作存在、巩固和发展的一个关键因素是找到某种分配原则，使得可以在联盟内部的参与者之间有效地配置资源或分配利益，实现帕累托最优。

（二）博弈理论在残疾考生单考单招执行中的运用

考试具有典型的经济性，考试活动是十分典型的利益博弈活动。这一特点反映在两个方面：首先，从考试的产生来看，考试是人类生产生活中高效匹配资源和选拔人才的一种社会活动，它产生于人类社会实践，反过来又影响社会实践。其次，从考试的目的来看，残疾人高等教育资源具有有限性，人类的高等教育需求则是递增性的，考试无疑是以"无涯"求"有涯"的最佳方式，这势必造成考试的高竞争特征。残疾考生单考单招也是人们博弈的产物，加之高等特殊教育资源的稀缺性，所以残疾考生单考单招具有较强的博弈性。考试制度在执行过程中包括外部博弈和内部博弈。教育系统作为一个子系统，与整个社会系统及其他子系统之间具有复杂的相互关系，二者之间既相互独立，又相互影响和制约，残疾考生单考单招在执行过程中的外部博弈主要是考试制度与政治、经济、文化等之间的博弈。内部博弈是考试制度执行过程中制度内部各要素之间的利益冲突与协调，合作与不合作，以及各要素之间的有机结合和自行调节所形成的内在关联和运行方式。以高等特殊教育院校 A 和 B 为例，A 和 B 各有两个策略，合作和不合作。各策略组合下的"支付矩阵"如图 2-8 所示。

学校 A

学校 B	选项	合作	不合作
	合作	（3，3）	（1，4）
	不合作	（4，1）	（2，2）

图 2-8　学校合作博弈模型

由图 2-8 可知，如果学校 B 选择合作，学校 A 的占优策略是不合作，因为 4>3；如果学校 B 选择不合作，学校 A 的占优策略还是不合作，因为 2>1。也就是说，不合作是学校 A 的严格优势策略。同理，不合作也是学校 B 的优势策略。这是一个典型的"囚徒困境"，（不合作，不合作）成为这个博弈的纳什均衡。两个学校均从自身理性的角度选择了各自的占优策略，结果既没有实现两校总体收益的最大化，也没有实现自身收益的最大化。

我国残疾考生单考单招执行过程中存在一些问题，例如，残疾人高等教育资源不足，无法满足残疾人对高等教育的需求，这就造成了残疾人高等教育资源的稀缺性，残疾人为了争夺优质的高等教育资源，便产生了利益冲突。加上各个高等院校自主命题、单独考试和单独录取,相同的专业,考试科目不同;科目相同,考试大纲和考试内容差异却比较大,形成高等院校招生考试"各自为政"的局面。残疾考生单考单招一般安排在每年的3~5月份,很多高等特殊教育院校为占得优质生源的先机,把考试安排在3月份左右。在残疾学生争夺优质高等教育资源和高等院校争夺优质生源的过程中,各方的损耗之和构成确定资源归属权的"总成本",远远超过各方合作博弈而获得的利益,这就构成了博弈论中的囚徒困境。解决问题的有效途径是使参与双方或多方在利益博弈前达成一个有约束力的协议,然后在各主体之间有效配置资源或分配利益,使其实现帕累托最优,即合作博弈。促使参与者实现合作博弈的措施有:一是通过资金投入改变博弈的收益矩阵,二是用政策法规解决"囚徒困境",三是通过多次博弈达到新的均衡。

残疾考生单考单招的执行主客体呈现出多样性,主要包括高等特殊教育院校、特殊教育学校、残疾考生等。残疾考生单考单招执行过程中,各执行主客体会因各自的需求产生利益的矛盾与冲突。残疾考生单考单招执行的主要矛盾关系包括招考系统内部各要素的矛盾关系(内部矛盾关系)、招考系统与其他社会子系统之间的矛盾关系(外部矛盾关系)。残疾考生单考单招执行的内部矛盾关系主要有:高等院校与残疾学生之间的博弈,高等院校与特殊教育学校之间的博弈,高等院校与高等院校之间的博弈,以及残疾学生与残疾学生之间的博弈。残疾考生单考单招执行的外部矛盾关系有:教育系统作为一个子系统,与整个社会系统及其他子系统之间具有复杂的相互关系,二者之间既相互独立,又相互影响和制约。残疾考生单考单招在执行过程中的外部矛盾关系主要是考试制度与政治、经济、文化等之间的矛盾。运用博弈论来平衡与协调残疾考生单考单招各执行主客体之间的利益冲突,有利于确定残疾考生单考单招执行主客体存在的问题及找出其优化路径。

博弈论在本书研究中的运用体现在:对执行主体(包括教育行政部门、高等特殊教育院校)之间、执行主体与客体(残疾人、特殊教育学校)在残疾考生单考单招执行过程中的利益冲突现状的考察。残疾考生单考单招执行离不开必要的政策环境、经济条件和文化氛围,同时残疾考生单考单招的执行行为与监督行为之间存在矛盾关系。

三、教育公平理论

(一) 教育公平理论阐述

教育公平理论是政治、经济领域的自由和平等权利在教育领域的延伸，要求为所有学生创造平等受教育的机会，这是现代教育的基本目标之一。早在 2 500 年前，孔子便提出了"有教无类"的教育理念，该教育理念倡导无论是招收学生，还是教育学生，都不分等级、贵贱，可以说孔子是我国教育公平理论的先驱。在西方，柏拉图与其学生亚里士多德，虽然主张在统治阶级内部实行教育民主，认为全体儿童都应该接受同样的教育，但这并不是真正的教育公平，真正的教育公平不应该把奴隶排除在受教育范围外。西方提出真正教育公平观的是法国教育家卢梭，他主张"各种等级的人都是一样的""各种身份的人都是一样的"。由此，卢梭要求，应使一个人的教育适应他这个"人"，应该依据等级、财产和职业的不同进行教育①。18 世纪末，教育公平的思想已经在一些西方国家转化为法律，这些国家在法律上确定了人人都有受教育的平等机会。近现代的西方社会，又在不同时期出现了大致三种不同的教育公平观，它们就是保守主义的教育公平观、自由主义的教育公平观和激进主义的教育公平观②。由此可知，教育公平的内涵具有鲜明的时代特征，不同时期的人对教育公平的解读和诉求也是不同的，不同的解读与诉求表达了教育状况与人们理想间的差距。

教育公平是指政府根据社会与教育的实际情况，使每一位公民能够接受适合自身的教育，同时还要尽可能地考虑差别因素，并最大限度地缩小差距，以实现个人与社会共同发展这一最终目标。教育公平按其内涵可分为三个层次：第一，教育机会均等权。教育公平受民主主义政治观的影响，要求"教育机会均等"，这在种族隔离、女权主义运动和《儿童宪章》运动中都有体现。教育机会均等主要体现为，不考虑人与人之间的差异，将不同背景者放在同样的竞争环境下角逐稀缺的受教育名额。"教育机会均等"最大的价值在于给予残疾人一种希望，这种希望是需要与健全人群体在同样的环境中通过角逐来获得的。罗尔斯曾批评道，事实上，机会均等会带来一个相同的结果，即在角逐社会影响和社会地位方面把较不幸者

---

① 贾宏燕. 教育现代化的"世纪"探索 [M]. 北京：中国时代经济出版社，2010：80.
② 贾宏燕. 教育现代化的"世纪"探索 [M]. 北京：中国时代经济出版社，2010：81.

抛在后面①。因此，在高等教育发展阶段，"教育机会均等"仍然无法惠及像残疾人一样的社会弱势群体。因为"机会均等"以能力主义为出发点，不考虑教育起点的不同，那些"先天不足"的学生要想获得受教育的机会必然要比那些健全人付出更多的努力，只有弱势群体中一小部分优秀的学生才有可能从中受益。第二，扩大各人群受教育机会。教育公平的第二阶段是各人群受高等教育机会的扩大。这一阶段教育公平的诉求承认人与人之间的差别，并要求努力为这些差别的发展提供均等的机会。史密斯主张，社会确保每一个人的能力得到最充分发展的唯一方式，就是在数量上为所有人提供均等的教育机会②。以高等教育为例，高等教育大众化就是顺应这种社会需求的，在崇尚学历的社会风气的推波助澜下，形成了世界范围的高潮。高等教育大众化的发展使得更多的人有了接受高等教育的机会，打破了高等教育原有的形式，使得接受高等教育的权利得到更大范围的保障。根据马丁·特罗的高等教育大众化理论，大众化阶段的学术标准由共同性转为多样化，入学选拔原则由原来的选拔性转变为准选拔性，即成绩标准让位于非学术标准。这些转变都是为了保障不同社会基础的人群可以获得接受高等教育的机会。因此高等教育入学机会的扩大是这一阶段高等教育公平的最主要成就。第三，享受优质教育的权利。教育公平的第三个阶段是人们对享受优质教育权利的要求。当教育入学机会得到相当程度的满足时，人们对教育公平的诉求不再停留在"量"的维度，而是转向"质"的维度。北师大的钟秉林和赵应生指出：随着高等教育大众化进程的进一步推进，高等教育公平问题的表现不再是"量"的层面，"质"的层面的公平将逐步成为高等教育公平问题的核心所在。这具体表现在三个层面：一是优质高等教育资源的短缺与社会大众对高质量高等教育的迫切需求之间的矛盾成为当前教育的主要矛盾，二是质量差异成为不同社会阶层接受高等教育的主要差异，三是区域之间高等教育的质量差异大于数量差异③。

受教育的权利和教育机会扩大两个阶段更多关注的是群体公平的问

---

① 布鲁贝克. 高等教育哲学 [M]. 郑继伟，王承绪，张维平，等选译. 杭州：浙江教育出版社，1987：67.

② 布鲁贝克. 高等教育哲学 [M]. 郑继伟，王承绪，张维平，等选译. 杭州：浙江教育出版社，1987：72-73.

③ 钟秉林，赵应生. 我国高等教育大众化进程中教育公平的重要特征 [J]. 北京师范大学学报（社会科学版），2007（1）：5-10.

题，而享受优质教育则在教育公平中注入了个人因素①。这一变化对高等教育公平提出了新挑战，由于优质高等教育是稀缺的，那么如何让大众都能够享受到优质的高等教育成为问题的关键。解决这一问题的一条途径就是基于市场原理的高等教育分类发展，要求高等教育内部出现一定的分化。这种分化不应是层次上的纵向分层，而是类型方面的横向分类。"精英与大众"是高等教育的内部细分，是以合作为基础的分工，是在促进人的发展及社会进步这个总体功能的基础之上的功能分工。这种横向分类能避免各高校的趋同发展导致的对教育资源的恶性争夺，鼓励各高校根据社会需求，挖掘自身的特色和优势，选择特殊的服务人群，提供具有特色的优质高等教育服务。具体而言，这一问题的解决途径是：优质高等教育资源，是多元而相对的，是适合个体发展的教育资源。因此，对不同的人而言优质教育资源是不同的，这种观点关注的是每个受教育者的需要。因此，高等教育公平不应该以教育资源的均等分布为目标，而是应该更加关注每个受教育者在这个教育体系中能够获得最适合他发展的教育机会。

（二）全纳教育理念下的教育公平观

全纳教育（inclusive education）作为一种教育思潮，兴起于20世纪90年代。全纳教育是在国际教育民主化的潮流中，尤其是在国际组织的大力推动下兴起和发展的。1994年，联合国教科文组织在西班牙萨拉曼卡召开"世界特殊需要教育大会：入学和质量"（World Conference on Special Needs Education：Access and Quality），大会通过了《萨拉曼卡宣言》。这次大会强调每个人都有受教育的基本权利，提出每个人都有其独特的个性、兴趣、能力和学习需要，学校要接纳全体儿童，并满足他们的特殊教育需要。《萨拉曼卡宣言》首次正式提出全纳教育，并号召世界各国广泛开展全纳教育，这在国际教育发展过程中具有重大意义。全纳教育的一般性定义是，所有学生，不管其残疾、种族或任何其他的差异如何，都享有作为普通教育成员的权利，参与学校和社区生活的方方面面②。全纳教育是这样一种持续的教育过程，即接纳所有学生，反对歧视和排斥，促进积极参与，注重集体合作，满足不同需求。做出这样的界定，其主要理由是：

---

① 李丽丽. 在大众化进程中趋向高等教育公平：约翰·布鲁贝克《高等教育哲学》的启示 [J]. 高教探索，2007（3）：15-18.

② 黄志成. 全纳教育：关注所有学生的学习和参与 [M]. 上海：上海教育出版社，2004：38.

①根据全纳教育的本义，"inclusion"（接纳）主要表达了学校要接纳所有的人，是针对其反义"exclusion"（排斥）的，所以其第一层意思就是"接纳所有的人，不排斥任何人"。②根据全纳教育的理念，不仅要接纳所有的人，更重要的是如何对待他们。全纳教育观主张促进所有学生积极参与学校的学习和生活，主要是通过集体的合作和相互的帮助。③根据全纳教育的目的，人是有差异的，教育必须适应学生的不同需要，而不是要求不同的学生去适应固定的学习过程。因此，满足学生的不同需求是全纳教育的主要目的。

全纳教育观也对教育公平进行了重新解读，打破了传统的教育平等的思维范式。传统的教育平等是一种"同质平等观"，要求残疾儿童改变自己的思维习惯和行为模式来适应社会主流，使他们变得和我们相似，这无疑会把一些无法改变自己的学生拒绝在我们设置的门槛之外。况且"同质平等观"中的平等标准是以社会主流的标准来制定的，这无疑也是对一些学生污名化的过程。所以全纳教育追求的教育公平是一种"异质平等观"，即主张所有学生都有受教育的权利，但同时也要考虑到学生受教育权利的适切性和有效性，这才是真正实现全民教育的意旨所在。

第一，全纳教育理念下的教育公平包括立足于每个学生特性和差异的制度设计和教育计划。全纳教育观要求教育面向所有的学生，但这并不否认学生的特性和差异。相反，它打破了传统的人们对学生正常或异常的二分法，人的二分法的基本观点是人分为正常人和异常人（一般指残疾人），然后通过教育和训练使那一部分异常人过上正常人的生活。全纳教育观认为这种对人的分类是荒谬的，是对人和生活多样性的一种破坏。全纳教育观摒弃了人的二分法，追求事物的多元性。多元性允许和尊重差异的存在，并且也认同人的特性和差异是普遍存在的。所以人的多元化对教育而言，不是一种负担，而是一种可以利用的教育中的活资源，它可以促进制度设计的调整和教育计划的改变。基于学生特性和差异的教学是全纳教育的产物，它既要求学校理解和包容身心发展有差异的儿童，又要为他们提供适切的、有效的教育，使他们在有差异的教学与集体活动中得到充分的发展①。

第二，全纳教育理念下的教育公平是一种注重参与性与融合性的教

---

① 华国栋，华京生. 全纳教育对师资的需求和挑战 [J]. 中国教师，2009 (9)：44-46.

育。联合国教科文组织将全纳教育定义为：全纳教育是通过增加学习、文化熏陶与社区参与的机会，减少教育系统内外的排斥，关注并满足所有学习者多样化需求的过程①。全纳教育观之所以提出"参与""融合""合作"的基本原则，是因为在当时的社会背景下，排斥和歧视已经成为学校比较严重的问题之一。残疾儿童在教育过程中被歧视、被排斥的现象普遍存在，造成他们在不公正、不和谐的环境中接受教育，身心受到伤害。因此全纳教育观一开始就把"注重参与""拒绝排斥"作为核心理念。"参与"和"融合"被称为教育过程的两个方面，只有残疾学生"参与"了教育活动，才有可能"融合"到集体活动当中去。"合作"是全纳教育观继"参与"和"融合"之后对教育活动提出的更高一级的教育理念，它与"参与"是目的和手段的关系，残疾学生通过"参与"社会活动，达到普特共融，最终实现人与人之间基于平等对话、沟通交往的"合作"目的。

第三，全纳教育理念下的教育公平是一种具有开放性和社会性特点的大教育。全纳教育观认为，教育公平表现出了与传统封闭式教育不同的教育观念、教育思维范式和教育实践模式。首先，全纳教育理念下的教育公平观认为，教育作为公共产品，它必须在正式与非正式的教育环境中为多样化的学习需要做出适当的回应。其次，全纳教育理念下的教育公平观为残疾人教育提供了新的思维范式。传统的医疗模式基于医学和生理学原理认为一些学生内部的生理条件或缺陷而造成其特殊性，相应的针对他们的治疗和训练也基于此。鉴于此，传统的医疗模式采用与社会隔离的方式对残疾学生进行教育和干预。全纳教育观对这种医疗模式进行了深刻批判，认为残疾人的障碍除了与个体因素有关外，还与社会环境有关，因此全纳教育倡导让残疾学生重返社会，让他们有尊严地参与社会活动②。最后，全纳教育理念在中国的实践主要体现在两个方面：①20世纪80年代，我国开始推行残疾学生的随班就读模式，这一极具中国特色的残疾儿童教育模式，极大地突破了传统特殊教育模式的狭隘空间和单一性，创造了社会参与的机会和条件。②大数据背景下，针对残疾学生的网络开放教育打破了传统特殊教育的时空局限，丰富了残疾学生的受教育模式，提高了特殊教育的开放性，增加了社会的参与性。

---

① UNESCO. Guidelines for inclusion: ensuring access to education for all [R]. Pairs: UNESCO, 2005.

② 熊琪，邓猛. 从解构到重构：全纳教育的后现代解读 [J]. 教育探索，2013 (10)：1-4.

第四，全纳教育理念下的教育公平是公共教育资源与社会制度向弱势群体倾斜的"补偿性"教育。全纳教育理念下的教育公平基于反对排斥与隔离，推行教育民主与公平，要求学校教育要着眼于全体学生，强调真正参与和减少排斥，尊重人权、尊重生命、尊重差异。在全纳教育理念的影响下，教育界摒弃传统的形式和同一性，转向对教育公平实质性和异质性的多元化的理解。教育公平既要求残疾人为适应主流社会做出相应的适应性训练，也要求社会制度能够最大限度地体现公正性，为残疾学生提供相应的支持，做出相应的调整，以实现残疾人的最大利益。利奥塔在其"谬误推理"中指出：人类交往的目的，并不在于追求共识或统一的标准，而是大家在一种融洽的氛围之中，通过争论发现各自观点的不足，最后求同存异，达成一种异质的标准[①]。残疾人的教育公平以及因人制宜的教育标准是全纳教育的新要求。台湾学者罗清水根据韦氏词典中"公平"的概念对"公平"做了进一步的阐述：在公平的概念下，不能够达到一致性的要求时，公共教育资源和社会制度需要向弱势群体倾斜，以达到相对的公平。这就是在教育公平概念下延伸出来的"补偿原则"，同时也是教育公平以人为本精神的体现。由此可见，全纳教育使残疾人教育公平更具有适切性和合理性，而教育公平是对全纳教育核心内涵的解读。

《萨拉曼卡宣言》中提出的"所有儿童，包括各类有特殊教育需要的儿童都有受教育的权利"，即"全纳教育"，这为所有儿童平等参与学校教育奠定了起点公平。全纳教育理念为残疾学生的受教育机会公平奠定了思想基础，这有益于我国残疾人教育的普及。全纳教育观认为，受教育机会公平并不意味着将所有的残疾人都安置在普通学校、普通班级，而是要遵循差异，多元安置。尊重和理解残疾学生与普通学生的平等和差异是实现残疾学生受教育机会公平的前提。在全纳教育背景下，残疾学生的多样化评价与多元安置模式提高了残疾学生受教育的机会，切实促进了残疾学生教育公平的实现。

（三）教育公平理论在残疾考生单考单招执行中的体现

全纳教育作为国际教育发展的一种全新理念，其追求的最高理想是建立全纳社会和实现全民教育，"保障所有学习者受教育的权利不会因为个

---

① 申仁洪. 融合与创生：随班就读的效能实现 [J]. 中国特殊教育，2014（2）：24-28.

人的缺陷与障碍而被剥夺，其最终目的在于建立一个更加公正的社会"①。全纳教育的发展趋势表明，越来越多的残疾人进入大学接受高等教育已成为世界高等教育发展的必然。

由于制度、资源、技术、环境以及自身能力的限制，一部分残疾程度较重的残疾人无法参加普通高考。全纳教育理念下的教育公平观认为，当残疾人不能够达到参加普通高考的要求时，要对残疾人实施差异评价、多元入学的政策与制度以进行补偿。我国高校执行残疾考生单考单招是为了最大化地保障残疾人接受高等教育的权利，促进高等教育公平。实现残疾人高等教育公平一直是社会追求的目标，残疾人高等教育公平有利于促进社会公平正义的实现。残疾考生单考单招执行问题是教育过程中教育公平问题的表现。"权利平等""异质公平""促进参与"是全纳教育理念下的教育公平观的核心价值的体现。社会每个成员都是自由平等的，其需求是一定的，这是一种排除了偶然因素和社会因素所达到的一种和谐状态。

教育机会公平，即所有人包括不同程度身心障碍的残疾人也有权利接受高等教育，但这并不意味着他们也要像其他正常学生一样参加普通高考，才能进入大学接受高等教育，那是同质教育公平观的体现。全纳教育理念下的教育机会公平，倡导的是异质教育机会公平观，即需要根据残疾学生的身心特征和实际需求，对高校的入学考试进行相应的调整，为他们平等、有效地参加大学入学考试提供一定的考试支持与便利。基于此，特殊的高考制度——残疾考生单考单招应时、应需而生。"异质公平"是指公共教育资源和社会制度需要向弱势群体倾斜，以达到相对的公平。由此可以引申出"差别原则"：现实社会生活是复杂的，每个人并不是真正自由平等的，导致不平等的因素是偶然的，这些因素在道德上是不相关的。导致不平等的因素可能包括人们的出身阶层、人们具有的自然天赋，人们在其生活过程中的幸运与不幸。所以要给予最不利者以最大利益。残疾人由于身心发展障碍，以及大部分残疾人家庭处于经济贫困状态，所以残疾人在高考中处于极其不利的地位，残疾考生在普通高考中与正常学生一起竞争，他们就成了最不利者。因此，根据全纳教育的异质教育公平理念，政府需要调整与改革高校招生考试制度，使其与残疾人身心特征相符，来维护残疾人受高等教育的权益。残

---

① SOODAK L C. Classroom management in inclusive settings [J]. Theory into practice, 2003, 42 (4): 327-333.

疾考生单考单招是对普通高考调整与改革的产物，并逐渐发展成为一种符合残疾人身心特征的招生考试制度。残疾考生作为高等院校招生考试的"最不利者"，他们可以在全纳教育理念影响下的教育改革实践中成为受益者。残疾人在单考单招执行过程中获得的收益，得到了正常学生的赞同和认可。因此，我国高等院校招生考试制度同时实施普通高考和残疾考生单考单招，使正常学生和一定障碍程度的残疾学生通过两种高校招生途径，有机会进入同一所大学接受高等教育，这在某种程度上促进了我国高等融合教育的发展。因此，残疾考生单考单招的执行，在一定程度上，成为践行全纳教育理念、实现异质教育公平、发展高等融合教育的重要途径。同理，全纳教育理念、异质教育公平观与高等融合教育理念，是高校执行残疾考生单考单招的指导思想与价值引领。

第三节　残疾考生单考单招执行分析框架的理论建构

基于对残疾考生单考单招执行内涵的分析，残疾考生单考单招执行问题研究的主要内容包括对残疾考生单考单招的执行主体的问题、执行客体的问题、执行程序问题、执行条件（影响因素）问题、执行监督问题、执行效果问题的研究。本书把政策执行理论作为残疾考生单考单招执行问题研究的主要理论基础，根据上述残疾考生单考单招执行的主要研究内容，用政策执行理论对残疾考生单考单招执行分析框架进行理论建构。

一、残疾考生单考单招的执行主客体分析

残疾考生单考单招，是指经教育部招生考试主管部门批准、由高等特殊教育院校根据残疾考生实际情况（专指视力障碍和听力障碍），单独命题、单独组织考试和单独录取的特殊招生政策①。根据残疾考生单考单招的定义，残疾考生单考单招的执行主体包括各级教育行政部门、高等特殊教育院校，执行客体包括残疾人、特殊教育学校。

（一）教育行政部门

教育行政部门是依据《中华人民共和国宪法》和相关的行政组织法的

---

① 田霖，韦小满．我国残疾人参加普通高考的问题与对策［J］．中国特殊教育，2015（11）：3-7，42.

规定而设置的，代表着国家从事教育行政管理，行使国家教育行政职能的国家机关①。教育行政部门从纵向上可划分为中央教育行政部门和地方教育行政部门。中央教育行政部门，是国务院所属的教育行政部门，即中华人民共和国教育部（简称"教育部"）。教育部共设置了 27 个司局机构，代表国务院对全国的教育工作进行管理②。其中，发展规划司的职责之一是拟定普通高等学校招生计划，研究提出各类高等学校的设置等③；高等学生司，职责之一是负责各类高等学校的招生及全国统一考试工作④。教育考试中心是教育部指定承担教育考试专项职责任务并被赋予部分行政管理职能的直属事业单位。教育部考试中心的部分职责包括：根据国家的教育方针及政策法规，参与教育部有关司组织教育考试的政策和规定的草拟；负责全国普通高校、成人高校的本专科入学统考的命题、评卷、成绩统计分析与评价工作等。

地方教育行政部门是各省、自治区和直辖市人民政府下属的教育厅（教育局、教育委员会），各地（市）、县（市、区）人民政府下属的教育局（教育委员会）。教育厅（教育局、教育委员会）是根据国务院批准设置的，是各省（区、市）政府主管本省（区、市）教育工作的组成部门，其主要职能是贯彻执行国家教育工作的方针、政策，起草有关教育的地方性法规、规章草案，制定全省（区、市）的教育改革与发展战略和教育事业的发展规划及年度计划，拟定教育体制改革的政策，并负责指导、协调、督促执行等工作。其关于招生考试的相关职能是：负责各类高等、中等学历教育招生考试和学籍学历管理工作，拟定高等和中等学历教育招生计划。直接负责各省市教育考试、招生工作的是省教育厅（教育局、教育委员会）下属的省级教育考试院，省级教育考试院既有高中、高校的招生权，又有中考、高考的命题权。例如，四川省教育考试院是四川省高等教育招生考试委员会的办事机构，是四川省教育厅管理的副厅级事业单位，主要负责全省普通高校、成人高校、中职学校的招生录取工作。四川省教育考试院主要承担全省高中教育阶段以后的教育考试和普通高考与自学考试等各类教育考试的命题管理工作。例如，负责组织与执行普通高校、成

① 李德龙. 简明教育法学教程 [M]. 沈阳：辽宁大学出版社，2010：47.
② 蒋兴礼. 和谐大学关系论 [M]. 南宁：广西人民出版社，2014：275.
③ 萧宗六，贺乐凡. 中国教育行政学 [M]. 北京：人民教育出版社，1996：82.
④ 萧宗六，贺乐凡. 中国教育行政学 [M]. 北京：人民教育出版社，1996：84.

人高校、研究生的招生考试和录取工作；组织执行高等（含中等专业教育）自学考试和国家学历文凭考试；发掘考试招生信息资源，为上级和有关单位提供决策咨询和考试信息服务。省级教育考试院下设相关职能部门，如四川省教育考试院下设的部门机构有：计划统计与考试评价处，高中学业水平考试处，信息技术处，非学历教育考试处，自学考试处，研究生招生处（成人高校招生处），普通高校招生处，院办公室（党委办公室）。其中普通高校招生处下面的普通高等学校招生办公室，主要负责普通高校普通类（含藏彝文、民航、空军飞行员、保送生及港澳院校等各类单招）及艺术体育类（含专业考试）本专科招生报名、制卷、体检、考试、评卷等工作，配合命题中心做好相应命题工作，完成院领导交办的其他工作。市（区、县）级教育考试院（办公室、中心）是市级教育局（教育委员会）的直属单位，一般市级教育考试院只有高中招生权和中考命题权，但没有高校招生权、高考命题权①。我国残疾考生单考单招就是依据国家的残疾人教育政策规定进行制定，经教育部批准，并在省级教育考试院的指导下，严格按照高考组织程序来执行的。

（二）高等特殊教育院校

高等特殊教育院校可以定义为："根据残疾人身心的基本特征和需要，采用普通的或特殊的教育教学方法，使取得高等教育入学资格的残疾青年（主要是指肢体残疾、听障和视障三类残疾青年）接受高级专门教育的活动的普通高等院校或专门高等教育机构。"② 目前我国仅有少数专门招收残疾人的高等职业教育机构，同时执行残疾考生单考单招的多数是普通高等学校的特殊教育学院，本书把上述两类学校称为高等特殊教育院校。目前我国共有高等特殊教育院校 30 所。下面从办学性质、教育机构类型、办学层次、区域分布、招生专业、招生计划等对高等特殊教育院校进行简要阐述。

从办学性质来分，高等学校有公办高校和民办高校。从目前统计数据来看，目前我国高等特殊教育院校都属于公办学校，暂无民办性质的高等特殊教育院校。

从教育机构的类型来分，高等特殊教育院校既有四年制的综合性本科院校，比如北京联合大学、长春大学、绥化学院等；也有三年制或两年制

---

① 新青年数学教师工作室. 当代中国数学教育流派 [M]. 上海：上海教育出版社，2014：30.

② 李长文. 弱势群体高等教育权益研究 [M]. 北京：人民教育出版社，2007：183.

的高职院校，比如河南推拿职业学院、山东特殊教育职业学院、云南特殊教育职业学院等；还有四年制师范类本科院校，比如南京特殊教育师范学院、重庆师范大学、郑州师范学院、乐山师范学院等。

从办学层次来分，我国高等特殊教育院校包括硕士研究生层次办学、本科层次办学以及专科层次办学（高职高专）。据统计，30所高等特殊教育院校中，执行本科、硕士残疾考生单考单招的高校有3所，独立本科层次办学的高校有9所，独立专科层次办学的高校有13所，本科兼专科层次办学的有5所。

从区域分布来看，30所高等特殊教育院校中，东部地区有17所，中部地区有6所，西部地区有7所，东部地区的高等特殊教育院校的数量比中部地区、西部地区的数量之和还要多（见表2-1）。

表2-1　我国高等特殊教育院校残疾考生单考单招基本情况

序号	学校	办学层次	招生残疾类型（招生计划）	招生专业	区域分布
1	长春大学特殊教育学院	本科、硕士	听力残疾、视力残疾	视觉传达设计、绘画、动画、音乐表演	中部
2	天津理工大学聋人工学院	本科、硕士	听力残疾	计算机类、设计学类、电子信息工程、自动化、工程造价、财务管理、环境设计	东部
3	金陵科技学院	本科	听力残疾	计算机科学与技术	东部
4	南京特殊教育师范学院	本科、专科	听力残疾、视力残疾、轻度精神残疾（孤独症）	服装与服饰设计、公共事业管理（融合教育）、艺术设计（电脑艺术设计方向）、应用心理学（融合教育）、计算机科学与技术（融合教育）	东部

表2-1(续)

序号	学校	办学层次	招生残疾类型（招生计划）	招生专业	区域分布
5	北京联合大学特殊教育学院	本科、硕士	听力残疾、视力残疾	视觉传达设计、计算机科学与技术、音乐学、针灸推拿学	东部
6	郑州工程技术学院特殊教育学院	本科、专科	听力残疾	电子信息工程、视觉传播设计与制作、摄影摄像技术、艺术设计、动漫制作技术	中部
7	西安美术学院特殊教育艺术学院	本科	听力残疾	工艺美术	西部
8	上海应用技术大学艺术设计学院	本科	听力残疾	视觉传达设计	东部
9	重庆师范大学教育科学学院	本科	听力残疾	聋人教师教育、残疾人辅助技术	西部
10	广州中医药大学	专科	视力残疾	针灸推拿专业	东部
11	广州大学市政技术学院	专科	听力残疾	艺术设计（电脑美术）、艺术设计（动画设计）、计算机应用技术	东部
12	福州职业技术学院	专科	听力残疾	广告设计与制作、计算机应用技术	东部

表2-1(续)

序号	学校	办学层次	招生残疾类型（招生计划）	招生专业	区域分布
13	滨州医学院特殊教育学院	本科	听力残疾	口腔医学技术	东部
14	郑州师范学院特殊教育学院	本科	听力残疾	音乐学（舞蹈表演）、美术学（艺术设计）	中部
15	绥化学院教育学院	本科	听力残疾	计算机科学与技术、电子商务、环境设计	中部
16	辽宁特殊教育师范高等专科学校	专科	视力残疾、听力残疾、肢体残疾、其他残疾	康复治疗技术（推拿）、艺术设计、电子商务、社区服务与管理、园艺技术、口腔医学技术（口腔工艺技术方向）	东部
17	长沙职业技术学院特殊教育与学前教育学院	专科	听力残疾	广告设计与制作（设计、摄影方向）、视觉传播设计与制作（设计、工艺方向）、计算机应用技术（网站维护、动画制作方向）、汽车运用与维修技术（汽车美容服务）	中部
18	山东特殊教育职业学院	专科	听力残疾、视力残疾、肢体残疾	工艺美术品设计、服装设计与工艺、康复治疗技术、计算机应用技术（肢体残疾学生：网站开发；视力残疾学生：数字艺术设计）	东部

表2-1(续)

序号	学校	办学层次	招生残疾类型（招生计划）	招生专业	区域分布
19	浙江特殊教育职业学院	专科	听力残疾、肢体残疾、视力残疾	工艺美术品设计、数字媒体艺术设计、中西面点工艺、电子商务、康复治疗技术（推拿）	东部
20	河南推拿职业学院	专科	视力残疾	针灸推拿	中部
21	云南特殊教育职业学院	专科	听力残疾	计算机应用专业（网络技术方向）	西部
22	乐山师范学院特殊教育学院	本科、专科	听力残疾	特殊教育、服装设计、艺术设计	西部
23	南京中医药大学	本科	视力残疾	针灸推拿学	东部
24	贵州盛华职业学院	专科	听力残疾	康复治疗技术	西部
25	广西南宁职业技术学院	专科	肢体残疾	服装设计、室内设计技术、环境艺术设计等专业	西部
26	陕西省城市经济学校	本科	听力残疾	数字媒体设计与制作	西部
27	上海戏剧学院	专科	听力残疾	视觉传达专业	东部
28	上海徐汇区业余大学	专科	听力残疾	视觉传播设计与制作、动漫设计、摄影摄像技术等专业	东部
29	天津城市职业学院	专科、本科	听力残疾、视力残疾	计算机应用专业	东部
30	国家开放大学	专科	视力残疾	社会工作、法学、会计等专业	东部

数据来源：各高等特殊教育院校招生信息网。

残疾考生单考单招的招生专业的设置主要依据两点：一方面是基于社会市场的需求，另一方面是依据残疾人的障碍特征、优势特征及实际需求。例如，视力残疾人视觉表象难以形成，缺乏直观的、形象的思维，但是视力残疾学生的听觉、触觉、嗅觉等比较敏感，而且他们注意力比较容易集中，很少受外界事物的干扰，意志力坚韧。基于视力残疾学生的这些身心特点，高等特殊教育院校为他们设置的专业以触摸为主，尽量规避视觉的参与，比如针灸推拿按摩学专业、声乐专业、乐器专业、音乐学专业等。听力残疾学生的非听觉功能突出，具有敏锐的视觉观察能力，因此，听力残疾学生在具体形象事物的感受力上具有一定的优势，他们的注意力也容易集中。因此，高等特殊教育院校针对听力残疾学生设置的专业有艺术设计、美术学、计算机技术与应用、机械制造工艺与设计、园林设计等，这些专业有效地规避了听力障碍的影响。肢体残疾学生除行动不便外，其他方面与身体健全的学生没有大的差异，因而高等特殊教育院校专业设置的范围也更广。但是考虑其将来工作的便利，目前高等特殊教育院校设置的专业主要集中在会计学、企业管理等方面，具体见表2-1。

　　（三）残疾人

　　残疾人是指任何由于先天性或非先天性的身心缺陷而不能保证自己可以取得正常的个人生活和社会生活上一切或部分必需品的人。我国把残疾人分为视力残疾、听力残疾、言语残疾、肢体残疾、智力残疾、精神残疾和多重残疾七类。从表2-1可知，我国残疾考生单考单招的招生包括听力残疾、视力残疾、肢体残疾以及轻度的精神残疾等。其中以听力残疾学生为多，30所高等特殊教育院校中有20所招收听力残疾学生。其次是视力残疾学生，有9所学校招收视力残疾学生。另外还有3所学校招收肢体残疾学生、1所学校招收轻度精神残疾学生（孤独症）。然而，高校执行残疾考生单考单招过程中，对残疾人设置了一定的报考条件。例如，2018年长春大学残疾考生单考单招的报考条件是：具有高级中等教育毕业或同等学力，年龄17周岁（2001年9月1日前出生）以上，生活能够自理的听障或视障考生。2021年，全国有14 559名残疾人被普通高等院校录取，2 302名残疾人通过残疾考生单考单招进入高等特殊教育学院学习，占所有残疾新生的16.79%。

　　（四）特殊教育学校

　　特殊教育学校是指由政府、企事业组织、社会团体、其他社会组织及公民个人依法举办的专门对残疾儿童、青少年进行教育的机构①。根据学生障碍类型的不同，特殊教育学校的名称也各式各样。例如，以招收视力残疾学生为主的学校，早期被称为"瞽目学校"，如启明瞽目院是 1874 年由传教士威廉·穆瑞在北京创办的，是我国第一所专门招收盲人的学校。这类学校现在被称为"盲人学校"或"盲童学校"，如北京盲人学校，其前身为"瞽叟通文馆"。以招收听力障碍学生为主的学校，早期被称为"启瘖学校"，如烟台启瘖学校，是 1887 年美国传教士查理·米尔斯夫妇在山东登州（今蓬莱区）创办的我国第一所招收聋人的学校。这类学校现在被称为"聋人学校"，如南京聋人学校、武汉聋人学校等。以招收智力障碍学生为主的学校，被称为"启智学校""培智学校"等，如广州市番禺区培智学校、东莞启智学校。此外，还有综合性特殊教育学校，这类学校招收听力残疾、视力残疾、肢体残疾、孤独症等多种类型的学生，如成都特殊教育学校、乐山特殊教育学校等。我国目前还没有成立以招收孤独症谱系障碍儿童为主的学校，现在教育行政部门与特殊教育专家正在论证成立专门的孤独症学校的必要性与可行性。为避免对残疾儿童贴上歧视标签，造成过重的心理负担，特殊教育学校被统一管理之后，大致可分为四大类：盲校、聋校、培智学校及招收两种或以上障碍类型的综合性特殊教育学校。根据学生年龄的不同、受教育阶段的不同，特殊教育学校可分为学前教育、义务教育、职业教育、高等教育以及成人教育五个阶段的学校②。本书中的特殊教育学校主要是指义务教育阶段后的特殊教育学校。2022 年全国教育事业发展统计公报和残疾人事业发展统计公报中的官方数据显示，全国共有特殊教育学校 2 314 所，在校生 91.85 万人，其中特殊教育普通高中（部、班）118 个，在校生 11 431 人，其中听力残疾学生 6 506 人、视力残疾学生 1 736 人、其他 3 189 人。残疾人中等职业学校（班）184 个，在校生 19 014 人，毕业生 5 157 人，毕业生中 1 473 人获得了职业资格证书。

（五）残疾考生单考单招执行主体和客体的利益构成分析

招生考试是一定组织中的实测主体根据考试目的，选择运用有关资源，对参与考试的主体某方面或诸方面的素质水平进行测度、甄别或评

---

① 盛永进. 特殊教育学基础 [M]. 北京：教育科学出版社，2011：189.
② 张翼. 基于特殊儿童障碍特征的我国特殊教育学校建筑设计研究 [D]. 广州：华南理工大学，2017.

价、录取的一种社会活动。招生考试的基本功能是甄选、评价与录取，在此基础上产生了教育资源配置功能。招生考试尤其是涉及利益群体比较大的招生考试总是与教育资源的分配相关，加之优质教育资源的稀缺性，导致在招生考试过程中产生各利益相关者的博弈行为。博弈是一个经济学名词，是指不同理性思维的人为了使自己效用最大化而进行的抗衡与合作。残疾考生单考单招执行过程中的博弈行为就是各执行主体之间依靠自己掌握的信息，从各自可能的行为或策略集合中进行选择并付诸行动，从而获得对自己最有利的结果。残疾考生单考单招是十分典型的博弈活动，主要体现在两方面：一方面，从招生考试的产生来看，招生考试是对资源进行高效匹配和对人才进行公平选拔的一种社会活动，它源于社会生产实践，反过来它又作用于社会生产实践。残疾人由于身心发展的限制，成为高校招生考试活动中的弱势群体，所以这是残疾考生单考单招产生的直接动因之一。根据罗尔斯社会正义论中的差别原则，在不损害其他学生利益并得到他们赞同的情况下，对残疾考生应进行一定政策倾斜。所以，在某种情况下，招生考试这一博弈活动具有相对的公平性与公正性。从此意义上讲，残疾考生单考单招是人类博弈活动的产物。另一方面，从招生考试的目的来看，我国残疾人高等教育资源匮乏，而对高等教育有强烈需求的残疾人数则日益攀升，这种"需求递增性"与"资源的稀缺性"构成了一对矛盾体，这势必会造成招生考试的竞争性特征。残疾考生单考单招是高等特殊教育院校进行人才选拔和残疾考生获得有限教育资源的手段，只有考试中表现优异者才能获得有限的资源配额，这与此后的社会经济地位密切相关[1]。对残疾学生而言，要想自力更生，在社会上立足，接受高等教育是最佳途径。所以，他们上大学的愿望十分强烈。残疾考生在参加单考单招过程中，会进行各种方式的博弈，以求获得入学资格。在残疾考生单考单招执行过程中，各执行主体之间也呈现出一些博弈行为，以满足各自的利益诉求。

（1）教育主管部门的利益构成。教育主管部门通过制定、颁布、执行招生考试政策来发展残疾人高等教育，这是公共利益诉求。高等特殊教育作为高等教育的重要组成部分，政府是其有力的提供者，通过委托教育主管部门制定残疾考生单考单招制度来合理分配高等教育资源，即这种制度

---

① 陈恒敏. 论考试的博弈性 [J]. 中国考试，2018（6）：75-78.

是政府提供的服务于残疾人的公共产品。尽管在利益分配过程中，残疾考生受益程度不均，但残疾考生在利益博弈过程中都有机会得到普遍利益。这在一定程度上有利于国家社会秩序稳定，实现社会公平正义，这就是教育主管部门在制定和监督、执行招生考试制度过程中追求的公共利益。各级教育主管部门在单考单招中的利益诉求是通过各种社会关系的协调来维持社会稳定，实现社会公平正义。从古至今，教育主管部门制定维护弱势群体利益的教育制度的目标就是追求社会的稳定，因为稳定会成为压倒一切的中心任务①。高考的不断改革与调整，是为了维护广大考生的利益，有利于维护社会稳定。一个和谐稳定的社会，必然会关注弱势群体的利益需求，所以残疾考生单考单招是完善我国高等教育考试制度的改革与创新，是代表政府利益的、构建和谐社会蓝图中不可或缺的拼板。

像高考这样涉及众多利益群体的活动，历来都由政府在其中占主导地位。政府之所以主导高考，是因为高考在维护社会公平、坚持社会公正，以及稳定社会秩序等方面发挥着明显的作用。残疾考生单考单招具备普通高考的一般性特征：考试组织的严密性、考试纪律的严明性、考试结果的公开性。这维护了广大考生入学机会的公平，也保障了高校公开、公正选拔人才的权益。同时残疾考生单考单招也具有其特殊性，由于考生是残疾学生，所以残疾考生单考单招要遵循差别性原则，主要表现在考试方式、考试内容等要符合残疾人的身心特征。所以残疾考生单考单招既要具备公平竞争性，又要具有一定社会正义性。这有利于维护社会公平正义，促进社会和谐发展，实现政府在招生考试活动中的利益追求。

（2）高等特殊教育院校的利益构成。从直接目的上看，残疾考生单考单招是高等特殊教育院校的优质生源选拔制度，各个高等特殊教育院校是残疾考生单考单招的直接受益者。选拔性招生考试制度在高等院校之间具有竞争性，其目的就是获取优质的生源。生源质量是高等教育质量的基础，生源更是高等教育质量的第一环节②，因此残疾考生单考单招对维持和保证高等特殊教育质量意义重大。从整体上看，高等特殊教育院校在单考单招活动中的利益诉求主要体现在以下方面：首先，要保证有足够的生

---

① 钱茂伟. 国家、科举与社会：以明代为中心的考察 [M]. 北京：北京图书馆出版社，2004：179.

② 胡东成. 试论入学考试和新生教育：高等教育质量链中的第一环节 [J]. 清华大学教育研究，2002（2）：1-6.

源。高等院校的存在与发展，是以充足的生源为前提的。高等院校通过招生考试来获得必需的生源，来维持高等学校系统的"生态平衡"。其次，要保证有合适的生源。一直以来，高等学校判断生源质量的主要标准就是入学考试成绩，选拔标准单一，特殊要求不够凸显。对于高等特殊教育院校而言，选拔学生不仅要以优秀为选拔标准，更要以适合为选拔原则。高等特殊教育院校面向残疾人的专业，是根据其不同障碍类型的身心特征而开设的，对障碍类型和障碍程度的要求比较严格，具有很强的针对性。所以高等特殊教育对残疾学生的选拔，既要对残疾学生的学业水平进行考核，也要对其身心发展特征进行审核，确保其学业水平和身心发展条件符合学校的招生标准。

（3）特殊教育学校的利益构成。普通高中是推行素质教育、执行新课标的主要战场，同时又是高考各种矛盾的集结地。普通高中在高考中的利益诉求是推行素质教育，减缓社会压力，以及提高升学率，获得更多的办学资源。特殊教育学校在残疾考生单考单招活动中的利益诉求与普通高中在高考中的利益诉求有同也有异。二者相同之处：一是都是为了推行素质教育，把学生培养成具有一定知识和技能的人，为就业或升学做准备，使其自力更生，降低社会压力。二是都有升学任务，通过三年的系统教育，使一部分优秀学生上大学继续深造。升学率提高了，有利于获得更多的办学资源和吸引更多的优质生源。二者不同的是：一是特殊教育学校更注重残疾学生的生活技能教育或职业技能教育，使其成为能够自主生活、自力更生或从事生产劳动的人。二是特殊教育学校希望能够准确把握高等特殊教育院校颁布的残疾考生单考单招的考试大纲、命题特征及招录原则等，为残疾学生提供关于高等特殊教育院校的招考信息。三是特殊教育学校希望为高等特殊教育院校输送更多的、更适合的优秀生源，来证明学校的教学质量和教学效果，进而提升自己的社会知名度，获得更多的公共资源。

（4）残疾考生的利益构成。随着社会的发展，各行各业对生产者受教育程度的要求越来越高，因此一个人接受教育的层次和类型，会直接影响到他的就业机会和获得的社会利益。北京大学《大学生就业与劳动力市场变化》研究报告的数据反映，教育部直属的高等院校本科生就业率为92.5%，研究生就业率为97.6%；其他部委直属的高等院校本科生就业率为82.5%，研究生就业率为93.8%；地方高等院校专科生就业率为

65.0%，本科生就业率 75.0%[1]。这就说明学历越高，接受教育的高等院校的层次越高，毕业生的就业情况就越好。教育对就业机会的影响，会直接影响学生及其家长对教育的态度和选择。一些弱势群体，把考大学看作改变命运的最有效途径。目前，高考是分配高等教育资源的主要手段，因此，高考及其改革的公平、公正涉及千万学子的切身利益，受到学生及家长的密切关注。残疾学生作为招生考试活动的弱势群体，公平、公正的招生考试对他们意义非常重大。残疾学生及其家长在残疾考生单考单招中的利益诉求主要体现在以下两点：一是公平是底线。优质的高等教育作为一种公共资源非常有限，如何对其进行合理分配，涉及教育公平与公正的问题。对于那些既无权力又无经济实力的学生而言，考试是获得稀缺教育资源的最公平的途径。参加高考不仅为残疾学生提供了极大的发展空间，还可以帮助他们克服自身障碍，改变他们的命运。因此，对他们而言，教育起点公平是底线。二是差别原则是要求。残疾考生单考单招是普通高考改革与发展的产物。残疾学生受身心发展的限制，不能够参加普通高考。根据罗尔斯社会正义论的差别原则，残疾学生应有适合他们身心特征的高等教育入学考试制度，通过参加单考单招实现大学梦想。

（六）残疾考生单考单招主客体之间的利益博弈分析

残疾考生单考单招的各执行主体与客体之间既存在合作关系，也存在竞争关系，竞争与合作的共存体现了各主体与客体间的利益博弈。

第一，教育行政部门与高等特殊教育院校之间的利益博弈。为了更加公平、有效地在全国范围内对教育资源进行合理配置，国务院下设的管理全国教育的最高教育主管部门——教育部制定关于高等教育资源配置与供给的相关政策、制度，如高校招生考试和录取制度。政府通过教育主管部门来协调执行招生考试制度各主体之间的关系，各主体通过博弈来解决利益冲突问题。教育部及各司局代表国务院对全国的高等教育进行管理，其与各类高校之间的关系是最高教育教学业务领导、指导机关与具体执行学校之间的关系。不管是哪类高校、哪一层次的高校，在业务上都应服从于教育部及其所设职能机构的领导与指导，实现全国一盘棋，统一步调。各地教育厅与所属高校的关系是直接领导与被领导的关系，各高校要服从于上级教育主管部门的领导，在教育厅各职能部门的领导下，开展相关工

---

① 马永霞. 多元主体利益冲突的高等教育供求结构失衡 [J]. 教育研究与实验, 2006 (2): 17-20.

作，及时报告工作进展情况及工作中出现的问题，把各项工作任务落在实处。残疾考生单考单招规定的内容（招生专业、招生计划、考试时间以及录取规则等）既要根据所在系统和地区对人才的实际需求，又要根据学校自身的办学条件、师资力量、教学设备以及无障碍环境建设情况等来确定，还要以贯彻执行国家相关教育政策为宗旨。所以，残疾考生单考单招制度，在教育部审批以后，由省教育厅下属的省级教育考试院来负责领导和监管残疾考生单考单招的具体执行。

第二，高等特殊教育院校与特殊教育学校的利益博弈。高等院校与高中一般情况下很少直接产生联系，通常是起桥梁作用的高考将二者有机地联系起来。下面基于系统论和矛盾论观点来阐述高等院校与高中之间的关系。从高中、高校系统的连接来看，高中教育的目的就是培养德智体美劳等方面全面发展的合格的高中毕业生。但高中教育系统与高等教育系统之间存在诸多的矛盾与博弈，迫使高考系统不得不插入二者之间，于是高考便成为高等院校教育目的与高中学校教育目的的调节阀。

从教育视角来讲，国家之所以制定与实施高考制度，就是欲通过考试来选拔高质量的新生，保障高校的生源质量。就社会视角而言，高考的目的主要在于促进社会人才的有序竞争、合理流动，维护社会安定。高校之所以通过招生考试来选拔合格的高中毕业生，是因为高等教育资源的供给无法满足所有学生的需求。我国高等教育现正处于大众化阶段，高中生上大学的需求远未得到满足，例如，我国 2022 年参加高考的人数达到 1 193 万人，普通、职业本专科共招生 1 014.55 万人，全国高考总体录取率达到 85.04%，与上一年相比降低 7.85%。普通本科招生 467.94 万人，职业本科招生 7.63 万人，高职（专科）招生 538.98 万人，占比分别为 46.12%、0.75%、53.13%。全国仍有 178.45 万人（占比约 14.96%）没有进入高等学校继续深造，超过 50% 的学生不能直接就读大学本科。这种情况下，作为一种选拔活动的高考，就必然承担起"选拔新生"的任务。

《中华人民共和国高等教育法》对高等教育目的的界定是："使受教育者成为德、智、体、美等方面全面发展的社会主义建设者和接班人。高等教育的任务是培养具有社会责任感、创新精神和实践能力的高级专门人才，发展科学技术文化，促进社会主义现代化建设。"根据《中华人民共和国教育法》关于教育方针的规定，我国高中教育的目的同样也是"培养德智体美劳全面发展的社会主义建设者和接班人"。在具体培养目标上，以普通高中为例，长期以来人们比较一致的看法是"升学"与"就业"的双重任务论。1954 年 1 月，教育部召开的全国中学教育会议上正式确定中学教育有双重任务："不仅供应高等学校以足够新生，并且还要供应国家生产建设以足够的具有一定政治觉悟、文化教养和健康体质的新生力量。"1978 年 1 月教育部颁发的《全日制十年中学计划草案》规定的任务是，"为国家培养合格的劳动后备力量和为高一级学校培养合格新生"。高中教育规模可能会进一步扩大，普通高中与中等职业学校的比例可能会有所调整，沟通普通教育与职业教育的高级中学可能会得到一定的发展，但是高中教育的职能目标或培养目标，不会有太大的变化。主要依据在于高等教育的供给，在很长一段时间内，还不可能完全满足高中的升学需求。

简单阐述了高考目的、高中教育目的和高等教育目的之后，再来看高等院校与高中学校之间的利益博弈就相对容易得多。高等院校与高中学校的关系归根结底就是高等教育与高中教育的博弈，具体体现为高考目的与高等教育目的的博弈、高考目的与高中教育目的的博弈。①高考目的与高等教育目的的博弈。首先，高考目的要适应高等教育目的的需要，即高考在选拔德智体等全面发展的高中生时，要选拔那些符合高级专门人才培养目标的高中生。其次，高考目的与高等教育目的的要求之间存在张力，即二者之间存在着矛盾。高考目的能在多大程度上体现高等教育目的的要求，最终体现为所招收的高中毕业生的质量符合高等教育培养目标所要求的基础素质程度。高中毕业生，理论上只要具有高校培养目标的潜在特征，就可以被视为符合进入相应高校继续深造学习的基本标准。②高考目的与高中教育目的的博弈。首先，高考目的是高中教育的主要目的之一。上文提到过，高中教育具有"升学"和"就业"双重任务。虽然说高三时会出现分流现象，一部分不能升学的高中毕业生会选择就业，另外一部分高中毕业生通过高考升入大学继续深造；但是从理论上讲，高中教育的主要目的，还是实现高等教育的个体发展功能、社会流动功能，仍是为高校输送合格的人才。换言之，高中教育的主要目的是不断趋近高考目的，主要表现在：高中教育在德智体美等方面的不断努力，最终是为了趋近高考对学生具有较高素质，或者是在某方面具有特长的要求；高中教育的主要目的是让尽可能多的学生达到录取标准，或者尽可能多地培养达到高考录取标准的学生。高中教育的学科认知教学目标是尽可能地达到考试目标，表现为高中生只有在学科考试目标中获得相对较好的成绩，才有可能在高考中取胜，考上理想的大学。其次，高考目的与高中教育目的之间的利益博弈，具体表现为：一方面受教育资源、办学条件等诸多因素的影响，一些贫困地区很难将高考目的作为高中教育的主要目的之一；另一方面受学校职能定位的影响，一些高中学校面临着不断趋近高考目的与自身定位的矛盾。

　　上述内容基于高考目的、高中教育目的与高等教育目的来理解高等院校与高中学校之间的利益博弈。全面理解高等特殊教育院校与特殊教育学校的利益博弈，也是基于对残疾考生单考单招目的、高等特殊教育目的与高中特殊教育目的的关系的把握。残疾考生单考单招的目的，从教育视角来看，是高等特殊教育院校通过考试来招收适合的、优秀的残疾考生，从而保障学校的生源质量。从社会正义论来看，高等特殊教育院校依据残疾人的身心障碍特征，调整考试形式与考试内容，给残疾人的缺陷以补偿，创造残疾人受高等教育的机会，实现高等教育入学机会公平，促进社会和谐安定。高等特殊教育的目的有两个：一是基于平等理念，使残疾人的潜能得到最大限度的开发，培养他们成为社会有用的高层次专门人才[1]；二是让残疾人接受高等教育，使其恢复正常人的生活，回归社会[2]。特殊教育目的是指特殊教育的总目标，是根据国家的教育目的、特殊教育机构的性质、特殊教育对象的特点和当时社会的发展水平来确定的，所以学前、初中、中等、职业、高等特殊教育的具体目标虽有共同点，但是又因教育对象的年龄、水平而有所不同[3]。高中特殊教育的目的包括两个方面：一是国家教育方针规定的目的，即培养德智体等方面全面发展的社会主义事业的建设者和接班人；二是特殊的目的，即根据残疾学生的身心特点和需要以发挥其潜能，补偿缺陷，全面提高他们的素质而提出的目的[4]。

　　关于残疾考生单考单招目的与高等特殊教育目的、高中特殊教育目的的关系。首先，残疾考生单考单招目的与高等特殊教育目的的博弈。残疾考生单考单招目的要适应高等特殊教育目的，既要选拔德智体等全面发展

---

① 朱宁波. 发展残疾人高等教育的目的追求 [J]. 中国特殊教育，2003 (5)：92-96.
② 丁勇. 当代特殊教育新论走向学科建设的特殊教育研究 [M]. 南京：南京师范大学出版，2012：278.
③ 中国聋儿康复研究中心. 听力言语语言康复词汇教育学部分 [M]. 北京：华夏出版社，2013：271.
④ 甘昭良. 从隔离到全纳特殊教育发展的理论与实践 [M]. 厦门：厦门大学出版社2012：5.

的残疾考生，又要考虑选拔那些符合专门人才要求的残疾考生。同样，残疾考生单考单招目的与高等特殊教育院校目的之间也具有张力，即残疾考生单考单招目的能在多大程度上体现高等特殊教育目的的要求，其最终体现为残疾考生基本素质符合高等特殊教育培养目标的程度。其次，残疾考生单考单招目的与高中特殊教育目的的博弈。如上所述，残疾考生单考单招目的只是少数高中特殊教育的目的之一，因为高中特殊教育除了为高等特殊教育输送合格的人才之外，它的另一目的就是最大限度地发挥残疾人的潜能，通过缺陷补偿，全面提高他们的素质，使其最终能够回归社会。高中特殊教育学科认知的教育目标，即学科考试目标，表现为高中特殊教育依据残疾考生单考单招的考试科目来设置课程，依据考试大纲来组织与选择教学内容，只有这样，残疾考生才能在残疾考生单考单招中取得好成绩。同样，残疾考生单考单招目的与高中特殊教育目的之间也存在矛盾，主要表现在：残疾考生单考单招执行的时间与特殊教育学校的教育教学进度存在冲突①。

第三，高等特殊教育院校与残疾学生之间的利益博弈。凡考试都有四个基本要素：主试、被试、测试内容与结果②。高考作为一种选才的活动，除了考试，还包括录取等环节。因此，从宏观上而言，高考作为一种选才活动，其过程要素应包括选拔者（高校）、被选拔者（高中考生）、选才标准、选才方法四要素。这四大要素中，高校代表的是现实中各级各类高校的总和；高中考生代表的是所有高中毕业生；选才标准代表的是各种不同的选拔标准，最终体现的是高校的录取标准，是一个学生各种素质的总和；选才方法代表的主要是考试的方法、学生素质的考核评价方法以及录取方法等，其中还包括在这些方法中用到的考试技术、特殊环境等，它们是达成选才目的的各种手段的总和。高考活动其实是一个选才的过程，在这一过程中这四大要素发生着联系，联系的方式是各要素相互间的矛盾运动。其中高等院校与高中毕业生的关系体现为高等院校与高中毕业生的矛盾、高中毕业生与高校选才标准的矛盾、高中毕业生与选才方法的博弈。首先，高等院校与高中毕业生之间的矛盾。高校之所以通过考试来选拔优秀高中毕业生，是因为高等教育资源在供求过程中存在主、客体之间的数量与质量矛盾，这种矛盾存在两种情况：一是在高等教育资源供给有限的

---

① 刘清华. 高考与学校教育的关系研究 [D]. 厦门：厦门大学，2003.
② 廖平胜. 考试学 [M]. 武汉：华中师范大学出版社，1988：46.

情况下，教育资源的竞争就成为必然。对有限的教育资源进行公共配置的方式就是考试，即通过考试把考生的水平"区分"出来。考试的选拔性或甄别性，意味着始终会让一部分考生处于标准之下，或者说会有一部分考生达不到标准，从而失去接受高等教育的机会。二是在高等教育资源非常充足的情况下，高校与高中毕业生产生的矛盾表现在各高校的教育质量与入学要求有差别、高中毕业生的水平与个人需求及选择也存在差别。因此，不同的国家和高等教育发展的不同阶段，这种矛盾的表现形式可能会不一样。例如，在有些发达国家，可能不存在高等教育资源数量上的矛盾，更多是考生间围绕进入名校与理想专业展开的竞争；而一些发展中国家的考生争取上大学的机会仍然是高校与高中毕业生之间的主要矛盾。其次，高中毕业生与高校选才标准的矛盾。从高中育人角度而言，高中学校促进高中生在德智体等方面的发展呈一个逐渐趋近、达到或超过高校选才标准的过程。能否达到或超越高校的选才标准，主要取决于高中生努力程度的高低和教师的经验的多少与判断水准的高低。高中毕业生与高校选才标准的矛盾主要表现在选拔性考试方面，即标准的常模参照考试。高考作为一种常模参照考试，决定了考生是否被录取，被什么大学录取，这些取决于考生的相对位置。基于此，大多数考生会尽最大努力地去备考，这种竞争使高考具有一定的难度和区分度，这样才能把不同水平的考生区分开来，而高考要维持一定的难度和区分度，则学生的学习负担自然会增加。最后，高中毕业生与高校选才方法的矛盾。该矛盾主要表现为学习方式导向的矛盾，以高中生要达到高校选拔标准的要求来说，由于考试是高校选拔人才的主要方式，高中生的学习方式就要努力趋近于考试所要求的方式。高考——作为高校选拔人才的主要方式，基本上是采用笔试的方式。所以高中学校的教育教学基本上比较注重笔试训练，实践环节就相对薄弱，这就出现了饱受诟病的"应试教育"，高中教育变成旨在达到或超越高考选拔标准的应试教育过程，高中生在此教育过程中也被训练成为考试机器。

残疾考生单考单招执行过程中，同样也包括选拔者（高等特殊教育院校）、被选拔者（残疾考生）、选才标准和选才方法四个要素。高等特殊教育院校是对残疾人进行单独招生的各级各类高校的总和；残疾考生是在特殊教育学校中的各种残疾类型的高中毕业生（我国境内参加单考单招的残疾考生通常包括视力残疾、听力残疾、肢体残疾以及少数轻度精神残疾）；

选才标准指的是高等特殊教育院校颁布并执行的人才选拔标准；选才方法指的是残疾考生单考单招的考试方法、考核评价标准以及录取办法。由于残疾考生的身心障碍，在残疾考生单考单招执行过程中，执行者会为残疾考生提供考试支持。高等特殊教育院校与残疾考生之间的矛盾表现为，高等教育资源的供给与残疾考生的教育需求之间既存在数量上的矛盾（高等教育资源无法满足所有残疾考生的教育需求），也存在质量上的矛盾（高等特殊教育院校的招生专业和办学层次都无法满足残疾考生的需求，而且供给的专业在社会市场的就业优势不明显）。残疾考生与高等特殊教育院校选才标准的矛盾表现为，残疾考生单考单招同样是一种常模参照考试，录取残疾考生的依据仍然是参照他们的考试成绩以及排名情况。围绕有限的残疾人高等教育资源的竞争，使残疾考生单考单招具有一定的难度和区分度。为此，残疾考生为了获得上大学的机会，除了自身的努力之外，还会通过参加多所院校的残疾考生单考单招来提高被录取的概率。残疾考生与高等特殊教育院校的选才方法的矛盾表现为，残疾考生单考单招的考核方式为笔试与实践操作，残疾考生单考单招的选拔方式究竟是侧重于笔试还是实践因学校类型不同而有所差异。高等职业院校在执行残疾考生单考单招时注重专业技能考核，而综合类本科院校的残疾考生单考单招偏重文化素养考核，所以考生应根据报考院校进行有针对性的备考。各个高等特殊教育院校自主颁布残疾考生单考单招的考试大纲，选择考试内容，所以残疾人考生的学习方式和学习内容主要取决于所报考院校的残疾考生单考单招的考试方式，及其颁布的考试大纲。在实际情况下，特殊教育学校的教学内容和教学方式非常具有针对性，主要是为了应对高校的残疾考生单考单招。残疾考生的身心障碍，要求高校在招生考试过程中为其提供考试支持，其中就包括：试题呈现方式的调整，比如为视力残疾学生提供大字号试卷，或者盲文试卷；考试环境的调整，比如，为听力残疾考生提供具有专用考试设备的特殊考试环境等。残疾考生单考单招为残疾考生提供的考试支持服务，以及进行的考试调整，使高校既能够选拔到合适的、优秀的人才，达到选拔的目的，也能够有效减少残疾考生因身心障碍而失去接受高等教育的权利和机会。此外，高等特殊院校与残疾考生的矛盾还体现在录取方法的矛盾上。前文提到，残疾考生为了增加自己上大学的机会，他们会报考若干所高等特殊教育院校，如果考生同时通过了两所及以上学校的考试，那么这就意味着残疾考生不得不选一所院校，而放弃其他院校的录取资格，这就造成了考试成本的增加和教育资源的浪费。所以，当前的残疾考生单考单招在组织管理机制上的不完善之处，使高等特殊教育院校的考试科目与特殊教育学校的课程设置，高等特殊教育院校的考试大纲与特殊教育学校教学内容的组织与选择，高等特殊教育院校的残疾考生单考单招的考试方法与高中特殊教育的学习方式等，产生了一系列的利益博弈。

第四，高等特殊教育院校之间的利益博弈。选才活动中高校与高校之间的矛盾，属于选才过程中单个结构要素内部的矛盾，它是整体选才系统结构中选拔主体之间的矛盾。简言之，就是各高校在生源数量、质量间的矛盾，这种矛盾如果在教育市场条件下会形成高校之间的竞争关系。这种竞争是"有序"还是"无序"取决于教育市场中宏观规则的健全程度的高低，以及各高校自身招生政策的健全程度的高低。普通高考执行的是全国普通高等院校统一招生、考试、录取制度，是教育部考试中心与地方教育考试中心共同组织与实施高考管理制度。普通高考的统一性保证了高校人才选拔的公平性、公正性和高效性。国家没有设立专门机构对残疾考生单考单招进行统一管理，在特殊教育学校阶段，也没有颁布全国统一的课程标准。各个高等特殊教育院校根据招生专业的考核要求，并参考普通高中的教学内容来确定残疾考生单考单招的考试科目和考试大纲。由于各个高等特殊教育院校的考试科目、考试大纲、考试内容不统一，各中学为了提高学生考试通过率，常常把所有高校可能考试的科目和内容都进行学习和强化训练，进一步加重了中学教师的工作负担，也加重了学生的学习负担，造成的结果是打乱了下游学校（主要是特殊教育学校）的正常教学秩序，其教师加班加点也难以覆盖所有高等特殊教育院校考试大纲规定的所有教学内容以及完成高校的所有规定学习任务。我国残疾人高等教育院校的数量从 21 世纪初的 6 所增加到 30 所，不同高校间的生源竞争加剧，部分高校通过提前考试、提前录取等手段试图录取到优质生源，致使考试和录取时间从最初的 6~7 月前移至 3~4 月，高校的这种考试安排打乱了基础特殊教育学校的教学进程，高中的教学时间被压缩为两年半，从而对高中正常教学秩序形成冲击，违背了素质教育的基本精神。

我国高等招生考试制度经历了一个单独招生考试到联合招生考试再到全国统一考试的过程。这一变化过程既符合当时社会政治和经济的需要，又受制于考试自身的发展规律。残疾考生单考单招作为一种高校招生考试制度，它的发展规律与普通高考应该一致。但由于特殊教育及残疾学生本身的特殊性，高等特殊教育院校自主命题并单独组织与执行考试、录取的招生考试制度短期内不会改变，具体理由有以下几点：①我国高等特殊教育院校数量比较少，全国仅有30所，平均每省份还不足一所，且东、中、西部分布还不均衡，如果统一考试科目、考试大纲和考试内容，不仅不会降低考试成本，反而忽略了地区和学校之间的差异性，导致实质上的教育机会不公平；②各个高等特殊教育院校在执行残疾人单独招生考试制度时，基本可以保证其科学性、公平性，而且还具有很强的针对性；③对于高中阶段的特殊教育，我国暂没有颁布统一的课程标准，所以全国各地的特殊教育学校无统一课程标准、统一教材、统一教学大纲、统一教学内容、统一考试大纲，他们的教学大纲、教学内容是基于若干个高等特殊教育院校公布的考试大纲的整合，所以执行大范围联考或全国统考缺乏基本条件；④对残疾人单独招生的高等院校多是高等职业院校，设置的专业多是职业技能教育，由于各高等特殊教育院校设置的专业差异比较大，这无疑增加了大范围联考或全国统考的难度；⑤残疾考生的身心发展的特殊性，无论是不同残疾类型群体间，还是同一残疾类型群体内，残疾学生的身心发展差异都比较大，具有差异性、补偿性和多元评价性的单独招生考试制度，对他们而言是比较适宜的。综上所述，有关残疾人的招生考试制度，短期内不宜执行同考试大纲、同考试内容的大范围联考或全国统考模式，但是可以考虑统一考试时间，这样可以有效缓解高等院校与残疾考生之间的矛盾。

第五，残疾考生之间的利益博弈。现实中高中生之间的利益博弈，主要表现为每个高中生与高校、选才标准及方法的联系方式不同。由于高中生与高校、选拔标准及方法之间表现出资源供求矛盾与功能双重性和学习导向的矛盾，高中生之间也就形成了一种竞争关系。这种竞争是有序还是无序取决于高中教育是否进行合理的引导。例如，因材施教的教育分流方式，树立多样化的人才质量观，社会舆论的正确导向等；选才方式的引导，在因材施教的前提条件下，同时设置面向全体的、测试全面素质的标准参照考试和反映高校个性标准的常模参照考试；等等。

残疾考生之间的竞争主要体现在两个方面：一方面是对有限的残疾人高等教育资源的竞争；另一方面是对优质高等特殊教育学院的争夺。这符合人才选拔与竞争的一般规律。目前我国残疾人高等教育的现状是：残疾考生的竞争还没有上升为优质的、高质量的残疾人高等教育资源的竞争，仅是为了能够获得高等教育的入学机会。残疾考生之间的竞争除了跟残疾人高等教育资源不足有关，也跟高等特殊教育院校的人才选拔标准有关。残疾考生单考单招的考试大纲，容易限制残疾考生学习的内容，事实上就呈现为：高校考什么，特殊教育学校就教什么，残疾学生也就跟着学什么。特殊教育学校过于应试化的教育导向，导致残疾学生过早地出现了学习上的竞争关系。残疾考生单考单招的考试报名没有严格限定残疾考生的报考学校数量，特殊教育学校为了提高残疾考生的升学率，一般会鼓励学生尽可能地多报考。这导致的结果就是不同考生有可能会多次同时在同一高等特殊教育院校考试，引发重复性竞争。然而这种重复性竞争只有一次是有效的，其他的重复性竞争则被看作无效竞争。虽说是无效竞争，但在没有知道真正结果之前，考生之间的竞争却是真实存在的。但因为同时通过了两所高校的考试，考生不得不主动放弃一所高校录取资格的现象也时有发生。因此，高等特殊教育院校的考试成本也会因为考生之间的重复竞争而增加；考生之间的无效竞争也会导致教育资源的浪费。概言之，任何选拔性考试，都会存在考生之间的竞争，只有兼顾好高校之间的矛盾关系，才能更好地把握考生之间的竞争关系。所以有效地缓解或解决考生之间的不良竞争问题的关键措施，就是对现行的残疾考生单考单招进行变革，使高校残疾人招生考试制度既能够兼顾不同高校的利益，同时又能够处理好残疾考生之间的不良竞争问题，以获得高校残疾人招生考试管理的最大公平与效益。

二、残疾考生单考单招的执行程序分析

通常情况下，在法律、法规、政策等制度规定中，对制度执行的基本程序和方式会有原则性规定。但是制度执行机构和人员在执行制度规定的过程中，也会根据实际情况灵活把握，以便取得更好的制度执行效果。制度执行主体中的其他组织实体内的执行机构是层次最低的制度规制机构，其中就包括单位制度规制者。单位制度规制者是相对独立的组织实体的领导和决策机关，在自己的职权范围内，在组织内部制定和发布决定、办法、细则等制度规定并贯彻执行①。高等特殊教育院校是残疾考生单考单

---

① 彭和平. 制度学概论 [M]. 北京：国家行政学院出版社，2015：114.

招的单位制度规制者，制定并执行残疾考生单考单招的各项规则、细则及办法等。

高校招生计划是教育主管部门对教育事业的安排，以及高校在各省份的按投入指标确定的招生人数，以满足国家、高校及社会对人才的需求，并提高社会经济发展效益和高校办学效益①。按招生计划的性质和作用，高校招生计划可以分为事业计划和来源计划两个方面。事业计划是指最高教育主管部门对高校教育事业的安排，结合招生院校的办学规模、专业设置、师资力量、教学设备等方面的可能性及容纳量而制定的各个专业、系的招生计划总数②。来源计划是指高校投放在各省份的具体招生人数③。高等特殊教育院校对残疾人的招生计划，是在特殊教育专业的基础之上，通过对残疾人招生专业、师资及教学设置的多次论证，达到一定残疾人招生规模的要求和标准，并经过教育部、省教厅及教育考试院的同意后，对残疾人进行的单独招生。残疾人单独招生计划也包括事业计划和来源计划。

公共政策执行活动作为一种自觉的有目的的社会行为，其发展有着一定的逻辑顺序。一般而言，政策执行程序大体上可以分为政策宣传、组织准备、政策实施和监督四个阶段。残疾考生单考单招执行程序同样也包括上述几个阶段④。①制度宣传。残疾考生单考单招的实施方案公布以后，只有得到社会各有关方面的理解和接受，才能够顺利推行，因此需要对残疾考生单考单招进行科学的宣传。宣传的目的不仅是让制度执行的目标群体对制度的目标和内容有正确的认知，还要让制度执行机构及人员加深对制度执行的认知。残疾考生单考单招宣传，实际是高等特殊教育院校与残疾人、特殊教育学校等的一种交流活动，双方从各自的利益出发来审视残疾考生单考单招的执行方案，提出问题并解决问题。因此，对残疾考生单考单招的理解和认知是该制度执行的必要条件。②组织准备。残疾考生单考单招执行是一种有组织的活动，它需要具备一系列的物质条件和组织条件。在解决了相关方对该制度理解和认知的问题以后，就要着手进行制度实施条件的准备工作，如执行机构选拔和培训监考人员、大学生志愿者及

① 燕新. 我国高校招生计划制度研究 [D]. 武汉：华中科技大学，2006.
② 彭春生. 高校招生计划及其管理策略探讨 [J]. 江苏市场经济，2002 (4)：63-64.
③ 牛学敏. 高考招生计划制度改革：教育与经济的契合 [J]. 教育与考试，2007 (3)：29-32.
④ 刘春，王军. 公共政策概论 [M]. 北京：当代世界出版社，2000：128.

手语翻译人员，安排经费和调集考试辅助设备等，确定各种执行要素的关系和运作规则等。组织准备工作在一定程度上决定了残疾考生单考单招执行的效果和质量，因此，做组织准备工作，既要充分合理地利用好现有的条件，又要加强组织准备工作的科学性，使各项组织和物质条件符合残疾考生单考单招执行的要求。③制度实施。制度实施是一个由抽象到具体、由一般原理到具体操作的过程。高校招生考试是一个环节多、涉及面广的复杂性工作，从招生考试制度执行程序来看，残疾考生单考单招执行程序包括高校确定招生计划、公布招生简章，残疾考生报名及提交材料，残疾考生参加考试，高校执行残疾人考试制度，高校执行录取制度等①。残疾考生单考单招与普通高考的招生考试工作流程基本一致。高等特殊教育院校是相对独立的组织实体，其根据国家关于残疾人的教育政策与方针，并基于自身办学条件、师资队伍、教学设备等条件，在内部制定残疾考生单考单招相关制度，然后执行相关的招生考试办法、细则。④监督检查。残疾考生单考单招执行过程中，由于高等特殊教育院校及考务人员的思想认识、个人品质、文化素养以及对制度的理解与认知等方面存在差异，或者受残疾考生单考单招执行主客体之间存在的利益差别的影响，执行主体常常会有一些偏离制度执行目标的活动或行为。因此，必须对整个制度执行活动进行监督检查，以保证残疾考生单考单招按照预期目标贯彻执行。

上述四个阶段只是政策执行理论上的逻辑程序，在实际的残疾考生单考单招执行过程中，这四个阶段并不会这么截然分明、简单有序。实际上这四个阶段是在相互交错中展开和推进的，并可能多次循环往复。本书除了在残疾考生单考单招执行程序中提到执行监督外，在整个政策执行理论分析框架中，也单独提到了残疾考生单考单招的执行监督。

三、残疾考生单考单招执行条件分析

(一) 残疾考生单考单招执行的主观条件

残疾考生单考单招的执行程度和执行效果，很大程度上取决于主体的执行力和对它的知晓度，以及执行客体对该执行的态度。本书中残疾考生单考单招的执行主体主要为教育行政部门和高等特殊教育院校，其他利益相关者包括特殊教育学校、残疾人（执行客体）等。高等特殊教育院校是

---

① 姚志友. 对当前我国高校招生考试制度的分析与研究 [D]. 南京：南京农业大学，2005.

残疾考生单考单招的直接实施机构和招生主体，残疾考生单考单招招生简章是各个高校执行残疾考生单考单招的主要依据。严格依据招生简章对残疾学生进行招考，高等特殊教育院校则能够选拔到优秀、适合的学生，有利于保障残疾学生的合法教育权益，实现双赢。特殊教育学校的教学大纲和教学内容，很大程度上取决于高等特殊教育院校颁布的考试大纲，因此，特殊教育院校学校与高等特殊教育院校的信息对称非常重要。特殊教育学校依据考试大纲进行教育教学，有针对性的教学能够大大提高残疾学生在考试中的成功率。所以残疾考生单考单招的有效执行，还取决于特殊教育学校的教育教学。残疾学生是残疾考生单考单招的执行客体，或受测主体，残疾考生单考单招是残疾学生进入大学接受高等教育的有效途径。由于许多残疾人认识到单考单招的意义和价值，想上大学的残疾人越来越多，这极大地影响了残疾考生单考单招的组织、执行和管理；而且高等特殊教育院校的招生计划、专业设置、办学条件等都受到残疾考生的数量和残疾类型的影响。

（二）残疾考生单考单招执行的客观条件

残疾考生单考单招执行的客观条件，是指残疾考生单考单招的执行质量很大程度上受外界环境因素的影响，这些外界环境因素包括政策环境、文化环境、技术环境、经济环境。

政策环境。残疾人招生考试制度执行的政策环境是指影响残疾人招生考试制度执行的一切政策及其执行因素的总和[①]。制度环境包括制度因素和制度执行因素两部分。残疾考生单考单招既受制度因素的影响，也受制度执行因素的影响。制度因素是残疾考生单考单招执行的基础和前提，所以残疾考生单考单招相关制度的有无，或者制度质量水平的高低，决定着残疾考生单考单招执行效果的好坏。制度执行因素是残疾考生单考单招执行的关键和根本[②]。任何一项政策，如果不能得到有效落实，那么其存在也就失去意义和价值。残疾考生单考单招相关的规则体系，只有能促进残疾考生单考单招的顺利执行，才能够按自身创设的意图，影响残疾考生单考单招的执行。所以残疾考生单考单招的顺利、有效执行，取决它所处的制度环境的质量。

---

① 刘晓玲，平可. 改革开放以来思想政治教育政策环境建设回顾与展望 [J]. 思想教育研究，2018（11）：14-18.

② 徐艳国. 思想政治教育政策环境论 [D]. 长沙：中南大学，2010.

文化环境。文化环境是指由社会生产方式所决定的观念形态支配下构成的客观要素的总和①。文化环境所形成的"文化场",存在于人们的周围,影响着人们的思想,对人们的思想意识起着引导的作用。当今社会大众所具有的观念和意识是在前期所沉淀的文化环境的影响下形成的。残疾考生单考单招及其执行,受社会对残疾人的观念的影响。残疾考生单考单招是在当前的文化环境中运行的,它的整个执行过程都需要文化环境作为纽带。文化环境具有鲜明的时代性和社会性,不同的社会发展时期,残疾人所处的文化环境不同,不同的文化环境对残疾人的认识和态度也不同,这些因素直接影响着残疾人招考制度的制定与执行。因此,从这个意义来讲,文化环境对残疾考生单考单招执行有促进或阻碍的作用。

技术环境。技术环境中,组织的一种产品或服务得以生产并在一个市场中进行交换,而组织自身则因对其生产系统有效、充分地控制而获得利润②。残疾考生单考单招,可以看作高等特殊教育院校招收残疾人并使其接受高等教育的手段和途径。残疾人高等教育可被看作一种产品和服务,供需双方在招生考试制度执行过程中进行交换,即残疾考生通过成绩达到一定标准,来获得有利于自身发展的高等教育。残疾人由于身心发展障碍,参加考试需要一定的技术支持,如视力障碍考生,要使用盲文试卷;在考试过程中,他们答题需要借助机器。可以说,在技术环境里,招生考试服务质量的改进,以及测验产品质量的提升,惠及了越来越多的残疾学生。所以,残疾考生单考单招执行的过程以及残疾人参加招生考试所获得的考试支持服务的质量,在很大程度上取决于它所处的技术环境。

经济环境。经济环境是指事物存在与发展的外部社会经济条件,包括消费者的收入水平、支出模式和消费结构,以及地区经济发展水平、行业发展状况、城市化程度等多种因素。所以某一产品的市场规模,一方面取决于需要该产品的人口数量及其消费水平,另一方面取决于地区公共服务的水平。随着社会行业的分工发展,许多行业对就业者受教育程度的要求越来越高。所以越来越多的学生渴望进入大学接受高等教育,以谋求更好的职业。残疾考生单考单招执行与经济环境的关系是:第一,残疾学生的家庭经济状况的好坏,是影响残疾学生是否有意愿和条件参加单考单招的主要因素。用马克思主义理论来解释,经济基础决定上层建筑,家庭的经

---

① 张耀灿. 思想政治教育学前沿 [M]. 北京:人民出版社,2006:394.
② 张秋硕. 高校内部教学质量评估组织的发展机制研究 [D]. 武汉:华中师范大学,2016.

济状况会直接影响到家长对子女的教育观念。通常情况下，收入高的家庭，家长不仅有大力支持子女读大学的意愿，而且还有能力承担教育的费用。反之，收入低的家庭，家长支持子女读大学的意愿就偏弱。第二，一个地区的经济发展水平，直接决定了这个地区的残疾人高等教育发展的规模与质量。残疾考生单考单招是各高等特殊教育院校自主命题、单独组织考试、单独招生录取的考试制度，高等特殊教育的发展情况也会影响其招生考试制度的执行情况。例如，高等特殊教育院校的办学规模、师资数量、办学条件、教学设备等会影响它们的招生计划、招收残疾学生的类型等。所以，参加残疾考生单考单招考生的类型和数量，以及招生考试制度的执行效果，都会受到经济环境的影响。反过来说，高等特殊教育院校也要依据办学规模、师资数量、办学条件、教学设备的实际状况进行招生。

四、残疾考生单考单招执行的监督分析

严格有效的监督是制度执行力的"倍增器"，因此，在执行的过程中，主管部门需要持续地检查和监督其执行效果。因此，系统、科学、有效的监督手段是制度执行效果的有力保障①。对残疾考生单考单招执行全过程的监督是保障制度执行效果、达成执行目标的关键，要通过全方位的监督检查，来确保残疾考生单考单招得到较好的执行。要建立残疾考生单考单招执行监督机制，需要明确制度执行机构和人员的工作职责，并对其进行跟踪、监督，从而提升他们对制度的执行力。残疾考生单考单招执行的监督主要包括制度执行内容的监督和制度执行主体的监督。

制度执行内容的监督，就是社会大众及相关部门、人员对正在被执行的制度规定的合法性、科学性及合理性进行查看并加以管理。残疾考生单考单招执行内容的监督，就是社会大众、相关部门、考生及其家长对高等特殊教育院校发布的招生简章中规定的内容进行监督，其中包括招生简章中关于学校（学院）介绍和专业介绍的客观性，以及招生简章规定的招生专业、招生计划、招生程序、考试科目、考试时间、考试地点、录取原则等的合法性、科学性及合理性。

制度执行主体的监督，主要是指对制度执行人员的执行力、执行角色以及执行规范的监督。制度执行是一个整体执行过程，是由许多各负其责

---

① 李法泉. 把权力关进制度的笼子里 [M]. 北京：社会科学文献出版社，2013：301.

的制度执行人员完成的。对制度执行主体进行监督的目的是避免制度执行不力。执行不力是指在能够正常行使权力的情况下，制度执行人员办事不力。其表现形式多种多样，例如：对上级决定的传达和贯彻不及时、不果断；制度执行时，有法不依，有章不循，执法不严；对下级机构的执行活动和执行效果疏于检查；工作布置流于形式。对执行角色的监督主要是检查制度执行人员在参与制度执行时是否出现了角色越位、错位、缺位的现象①。越位现象是指制度执行人员在制度执行过程中管了一些不该管的事情或者做了一些权力之外的事情；错位现象是指制度执行过程中执行人员的能力与分工不匹配，权责关系不当；缺位现象是指制度执行人员没有依法执行权力，没有履行应尽职责等。对执行行为的监督，主要是为了预防制度执行人员在执行过程中，出现运用个人权力来谋取个人私利、权钱交易的行为。

对残疾考生单考单招制度执行宣传的监督，是为了提高社会各界和残疾考生及其家长对该制度的认知和信任，激发残疾人参与单考单招的积极性和主动性，推动残疾人高等教育的普及和发展。监督的方法是利用媒体、网络、社会组织、志愿者等多种渠道，对宣传活动的情况和效果进行跟踪、评估、反馈、改进。监督的标准是以宣传活动的真实性、客观性、科学性、有效性为原则，以宣传活动的覆盖面、参与度、满意度、影响力为指标，以宣传活动促进制度执行为目标。在监督中，还要考虑残疾人单考单招的特殊性，即不同残疾考生的关注点和方式不同，以自身需求为导向。因此，高校招生宣传应该针对不同残疾考生的特点和需求，采用不同的宣传方式和内容，高校在线上宣传时，增加与残疾考生的互动和沟通，及时回应他们的疑问和需求。同时，高校应该基于通用设计理念，构建无障碍招生宣传网页，提供语音、图像、文字等多种信息表达方式，方便残疾考生获取和理解招生信息。

从经济角度看，监督是委托人通过预算约束、补偿要求和制定操作规则等方式来控制代理人行为所做出的努力，目的是减少"搭便车"行为以及偷懒行为，从而使效益最大化。从管理角度看，监督是人们为了达到某种既定目标而对社会经济的具体运行过程所执行的检查、审核、监察、督导活动，是一种特殊的管理活动②。无论是从经济角度还是从管理角度，

① 彭和平. 公共行政管理 [M]. 3 版. 北京：中国人民大学出版社，2008：138-139.
② 姚洁. 国家科研项目资金的监督问题研究 [D]. 北京：中央财经大学，2016：25.

都表明监督只是手段，而非目的。监督并不是单纯为了发现问题或者挑毛病，监督的本质应当是通过发现问题来改善和规范管理。残疾考生单考单招虽说不像普通高考那样具有极强的组织性、纪律性和权威性，但是为了保障残疾人单独招生考试执行的有效性与公平性，国家需要对残疾考生单考单招的执行进行严格的监督。政府和学校的监督部门需要从残疾考生单考单招的招生计划、资格审查、考试范围、考试评价、录取程序等各个方面配套相应的监督管理措施，形成完善的残疾考生单考单招执行的监督管理制度①。

残疾考生单考单招事关万千残疾考生及家庭的切身利益，该制度在执行时应严格遵循我国相关法规政策，应避免制度执行人员的执行不力给高等特殊教育院校、残疾考生及其家庭带来不利影响，进而影响残疾人高等教育入学机会的公平。残疾考生单考单招执行情况的监督检查形式，主要是上级教育主管部门对高等特殊教育院校的监督、各高等特殊教育院校之间的监督，以及人民群众的监督、社会舆论的监督等。监督检查是残疾考生单考单招有效实施的保障环节，保障制度执行目标得以顺利实现。

五、残疾考生单考单招执行效果分析

实证主义的执行效果评价主要以客观性的产生为测量对象，应用了成本-效益分析、多元回归分析、民意调查研究、运筹学和系统分析等方法，所以实证主义提出的评价标准一般包括效率、效能和充分性②。基于对实证主义的批判性扬弃，后实证主义保留了实证主义的一些优点，后实证主义对制度执行效果的评价是将事实评价与价值评价结合起来。后实证主义的典型代表人物 Poister 提出，除了用效率、效能、充分性等事实性标准来评价政策的执行效果，还可以用公平性、适当性、合理性等价值性标准来评价政策的执行效果③。卡尔·帕顿、大卫·萨维奇将政策性评价标准分为技术与政治的可行性、经济和财政的可能性以及行政的可操作性三个方面④。威廉·N. 邓恩认为，政策执行效果的评价可以从效果、效益、效

---

① 祝素香. 我国高校自主招生政策执行中的问题及对策研究 [D]. 保定：河北大学，2018.

② 高兴武. 公共政策评估：体系与过程 [J]. 中国行政管理，2008（2）：58-62.

③ POISTER T H. Public program analysis：applied research methods [M]. Parkville：Park University Press，1978.

④ 帕顿，沙维奇. 政策分析和规划的初步方法 [M]. 孙兰芝，胡启生，译. 北京：华夏出版社，2001：160-161.

率、充足性、回应性、效应性以及公平性等方面来进行①。我国学者陈振明提出了评价政策执行效果的五个标准，它们分别是生产力、效益、效率、公平和政策回应②。对政策执行效果的评价，宁骚也提出了政策效率、政策效益、政策影响、回应性、社会生产力的发展、社会可持续发展以及社会公平正义七个方面的标准③。综合上述政策执行效果的评价标准可以看出，后实证主义通过事实与价值的有机结合，通过参与式政策协商和理性指导下的平等对话，运用话语分析、叙事分析与修辞分析等多种工具，深入考察利益相关者的动机与观点，系统剖析情境问题的特殊性。

制度执行效果评价的目的就是考察制度执行是否达到了预期的目标，抽象的制度目标可以通过可操作的指标体系来完成。后实证主义方法论在教育实践中，根据事实与价值的双层标准，构建教育制度的评价标准与指标。后实证主义方法论视角下的教育政策执行效果评价指标体系的构建思路：教育政策执行效果的评价内容，要坚持事实与价值相结合的原则。黄明东等借用后实证主义的方法，从执行效果、主观福祉、伦理标准三个维度，构建了 14 个二级指标与 30 多个三级指标，来测量教育政策的执行效果④。其中执行效果主要是指一项教育政策执行前后的对比变化，或者教育政策产生了什么影响，正面的或负面的、积极的或消极的。执行效果评价的内容包括教育政策本身的效果和政策外部的效果，政策外部的效果即一项教育政策对政策目标以外的个人及群体和组织产生了预期外的影响，包括隐性效果，从而产生了原本设定目标以外的效果。

残疾考生单考单招的执行是执行主体为了实现教育机会公平而采取的一系列行动。其中，制度执行主体是残疾考生单考单招得到正确有效执行的关键性因素，从制度执行主体的角度来探讨残疾考生单考单招执行过程中的一些障碍因素，并得出相应的解决对策，对实现残疾人高等教育机会公平的目标有重要意义；制度执行程序能够明确指导和规范各主体在残疾考生单考单招执行中的操作流程和招考行为；制度执行条件是达成残疾考

---

① 邓恩. 公共政策分析导论 [M]. 谢明，伏燕，朱雪宁，译. 4 版. 北京：中国人民大学出版社，2011：435.

② 陈振明. 政策科学：公共政策分析导论 [M]. 2 版. 北京：中国人民大学出版社，2003：471-472.

③ 宁骚. 公共政策学 [M]. 北京：高等教育出版社，2010：257.

④ 黄明东，陈越，姚宇华. 教育政策效果评估指标体系构建研究：基于后实证主义方法论的视角 [J]. 教育发展研究，2016，36（1）：1-6.

生单考单招执行目标的前提和物质保障；制度执行监督是规范制度执行主体的招考行为，避免招考过程中的各种不良行为，保证残疾考生单考单招的执行效果；制度执行效果是评价残疾考生单考单招是否按预期的目标执行。简言之，制度执行主体是整个制度执行过程中的关键因素，制度执行程序明确了制度执行主体的操作流程，制度执行条件是制度得到顺利有效执行的前提和保障，制度执行监督是规范制度执行主体的行为，制度执行效果是对残疾考生单考单招质量及制度执行效果的评价。

第三章 高校残疾人招生考试政策的历史考察

宋洁绚把我国高考制度的演进划分为四个时期：高考制度的摸索时期（1912—1948 年），高考制度的初创时期（1949—1965 年），高考制度遭受劫难的时期（1966—1976 年）以及高考制度的重建与改革时期（1977 年至今）[①]。本书根据残疾人教育的发展特征，以历史时间为线索，并以相关的国家招生考试政策文件为依据，把高校残疾人招生考试的历史演进分为四个时期：高校招生考试政策对残疾人限制的时期（1949—1977 年），高校招生政策对残疾人宽松的时期（1978—1986 年），残疾考生单考单招的建立与蓬勃发展时期（1987—2016 年），高校残疾人招生考试的多元化评价时期（2017 年至今）。

第一节 高校招生考试政策对残疾人限制的时期
（1949—1977 年）

新中国成立之初，为保持高等教育的连续性，中央政府提出"维持现状，立即开学"的方针。1949 年，除北京大学、清华大学等少数几所学校执行非实质性的联合招生（为减轻招生工作量以及为外地考生提供方便，委托外地高校代为招考，但命题、阅卷、录取等环节均由主考学校负责执行）外，全国其他高等院校都执行高等教育单考单招。新中国成立初期的

---

① 宋洁绚. 我国高校招生考试制度的形成与演化 [M]. 武汉：武汉大学出版社，2015：67-87.

高校单考单招执行出现了一系列问题，比如各高校之间招生结果不平衡、考生参加考试不方便以及各高校的新生报到率高低不一等。1950年，教育部发布了《关于全国高等学校一九五〇年暑期招考新生的规定》，要求各大行政区教育部门"根据该地区的实际情况，分别在适当地点定期实行全部或局部的联合或统一招生"。该规定还说明：如果执行统一招生有困难，各大行政区可以"在符合本规定之基本精神范围内，允许各校自主招生"。1951年，教育部又颁布了《关于全国高等学校一九五一年暑期招考新生的规定》，对统一招生的范围和程度做了必要的补充："为进一步改正各高校自行招生所产生的混乱状态，各大行政区分别在适当地点争取实行全部或局部高等学校统一或联合招生，全国统一考试日期；如果有困难，仍允许各高等院校执行单考单招；在其他地区招生时，应尽量执行委托考试办法进行。"至此，执行统一高考的高校数量迅速增加，统一招考已经成为绝大多数高校的共识。到了1952年6月，教育部又发布了《关于全国高等学校一九五二年暑期招考新生的规定》，对高校执行高考又做了进一步说明："自该年度起，除了个别学校经教育部批准之外，全国高等学校一律执行统一招考，执行中央政府统一领导与各省、自治区、直辖市分别办理相结合的招考办法。"这标志着统一高考制度的正式建立，1952年也成了中国高校招生考试制度的新纪元①。

　　1954年，高等教育部、教育部发布的《关于全国高等学校一九五四年暑期招考新生的规定》提出，"必须贯彻中央统一计划，大区组织执行，并由各校直接负责审查录取报考各该校新生的组织方针"②。与此同时，我国卫生部、高等教育部等出台了《全国高等学校招生健康检查办法》（以下简称《办法》），针对高等学校招生考试的报名资格，制定了具体的考生身体健康要求。《全国高等学校招生健康检查不合格之规定》（以下简称《规定》）提出了几种患病情况：①肺浸润进展期，溶解播散期，或痰内有结核菌者；②骨关节、浆膜、喉头、肠、泌尿生殖器、皮肤、外淋巴腺等结核尚未治愈者；③有显著之器质性心脏血管病者；④两眼视力矫正（佩戴眼镜）后，低于0.4者，或一眼失明，另一眼矫正后，低于0.6者；⑤两耳由于中耳或内耳疾病所造成的耳聋或重听者（指对面说话听不见

---

　　① 郑若玲. 苦旅何以得纾解：高考改革困境与突破 [M]. 南京：江苏教育出版社，2011：3-4.

　　② 杨学为. 中国高考史述论（1948—1999）[M]. 武汉：湖北人民出版社，2007：626.

者）；⑥患神经衰弱、癫痫或其他精神病而有时常发作历史者；⑦麻风、花柳病尚未治愈能传染他人者；⑧两肢不能应用，严重影响学习者；⑨患慢性疾病（如血吸虫病、严重支气管喘息、糖尿病、肾炎等）影响学习非短期所能治愈者等。《规定》提出，考生为其中的任何一种就被视为不合格，不准予参加普通高考，高校也可以根据此规定拒绝录取考生。

《办法》和《规定》中的招生健康检查要求对残疾人而言比较严格，几乎限制了绝大部分听力残疾和视力残疾的学生参加普通高考。一些稍加治疗或支持就可以参加高考的残疾学生，如患有听力残疾、视力残疾、双下肢畸形、关节炎、肾炎等疾病的学生，限于当时考试支持条件的限制，虽名义上有接受高等教育的权利，却无法实现。1955 年、1956 年、1958年、1962 年、1965 年卫生部、教育部和高等教育部对《办法》及《规定》先后进行了五次修订。与最初的文件相比，1965 年修订后的《规定》对参加普通高考的学生的身体健康要求更加严格，比最初的文件有以下变化：①增加了"一切活动性肺外结核"；②在视力方面的要求提高了，增加了"或一眼视力矫正后低于 0.1（包括失明）而另一眼视力矫正后低于0.8 者"，修订后的《规定》对学生的视力要求提高了；③关于肢体残疾的规定方面，增加了"有任何两肢不能应用者（比如足跛、两足或两手被切断者）"；④增加了"传染性性病及对学习有影响者，如进行性麻痹、脊髓痨、视力受损、内脏及心脏血管梅毒等"①。通过对《规定》修改前后进行比较可知，高等学校招生对学生身体健康的规定越来越严格，把大部分的听力残疾、视力残疾、肢体残疾及患有其他疾病的学生排除在"合格"之外，导致他们不能参加普通高考。

1966 年 7 月，中共中央、国务院颁布《关于改革高等学校招生工作的通知》，通知中提到"从今年起，高等学校招生，取消考试，采用推荐与选拔相结合的招生办法"。1967 年高等学校招生录取新生的时间从 1 月1 日开始，至 1 月底结束。事实上高等学校停止了招生，且一停就是 6 年。与之前的全国统考相比，此时的招生一定程度上缺乏科学性、公正性和客观性。在当时，人们对残疾人缺乏基本的认知，人们对他们的认识还停留在"残废""瞎子""聋子""跛子"等消极刻板的印象上，所以"推荐与选拔"这种主观性比较强的招生方式，首先就排除了那些身心发展有障碍

---

① 杨学为. 高考文献：上 [M]. 北京：高等教育出版社，2003：406-408.

的残疾人。"文化大革命"结束之后，邓小平在科学与教育工作座谈会上，否定了之前的"自愿报名、群众推荐、领导批准、学校复审"的"十六字高校招生办法"，提出恢复高等学校全国统一招生考试的办法①。1977 年，国务院转发了教育部《关于一九七七年高等学校招生工作的意见》，恢复了应届高中毕业生上大学的高考制度。恢复高考后，高考报考资格和高校录取标准主要考查考生的两个方面：一是政治审查主要看本人政治表现，要求本人政治历史清楚，热爱社会主义，热爱劳动，遵守纪律，决心为革命学习；二是择优录取，高考招生的录取考查标准主要是对个人的德智体进行全面衡量②。1977 年恢复高考后的一段时间内，限制残疾考生参加普通高考和残疾考生被高等院校拒录的问题仍然比较突出。1977 年 11 月—12 月，全国各省份陆续举行高等学校招生考试，那些患病的知识青年，在病情稳定或治疗痊愈后也可以参加普通高考③。当年全国共有 570 万人报考，共录取 27.8 万人，被录取的考生于 1978 年 1 月入学④。恢复高考后的高校招生考试政策似乎给了残疾学生参加普通高考的一线希望。但在"千军万马过独木桥"的高考形势下，我国高中升大学的比例是 5%左右，残疾人通过普通高考上大学的概率和希望仍然微乎其微。

残疾人受到高校招生体检政策方面的限制。《办法》及《规定》对残疾学生参加普通高考进行了具体而又严格的限制，符合条件的残疾学生可以参加普通高考，但是当时国家无法对残疾学生普通高考给予应有的考试支持。对残疾考生而言，没有考试支持的普通高考是不公平的，他们虽然参加了普通高考，但生理、心理、环境、情感等因素带来的构念（指某一测验所要测量的全部知识、技能及能力等）无关变异⑤，对考试效果产生了不利影响。这导致有能力接受高等教育的残疾人，因为高校体检政策的限制以及考试支持的缺失而无法进入大学。因此，我国需要继续改革与完善高等院校招生体检标准，允许更多的残疾学生进入大学接受高等教育。

---

① 刘海峰. 高校招生考试制度改革研究 [M]. 北京：经济科学出版社，2009：33.
② 宋洁绚. 我国高校招生考试制度的形成与演化 [M]. 武汉：武汉大学出版社，2015：91.
③ 秦华. 高考招生政策中的人本倾向研究（1977—2010） [D]. 杭州：浙江师范大学，2012.
④ 杨学为. 中国高考史述论（1948—1999）[M]. 武汉：湖北人民出版社，2007：257.
⑤ 田霖，韦小满. 我国残疾人参加普通高考的问题与对策 [J]. 中国特殊教育，2015 (11)：3-7，42.

第二节 高校招生政策对残疾人宽松的时期
（1978—1986 年）

恢复高考以来，限制残疾考生参加普通高考和残疾考生被高等院校拒录的问题仍然比较突出。在邓朴方带领下，中国残疾人福利基金会积极协调教育部、地方政府、高等院校等，调整高等院校招生体检标准，维护残疾考生权益。1985 年，教育部与国家计生委联合颁布了《关于做好高等学校招收残疾青年和毕业分配工作的通知》，其中第二条规定："各高等学校应从残疾学生的实际出发，贯彻德智体全面考核，择优录取的原则。"[1] 该通知首次提出对于肢体残疾学生，在全部考生德智条件相同的情况下，高校不应因考生残疾而不予录取，后来该规定被写入《中华人民共和国残疾人保障法》和《残疾人教育条例》等法律法规中。1985 年，在邓朴方等人的推动下，教育部与卫生部又联合颁布了《普通高等学校招生体检标准》，该体检标准比起之前对残疾考生参加普通高考严格限制的标准有所放松。例如，按照该体检标准，未患有青光眼及视网膜、视神经疾病或矫正视力之和为 1.0 及以上的视力残疾考生，两耳听力距离均在 2 米及以上的听力残疾考生，均被允许参加普通高考。虽然《普通高等学校招生体检标准》对残疾人参加普通高考的要求仍然很严格，但与之前的政策相比已宽松了一些，这使一些优秀的符合《普通高等学校招生体检标准》的残疾考生可以通过参加普通高考的形式进入普通高等学校。北京大学作为中外著名的高等学府，在传授和发展人类文明中有着极其重要的地位，因此它有责任率先消除种种歧视残疾人的旧观念和旧思想，主动接受残疾人到高校来深造的义务[2]。1985 年，我国一些地方的高校开设了专门招收残疾人的院系或专业。例如，滨州医学院开设了肢体残疾人临床医学系，还成立了残疾人高等教育研究组和残疾人心理研究组，探讨了残疾青少年成长规律的特点，滨州医学院开了我国最早集中招收残疾大学生的先河。

这一时期我国高校招生政策突破了对残疾人的严格限制，以及部分高校开始了集中招收残疾人接受高等教育的实践探索，这意味着我国高校面

---

[1] 杨文娟. 中国残疾人高等教育概况 [J]. 现代特殊教育, 1994 (2): 3-4.
[2] 邓朴方. 人道主义的呼唤 [M]. 北京：华夏出版社, 1999: 151.

向残疾人的招生进入政策宽松的时期，改变了恢复高考以后高校历年不招收残疾考生的境况，使越来越多的残疾考生通过高考进入普通高校。虽然我国高校招生政策对残疾人逐渐宽松，但测量结果容易受到与测量构念（指某一测验所要测量的全部知识、技能及能力等）无关的考生个体特征（比如残疾）的影响①，对残疾考生的考试客观结果不利，导致一些有能力接受高等教育的残疾人因为考试支持的缺失而无法进入大学。所以，根据残疾考生的身心特征进行相应的考试支持，或者建立残疾考生单考单招制度，已成为当时迫切之事。

第三节　残疾考生单考单招的建立与蓬勃发展时期
（1987—2016 年）

1987 年中残联积极协调北京大学，要求一视同仁招收达到录取分数线的残疾考生，于是北京大学率先对肢体残疾学生进行招生，首批来自全国各地的 21 名肢体残疾学生得以进入中国一流大学接受高等教育，这开了我国普通高等院校以普通教育的形式招收残疾学生的先河，此后越来越多的普通高等院校对残疾考生敞开大门②。同年，天津理工大学成立了聋人工学院，专门招收聋人，该学院主要设置机电专业，来探讨聋人学习理工科的规律和教学方法，为我国残疾考生单考单招的建立奠定了基础。无论是滨州医学院和天津理工大学对残疾人的集中招生培养，还是北京大学实施的残疾人高等融合教育，都为我国残疾考生单考单招政策的建立奠定了基础。

1987 年，长春大学特殊教育学院成为我国第一所执行残疾考生单考单招的院校。长春大学特殊教育学院为视力残疾学生开设的专业有按摩专业、音乐专业、美术专业，为肢体残疾学生开设了企业管理专业，面向全国部分省市招生③。1988 年国务院批准执行的《中国残疾人事业五年工作

---

① 田霖，韦小满. 我国残疾人参加普通高考的问题与对策 [J]. 中国特殊教育，2015（11）：3-7，42.

② 麻一青，孙颖. 残疾人高等教育现状及发展对策 [J]. 中国特殊教育，2012（7）：19-24.

③ 杨慎耘. 我国特殊教育高考制度的现状分析及其改革的思考 [J]. 现代特殊教育，2009（11）：14-16.

纲要（1988—1992 年）》指出，"着重抓好初等教育和职业技术教育，积极开展学前教育，逐步发展中等教育和高等教育"。残疾学生进入大学接受高等教育的途径和要求与健全学生基本一致，即按照规定参加普通高考，高校原则上根据考生高考分数的高低顺序进行择优录取。1989 年，国务院颁布的《关于发展特殊教育的若干意见》规定，"高校要继续认真贯彻落实招收残疾学生的有关规定。有条件的省、自治区、直辖市，要选择一、两所大专院校，招收盲、聋等残疾学生在适合的专业中学习"①。

20 世纪 90 年代以后，国家陆续出台了促进残疾人高等教育发展的相关政策。1990 年出台的《中华人民共和国残疾人保障法》规定，"高校必须招收符合国家规定的录取标准的残疾考生入学，不得因其残疾而拒绝招收"②。1994 年出台的《残疾人教育条例》再次强调，"高校必须招收符合国家规定的录取标准的残疾考生入学，不得因其残疾而拒绝招收"③。1995 年 3 月第八届全国人民代表大会第三次会议通过了《中华人民共和国教育法》，其中第十条规定，"国家扶持和发展残疾人教育事业"；第三十八条规定，"国家、社会、学校及其他教育机构应当根据残疾人身心特性和需要执行教育，并为其提供帮助和便利"。尽管教育法作为我国教育的根本大法，对残疾人受教育的权利予以了界定和维护，但是由于其没有明确具体的政策执行内容和主体，所以各地方在具体落实时，对残疾人受教育的权利的维护难以真正奏效。1998 年 8 月 29 日第九届全国人民代表大会常务委员会第四次会议通过了《中华人民共和国高等教育法》，其中第九条规定，"公民依法享有接受高等教育的权利""高等学校必须招收符合国家规定的录取标准的残疾学生入学，不得因其残疾而拒绝招收"。这以法律的形式承认和维护了残疾学生的受教育权利。一些高等院校响应国家对发展残疾人高等教育的要求，南京中医药大学、天津理工大学、金陵科技学院、北京联合大学等院校相继开办了残疾人高等教育。

进入 21 世纪后，我国的残疾人高等教育进入了快速发展的时期，重庆、江苏、上海、湖南、河南等地的一些高校陆续建立了特殊教育学院、

<hr>

① 郭建模. 中国残疾人事业年鉴（1949—1993）［M］. 北京：华夏出版社，1993：404-407.

② 全国人大常委会. 中华人民共和国残疾人保障法［EB/OL］.（1990-12-28）［2018-10-15］. http://law.51labour.com/lawshow-22657-7.html.

③ 国务院. 残疾人教育条例［EB/OL］.（1994-08-23）［2018-10-15］. http://www.moe.gov.cn/s78/A06/［J］cys_ left/moe_ 709/s3330/201001/t20100128_ 82037.html.

系或专业，通过残疾考生单考单招的形式对听力残疾、视力残疾、肢体残疾学生等进行集中招生①。残疾考生单考单招在一定时期内对于保障残疾人接受高等教育的公正性、公平性具有重要的意义②。

2001年5月国务院批准的《中国残疾人事业"十五"计划纲要（2001—2005年）》在发展高等特殊教育的态度上较之前更为积极。该纲要提到"巩固提高残疾人高等教育，鼓励在普通高等院校开设特教专业（班）；逐步形成学前教育、义务教育、高级中等教育、高等教育相互衔接的残疾人特殊教育体系"，首次提出鼓励普通高等院校开设特教专业（班），形成特殊教育体系；"进一步完善普通高等院校招收残疾考生的政策""扩大高等院校对残疾人的招生数量"，积极拓展残疾人进入高校接受高等教育的渠道。2008年《中华人民共和国残疾人保障法》的修订稿补充规定，"国家举办的各类升学考试，有盲人参加的，应当为盲人提供盲文试卷、电子试卷或者由专门的工作人员予以协助"③，首次增加了提供盲文试卷等便利措施。2009年5月，由教育部等八部委提出，并经国务院同意后颁布执行的《关于进一步加快特殊教育事业发展的意见》提出"强化政府职能，全社会共同推进特殊教育事业发展"，明确了政府发展特殊教育的责任。该意见还提到了"加快推进残疾人高等教育发展"的若干措施，一方面强调普通高校应依法依规招收符合录取标准的残疾考生，另一方面强调"高等特殊教育学院（专业）要在保证质量的基础上，扩大招生规模，拓宽专业设置，提高办学层次"，积极巩固和拓宽了残疾学生进入高校接受高等教育的两条途径。

2010年颁布的《国家中长期教育改革和发展规划纲要（2010—2020年）》第二十九条提出："大力推进残疾人职业教育，重视发展残疾人高等教育。"2011年，由残疾人教育工作委员会制定的《中国残疾人事业"十二五"发展纲要》提出："完善盲、聋、重度肢体残疾等特殊考生招生、考试办法。"④ 2012年出台的《无障碍环境建设条例》再次强调，"国

① 朴永馨. 高等特殊教育的发展 [J]. 中国残疾人，2004（1）：39-40.
② 边丽，张海丛，滕祥东，等. 我国残疾人高等教育单独招生考试现状与改革建议 [J]. 中国特殊教育，2018（5）：9-14.
③ 全国人大常委会. 中华人民共和国残疾人保障法（修订）[EB/OL].（2008-04-24）[2019-04-11]. http://www.npc.gov.cn/npc/xinwen/2018-11/05/content_ 2065632.htm.
④ 残疾人教育工作委员会. 中国残疾人事业"十二五"发展纲要 [EB/OL].（2011-05-16）[2019-04-11]. http://www.gov.cn/jrzg/2011-06/08/content_ 1879655.htm.

家举办的升学考试，有视力残疾人参加的，应当为视力残疾人提供盲文试卷、电子试卷，或者由工作人员予以协助"①。2014 年出台的《国务院关于深化招生考试制度改革的实施意见》特别提出："为残疾人等特殊群体参加考试提供服务。"②

我国高校对残疾人的招生考试政策，最早只是允许部分肢体残疾学生参加普通高考；到国家出台残疾考生单考单招制度，以及围绕残疾学生的高等学校招生体检政策的改革，越来越多的残疾学生参加普通高考和残疾考生单考单招。我国《残疾人事业发展统计公报》的数据显示，2012—2016 年这五年中，被我国高等学校录取的残疾学生共计 48 537 人。其中通过普通高考入学的残疾学生占较大比例（40 728 人，占比约为 83.91%），通过残疾考生单考单招进入高等特殊教育院校的残疾学生占较小比例（7 809 人，占比约为 16.09%）。通过普通高考和残疾考生单考单招被录取的残疾学生的人数都显著增加，说明我国残疾人高等教育已经进入了蓬勃发展的时期。

这一时期我国高校残疾人招生考试政策的主要特征有：①部分高校成立了特殊教育学院、系或专业，并建立了残疾考生单考单招制度，对残疾人实施单独招生。②高等特殊教育院校迅速增加，全国东、中、西部地区共有 30 所高等特殊教育院校。③参加普通高考或残疾考生单考单招并被高校录取的残疾学生越来越多，被普通高校录取的残疾学生主要是符合高等学校招生条件的轻度残疾学生，如肢体残疾、低视力、轻度听障的学生；高等特殊教育院校招收的主要是中、重度的视力残疾学生和听力残疾的学生。④一些残疾学生通过残疾考生单考单招进入普通高校接受高等融合教育，比如南京特殊教育师范学院的公共管理专业（听障）、应用心理学专业（视障）和计算机科学技术（轻度精神障碍）。

---

① 国务院. 无障碍环境建设条例 [EB/OL]. (2012-06-28) [2019-04-11]. http://www.gov.cn/flfg/2012-07/10/content_ 2179947. htm.
② 国务院. 国务院关于深化招生考试制度改革的实施意见 [J]. 人民教育，2014 (18)：16-19.

第四节 高校残疾人招生考试的多元化评价时期
（2017 年至今）

《残疾人教育条例》（2017 年修订）增加了残疾人高考便利的有关内容，其中规定："高等学校应当招收具备学习能力且生活能够自理、达到国家录取标准的残疾考生，不得因其残疾而拒绝招收。"① 2017 年，由教育部、中国残联联合修订并执行的《残疾人参加普通高等学校招生全国统一考试管理规定》（以下简称《管理规定》），其中第五条指出："教育考试机构应在保证考试安全和考场秩序的前提下，根据残疾考生的残疾情况和需要以及各地实际，提供一种或几种必要条件和合理便利。"该管理规定旨在维护残疾人的合法权益，保障残疾人平等参加普通高等学校招生全国统一考试。在政策保障下，越来越多残疾学生通过普通高考实现了大学梦想，参加普通高考的残疾学生在逐年增加，尤其是听力残疾和视力残疾学生。

由于身心障碍，残疾人参加普通高考需要更多的尊重、爱护、理解与支持，他们希望在遵守考试规则的前提下，获得必要的考试支持，以消除由残疾带来的考试限制②。2017 年的《管理规定》，明确了为残疾学生参加普通高考提供的 12 项合理便利措施以及申请、审核、申诉等程序。这是我国第一次从国家层面为残疾人参加高考提供合理便利做出政策性规定。《管理规定》既从起点上进一步保证了残疾人接受高等教育的公平，也符合《残疾人教育条例》"积极推进融合教育"和《联合国残疾人权利公约》的精神，增加了残疾人高等教育入学的机会。

黄伟等在研究中指出，解决残疾人单考单招成本高、效率低的方式，可以借鉴我国现行的研究生招生考试模式，文化科目考试可以先尝试小范围内（同省份或相邻省份的两至三个学校）的联合考试，若干所高等特殊教育院校统一文化科目考试的考试大纲并合作命题，而专业科目考试则由各院校根据自身学校实际进行自主命题，考试试卷由主考院校负责寄往各

---

① 国务院. 残疾人教育条例（修订）[EB/OL]. （2017-02-23）[2018-10-15]. http://www.moe.gov.cn/jyb_ xwfb/s6052/moe_ 838/201702/t20170224_ 297211. html.

② 廖平胜. 考试学 [M]. 武汉：华中师范大学出版社，1988：167.

省、自治区、直辖市考点，考试结束后由当地教育考试管理部门寄回主考学校阅卷，统一公布考试成绩①，这种方式在一定程度上既提高了招生考试的经济效益，也避免了高校之间的生源大战，以及由于考生放弃入学资格造成的资源与机会浪费的现象。根据中国残联办公厅和教育部办公厅联合下发的《关于进一步做好普通高等学校单独考试招收残疾考生工作的通知》，2022年，北京联合大学、天津理工大学、长春大学、滨州医学院通过统筹安排，实施四校残疾人单考单招联合考试。2023年，郑州师范学院也加入，五校实施残疾人单考单招联合考试。联合考试是为了实现残疾人单考单招的规范化、标准化、制度化，提高残疾人单考单招的质量和效率，减少残疾考生的考试负担和成本，增强残疾考生的考试信心和满意度。

通过图3-1可知，残疾学生参加高校招生的途径有：通过参加普通高考接受高等融合教育（4）或接受高等特殊教育（3）（5）；通过单考单招接受高等特殊教育（1）或接受高等融合教育（2）；通过联合招考接受高等融合教育（6）或接受高等特殊教育（7）。普通高考、单考单招、联合招考共同构成了残疾人参加高校招生的"三驾马车"。其中残疾考生单考单招和普通高考处于发展与改革状态，而高校残疾人联合招考政策、残疾人全国统一招考政策正处于探索阶段（虚线表示考试政策未正式成型），不久将会以点带面，全面执行。此外，长春大学残疾考生单考单招除了本校的考点外，还在重庆市特殊教育考试中心设置了考点。南京特殊教育师范学院残疾考生单考单招除了以本校作为考点外，还在湖北（武汉第一聋校）、山西（太原聋人学校）、四川（成都特殊教育学校）、吉林（长春特殊教育学校）、广东（深圳元平特殊教育学校）设置了考点。高等特殊教育院校执行的"一校多点考"残疾考生单考单招模式，极大地丰富了高校残疾人招生考试政策理论。这一时期我国残疾人高校招生考试的基本特征是：已初步形成"以普通高考为主体，以残疾考生单考单招为骨干，以多校联合考试为发展趋势，以'一校多点考'为补充"的多元化评价的残疾人招生考试格局。

---

① 黄伟，邓岳敏. 残疾人高等教育单独招考制度的改革目标与形式选择 [J]. 中国特殊教育，2014（7）：8-12.

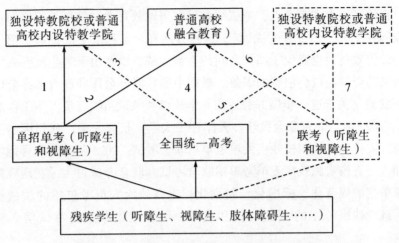

图 3-1　残疾学生参加高等学校招生考试的途径

　　梳理与分析我国残疾考生单考单招的来龙去脉，有利于我们更好地理解高校残疾考生单考单招政策的内涵与执行的现实意义。残疾考生单考单招的建立是我国高校招生考试政策改革与发展的产物，随着全纳教育理念的不断深入，人们对教育公平内涵的认识会更加理性。随着考试技术的不断进步以及考试支持服务体系的不断完善，越来越多的高校开始实施残疾考生单考单招，通过残疾考生单考单招进入大学接受高等教育的残疾人数量不断上升。然而，与普通高考相比，残疾考生单考单招不仅执行时间晚，而且参加考试的对象是残疾人，他们的身心发展比较特殊，因此残疾考生单考单招在执行过程中的问题也比较突出。本书接下来的几章将会深入阐述残疾考生单考单招的执行现状、存在的问题及其原因，并提出解决问题的策略。

第四章 残疾考生单考单招执行问题研究的问卷编制与检验

笔者将政策执行理论的五个维度作为残疾考生单考单招执行问题研究调查问卷的主要结构，综合运用政策执行理论确定残疾考生单考单招执行过程构成要素并编选题目，然后进行问卷测试，通过问卷测试的数据来对问卷的可靠性进行统计测量，以此来了解测验工具测量目标的适切性。笔者会根据测验结果对问卷进行相应的调整，以确保调整后的问卷具有较高的可信度，使它成为调查残疾考生单考单招执行状况的有效测量工具。

第一节 问卷结构框架构想

笔者基于政策执行理论来构想调查问卷的编制，所以，本书研究的调查问卷结构包括执行主客体利益博弈的现状调查、执行程序的现状调查、执行条件的现状调查、执行监督的现状调查和执行效果的现状调查五个维度。执行主客体利益博弈的现状调查问卷的主要内容：残疾考生单考单招的执行主体主要包括教育主管部门、高等特殊教育院校、特殊教育学校和残疾考生，形成教育主管部门与高等特殊教育院校之间、高等特殊教育院校与特殊教育学校之间、高等特殊教育院校与残疾考生之间、高等特殊教育院校之间、残疾考生之间的五对主客体的利益博弈关系。执行程序的现状调查问卷的主要内容：残疾考生单考单招的执行程序包括高校招生计划的确定、残疾考生报名、残疾考生参加考试、执行残疾人考试政策、执行录取政策等要素。执行条件的现状调查问卷的主要内容：残疾考生单考单招的执行条件包括主观条件和客观条件两个要素。执行监督的现状调查问卷的主要内容：残疾考生单考单招的执行监督包括执行监督的总体评价、政策执行过程中的不正之风及主要原因、监督政策的完善程度及执行情况、学校纪检委参与监督的情况、公开及接受社会监督情况等要素。执行效果的现状调查问卷的主要内容：残疾考生单考单招的执行效果评价包括目标内执行效果评价和目标外执行效果评价两个要素。

第二节　残疾考生单考单招执行问题研究的问卷题目编制

一、残疾考生单考单招执行主客体利益博弈调查问卷编制

（一）残疾考生单考单招执行主体调查问卷编制

在残疾考生单考单招执行过程中，各级教育行政部门、高等特殊教育院校、特殊教育学校、残疾考生等构成了一个巨大且比较复杂的博弈关系网。教育行政部门与高等特殊教育院校的博弈关系体现在：教育行政部门对高等特殊教育的主导与高等特殊教育院校自主招生，教育行政部门对高等特殊教育资源的配置与高等特殊教育院校的教育供给。教育行政部门博弈的目的是维护社会秩序稳定和谐，高等特殊教育院校博弈的目的是获得优质生源。高等特殊教育院校与特殊教育学校的博弈关系体现在：高等特殊教育院校的考试科目、考试大纲、考试内容、考试方法、考试时间与特殊教育学校的课程设置、教学大纲、教学内容、教学方法、教学进度之间存在一定的博弈关系。特殊教育学校与残疾考生的博弈关系体现在：特殊教育学校的信息提供、教学目的、教学内容、教学方法、教学进度与残疾学生的信息需求、学习目的、学习内容、学习方法、学习进度之间具有博弈关系。高等特殊教育院校与残疾学生的博弈关系体现在：高等特殊教育院校的招生计划、考试科目、考试内容、考试方法、考试支持与残疾学生的高等教育需求、学习科目、学习内容、身心特征、实际考试支持需求等存在一定的博弈关系。

本部分基于残疾考生单考单招的理论构想，并从利益博弈的视角对残疾考生单考单招的执行主体与客体的考察进行指标体系构建。上述残疾考生单考单招执行主体与客体之间的几对矛盾体，形成了对各执行相关者之间的利益冲突考察的四个维度：教育行政部门—高等特殊教育院校的利益

冲突、高等特殊教育院校—特殊教育学校的利益冲突、高等特殊教育院校—残疾考生的利益冲突、高等特殊教育院校—高等特殊教育院校的利益冲突。教育行政部门—高等特殊教育院校利益冲突的测量指标包括：教育行政部门对残疾人招考的监督与高校残疾人招考政策的执行，对残疾人高等教育资源的配置与残疾人高等教育的需求，教育行政部门对高校的主导性与高校执行残疾考生单考单招的自主性。高等特殊教育院校—特殊教育学校利益冲突的测量指标包括：残疾考生单考单招的考试科目与特殊教育学校的课程设置，残疾考生单考单招的考试大纲与特殊教育学校的教学大纲，残疾考生单考单招的考核要求与特殊教育学校的教学内容，残疾考生单考单招的考试方法与特殊教育学校的模考方法，残疾考生单考单招的考试时间与特殊教育学校的教学进度。高等特殊教育院校—残疾考生利益冲突的测量指标包括：高校的残疾人招生计划与残疾人对高等教育的需求，高校残疾考生单考单招的招生专业与残疾人的专业期望，高校残疾考生单考单招的内容与残疾学生知识与技能的掌握，残疾考生单考单招的考试形式与残疾学生的身心特征，高校残疾人提供的考试支持与残疾学生实际的考试支持需求。高等特殊教育院校—高等特殊教育院校的利益冲突测量指标包括：高校的招生规模与残疾人高等教育的供需平衡，高校的招生质量与残疾人高等教育的水平提升，高校的招生政策与残疾人高等教育的公平保障，高校的招生竞争与残疾人高等教育的合作共赢。上述四个维度一共形成了 8 个具体变量，共形成 8 个项目。调查问卷的指导语为："根据下面的题目陈述，请您在'回答选项'栏中用'√'选择一个您认为最合适的选项。"调查问卷主要使用李克特量表五分法进行等级测量，根据各执行主体各自利益的协调一致的程度，每个题目的选项共划分为五个等级——完全不符合、不符合、不确定、比较符合、完全符合，对五级判断分别赋值 1~5 分，具体如表 4-1 所示。

表 4-1　执行主体的利益博弈现状调查问卷

| 序号 | 题目陈述 | 回答选项 | | | | |
		完全不符合	不符合	不确定	比较符合	完全符合
ZT1	高等特殊教育资源能够满足残疾人的教育需求	1	2	3	4	5

表4-1(续)

序号	题目陈述	回答选项				
		完全 不符合	不符合	不确定	比较 符合	完全 符合
ZT2	高等特殊教育院校在执行残疾考生单考单招方面具有充分的自主权	1	2	3	4	5
ZT3	特校课程设置的依据是残疾考生单考单招科目	1	2	3	4	5
ZT4	特校编制教学大纲的依据是残疾考生单考单招的考试大纲	1	2	3	4	5
ZT5	特校的教学进度是根据高校残疾考生单考单招时间安排的	1	2	3	4	5
ZT6	特校为残疾学生提供考试大纲范围内的知识与技能	1	2	3	4	5
ZT7	特校为高校执行残疾考生单考单招提供考试支持服务（如手语翻译服务）	1	2	3	4	5
ZT8	残疾学生能从残疾考生单考单招中获得适宜的考试支持	1	2	3	4	5

注：问卷中的"特校"是指特殊教育学校，"高校"主要是指高等特殊教育院校。下同。

（二）残疾考生单考单招执行客体调查问卷编制

满意度是残疾考生单考单招执行客体即残疾人对该政策执行现状的认同程度。残疾考生单考单招执行的满意度的评价内容包括残疾学生对高等特殊教育院校的数量、区域分布、招生专业、招生计划、考试时间、考试大纲、考试方法、考试程序、录取方法等方面的满意程度。上述内容在问卷编制中呈现为 13 个题目，这些题目都是围绕残疾学生对残疾考生单考单招的满意度进行设计的。残疾考生单考单招的满意度问卷是考察残疾大学生对残疾考生单考单招执行现状的主观感受，以获得残疾学生对残疾考生单考单招的认同程度的相关信息。本书将残疾学生对残疾考生单考单招执行的满意度分为五个等级——非常不满意、不满意、不确定、比较满意、非常满意。其指导语为："根据下面的题目陈述，请您在'回答选项'栏中用'√'选择一个您认为最合适的选项。"对五级判断分别赋值 1～5 分，如表 4-2 所示。

表 4-2　满意度调查问卷

序号	题目陈述	回答选项				
		非常不满意	不满意	不确定	比较满意	非常满意
MY1	关于残疾学生所在高中学校的教学方法	1	2	3	4	5
MY2	关于残疾学生所在高中学校的教学内容	1	2	3	4	5
MY3	关于残疾学生所在高中学校接触的招生考试信息	1	2	3	4	5
MY4	关于国家招收残疾学生的高校的数量	1	2	3	4	5
MY5	关于残疾考生单考单招的招生专业	1	2	3	4	5
MY6	关于残疾考生单考单招的招生计划	1	2	3	4	5
MY7	关于残疾考生单考单招的时间安排	1	2	3	4	5
MY8	关于残疾考生单考单招的考试大纲	1	2	3	4	5
MY9	关于残疾考生单考单招的考试形式	1	2	3	4	5
MY10	关于残疾考生单考单招的工作流程	1	2	3	4	5
MY11	关于残疾考生单考单招的录取办法	1	2	3	4	5
MY12	关于残疾学生家长对残疾学生参加单考单招的支持态度	1	2	3	4	5
MY13	关于残疾学生家长对残疾学生参加单考单招的资金支持	1	2	3	4	5

二、残疾考生单考单招执行程序的现状调查问卷编制

残疾考生单考单招的执行程序是指残疾人单独招生考试工作事项的活动流程，包括残疾人单独招生考试实际工作的环节和步骤。残疾考生单考单招执行程序包括高校确定招生计划、残疾考生报考与参加考试、高校组织与执行考试、高校招生录取等环节，每个环节又可以分解成若干个具体的指标。招生计划包括招收学生的残疾类型、招生人数（计划）、招生区域范围等。残疾考生报考环节包括审读招生简章、确认报考资格、确认报考时间和地点、提交报名材料等；残疾考生单考单招环节包括考前、考中和考后，考生在考前要准备考试工具材料、熟悉考场环境、了解考试规则、牢记考试时间，考中要遵守考试规则、保持沉着心态、掌握考试技巧，考后要知晓成绩公布时间、了解成绩排名、了解录取规则等。高校的残疾人考试组织与执行环节包括考前、考中和考后，考前包括确定考场位置、培训监考教师、布置考场等，考中包括监考教师监考、职能部门人员督考等，考后包括阅卷、公布考试成绩、执行录取等。

根据对残疾考生单考单招的执行程序的分析，本书针对考前、考中、考后设置了 6 个具体指标，在问卷中形成 6 个项目。调查问卷的指导语为："根据下面的题目陈述，请您在'回答选项'栏中用'√'选择一个您认为最合适的选项。"残疾考生单考单招的执行程序的调查研究主要是考察单考单招的执行程序的现状，主要使用李克特量表五分法进行等级测量，对残疾考生单考单招执行程序的应然状态进行等级测量，以此来了解残疾考生单考单招执行程序的实然状态。本书将人们对残疾考生单考单招执行程序的符合应然状态程度的判断划分为五个等级——完全不符合、不符合、不确定、比较符合、完全符合，对五级判断分别赋值 1~5 分，如表 4-3 所示。

表 4-3　执行程序现状调查问卷

序号	题目陈述	回答选项				
		完全不符合	不符合	不确定	比较符合	完全符合
CX1	高校会及时向社会公布残疾考生单考单招的招生简章	1	2	3	4	5

表4-3(续)

序号	题目陈述	回答选项				
		完全不符合	不符合	不确定	比较符合	完全符合
CX2	考前残疾学生会提前准备好考试用品	1	2	3	4	5
CX3	考前高校会组织培训监考教师	1	2	3	4	5
CX4	考中高校招生部门的监考教师会严格监考	1	2	3	4	5
CX5	考后高校会在预定的时间公布考试成绩	1	2	3	4	5
CX6	高校会在预定的时间内公布拟录取名单	1	2	3	4	5

三、残疾考生单考单招执行条件的现状调查问卷编制

残疾考生单考单招的执行条件是指残疾考生单考单招存在、发展与得以开展的影响因素，包括主观条件和客观条件。其中主观条件是执行主体与客体对残疾考生单考单招的知晓度，客观条件是执行残疾考生单考单招必要的政策环境、文化环境、技术环境。

（1）关于残疾考生单考单招执行主观条件的现状调查问卷编制。主观条件是执行主体与客体对残疾考生单考单招的知晓度。知晓度是指执行主体与客体对残疾考生单考单招执行的了解程度，包括对执行残疾考生单考单招高校的数量、高校的区域分布，残疾考生单考单招的招生专业、招生计划、考试时间、考试大纲、考试方法、考试程序、录取方法等方面的了解程度。上述内容，在问卷编制中被设置为 6 个题目，这些题目主要分析人们对残疾考生单考单招的知晓度。残疾考生单考单招的知晓度指向利益相关者，对特殊教育学校的教师和学生而言，尤其是教师，他们对残疾考生单考单招的了解程度，在很大程度上影响了教育教学效果，并且还决定了残疾学生对残疾考生单考单招的满意程度。所以，对残疾考生单考单招执行的知晓度的考察主要是了解特教教师对残疾考生单考单招执行的认知水平和了解程度。本书根据李克特量表五分法进行等级测量，将其划分为五个等级——非常不了解、不了解、不确定、比较了解、非常了解，其指导语为："根据下面的题目陈述，请您在'回答选项'栏中用'√'选择

一个您认为最合适的选项。"对五级判断分别赋值 1~5 分，具体如表 4-4 所示。

表 4-4　知晓度调查问卷

序号	题目陈述	回答选项				
		非常不了解	不了解	不确定	比较了解	非常了解
ZX1	关于残疾考生单考单招的招生专业	1	2	3	4	5
ZX2	关于残疾考生单考单招的招生计划	1	2	3	4	5
ZX3	关于残疾考生单考单招的考试时间	1	2	3	4	5
ZX4	关于残疾考生单考单招的考试大纲	1	2	3	4	5
ZX5	关于残疾考生单考单招的考试形式	1	2	3	4	5
ZX6	关于残疾考生单考单招的招考流程	1	2	3	4	5

（2）关于残疾考生单考单招执行客观条件的现状调查问卷编制。客观条件即外界条件，是不以人的意志为转移的条件。客观条件是执行残疾考生单考单招必要的政策环境、文化环境、技术环境和经济环境。①政策环境。政策环境是指那些以具有完善的规则和要求（倘若一个组织要想获得环境中的合法性则必须遵守外界规范）为特征的环境。而这些规则和要求可能来源于国家或政府授权的调节机构，来源于行业协会或专业协会，来源于界定各种具体组织应如何行事的一般信仰系统，以及其他类似事物①。残疾考生单考单招的政策环境包括两个方面：一是高校是否颁布了残疾考生单考单招政策，二是残疾考生单考单招的执行程度如何。这些因素都决定着残疾考生单考单招的执行效果。所以，残疾考生单考单招执行的政策环境包括高校所颁布的残疾考生单考单招的相关政策及其执行的现状等。②文化环境。残疾考生单考单招整个执行过程都需要文化环境作为纽带，文化环境表现为人们对残疾考生单考单招执行的意识和行为，会落实到人们的精神层面②，所以残疾考生单考单招执行的文化环境的测量指标包括

---

① SCOTT W R, MEYER J. The organization of societal sectors [M] //MEYER J, SCOTT R. Organizational environments: ritual and rationality. Beverly Hills: Sage, 1983: 129-153.

② 唐军. 关于中学校园文化环境建设与管理的几点思考 [J]. 广西社会科学, 2001 (1): 143-146.

与残疾考生单考单招执行相关的校园文化，如全纳校园环境（拒绝排斥、无障碍环境）、良好的学校教学风气（有教无类、因材施教、共同参与）和积极的人际关系（尊重、理解与接纳）等。③技术环境。由于残疾人身心发展存在一些障碍，他们参加考试需要一定的技术支持，比如视力障碍考生，要使用盲文试卷，在考试过程中，他们答题需要借助机器。因此，技术环境也是残疾考生单考单招执行的客观条件之一。斯科特和迈耶认为，技术环境是这样一种环境，组织的一种产品或服务得以生产并在一个市场中进行交换，而组织自身则因对其生产系统有效、充分地控制而获得利润①。技术环境是高校为残疾考生提供适合其身心特征的考试支持，使残疾考生单考单招形式以残疾考生能够接受的方式呈现，考试结果能够反映出残疾考生真实的业务能力和知识水平，技术支持有利于促进残疾考生单考单招公平、公正地执行。残疾考生单考单招执行的技术环境的测量指标包括成熟的考试技术、完善的考试体制以及适当的考试支持。④经济环境。残疾学生的家庭经济状况，是影响残疾学生参加单考单招的意愿和条件的主要因素。残疾考生单考单招的执行程度受制于经济发展水平。从宏观层面讲，一个国家或地区的经济发展水平影响着高校的办学规模、师资数量、办学条件、教学设备等，进而也会影响残疾考生单考单招的招生计划的确定、招生专业的设置以及招生对象范围等。微观的经济发展水平一般是指残疾学生的家庭经济状况，残疾学生的家庭经济状况可能会影响到家长的教育支持态度、教育支持水平。李春玲研究发现，从 20 世纪 40 年代至 20 世纪 90 年代，在前 30 年间，家庭经济状况对个人教育获得的影响微弱，但对某些特殊人群（如农村和女性人口）有显著影响。在后 20 年间，家庭经济状况对个人教育获得的影响逐渐增强②。残疾考生单考单招执行的经济环境的测量指标包括高等特殊教育院校的数量、残疾人对高等教育需求的满足程度、残疾考生单考单招执行的家庭经济的供给态度和供给水平。

上述四个变量形成了 6 个具体指标，在问卷中共 6 个题目。指导语为："根据下面的题目陈述，请您在'回答选项'栏中用'√'选择一个

---

① SCOTT W R, MEYER J. The organization of societal sectors［M］//MEYER J, SCOTT R. Organizational environments：ritual and rationality. Beverly Hills：Sage，1983：129-153.

② 李春玲. 社会政治变迁与教育机会不平等：家庭背景及制度因素对教育获得的影响（1940—2001）［J］. Social sciences in China, 2003（4）：86-98.

您认为最合适的选项。"笔者在问卷中主要使用李克特量表五分法对这 6
个题目进行等级测量。残疾考生单考单招执行条件是残疾考生单考单招得
以运行的基本条件，以及提高残疾考生单考单招执行质量和水平的必要条
件。对于残疾考生单考单招执行过程，问卷根据客观条件的实现程度或与
应然状态的符合程度，把受访者对残疾考生单考单招执行的客观条件的认
知划分为完全不符合、不符合、不确定、比较符合、完全符合五个等级，
对五级判断分别赋值 1~5 分，如表 4-5 所示。

表 4-5　执行客观条件现状的调查问卷

序号	题目陈述	回答选项				
		完全不符合	不符合	不确定	比较符合	完全符合
KG1	高校有执行残疾考生单考单招的全纳教育氛围	1	2	3	4	5
KG2	高校有执行残疾考生单考单招的良好教风	1	2	3	4	5
KG3	高校目前的考试技术力量能够保障残疾考生单考单招的全面执行	1	2	3	4	5
KG4	高校拥有比较完善的残疾考生单考单招支持保障制度	1	2	3	4	5
KG5	高校残疾考生单考单招方法适合残疾学生的身心特征	1	2	3	4	5
KG6	高校提供的考试支持能够满足残疾学生实际考试支持需求	1	2	3	4	5

四、残疾考生单考单招执行监督的现状调查问卷编制

残疾考生单考单招执行监督状况的内容主要包括：对残疾考生单考单
招执行监督工作的总体评价；残疾考生单考单招执行监督工作中的不正之
风及主要原因；残疾考生单考单招执行监督的政策完善程度及执行情况；
学校纪检监察部门参与残疾考生单考单招工作监督的情况；残疾考生单考
单招工作的公开及接受社会监督情况。共计 5 个方面涉及 10 个项目。指导

语为："根据下面的问题陈述,请您在'回答选项'栏中用'√'选择一个您认为最合适的选项",如表4-6所示。

表4-6 执行监督状况的调查问卷

序号	题目陈述	回答选项				
		完全不符合	不符合	不确定	比较符合	完全符合
JD1	高校在残疾考生单考单招工作中能坚持职业操守	1	2	3	4	5
JD2	高校在残疾考生单考单招工作中没有以权谋私现象	1	2	3	4	5
JD3	高校在残疾考生单考单招工作中没有行贿受贿现象	1	2	3	4	5
JD4	高校在残疾考生单考单招工作中没有暗箱操作现象	1	2	3	4	5
JD5	高校在残疾考生单考单招工作中没有把政策当摆设的现象	1	2	3	4	5
JD6	高校在残疾考生单考单招工作中能坚持依法依规	1	2	3	4	5
JD7	高校在残疾考生单考单招工作中能坚持科学宣传	1	2	3	4	5
JD8	高校在残疾考生单考单招工作中能坚持公平公正	1	2	3	4	5
JD9	高校在残疾考生单考单招工作中能坚持程序公开	1	2	3	4	5
JD10	高校纪检监察部门全程参与残疾考生单考单招工作监督	1	2	3	4	5

五、残疾考生单考单招执行效果的现状调查问卷编制

笔者基于残疾考生单考单招的理论构想,并依据后实证主义方法论下的教育政策评价指标体系框架进行问卷编制。因此,本问卷结构包括目标内执行效果评价、目标外执行效果评价两个维度,把实现度、影响力作为上述两个维度的观测重点。

执行效果评价维度主要测量残疾人单独招生考试政策目标的实现程度、政策的影响力，包括目标内执行效果评价和目标外执行效果评价。目标内执行效果评价指的是对在残疾考生单考单招制定时已经明确的招考政策进行效果评价，主要考察残疾考生单考单招执行一段时间后，高等特殊教育院校是否按招生简章执行，以及招生计划的预期目标实现了多少（实现度）。目标内执行效果评价的内容主要包括：招生计划、招生专业、招收学生类别、考试科目、考试内容、评价模式等。这些内容主要分析残疾考生单考单招的目标内实现度。目标外执行效果评价指的是执行残疾考生单考单招时的溢出效应，主要是指残疾考生单考单招对认识与传播残疾人文化、促进残疾人文化与主流文化交融方面的贡献。目标外执行效果评价的内容主要包括：残疾人文化在社会中的认知度、残疾人文化的传播范围、残疾人文化的影响力、残疾人文化与主流文化的融合程度等。这些内容主要考察残疾考生单考单招的目标外影响力。除了目标内和目标外的执行效果评价，还需要考察残疾考生单考单招对各利益相关者的影响，利益相关者主要包括社会、高等特殊教育院校、特殊教育学校、残疾学生及其家长。残疾考生单考单招对各利益相关者的影响评价的内容主要包括：社会公平、生源、专业设置、考试大纲、考试内容、考试方法、办学定位、课程设置、教学内容、教学方法、精神支持、物质支持、教育期待、学习动机、学习方法、学习目的、身份认同等。这些内容主要考察残疾考生单考单招对各层面的影响，侧面反映招考政策的执行效果。目标内外执行效果评价共有10个题目，笔者在问卷中主要使用李克特量表五分法进行等级测量，招考政策目标被细化后根据其达成程度划分为五个等级：完全没有效果、没有效果、不确定、效果一般、效果很好。指导语为："根据下面的题目陈述，请您在'回答选项'栏中用'√'选择一个您认为最合适的选项。"对五级判断分别赋值1~5分，如表4-7所示。

表4-7　目标执行效果评价调查问卷

序号	题目陈述	回答选项				
		完全没有效果	没有效果	不确定	效果一般	效果很好
XG1	残疾考生单考单招的各个专业在完成招生计划方面	1	2	3	4	5

表4-7(续)

序号	题目陈述	回答选项				
		完全没有效果	没有效果	不确定	效果一般	效果很好
XG2	残疾考生单考单招的考试科目在完成专业素养考核要求方面	1	2	3	4	5
XG3	残疾考生单考单招的执行在明确特殊教育学校的办学定位方面	1	2	3	4	5
XG4	残疾考生单考单招的执行在完善特殊教育学校的课程设置方面	1	2	3	4	5
XG5	残疾考生单考单招的执行在完善特殊教育学校的教学内容方面	1	2	3	4	5
XG6	残疾考生单考单招的执行在完善特殊教育学校的教学方法方面	1	2	3	4	5
XG7	残疾考生单考单招的执行在提高残疾学生的身份认同方面	1	2	3	4	5
XG8	残疾考生单考单招的执行在推动地区经济发展方面	1	2	3	4	5
XG9	残疾考生单考单招的执行在促进教育民主化方面	1	2	3	4	5
XG10	残疾考生单考单招的执行在促进残疾人文化与主流文化交融方面	1	2	3	4	5

第三节　问卷的信效度分析

一、教师问卷的信效度分析

残疾考生单考单招执行问题研究的问卷由执行主客体利益博弈的现状调查、执行客体满意度的现状调查、执行程序的现状调查、执行条件的现状调查、执行监督的现状调查和执行效果的现状调查六个部分组成，共六个分问卷。为了保证调查研究的有效性和目的性，需要对研究工具进行信度和效度的检验与分析。根据调查对象的不同，笔者把上述六个分问卷整合为两个问卷，即教师问卷和残疾大学生问卷。针对教师（高校特殊教育专业的专任教师、特殊教育学校的教师）的调查问卷主要包括各执行主客体利益博弈的现状调查、执行程序的现状调查、执行条件的现状调查、执行监督的现状调查和执行效果的现状调查五个维度。针对残疾大学生（通过单考单招被高等特殊教育院校录取的大学生）的调查问卷主要包括执行客体满意度的现状调查。为了确定问卷检验的科学性，笔者分别对各个维度进行信效度检测与分析。信度分析用于研究定量数据（尤其是态度量表题的回答）的可靠性和准确性，效度分析用于研究定量数据（尤其是态度量表题的设计）的合理性。

（1）关于教师问卷的因子分析。在问卷分析中，在进行正式的分析和模型构建前有必要对问卷的信效度进行检验，本次选用 KMO 和巴特利特检验与因子分析来检验问卷（见表 4-8）。问卷的效度分析思路：第一，分析 KMO 值：如果 KMO 值高于 0.8，则说明问卷效度高；如果 KMO 值为 0.7~0.8，则说明问卷效度较好；如果 KMO 值为 0.6~0.7，则说明问卷效度可接受；如果 KMO 值小于 0.6，则说明问卷效度不佳（如果仅两个题，则 KMO 值无论如何均为 0.5）。第二，分析题项与因子的对应关系：如果对应关系与研究前的心理预期基本一致，则说明问卷效度良好。第三，如果问卷效度不佳，或者因子与题项对应关系与预期严重不符，又或者某分析项对应的共同度值低于 0.4（有时以 0.5 为标准），则可考虑对题项进行删除。第四，删除题项共有两个常见标准：一是共同度值低于 0.4（有时以 0.5 为标准）；二是分析项与因子对应关系出现严重偏差。第五，重复上述 4 个步骤，直至 KMO 值达标，以及题项与因子对应关系与预期基本符合，最终说明问卷效度良好。第六，对分析进行总结。

表 4-8　KMO 和巴特利特检验（1）

KMO 取样适切性量数		0.806
巴特利特球形度检验	近似卡方	24 181.053
	自由度	1 431
	显著性	0.000

表 4-8 显示，KMO 值为 0.806，近似卡方值为 24 181.053，自由度为 1 431，$P<0.05$，说明问卷适合做因子分析。

采用主成分分析法进行因素提取，采用最大方差旋转法，不设定因素提取数量。表 4-9 显示，因子提取数量为 14 个，特征值均大于 1，累积解释方差为 61.737%，整体解释率较好，但是因子提取情况与理论不相符。

表 4-9　总方差解释（1）

成分	初始特征值			提取载荷平方和			旋转载荷平方和		
	总计	方差百分比	累积%	总计	方差百分比	累积%	总计	方差百分比	累积%
1	6.660	12.334	12.334	6.660	12.334	12.334	4.547	8.420	8.420
2	4.227	7.827	20.161	4.227	7.827	20.161	3.763	6.968	15.388
3	3.999	7.405	27.566	3.999	7.405	27.566	3.708	6.866	22.254
4	3.637	6.735	34.302	3.637	6.735	34.302	3.123	5.784	28.038
5	2.612	4.836	39.138	2.612	4.836	39.138	3.011	5.576	33.614
6	2.225	4.120	43.258	2.225	4.120	43.258	2.451	4.538	38.152
7	1.483	2.746	46.004	1.483	2.746	46.004	2.275	4.213	42.365
8	1.377	2.551	48.555	1.377	2.551	48.555	2.047	3.790	46.156
9	1.344	2.489	51.043	1.344	2.489	51.043	1.611	2.984	49.140
10	1.260	2.333	53.377	1.260	2.333	53.377	1.606	2.973	52.113
11	1.225	2.268	55.645	1.225	2.268	55.645	1.417	2.624	54.737
12	1.174	2.174	57.819	1.174	2.174	57.819	1.317	2.438	57.175
13	1.111	2.057	59.877	1.111	2.057	59.877	1.245	2.306	59.481
14	1.005	1.860	61.737	1.005	1.860	61.737	1.218	2.256	61.737

再结合表 4-10 看，提取的 14 个因子聚合效果比较差，整体来看必须要剔除一部分的题目才可以达到与研究方向相符的聚合效果。因此，笔者剔除了一部分代表性差的题目，再进行因子分析检验。

表 4-10　旋转后的成分矩阵（1）

	1	2	3	4	5	6	7	8	9	10	11	12	13	14
ZT1	0.013	-0.013	-0.008	0.041	0.054	0.099	0.003	-0.078	-0.081	0.003	-0.113	0.681	0.070	0.105
ZT2	-0.008	-0.042	-0.025	-0.029	0.040	0.252	0.002	0.049	0.087	0.013	0.147	0.625	-0.081	-0.188
ZT3	0.019	0.190	0.013	0.033	-0.056	0.621	-0.006	0.002	0.024	-0.045	-0.008	0.219	-0.025	0.198

表4-10(续)

	1	2	3	4	5	6	7	8	9	10	11	12	13	14
ZT4	0.071	0.158	0.070	-0.051	0.046	0.694	0.012	0.088	-0.009	0.024	-0.036	0.254	0.021	0.006
ZT5	0.006	0.082	-0.063	0.021	0.024	0.682	0.020	-0.004	-0.050	0.059	0.017	0.177	-0.005	-0.138
ZT6	-0.063	-0.012	0.057	0.086	-0.052	0.578	-0.029	-0.088	0.031	-0.030	-0.001	-0.296	0.142	0.042
ZT7	0.078	0.116	-0.062	0.002	-0.032	0.728	0.013	0.007	0.066	-0.003	0.062	-0.062	-0.075	0.066
ZT8	0.275	0.0456	-0.33	0.125	0.035	0.488	0.166	-0.046	0.388	-0.046	-0.108	0.083	0.789	0.179
ZX1	0.011	0.826	0.012	0.005	-0.025	0.104	0.019	-0.007	0.073	0.028	0.010	0.027	-0.078	0.063
ZX2	0.032	0.593	0.006	0.111	0.026	-0.052	0.040	-0.184	0.028	0.082	-0.032	-0.025	-0.145	-0.024
ZX3	0.061	0.862	0.033	0.013	0.006	0.115	-0.020	0.009	0.027	-0.003	0.015	0.020	-0.069	0.030
ZX4	0.031	0.558	0.036	-0.003	0.084	0.041	0.009	0.026	-0.127	-0.027	-0.069	-0.070	0.254	-0.107
ZX5	0.034	0.860	0.012	0.012	-0.001	0.170	0.052	0.058	-0.017	0.008	0.043	0.020	-0.033	0.025
ZX6	0.008	0.827	-0.003	-0.005	-0.004	0.135	0.033	0.027	0.006	-0.018	0.022	0.011	0.009	0.049
KG1	0.331	0.009	0.766	0.085	0.031	-0.026	0.107	-0.073	-0.118	-0.006	-0.016	0.064	-0.100	0.140
KG2	0.284	0.047	0.684	0.124	0.036	-0.040	0.166	-0.046	-0.011	-0.073	-0.072	0.083	-0.081	0.183
KG3	0.031	0.017	0.862	-0.041	0.047	0.007	0.028	0.080	0.137	0.036	0.072	-0.010	0.044	-0.112
KG4	-0.024	0.019	0.912	-0.029	0.048	0.003	0.022	0.052	0.104	0.010	0.027	-0.040	0.068	-0.040
KG5	0.469	0.044	0.503	0.123	0.028	0.058	0.094	-0.085	0.004	-0.050	-0.045	-0.097	0.052	0.126
KG6	0.196	-0.002	0.747	-0.039	0.080	-0.001	-0.040	-0.031	0.000	0.063	0.054	-0.041	0.020	-0.071
CX1	0.800	0.028	0.127	0.031	0.018	0.033	0.072	0.021	-0.011	-0.016	0.008	-0.022	-0.021	0.067
CX2	0.715	0.080	-0.103	0.026	0.040	0.042	-0.064	0.043	0.134	0.075	0.059	-0.029	0.098	-0.154
CX3	0.825	0.010	0.157	-0.015	0.027	0.006	0.058	0.004	0.096	0.040	0.046	-0.023	0.005	-0.024
CX4	0.759	0.016	0.091	0.008	0.013	-0.018	0.068	0.084	0.124	0.048	0.042	0.051	0.051	-0.003
CX5	0.879	0.012	0.193	0.038	0.048	0.029	0.049	0.010	-0.034	-0.007	-0.028	0.046	-0.024	0.048
CX6	0.866	0.026	0.185	0.036	0.036	0.030	0.055	-0.004	-0.036	-0.001	-0.020	0.046	-0.026	0.057
JD1	0.037	0.048	-0.051	0.199	0.035	-0.033	-0.048	0.701	-0.022	-0.013	0.074	-0.020	-0.024	-0.073
JD2	0.070	0.033	0.011	0.134	-0.013	0.005	0.005	0.699	0.025	0.308	0.022	0.054	-0.013	0.001
JD3	-0.008	-0.124	0.022	0.276	0.010	0.028	-0.015	0.651	-0.072	0.083	-0.016	-0.008	0.066	0.086
JD4	0.073	0.196	0.055	0.195	-0.188	-0.106	0.082	0.188	0.189	-0.207	0.087	0.318	0.206	0.163
JD5	0.071	0.065	0.027	0.558	0.067	0.036	-0.062	0.117	0.031	0.187	-0.172	-0.082	0.260	0.069
JD6	-0.010	0.107	0.017	0.261	0.008	0.089	0.054	0.072	-0.016	0.468	-0.074	0.024	-0.105	0.275
JD7	0.084	-0.004	0.006	0.106	-0.036	-0.046	0.089	0.115	-0.004	0.715	0.084	-0.012	0.124	-0.088
JD8	0.001	0.010	0.065	0.440	-0.041	0.018	-0.022	0.245	0.026	0.521	0.012	-0.031	0.010	0.135
JD9	0.069	-0.020	-0.052	0.432	0.006	-0.002	0.039	0.327	0.013	0.357	0.000	-0.046	-0.018	0.169
JD10	0.019	0.031	0.041	0.772	0.076	0.013	0.003	0.046	0.055	0.048	0.073	0.082	0.169	0.071
XG1	0.212	-0.010	0.107	0.087	0.150	0.049	0.129	-0.047	0.832	0.030	-0.012	-0.001	0.026	-0.008
XG2	0.077	0.022	0.042	0.091	0.368	0.039	0.301	-0.074	0.708	-0.066	-0.034	0.002	0.034	0.099
XG3	0.072	0.029	0.111	0.016	0.772	0.006	-0.162	-0.066	0.065	-0.038	0.087	-0.016	-0.008	-0.005

表4-10(续)

	1	2	3	4	5	6	7	8	9	10	11	12	13	14
XG4	0.035	-0.006	-0.081	0.106	0.773	0.000	0.310	-0.013	0.129	-0.074	-0.034	-0.007	0.051	0.070
XG5	0.026	0.022	-0.006	0.096	0.766	-0.022	0.276	0.041	0.064	-0.084	-0.053	0.025	0.048	0.094
XG6	0.014	0.058	0.176	-0.024	0.678	-0.019	0.309	0.006	-0.046	0.031	0.006	0.080	-0.002	0.034
XG7	0.106	0.068	0.039	0.036	0.214	-0.015	0.731	-0.100	0.041	0.033	-0.009	0.059	0.040	0.044
XG8	0.073	0.022	0.150	-0.054	0.281	-0.013	0.815	-0.012	0.023	0.092	0.028	0.016	0.023	-0.061
XG9	0.046	-0.040	0.072	-0.084	0.599	-0.053	0.107	0.154	0.285	0.184	0.105	0.028	-0.096	-0.167
XG10	0.081	0.037	0.049	0.004	0.115	0.050	0.738	0.070	0.279	0.020	0.015	-0.061	-0.005	-0.051

由表4-11来看,剔除一部分题项后的KMO值为0.814,近似卡方值为16 018.748,自由度为496,$P<0.05$,说明问卷适合做因子分析。

表4-11 KMO和巴特利特检验 (2)

KMO取样适切性量数		0.814
巴特利特球形度检验	近似卡方	16 018.748
	自由度	496
	显著性	0.000

采用主成分分析法进行因素提取,采用最大方差旋转法,不设定因素提取数量。表4-12显示,提取6个成分,每个成分的特征值都大于1,累积解释方差为58.517%,说明剔除部分题目以后的因子分析结果符合研究方向。

表4-12 总方差解释 (2)

成分	初始特征值			提取载荷平方和			旋转载荷平方和		
	总计	方差百分比	累积%	总计	方差百分比	累积%	总计	方差百分比	累积%
1	5.478	17.119	17.119	5.478	17.119	17.119	4.390	13.720	13.720
2	3.936	12.300	29.419	3.936	12.300	29.419	3.638	11.367	25.087
3	2.827	8.834	38.253	2.827	8.834	38.253	3.223	10.072	35.159
4	2.433	7.602	45.856	2.433	7.602	45.856	2.915	9.110	44.269
5	2.082	6.506	52.362	2.082	6.506	52.362	2.401	7.502	51.771
6	1.970	6.155	58.517	1.970	6.155	58.517	2.159	6.746	58.517
7	0.932	2.912	61.429						

表4-12（续）

成分	初始特征值			提取载荷平方和			旋转载荷平方和		
	总计	方差百分比	累积%	总计	方差百分比	累积%	总计	方差百分比	累积%
8	0.914	2.856	64.285						
9	0.847	2.646	66.931						
10	0.827	2.585	69.516						
11	0.796	2.486	72.002						
12	0.744	2.327	74.329						
13	0.707	2.211	76.539						
14	0.667	2.085	78.624						
15	0.657	2.053	80.677						
16	0.630	1.967	82.644						
17	0.595	1.861	84.505						
18	0.583	1.823	86.328						
19	0.508	1.588	87.916						
20	0.477	1.490	89.405						
21	0.466	1.455	90.861						
22	0.444	1.389	92.250						
23	0.433	1.352	93.601						
24	0.373	1.165	94.766						
25	0.299	0.933	95.699						
26	0.269	0.840	96.538						
27	0.250	0.782	97.320						
28	0.235	0.735	98.055						
29	0.214	0.669	98.724						
30	0.186	0.582	99.306						
31	0.127	0.396	99.702						
32	0.095	0.298	100.000						

表 4-13 呈现的是旋转后的因素载荷值,其中旋转方法采用的是 Kaiser 标准化的正交旋转法。因素旋转后,各个因素所对应的内容如下:因素 1 对应 ZT3—ZT8 变量,即残疾考生单考单招执行主客体利益博弈的分量表;因素 2 对应 ZX1—ZX6 变量,即残疾考生单考单招执行知晓分量表;因素 3 对应的是残疾考生单考单招执行客观条件分量表中的题项 KG1、KG3、KG4、KG5、KG6;因素 4 对应 CX1—CX6 变量,即残疾考生单考单招执行程序分量表;因素 5 对应 JD6—JD10 变量,即残疾考生单考单招执行监督分量表;因素 6 对应的是残疾考生单考单招执行效果分量表中的题项 XG3、XG4、XG5、XG6、XG7、XG9、XG10。由此可见,在删除了变量 ZT1、ZT2、KG2、JD1、JD2、JD3、JD4、JD5、XG1、XG2、XG8 后,对残疾考生单考单招执行问题量表通过探索性因素分析,萃取出的 6 个共同因素与问卷中二级指标(分量表)能够对应。为了便于分析,笔者将"残疾考生单考单招执行知晓"和"残疾考生单考单招执行客观条件"合并为一个因素,即"残疾考生单考单招执行条件"因素。

表 4-13 旋转后的成分矩阵 (2)

题项	1	2	3	4	5	6
ZT3					0.675	
ZT4					0.735	
ZT5					0.700	
ZT6					0.534	
ZT7					0.716	
ZT8					0.683	
ZX1		0.831				
ZX2		0.609				
ZX3		0.866				
ZX4		0.543				
ZX5		0.862				
ZX6		0.826				
KG1			0.735			
KG3			0.867			
KG4			0.921			

表4-13(续)

题项	1	2	3	4	5	6
KG5			0.524			
KG6			0.778			
CX1	0.801					
CX2	0.715					
CX3	0.831					
CX4	0.770					
CX5	0.879					
CX6	0.868					
JD6						0.581
JD7						0.543
JD8						0.785
JD9						0.710
JD10						0.603
XG3				0.687		
XG4				0.852		
XG5				0.835		
XG6				0.740		
XG7				0.749		
XG9				0.646		
XG10				0.710		

注：1. 提取方法：主成分。旋转法：具有 Kaiser 标准化的正交旋转法。

2. 旋转在 6 次迭代后收敛。

表 4-13 的旋转后成分矩阵显示，在第一个成分上聚合的题项为 CX1、CX2、CX3、CX4、CX5、CX6，本书将其命名为政策执行程序。在第二个成分上聚合的题项为 ZX1、ZX2、ZX3、ZX4、ZX5、ZX6，本书将其命名为政策执行主观条件。在第三个成分上聚合的题项为 KG1、KG3、KG4、KG5、KG6，本书将其命名为政策执行客观条件。在第四个成分上聚合的题项为 XG3、XG4、XG5、XG6、XG7、XG9、XG10，本书将其命名为政策执行效果。在第五个成分上聚合的题项为 ZT3、ZT4、ZT5、ZT6、ZT7、

ZT8，本书将其命名为各政策执行主客体的利益博弈。在第六个成分上聚合的题项为 JD6、JD7、JD8、JD9、JD10，本书将其命名为执行监督。整体来看因子的聚合效果比较好，达到预期研究的目的，问卷的聚合效度较好。

（2）关于教师问卷的信度分析。信度用于测量量表的结果一致性或者稳定性，本书采用内部一致性信度检测量表。可靠性统计资料的 Cronbach's Alpha 系数大于等于 0.9 表明量表的信度较好，0.8~0.9 表明信度可以接受，0.7~0.8 表示有些项目需要修订，小于 0.7 表示量表中有些项目需要抛弃。教师问卷的信度分析见表4-14。

表4-14　信度分析

项目	数量/个	Cronbach's Alpha
总量表	35	0.804
政策各执行主客体的利益博弈	6	0.704
政策执行主观条件	6	0.854
政策执行客观条件	5	0.858
政策执行程序	6	0.904
政策执行监督	5	0.642
政策执行效果	7	0.813

从表4-14可以看出，总量表的 Cronbach's Alpha 系数为 0.804，表明整体信度可以接受。分量表的 Cronbach's Alpha 系数大部分在 0.8 和 1 之间，一致性较好，部分维度稍微偏低，属于正常波动。

（3）关于教师问卷的验证性因素分析。在具体的操作方法上，本书的研究主要借助 AMOS21.0 软件进行结构方程模式分析，并以最大似然估计（Maximum Likelihood，ML）进行模式参数估计。在评价指标上，本书的研究主要根据专家学者普遍认同的观点，选取了一些有代表性的拟合指数进行模型适配度比较，包括近似误差均方根（Root Mean Square Error of Approximation，RMSEA）、拟合优度指数（Goodness of Fit Index，GFI）、比较拟合指标（Comparative Fit Index，CFI）、规准适配指数（Normed Fit Index，NFI）、增值拟合指标（Incremenial Fit Index IFI）。其中，RMSEA 低于 0.1 表示这是好的适配；低于 0.05 表示这是非常好的适配；低于 0.01 表示这是非常出色的适配。我们一般认为，如果 RMSEA 的值小（越小越好），

GFI、NFI、CFI 和 IFI 在 0.9 以上（越大越好），所拟合的就是一个好模型。表 4-15 显示的是研究者综合多位学者观点总结的适配度评价指标及其评价标准。

表 4-15　适配度评价指标及其评价标准

适配度评价指标（拟合指数）	标准
RMSEA	<0.05（良好适配）、0.05~<0.08（不错适配）、0.08~0.1（普通适配）、>0.1（不良适配）
GFI	>0.90
SRMR	<0.05
NFI	>0.90，越接近 1 越好
CFI	>0.90，越接近 1 越好
IFI	>0.90

参照上述拟合指数优化标准，以及表 4-15 对残疾考生单考单招执行各项指标的验证性因素分析结果可知，其各个因素的各拟合指标均达到较高水平。

表 4-16 为残疾考生单考单招执行量表验证性因素分析结果（31 个题项，N=1 075）。

表 4-16　残疾考生单考单招执行量表验证性因素分析结果

指标	X2/df	NFI	RFI	IFI	TLI	CFI	RMSEA
参照标准	<5	>9.0	>9.0	>9.0	>9.0	>9.0	<0.07
估计值	6	0.834	0.805	0.858	0.832	0.857	0.068

图 4-1 显示的是因素模型的完全标准化参数图解。从图 4-1 中可知，所有题项在相应潜变量负荷上的解释率均比较高，各维度因子载荷范围是：残疾考生单考单招的各执行主体矛盾关系（0.35~0.70），残疾考生单考单招的执行知晓度（0.44~0.87），残疾考生单考单招的执行客观条件（0.49~0.95），残疾考生单考单招的执行程序（0.60~0.91），残疾考生单考单招的执行监督（0.40~0.74），残疾考生单考单招的执行效果（0.50~0.84）。误差估计在合理的范围内，表明本测量模型较为理想，从而证实了残疾考生单考单招的"执行问题"，即"残疾考生单考单招执行问题"是执行主客体利益博弈、执行主观条件、执行客观条件、执行程序、执行

监督与执行效果等因素所共同造成的，由此通过验证取向的因素分析再次验证了量表的信效度。

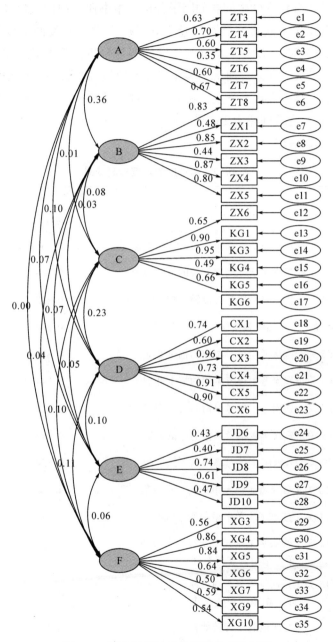

图 4-1　因素模型的完全标准化参数图解

二、残疾大学生问卷的信效度分析

（1）关于残疾大学生问卷的因子分析。本书研究中的残疾大学生调查问卷即残疾大学生满意度调查问卷，对残疾大学生问卷的信度检测与分析，也就是对残疾大学生满意度的信度检测与分析。笔者通过调查测验工具在四川、重庆、北京、河南、黑龙江等省份随机抽取 275 名残疾大学生，其中主要包括听力残疾大学生，还有部分视力残疾大学生。最后删除无效问卷 15 份后，有效问卷为 260 份，有效率约为 94.5%。残疾大学生问卷的效度检测见表 4-17。

表 4-17　满意度的效度检测结果

名称	因子载荷系数 因子 1	共同度
MY1 关于残疾学生所在高中学校的教学方法	0.746	0.556
MY2 关于残疾学生所在高中学校的教学内容	0.769	0.591
MY3 关于残疾学生所在高中学校接触的招生考试信息	0.828	0.686
MY4 关于国家招收残疾学生的高校的数量	0.804	0.647
MY5 关于残疾考生单考单招的招生专业	0.813	0.66
MY6 关于残疾考生单考单招的招生计划	0.844	0.713
MY7 关于残疾考生单考单招的时间安排	0.841	0.707
MY8 关于残疾考生单考单招的考试大纲	0.882	0.778
MY9 关于残疾考生单考单招的考试形式	0.854	0.729
MY10 关于残疾考生单考单招的工作流程	0.84	0.706
MY11 关于残疾考生单考单招的录取办法	0.831	0.691
MY12 关于残疾学生家长对残疾学生参加 单考单招的支持态度	0.785	0.616
MY13 关于残疾学生家长对残疾学生参加 单考单招的资金支持	0.723	0.523
特征根值（旋转前）	9.251	—
方差解释率%（旋转前）	66.076%	—

表4-17(续)

名称	因子载荷系数 因子1	共同度
累积方差解释率%（旋转前）	66.076%	—
特征根值（旋转后）	9.251	—
方差解释率%（旋转后）	66.076%	—
累积方差解释率%（旋转后）	66.076%	—
KMO 值	0.946	—
巴特球形值	4 037.415	—
df	91	—
p 值	0	—

本书的研究分别通过 KMO 值、共同度、方差解释率值、因子载荷系数值等指标进行分析，以验证出数据的效度水平情况。从表 4-17 中可知：第一，所有研究项对应的共同度值均高于 0.4，说明研究项信息可以被有效地提取。第二，KMO 值为 0.946，大于 0.6，意味着数据具有效度。第三，因子的方差解释率是 66.076%，旋转后累积方差解释率为66.076%，大于50%，意味着研究项的信息量可以有效地提取出来。第四，结合因子载荷系数，去确认因子（维度）和研究项的对应关系是否与预期相符，如果相符则说明具有效度，反之则需要重新进行调整。因子载荷系数绝对值均大于0.4，说明选项和因子有对应关系，具有效度，所有题目均应保留，可做进一步分析。

（2）关于残疾大学生问卷的信度分析。从表 4-18 可知：信度系数值为 0.960，大于 0.9，说明研究数据信度质量很高。"项已删除的 α 系数"表明，分析项被删除后的信度系数值并没有明显提升，说明题项全部应该保留，进一步说明研究数据信度水平高。CITC 值表明，分析项对应的 CITC 值全部高于 0.6，说明分析项之间具有良好的相关关系，同时也说明信度水平良好。综上所述，研究数据信度系数值高于 0.9，删除题项后信度系数值并不会明显提高，这说明数据信度质量高，可用于进一步分析。

表 4-18　满意度的 Cronbach 信度检测结果

名称	校正项总计相关性（CITC）	项已删除的 α 系数	Cronbachα 系数
MY1 关于残疾学生所在高中学校的教学方法	0.711	0.959	
MY2 关于残疾学生所在高中学校的教学内容	0.738	0.958	
MY3 关于残疾学生所在高中学校接触的招生考试信息	0.801	0.956	
MY4 关于国家招收残疾学生的高校的数量	0.770	0.957	
MY5 关于残疾考生单考单招的招生专业	0.781	0.957	
MY6 关于残疾考生单考单招的招生计划	0.813	0.956	
MY7 关于残疾考生单考单招的时间安排	0.807	0.956	0.960
MY8 关于残疾考生单考单招的考试大纲	0.854	0.955	
MY9 关于残疾考生单考单招的考试形式	0.820	0.956	
MY10 关于残疾考生单考单招的工作流程	0.807	0.956	
MY11 关于残疾考生单考单招的录取办法	0.797	0.956	
MY12 关于残疾学生家长对残疾学生参加单考单招的支持态度	0.748	0.958	
MY13 关于残疾学生家长对残疾学生参加单考单招的资金支持	0.681	0.959	

第五章 残疾考生单考单招执行现状的调查研究

第一节 调查目的

一、了解残疾考生单考单招执行主客体利益博弈问题

与招生考试政策相关的社会主体和客体包括招生机构、考试机构、监督机构以及应考人员等。就残疾考生单考单招而言，其执行主体主要包括政府、高等特殊教育院校，客体包括特殊教育学校和残疾考生。上述各利益相关者在残疾考生单考单招执行过程中，为了各自的利益进行博弈。对残疾考生单考单招执行主体进行调查研究的目的是了解各执行主体和客体的利益需求和利益冲突，为有效地协调各执行主体和客体的利益冲突，消除残疾考生单考单招执行过程中的人为障碍提供充分的事实依据，为最终构建一个有效、灵活、客观、公正的各执行主体和客体的合作机制提供方向。

二、了解残疾考生单考单招执行程序问题

残疾考生单考单招执行是一个环节多、涉及面广的复杂性工作。从招生考试的工作流程来看，残疾考生单考单招的执行程序包括：高校确定招生计划、残疾考生报名、残疾考生参加考试、高校执行残疾人考试政策、高校执行录取政策等。本章研究的目的就是更好地了解残疾考生单考单招执行程序的现状，以及调查残疾考生单考单招执行各个环节存在哪些问题，并提出解决执行程序问题的策略。

三、了解残疾考生单考单招执行条件问题

残疾考生单考单招的执行条件的调查研究的目的有两个：一是了解残疾考生单考单招有效执行需要具备哪些必要条件；二是了解残疾考生单考单招的执行条件的现状及存在的问题，为改进执行条件提供现实依据。

四、了解残疾考生单考单招的执行监督问题

残疾考生单考单招事关成千上万残疾人及其家长的切身利益，所以必须通过监督来确保残疾考生单考单招公平、公正、平稳有序地执行，保障高等特殊教育院校和残疾考生在招生考试活动中的合法权益。残疾考生单考单招的执行监督的调查研究，目的是了解残疾考生单考单招执行过程的监督现状，以及监督过程中存在的一些问题，并提出完善残疾考生单考单招执行监督机制的方法。

五、了解残疾考生单考单招的执行效果问题

残疾考生单考单招执行效果是指残疾考生单考单招目标的实现程度，以及残疾考生单考单招的执行过程对各利益相关者的影响。调查残疾考生单考单招执行效果的目的是为调整、变更、修订和完善残疾考生单考单招提供重要的依据。

第二节　调查工具与调查实施

一、调查工具

本书的研究工具是笔者编制的《残疾考生单考单招执行问题研究的教师问卷》《残疾考生单考单招执行问题研究的残疾大学生问卷》。《残疾考生单考单招执行问题研究的教师问卷》包括 5 个子问卷。①各执行主客体利益博弈的调查问卷：残疾考生单考单招的执行主体主要包括政府、高等特殊教育院校，执行客体包括特殊教育学校和残疾考生，它们在残疾考生单考单招各执行过程形成矛盾关系。这个子问卷共有 5 个题目。②执行程序的现状调查问卷。残疾考生单考单招的执行程序包括高校确定招生计划、残疾考生报名、残疾考生参加考试、高校执行残疾人考试政策、高校

执行录取制度等。这个子问卷共有 6 个题目。③执行条件的现状调查问卷。残疾考生单考单招的执行条件包括主观条件和客观条件两个要素。这个子问卷共有 6 个题目。④执行监督的现状调查问卷。残疾考生单考单招的执行监督包括监督制度的完善程度及执行情况、学校纪检委参与监督的情况、公开及接受社会监督情况等。这个子问卷共有 8 个题目。⑤执行效果的现状调查问卷。残疾考生单考单招的执行效果包括目标内执行效果和目标外执行效果两个要素。这个子问卷共有 7 个题目。教师问卷共有 32 个题目。

二、调查实施

笔者通过问卷星软件、实地走访、邮寄等多种形式来发放《残疾考生单考单招执行问题研究的残疾大学生问卷》《残疾考生单考单招执行问题研究的教师问卷》。在线问卷星调查是通过微信群、QQ 群等形式发送问卷链接。2019 年 4 月 18 日至 2019 年 5 月 13 日，《残疾考生单考单招执行问题研究的残疾大学生问卷》通过问卷星共收到 797 份；通过实地走访和邮寄等方式发放 300 份问卷，共回收调查问卷 215 份，回收率 71.67%；共计 1 012 份问卷。《残疾考生单考单招执行问题研究的教师问卷》通过问卷星共收到 432 份；通过实地走访和邮寄等方式发放 1 000 份问卷，共回收调查问卷 690 份，回收率 69%；共计 1 122 份问卷。之后笔者对无效问卷进行了剔除，剔除问卷主要基于以下几种情况：问卷出现漏填现象，整份问卷中漏填及未作答的题项超过 4 个；问卷出现规律性作答现象，如整个问卷出现所有题目选择相同选项的情况；问卷出现明显不符合逻辑的作答，如"教育层次选了专科，而年级勾选了大四"或"学校在北京，而学校区域选择了中部或西部"等；问卷中的单选题勾选两个以上选项的现象。若问卷出现上述四种情况中的任何一种，调查问卷均做无效处理。通过严格的筛选，《残疾考生单考单招执行问题研究的残疾大学生问卷》最终获得了 974 个有效样本，样本有效率 96.2%；《残疾考生单考单招执行问题研究的教师问卷》最终获得了 1 075 个有效样本，样本有效率 95.8%。

第三节　残疾考生单考单招执行现状的调查结果描述与分析

一、问卷调查样本与描述

从表 5-1 可知，在残疾考生单考单招执行的调查研究中，性别方面共有 1 075 个有效样本；就职的学校类型方面共有 1 072 个有效样本，缺失 3 个；身份方面共有 1 075 个有效样本；就职学校所在的区域位置方面共有 1 075 个有效样本。

表 5-1　样本中有效个案计数

项目		性别	就职的学校类型	身份	就职学校所在的区域位置
个案数/个	有效	1 075	1 072	1 075	1 075
	缺失	0	3	0	0

从表 5-2 可知，样本中有 691 名女性教师，比例为 64.3%；男性教师 384 名，占比为 35.7%。

表 5-2　样本中有效性别计数

项目		频率/人	百分比/%	有效百分比/%	累计百分比/%
有效	1. 男	384	35.7	35.7	35.7
	2. 女	691	64.3	64.3	100.0
	总计	1 075	100.0	100.0	

教师的样本构成中，有 370 名高校专任教师和 248 名高校行政人员，他们在样本中的占比分别为 34.4% 和 23.1%。特殊教育学校教师的样本数最大，有 431 人，占比为 40.1%。样本中的"其他"主要是指高校辅导员，占比为 2.4%（见表 5-3）。

表 5-3　样本中有效身份计数

	项目	频率/人	百分比/%	有效百分比/%	累计百分比/%
	1. 高校专任教师	370	34.4	34.4	34.4
	2. 高校行政人员	248	23.1	23.1	57.5
有效	3. 特殊教育学校教师	431	40.1	40.1	97.6
	4. 其他	26	2.4	2.4	100.0
	总计	1 075	100.0	100.0	

　　样本中共有高校专任教师和高校行政人员 618 人以及其他 26 人，他们分别来自省属本科院校或高职高专院校。其中省属本科院校有 430 人，高职高专院校为 211 人，其中 23 人是来自省属本科院校或高职高专院校的辅导员。3 人填写"部属本科院校"，具体见表 5-4。由于没有部属高等院校执行残疾考生单考单招，这应是被调查者对学校类型存在认识上的偏差，故计为缺失。

表 5-4　样本中有效就职学校类型计数

	项目	频率/人	百分比/%	有效百分比/%	累计百分比/%
	2. 省属本科院校	430	40.0	40.1	40.1
有效	3. 高职高专院校（包括 3+2 高职）	211	19.6	19.7	59.8
	4. 特殊教育学校	431	40.1	40.2	100.0
	总计	1 072	99.7	100.0	
缺失	1. 部属本科院校	3	0.3		
	总计	1 075	100.0		

　　通过观察表 5-5 可知，教师样本分布于中部地区学校的数量最多，有 526 个教师样本就职于中部地区的学校，比例为 48.9%；其次是西部地区，比例为 28.7%；教师样本分布于东部地区的占比最小，为 22.4%。

表 5-5　样本中有效就职学校所在区域计数

	项目	频率/人	百分比/%	有效百分比/%	累计百分比/%
有效	1. 东部地区	241	22.4	22.4	22.4
	2. 中部地区	526	48.9	48.9	71.3
	3. 西部地区	308	28.7	28.7	100.0
	总计	1 075	100.0	100.0	

二、访谈调查样本与描述

笔者在研究前期先对高校专任教师、高校行政人员、特殊教育学校教师进行访谈，从访谈中发现问题、研究问题，然后根据问题进行实证研究设计。从测验工具的检测到正式调研，再到深度访谈，访谈调查始终贯穿于本书研究的整个过程。笔者选择残疾考生单考单招执行的直接利益相关者作为访谈样本，共 15 人，其中包括高校行政人员（特殊教育学院或教育科学学院的院长及副院长）4 人、高校教师 8 人、特殊教育学校教师 3 人。访谈样本分布于我国东、中、西部地区（见表 5-6）。

表 5-6　访谈样本描述

走访学校（所在区域）	访谈对象	对所在学校执行（参与）残疾考生单考单招现状的描述
LS 学院特殊教育学院（西部）	高校行政人员（院长、副院长各 1 人）2 人，教师 2 人	LS 学院特殊教育学院，2015 年开始招收听力残疾学生。招生专业为特殊教育、艺术设计、服装与服饰设计，有本科和专科（3+2：前 3 年为中职教育，后 2 年为高职高专教育）两个办学层次，面向四川省（考生户籍在四川省）招收高级中等教育毕业或同等学力（进入本科层次）和初中毕业或同等学力（进入专科层次），生活能够自理的听障学生
CS 大学教育科学学院（西部）	高校行政人员（院长）1 人，教师 1 人	CS 大学教育科学学院，2005 年开始单独招收听障学生。招生专业为聋人教师教育、残疾人辅助技术。该校为本科层次办学，面向全国招收具有高中文化程度或同等学力的优秀听障学生（文理兼收）

表5-6(续)

走访学校 (所在区域)	访谈对象	对所在学校执行(参与)残疾考生单考单招现状的描述
ZG 学院特殊教育学院(中部)	高校专任教师2人	ZG 学院特殊教育学院,2001年开始招收听力残疾学生。招生专业:电子信息工程专业、视觉传播设计与制作专业、摄影摄像技术专业、艺术设计专业、动漫制作技术专业。该校有专科和本科两个办学层次,面向全国招收高级中等教育毕业或具有同等学力,生活能够自理的听障学生
HT 职业学院(中部)	高校专任教师1人	HT 职业学院,2018年开始招收视力残疾学生,招生专业为针灸推拿。该校为高职高专办学层次,面向全国招收视力残疾(具有省级残联确认的视力残疾证,不包括四肢残疾等其他残疾类型),但身体发育正常的高中毕业(或同等学力)的青少年学生
ZS 学院特殊教育学院(中部)	高校专任教师2人	ZS 学院特殊教育学院,2013年开始面向全国单独招收听障学生。招生专业:音乐学专业(舞蹈表演聋人方向)、计算机科学与技术专业(计算机应用聋人方向)、美术学专业(艺术设计聋人方向)。该校为本科层次办学,面向全国招收具有高级中等教育毕业或同等学力,生活能够自理的聋人青年
NT 师范学院特殊教育学院(东部)	高校行政人员(院长1人)	NT 师范学院特殊教育学院,2002年开始面向全国单独招收听障、视力残疾、轻度精神残障(高功能孤独症,小学、初中、高中为融合教育)三类考生。面向听障生的招生专业:服装与服饰设计(本科),公共事业管理(本科,为融合教育),艺术设计(电脑艺术设计方向,专科)。面向视力残疾考生的招生专业:应用心理学(本科,为融合教育)。面向轻度精神残障生的招生专业:计算机科学与技术(本科,为融合教育)。该校面向全国单独招收符合全国普通高校招生体检标准、具有高中毕业或同等学力、有残疾证明且生活能自理的残疾学生
YB 特殊教育学校(西部)	特教教师1人	YB 特殊教育学校创办于1984年,直属 YB 市教育局,是一所集盲、聋九年义务教育和聋人职业高中教育于一体的寄宿制特殊教育学校。该校于2003年开始办高中,2016年取得中职办学资格,陆续有若干名听力残疾学生参加单独招生考试,并被本科、专科院校录取

表5-6（续）

走访学校 （所在区域）	访谈对象	对所在学校执行（参与）残疾考生单考单招现状的描述
NJ市盲人学校（东部）	特教教师1人	NJ市盲人学校，始建于1927年10月3日，是中国第一所公立特殊教育学校。该校于1990年开办三年制针灸推拿专业职业中专；1993年与NJ中医药大学联办三年制针灸推拿大专班，成为全国第一个开设盲人高等职业教育的盲人学校；2015年开办视力残疾普通高中班，于2016年开始招生；2017年经教育部正式批准，2018年开办视力残疾针灸推拿学本科专业，并与NJ中医药大学联合办学
TY聋人学校（中部）	特教教师1人	TY聋人学校创建于1957年，是SX省创办的最早的一所集学前教育、九年义务教育和高中职业教育于一体的全日制特殊教育学校。TY聋人学校高考本科升学率逐年提高，2016年本科升学率达51.2%

三、量表总体得分情况

在调查问卷中，残疾考生单考单招执行问题研究量表是了解我国残疾考生单考单招执行情况的主要测量工具，它用于测量被调查者对残疾考生单考单招执行过程中各个环节的认知。量表共设"执行主客体的利益博弈""执行条件""执行程序""执行监督""执行效果"五项指标，各指标下再设若干二级指标，用以测量被调查者对于各二级指标所代表的残疾考生单考单招执行现状的看法。调查问卷采用李克特量表5点计分法，依被调查者的回答情况赋值如下："①完全不符合"得1分、"②不符合"得2分、"③不确定"得3分、"④比较符合"得4分、"⑤完全符合"得5分。在5点计分法下，理论上的平均值为3分，即若测量结果显示得分为3分，则表明被调查者对残疾考生单考单招执行现状的相关问题不确定；高于3分，则表明被调查者对残疾考生单考单招执行现状相关问题的正面认可程度较高；若低于3分，则表明被调查者对残疾考生单考单招执行现状相关问题的正面认可程度较低。残疾考生单考单招执行问题量表及其各分量表的得分情况如表5-7和表5-8所示。

表 5-7 残疾考生单考单招执行问题研究量表描述统计

项目	个案数/个	最小值	最大值	平均值	标准差
残疾考生单考单招执行问题量表	1 075	1	5	3.612	0.032 96
有效个案数（成列）	1 075				

表 5-8 残疾考生单考单招执行问题各分量表的得分

项目	个案数/个	最小值	最大值	平均值	标准差
残疾考生单考单招制度执行主客体的利益博弈量表	1 075	1.57	5.00	3.422 1	0.569 98
残疾考生单考单招执行条件量表	1 075	1.58	4.92	3.239 6	0.632 91
残疾考生单考单招执行程序量表	1 075	1.33	5.00	4.076 1	0.756 22
残疾考生单考单招执行监督量表	1 075	2.79	7.74	3.921 4	0.428 72
残疾考生单考单招执行效果量表	1 075	1.40	5.00	3.410 9	0.748 51
有效个案数（成列）	1 075				

残疾考生单考单招执行问题量表及其各分量表得分的描述性统计情况表明，被调查者量表总体的得分均值为 3.612 分，略高于理论上的平均值，说明被调查者对残疾考生单考单招执行现状相关问题的认可程度处于不确定与比较认可之间的状态。被调查者之所以出现这种状态，是由于对残疾考生单考单招执行的相关问题的认识还不深入。在五个分量表中，各执行主客体的利益博弈量表、执行条件量表、执行程序量表、执行监督量表、执行效果量表的得分均值分别为 3.422 1、3.239 6、4.076 1、3.921 4、3.410 9。其中执行程序量表的得分均值最高，为 4.076 1，说明被调查者对残疾考生单考单招执行程序现状的正面认可程度较高。其余分量表的得分均值虽然都高于理论上的平均值 3 分，但是它们仍未达 4 分以上的较高水平。因此，我们认为残疾考生单考单招执行主客体之间利益博弈、执行条件、执行监督和执行效果方面的状况是中等略微偏上的水平，即被调查者对我国残疾考生单考单招执行的相关问题的看法和了解还不全面、深入和透彻，以及残疾考生单考单招的执行还没有达到预期效果，下文会详述。

图 5-1 显示的是被调查者在残疾考生单考单招执行问题量表中的总体得分情况，将其与正态分布相比：偏度系数为 -0.96，说明处于平均值左

右两端的数据分布频率相对均匀；峰度系数为0.422，略微高于正态分布，说明极端值较少，样本的总体分布与正态分布较为贴近。

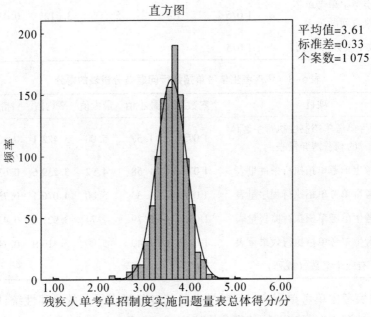

图5-1　残疾考生单考单招执行问题量表总体得分

笔者通过相关分析对1 075个样本进行了检验，五个分量表与残疾考生单考单招执行问题量表的皮尔逊积差相关系数如表5-9所示。从数据结果来看，各分量表与残疾考生单考单招执行问题量表均呈现高度相关关系。

表5-9　残疾考生单考单招执行问题量表及各分量表的相关系数

量表		残疾人高等教育单考单招执行问题量表	残疾人高等教育单考单招执行主客体的利益博弈量表	残疾人高等教育单考单招执行条件量表	残疾人高等教育单考单招执行程序量表	残疾人高等教育单考单招执行监督量表	残疾人高等教育单考单招执行效果量表
残疾人高等教育单考单招执行问题量表	皮尔逊相关性	1	0.425 **	0.610 **	0.650 **	0.421 **	0.573 **
	显著性（双尾）		0.000	0.000	0.000	0.000	0.000

表5-9(续)

量表		残疾人高等教育单考单招执行问题量表	残疾人高等教育单考单招执行主客体的利益博弈量表	残疾人高等教育单考单招执行条件量表	残疾人高等教育单考单招执行程序量表	残疾人高等教育单考单招执行监督量表	残疾人高等教育单考单招执行效果量表
残疾人高等教育单考单招执行主客体的利益博弈量表	皮尔逊相关性	0.425 **	1	0.061 *	-0.027	-0.088 **	-0.047
	显著性（双尾）	0.000		0.047	0.375	0.004	0.125
残疾人高等教育单考单招执行条件量表	皮尔逊相关性	0.610 **	0.061 *	1	0.280 **	-0.040	0.140 **
	显著性（双尾）	0.000	0.047		0.000	0.195	0.000
残疾人高等教育单考单招执行程序量表	皮尔逊相关性	0.650 **	-0.027	0.280 **	1	0.016	0.140 **
	显著性（双尾）	0.000	0.375	0.000		0.597	0.000
残疾人高等教育单考单招执行监督量表	皮尔逊相关性	0.421 **	-0.088 **	-0.040	0.016	1	-0.020
	显著性（双尾）	0.000	0.004	0.195	0.597		0.508
残疾人高等教育单考单招执行效果量表	皮尔逊相关性	0.573 **	-0.047	0.140 **	0.140 **	-0.020	1
	显著性（双尾）	0.000	0.125	0.000	0.000	0.508	

注：＊＊表示在0.01级别（双尾），相关性显著；＊表示在0.05级别（双尾），相关性显著。成列 $N=1\,075$。

四、各分量表得分情况

（一）对残疾考生单考单招执行主客体利益博弈的调查结果的描述性统计与分析

在残疾考生单考单招执行过程中，高等特殊教育院校、特殊教育学校、残疾考生等构成了一个比较复杂的博弈关系网。残疾考生单考单招执行各主客体的矛盾关系的调查内容主要包括：高等特殊教育院校的考试科目、考试大纲、考试内容、考试方法、考试时间与特殊教育学校的课程设置、教学大纲、教学内容、教学方法、教学进度之间的博弈现状的调查；特殊教育学校的信息提供、教学目的、教学内容、教学方法、教学进度与残疾学生的信息需求、学习目的、学习内容、学习方法、学习进度之间的博弈现状的调查；残疾考生单考单招的招生计划、考试科目、考试内容、考试方法、考试支持与残疾学生的高等教育需求、学习科目、学习内容、身心特征、实际考试支持需求的博弈现状调查。上述内容共形成6个问题，下面对这6个问题的调查结果进行描述性统计，并逐一进行分析。

1. 对残疾考生单考单招执行主客体利益博弈现状的调查结果的描述性统计

表5-10是残疾考生单考单招执行主客体利益博弈的描述性统计。从各指标的得分情况来看，"特校课程设置的依据是残疾人高等教育单考单考单招科目""特校为高校执行残疾考生单考单招提供考试支持服务（如手语翻译服务）"的均值得分别为2.80、2.99。它们都低于残疾考生单考单招执行各主客体利益博弈的均值（3分）。虽然"特校编制教学大纲的依据是残疾考生单考单招的考试大纲"的得分均值为3.11，但是它和上述两个指标同样影响了被调查者对于残疾考生单考单招执行相关问题的总体认知。其余几项指标得分均值都在3.6以上，其中"残疾学生能从残疾考生单考单招中获得适宜的考试支持"得分为3.90。笔者在调研中了解到，执行残疾考生单考单招的高等特殊教育院校，考试科目基本都包括文化课和专业课，文化课有语文、数学和英语。院校之间考试科目的差异，不仅体现在文化课方面（如有的学校考英语，有的学校不考英语，长沙职业技术学院、山东特殊教育职业学院、乐山师范学院等的残疾考生单考单招就没有对英语科目的考核），而且专业课也有差异。招生专业不同，单考单招的考试科目也随之不同，即使不同院校之间招生专业相同，考试科目也

有所差异，如计算机专业，有的学校考物理，有的学校则不考。高考是高中教育的指挥棒，考试科目和考试大纲直接决定高中学校的课程设置和教学大纲。由于各高等特殊教育院校的考试科目和考试大纲的差异性，特殊教育学校只能根据某一所高等特殊教育院校的考试科目进行课程设置和教学大纲的拟定，没有过多的精力和时间照顾到更多院校的考试科目和教学大纲，导致了特殊教育学校与高等特殊教育院校出现考试科目与课程设置、考试大纲与教学大纲的冲突问题。

表 5-10　残疾考生单考单招执行主客体利益博弈的描述性统计

	题项	个案数/个	最小值	最大值	平均值	标准差
ZT3	特校课程设置的依据是残疾考生单考单招科目	1 075	1	5	2.80	1.088
ZT4	特校编制教学大纲的依据是残疾考生单考单招的考试大纲	1 075	1	5	3.11	1.160
ZT5	特校的教学进度是根据高校残疾考生单考单招时间安排的	1 075	1	5	3.61	0.875
ZT6	特校为残疾学生提供考试大纲范围内的知识与技能	1 075	1	5	3.75	0.848
ZT7	特校为高校执行残疾考生单考单招提供考试支持服务（如手语翻译服务）	1 075	1	5	2.99	1.109
ZT8	残疾学生能从残疾考生单考单招中获得适宜的考试支持	1 075	1	5	3.90	0.978
	有效个案数（成列）	1 075				

2. 对残疾考生单考单招执行主客体利益博弈现状调查结果的描述与分析

残疾考生单考单招执行主客体利益博弈问卷题目包括：特校课程设置的依据是残疾考生单考单招科目、特校编制教学大纲的依据是残疾考生单考单招的考试大纲、特校的教学进度是根据高校残疾考生单考单招时间安排的、特校为残疾学生提供考试大纲范围内的知识与技能、特校为高校执行残疾考生单考单招提供考试支持服务（如手语翻译服务）、残疾学生能从残疾考生单考单招中获得适宜的考试支持。对上述变量的考察形成了6个问题，下面对这些问题的调查结果逐一进行描述与分析。

（1）对特殊教育学校课程设置与高校残疾考生单考单招科目博弈的调查结果的描述与分析。对于"特校课程设置的依据是残疾考生单考单招科目"的问题，分别有29.7%和2.2%的特教教师认为"比较符合"和"完全符合"。29.3%的教师表示"不确定"，有38.8%的教师认为"不符合"及"完全不符合"（见图5-2）。

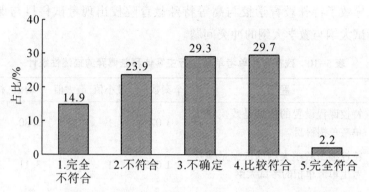

图5-2　对特校课程设置与残疾考生单考单招科目博弈的调查结果

我国残疾人接受高中阶段教育，始于20世纪80年代前后。最初只有几所聋校开办了以就业为导向的职业高中教育。20世纪90年代初，聋校开始举办普通高中教育，比如，1992年，在国家教委和中国残联的推动下，南京聋人高级中学成立，该校成为我国第一所真正意义上的聋人普通高中。此后，我国一些聋校相继举办普通高中班，实行普通高中教育与职业教育兼顾的综合性聋人高中教育。20世纪90年代末，我国一些综合性特殊教育学校也相继开始举办普通高中，如1999年，成都特殊教育学校也办起了普通高中班。2008年3月28日，中共中央、国务院发布了《关于促进残疾人事业发展的意见》，明确指出要"加快发展高中阶段特殊教育"。2009年5月7日，教育部等部委发布的《关于进一步加快特殊教育事业发展的意见》也提出，要坚决发展以职业教育为主的残疾人高中阶段教育，为残疾学生就业和继续深造创造条件。办好聋人高中阶段教育的核心问题之一，是加强聋人高中课程建设。课程建设是执行高质量聋人高中教育的重要前提[①]。根据上述内容，残疾人高中阶段教育的重要职责之一，

---

① 沈玉林，杨七平，陈金友，等. 向希望的延伸：我国部分聋校高中课程建设综述：上[J]. 现代特殊教育，2010（4）：4-10.

就是为残疾学生继续深造创造机会和条件，为高等特殊教育院校输送大量优秀人才。然而，上述调查结果表明，有近六成的被调查者对此问题表示"不确定"或"不符合"，足以说明我国特校高中课程设置的现状不尽如人意。通过访谈特殊教育学校的教师，我们可以了解特校高中阶段课程设置的现状：

聋校的课程没有普通高中课程设置全面，如历史、地理、化学，我所在的高中都没有设置；特教高中因为生源的知识总体水平偏低，所以所学学科的内容比普校相对少一些，也简单一些，更注重学生的潜能才艺开发以及学生未来适应生活和工作的能力。聋校高中课程没有统一的教材，我们学校高中部目前用的是普校的初高中教材，以职业教育课程为主，更注重学生的职业教育和艺术教育。另外还有活动课程，如面点、串珠、烙画。学科内容有选择，学校教的知识内容一般达到高二水平，或高一水平。（TY 聋人学校教师）

聋校的教材使用非常不规范，很多聋校的初高中使用的都是普校的教材，如果普校教材改革，他们的教材也跟着一起调整；而有的聋校，十年如一日地使用同一版本的教材，一直没有更改过。现在高校招生也不是很规范，首先就是考试科目和考试要求不统一，使聋校的教学很难适应。没办法，作为被动的一方，我们只能去适应。我们学校一般会选择二、三所学校进行有针对性的教学。整合的教学大纲和教学内容，不仅教学有难度，而且学生学起来也比较吃力，尤其是报考学校多的同学，学习的知识点比较多，很难跟得上老师的教学进度。我们学校是按照考试大纲设计教学内容的，高校考什么科目，我们就开设什么科目；高校考什么，我们就教什么。不考的科目，学校一般不开或少开；不考的内容，学校一般不讲或少讲。（LS 特殊教育学校教师）

（2）对特殊教育学校的教学大纲与残疾考生单考单招的考试大纲博弈的调查结果的描述与分析。对于"特校编制教学大纲的依据是残疾考生单考单招的考试大纲"的问题，有45.3%的教师认为"比较符合"及"完全符合"，22.9%的教师对此表示"不确定"，有31.8%的特教教师认为特殊教育学校的教学大纲的编制没有依据残疾考生单考单招的考试大纲（见图5-3）。

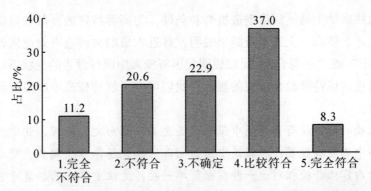

图 5-3　对特校教学大纲与残疾考生单考单招考试大纲博弈的调查结果

当前的高中教育仍然以高考为指挥棒，高中学校的教学大纲紧紧围绕教育部门颁布的各个学科的考试大纲。由于各高等特殊教育院校自行组织单考单招，自主拟定考试大纲，形成了每个学校都有各自的考试大纲的现象。中国教育学会特殊教育学分会曾尝试制定统一的聋人高考考试大纲，它组织了我国几所比较知名的高等特殊教育院校，如北京联合大学、长春大学，制定数学、语文、英语"考试说明试行稿"，以作为聋人高考的考试大纲。但是这个考试大纲在全国并没有引起各个高等特殊教育院校的响应。随着时间的推移，上述两所院校也逐渐不再使用之前制定的"考试说明试行稿"，各自又颁布了《残疾人单考单招说明》。这两所学校颁布的考试说明在内容方面差异比较大，如在英语考试大纲对单词词汇量和数学考试内容的规定上差异很大[①]。残疾考生单考单招考试大纲版本的多样性，加上精力和时间的限制，导致特殊教育学校只能根据某一所高等特殊教育院校的考试科目进行教学大纲的拟定，没有过多的精力和时间照顾到更多院校的考试大纲，形成了高等特殊教育院校与特殊教育学校之间的考试大纲与教学大纲相冲突的问题。通过访谈特校教师，我们可以了解考试大纲与教学大纲之间的冲突的现状：

高校颁布的考试大纲只是一个宏观的框架，内容不够详细。我们学校除了根据颁布的考试大纲外，还要参考主考学校的历年考试真题进行复习。我们学校虽然参加残疾考生单考单招的同学不多，但是他们报考的学校不同，不同学校的考试真题也不一样，所以我们老师在制定教学大纲的

---

① 韩同振. 我国高等院校听障学生招生考试研究［D］. 天津：天津理工大学，2016.

时候非常困难，而且统一授课的压力也比较大。学生程度不同，报考学校不同，要求的教学进度和方式也不同。总之，众口难调，很难满足所有学生的需求。(TY 聋人学校教师)

高校制定考试大纲没有充分考虑到我们特殊教育学校残疾学生的学习程度和特殊教育学校的教学现状。建议高校在考试科目设置和考试大纲制定的时候，要考虑我们特殊教育学校的实际。例如，可以提高语文考试分值，或者提高语文在考试总成绩中的比重，因为语文对于残疾学生来说有利于提高他们的文字理解能力和语言能力。我建议降低英语成绩在总成绩中的比重，或直接去掉英语考试。残疾学生的英语成绩本来就非常差，平时要花很多时间和精力去学习，仅仅是为了单考单招。单考单招之后，英语就没有用了，而且英语对残疾学生的就业也没有什么帮助。(LS 特殊教育学校教师)

（3）对特殊教育学校的教学进度与残疾考生单考单招的考试时间博弈的调查结果的描述与分析。对于"特校的教学进度是根据高校残疾考生单考单招时间安排的"问题，有 50.3% 和 12.0% 的教师认为"比较符合"及"完全符合"，二者的比例之和达到 62.3%。有 26.3% 的教师对此表示"不确定"，总共有 11.4% 的特校教师认为特殊教育学校的教学进度没有依据残疾考生单考单招的考试时间来安排（见图 5-4）。

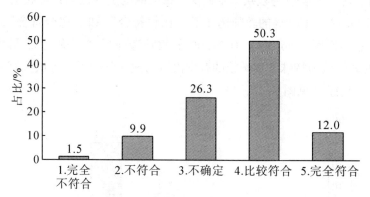

图 5-4 对特校教学进度与残疾考生单考单招考试时间博弈的调查结果

残疾考生单考单招的考试时间由各个高等特殊教育院校自行确定。因此，全国 30 所高等特殊教育院校每年为了争夺优质生源，抢占考试先机，竞相提前单考单招的考试时间。这一方面形成各高等特殊教育院校招生秩序混乱、恶性竞争的局面；另一方面对特殊教育学校的正常教学秩序也产生了不良影响，考试时间越早，对特校教学的影响越大，对残疾学生的复习备考影响也就越大。所以，为了缓解这种局面，北京联合大学、天津理工大学、长春大学、郑州师范学院、山东滨州医学院五所院校就残疾考生单考单招的考试时间、录取时间、录取结果确认时间和考试确认填报志愿等达成共识，步调一致，这在一定程度上缓解了我国残疾考生单考单招招生混乱的局面。通过对一些老师的访谈，我们可以了解到关于特校教学进度与残疾考生单考单招考试时间的博弈现状：

我们学校有相当一部分学生来自农村，家庭对其寄予厚望。为了提高单考单招成功的概率，几乎每位残疾学生都会报考两到三所学校，有的学生甚至报考了五所学校。由于各个高校的考试时间不一样，如果要参加几所学校的单考单招，要花很长的时间奔波于全国各地。每年的3月至5月，也是农忙时节，如果家长一路陪考，难免会耽搁农活。城里的学生家长，需要工作，如果要带孩子参加单考单招，也需要请长假。如果其单位领导不批假，或者特殊情况不能请假，也只能由我们老师带领这些学生去考试。带所有学生跑遍所有报考学校是不太现实的，我们就由几个老师分工，这种情况下，老师也要请假。(TY聋人学校教师)

（4）对特殊教育学校教学内容与高校考试大纲博弈的调查结果的描述与分析。对于"特校为残疾学生提供考试大纲范围内的知识与技能"的问题，有49.4%、16.9%的教师选择了"比较符合"和"完全符合"，认为符合的总体比例占66.3%。有27.0%的教师选择了"不确定"。另外，有6.7%的教师认为特殊教育学校的教学没有为残疾学生提供考试大纲范围内的知识与技能（见图5-5）。

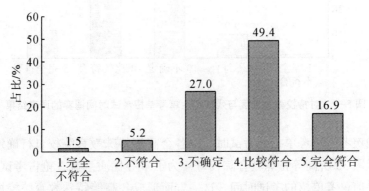

图5-5 对特校教学内容与高校考试大纲博弈的调查结果

高中学校的教学大纲的制定和教学内容的选择都要依据国家颁布的高考考试大纲。一般而言，高中学校的教学大纲包含高考考试大纲，高中学校的教学内容包括高考考试大纲范围内的知识与技能。各个高等特殊教育院校颁布的考试大纲差异比较大，特殊教育学校一般通过汇总两至三所高校的考试大纲来制定他们学校高中部的教学大纲，所以特校的教学能够为残疾学生提供覆盖两至三所高等特殊教育院校的考试大纲范围内的知识与技能的教学大纲，但无法顾及所有高校的考试大纲所要求掌握的知识与技能。因此，高等特殊教育院校在制定考试大纲时，应充分考虑特殊教育学校的教学实际和残疾学生的学习情况。笔者通过走访特殊教育学校，对特殊教育学校的教学与高校考试大纲的博弈现状有了初步的了解：

学生参加残疾考生单考单招，考试竞争比较大。为了让学生多报几所学校，我们学校教学组的老师，会把好几所高校的考试大纲拿来分析，进行归总与整理，把握考试大纲中相同的考点，作为学校重点教学内容。剩下的部分，如果时间充裕，就详细地讲；如果时间不够，我们会抽时间进行串讲。高校单考单招大纲的考察内容的难易程度相当于初中水平，但是对于50%的学生而言，还是有一定难度的。因为他们的基础太薄弱了，听力障碍对他们的思维能力和理解能力的影响太大了。(TY 聋人学校教师)

学生学习情绪不怎么高，他们觉得即使考上大学也很难就业，根本找不到工作，厌学情绪比较强烈，读书无用论的想法在残疾学生群体中很普遍。另外，还有些残疾学生，尤其是部分"3+2"高职的学生，他们参加过残疾考生单考单招，且已经确认被拟录取，他们认为即使在中职阶段不好好学习，以后也能上大学。这种错误的想法，导致他们轻视学习或者不好好学习，时间久了，积累的问题多了，这些学生自然就跟不上班级的教学进度了。(YB 特殊教育学校)

(5) 对特殊教育学校为残疾考生单考单招提供考试支持服务的调查结果的描述与分析。对于"特校为高校执行残疾考生单考单招提供考试支持服务（如手语翻译服务）"的问题，有35.4%的教师选择了"比较符合"，有4.7%的教师选择了"完全符合"，总体符合的比例为40.1%。有25.6%的教师选择了"不确定"，另外有34.3%的教师认为特殊教育学校没有为残疾考生单考单招提供相应的考试支持服务（见图5-6）。

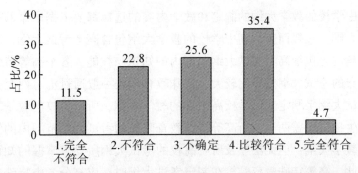

图 5-6 对特校为残疾考生单考单招提供考试支持服务的调查结果

通常情况下，高校承担着手语翻译人才培养的重要职责，向一线特殊教育学校输送高质量的优秀手语教师。在现实中，出现了特校手语教师"反哺"残疾考生单考单招的现象，即高校在执行残疾考生单考单招时，负责听力残疾考生考试服务的专业手语教师不足，不得不向特殊教育学校寻求手语教师，来协助残疾考生单考单招的顺利执行。我国聋人高等教育发展迅速，很多高等特殊教育院校缺乏手语教师，手语教师师资短缺导致残疾考生单考单招对听力残疾学生的招生计划受限，这严重影响了残疾人高等教育的发展。笔者在调研中发现，缺乏手语教师的高校一般都是刚刚开展高等特殊教育的院校，这个过程也是新生高等特殊教育院校的必经阶段。

我们学校与＊＊学院在教学、科研、实践等方面的交流合作比较多，他们学校特殊教育专业的实践周活动，就是来我们学校进行教学实践，我们学校为他们的学生提供一个实践平台。＊＊学院从 2015 年执行残疾考生单考单招起，每年都向我们学校请一批骨干手语老师组织与执行听力残疾学生的面试环节。主要他们学校的手语老师比较少，而且还有个别老师调离或去读博士了，导致他们的手语老师更加紧张，不得不向我们学校借调一些老师去协助执行残疾考生单考单招。（LS 特殊教育学校教师）

（6）对残疾学生与考试支持博弈的调查结果的描述与分析。对于"残疾学生能从残疾考生单考单招中获得适宜的考试支持"的问题，有 39.6%和 30.5%的特教教师选择了"比较符合"和"完全符合"，总体符合的比例是 70.1%。有 21.3%的特教教师对此表示"不确定"，总共有 8.6%的特教教师对残疾学生能从残疾考生单考单招中获得适宜的考试支持持否定的态度（见图 5-7）。

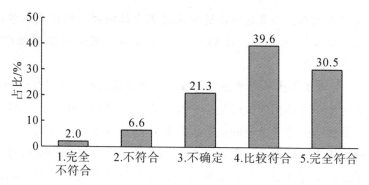

图 5-7　对残疾学生与考试支持博弈的调查结果

为残疾学生参加残疾考生单考单招提供考试支持是教育公平的重要内容之一。残疾考生单考单招为残疾学生提供适宜的考试支持体现出考试的科学性。所谓考试的科学性，更多地关乎残疾人考试内部因素，如考试测验产品的开发、设计、执行、评估等各个环节都要符合残疾学生的身心发展特征。我国对残疾人教育相关法律进行了修订，如《残疾人教育条例》（2017 年修订稿）规定："高等学校应当招收具备学习能力且生活能够自理、符合国家录取标准的残疾考生入学，不得因其残疾而拒绝招收。"① 我国由于历史、经济、社会、技术、政策、系统配套等各种因素，目前所提供的考试支持服务还不能完全满足残疾学生的考试支持的需求。笔者通过对特殊教育学校教师的深入访谈，对残疾学生参加高考获得的考试支持的现状有了一定的了解：

高等特殊教育院校为残疾学生提供的考试支持服务总体来讲，基本能够满足残疾考生的一般需求。例如，残疾学生为了顺利参加考试，他们需要提前了解考场。残疾考生了解考场以及考试报到、提交一些材料等待的时候，高等特殊教育院校会安排懂手语的大学生志愿者，为残疾考生提供帮助。在考试过程中，考场也会安排手语老师进行监考，如果残疾考生遇到什么问题，都能够顺利、及时地得到解决。（LS 特殊教育学校教师）

我们学校视力障碍学生参加残疾考生单考单招，会遇到很多问题。其中最大的问题就是很多高校不招视障学生，只招听障学生。不过幸运的是，我国有几所高职院校招收视障学生，他们能够为视障学生提供大字体

---

① 国务院. 残疾人教育条例（修订）[EB/OL].（2017-02-24）[2018-10-15]. http://www. moe. gov. cn/jyb_ xwfb/s6052/moe_ 838/201702/t20170224_ 297211. html.

试卷或者盲文试卷，而且还可以适当地延长考试时间，所以我们学校每年都会有几个学生考上大学，比如北京联合大学、河南推拿职业学院等。(NJ盲人学校教师)

（二）对残疾考生单考单招执行程序的调查结果的描述性统计与分析

残疾考生单考单招的执行是一个环节多、涉及面广的工作。从工作流程来看，残疾考生单考单招的执行程序包括高校确定招生计划、公布招生简章、残疾考生考试报名、残疾考生参加考试、高校组织与执行考试、高校执行录取制度等环节。对上述变量的实际考察共形成了6个问题，下面对这6个问题的调查结果进行描述性统计，并逐一进行分析。

1. 对残疾考生单考单招执行程序调查结果的描述性统计

表5-11是残疾考生单考单招执行程序调查结果的描述性统计。从各指标的得分情况来看，各项考察指标的均值得分均高于残疾考生单考单招执行程序理论均值（3分），各项考察指标的平均值得分都在4.0以上，其中最高的是"考中高校招生部门的监考教师会严格监考"，得分均值为4.27。其次是"高校会及时向社会公布残疾考生单考单招的招生简章"，得分均值为4.09。残疾考生单考单招是基于普通高考延伸出的一种面向残疾人的高校招生考试制度，所以它也要严格遵守国家制定的高等学校招生考试管理办法，考前要对监考教师进行严格培训，要求监考教师严格履行高等学校招生考试和高校残疾考生单考单招的管理规定，提高业务素养，防患于未然。所以笔者在调查中发现，被调查者对监考教师严格执行监考的认知处于较高水平，对高校及时向社会公布残疾考生单考单招招生简章的认可程度也相对较高。

表5-11　残疾考生单考单招执行程序调查结果的描述性统计

	题项	个案数/个	最小值	最大值	平均值	标准差
CX1	高校会及时向社会公布残疾考生单考单招的招生简章	1 075	1	5	4.09	0.885
CX2	考前残疾学生会提前准备好考试用品	1 075	1	5	4.02	0.985
CX3	考前高校会组织培训监考教师	1 075	1	5	4.03	1.069
CX4	考中高校招生部门的监考教师会严格监考	1 075	1	5	4.27	0.806

表5-11(续)

题项		个案数/个	最小值	最大值	平均值	标准差
CX5	考后高校会在预定的时间 公布考试成绩	1 075	1	5	4.03	0.927
CX6	高校会在预定的时间内 公布拟录取名单	1 075	1	5	4.02	0.908
	有效个案数（成列）	1 075				

2. 对残疾考生单考单招执行程序调查结果的描述与分析

下面对上述 6 个问题的调查结果逐一进行描述与分析。

（1）对"高校会及时向社会公布残疾考生单考单招的招生简章"的调查结果的描述与分析。对于该问题，有 46.9% 和 35.1% 的教师分别表示"比较符合"和"完全符合"，总体比例达到 82.0%。11.0% 的高校教师表示"不确定"，总共有 7.0% 的高校教师表示"不符合"及"完全不符合"（见图 5-8）。

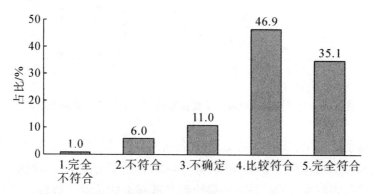

图 5-8 对"高校会及时向社会公布残疾考生单考单招的招生简章"的调查结果

高等特殊教育院校举行残疾考生单考单招的时间一般为每年的 3—5 月。一般情况下，高校会提前距离考试 2 个月左右发布招生简章。例如，LS 学院 2019 年 1 月 16 日发布《LS 学院 2019 年残疾人（听障）单招招生简章》，考试报名时间为 2019 年 2 月 23 日—2 月 28 日，考试时间为 2019 年 3 月 23 日。高校及时向社会公布残疾考生单考单招的招生简章，并通过各种形式向特殊教育学校推送高校残疾人招考信息。笔者在访谈 LS 学院特殊教育学院的教师时得知，该校能够及时公布残疾考生单考单招招生简章。

　　残疾考生单考单招的招生简章方案定案以后，我们学校会及时在学校的招生信息平台上进行发布。此外，我们学校还会用其他方式向社会推送信息，如用学校的微信公众号向社会推送，同时还会有针对性地向一些有高中部的特殊教育学校投递纸质的招生宣传单。（LS学院特殊教育学院教师）

　　（2）对"考前残疾学生会提前准备好考试用品"的调查结果的描述与分析。对于该问题，有36.9%和37.9%的教师表示"比较符合"及"完全符合"，总体比例达到74.8%。14.7%的高校教师表示"不确定"，总共有10.5%的教师表示"不符合"及"完全不符合"（见图5-9）。

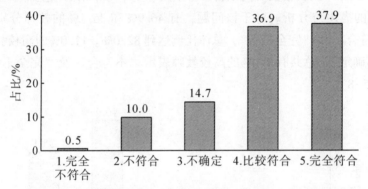

图5-9　对"考前残疾学生会提前准备好考试用品"的调查结果

　　俗话说："不打无准备之仗。"有备而来，方能有取胜之希望。对于残疾考生而言，残疾考生单考单招就像一场没有硝烟的战争，其胜败多取决于对考试是否有充分的准备。如果枪炮是战场上的武器，那么，考试用品就是考场上的"武器"。所以，特殊教育学校的教师及学生家长要督促残疾考生在参加考试前仔细地阅读考试须知，弄清楚需要准备哪些考试用品，以免错带、漏带或忘带必需的考试用品，耽误考试。笔者在调查中了解到，残疾学生来参加残疾考生单考单招，基本都会携带必需的考试用品，但是也会有个别学生粗心大意没有做到这点：

　　来我们学校参加单考单招的残疾学生，基本上都会根据考试须知携带考试必需的考试工具。但是，我在监考中发现，每场考试，总会有个别残疾学生没有携带相关考试用品。例如，艺术专业的素描绘画考试中，每场都有好几个学生没有携带画架。问其原因，他们倒不是忘记了，而是觉得携带起来很麻烦。由于我们学校也会考虑到这点，考前都会准备考试规定使用的考试用具，来应对这样的事情发生。（LS 学院特殊教育学院教师）

（3）对"考前高校会组织培训监考教师"的调查结果的描述与分析。对于该问题，有21.2%和46.5%的教师表示"比较符合"和"完全符合"，总体比例达到67.7%。有21.1%的教师表示"不确定"，总共有11.2%的教师表示"不符合"及"完全不符合"（见图5-10）。

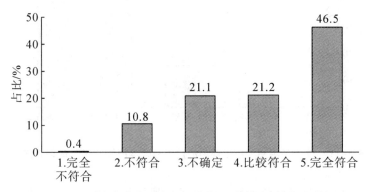

图5-10 对"考前高校会组织培训监考教师"的调查结果

教师监考是保证残疾考生单考单招顺利进行，以及督促残疾学生遵守考场纪律、诚信应考的基本保障。一般而言，高风险考试或涉及较大群体利益的考试，开考前都要对参加监考的教师进行考前培训，明确监考教师在考试活动中的职责，提高教师的监考水平。监考教师公平正直的精神以及责任心对端正考试风气有着非常重要的作用。因此，考前对监考教师进行培训非常有必要。残疾考生单考单招的考前监考教师培训，一般由学校的招考学院与学校招生就业处联合开展，让监考教师明确职责，并学习相关的奖惩制度。笔者所在单位在开展残疾考生单考单招前，对参加监考的校内外的所有教师进行了系统培训。

我们学校参加培训的有学校的招生就业处、保卫处、纪检处等职能部门的教职工，同时也有美术学院、L 市特殊教育学校的一些教师等。所有的监考教师都参加了考前培训。负责监考教师考前培训的学院副院长，向监考教师介绍了残疾考生单考单招考务工作方案、残疾考生单考单招工作组的工作职责等，并组织监考教师一起了解考场规则、监考教师工作职责、考试执行程序、违纪与舞弊事件的查处程序、考试中偶发事件的处理办法以及考场应急处置预案等。（LS 学院特殊教育学院教师）

（4）对"考中高校招生部门的监考教师会严格监考"的调查结果的描述与分析。对于该问题，分别有 35.3% 和 47.2% 的教师表示"比较符合"及"完全符合"。有 15.8% 的教师表示"不确定"，总共有 1.7% 的教师表示"不符合"及"完全不符合"（见图 5-11）。

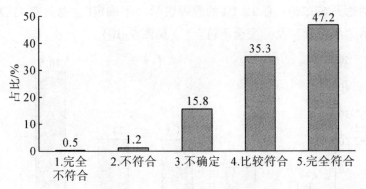

图 5-11　对"考中高校招生部门的监考教师会严格监考"的调查结果

考试过程中，严格监考是一个监考教师的基本职责。残疾考生单考单招期间，无论是学校的教务处、招生就业处等职能部门，还是各级院系，都要做好残疾考生单考单招的监察工作。监察的重要工作之一就是到场巡视监考教师的监考情况，如果发现监考教师不认真监考或不规范监考，考试的巡视人员应及时予以纠正；如果发现监考教师有不负责任或者有考试违规行为，应作"教学事故"处理，并且在其年度绩效考核中予以惩罚。笔者在实际访谈中发现，监考教师基本都清楚在考试活动中的基本职责，并且得到有监考教师因为不认真监考受到处分的反馈。

残疾考生单考单招是属于残疾考生的高考，涉及万千残疾学生及其家庭的切身利益。身为特殊教育学院的一名教师，深知残疾学生求学不易，维护残疾学生教育权益是我们做教师的基本职责。所以，既然参与到残疾考生单考单招工作中，作为监考教师，就要认真负责，对得起这份职业，对得起学校及学院的信任。在残疾考生单考单招中，我们的工作主要包括：组织自己负责的教室的残疾考生进入考场，核对每一位残疾考生证件上的基本信息，并向学生宣读《考试规则》，检查残疾考生的姓名、准考证号等是否填写及填写是否规范。要严格监督考生按规定进行答卷，并按照要求在缺考考生试卷、答题卡、考场记录单等处做好缺考记录。（ZG 学院特殊教育学院教师）

在要求考生遵守考场纪律的同时，我们监考教师也要遵守监考纪律，不迟到早退、不擅离职守；考试期间，不做玩手机、抽烟、聊天、抄题、念题等与考试无关或影响考试的事情。为了避免无意中违反监考纪律，考试过程中，监考教师应随身携带《考务工作手册》，严格按照手册执行监考工作职责。（CS 大学教育科学学院教师）

（5）对"考后高校会在预定的时间公布考试成绩"的调查结果的描述与分析。对于该问题，分别有 46.5%和 33.5%的教师表示"比较符合"和"完全符合"，符合的比例达到 80.0%。有 10.1%的教师表示"不确定"，总共有 9.9%的教师表示"不符合"及"完全不符合"（见图 5-12）。

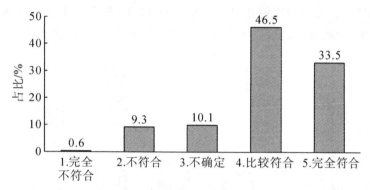

图 5-12　对"考后高校会在预定的时间公布考试成绩"的调查结果

高考，是我国高等院校选拔优质生源的主要手段之一，同时也是中国每年千万考生进入高等学府的主要途径之一。从高考制度恢复以来，高考对社会生活及群众家庭生活的影响越来越大，尤其是我国优质高等教育资源紧缺，导致社会及家庭对高考的重视程度日益提高。因此，考生及其家长对于像高考这样具有重大意义的考试有着太多的紧张、不安与期待。考试结束以后，他们对尽快公布高考成绩的需求非常迫切，因为知道高考成绩后，才知道自己与理想大学的距离。对于残疾考生而言更是如此，残疾考生单考单招是他们进入高等学府的主要途径之一。由于各高等院校执行残疾考生单考单招的时间比较集中，所以残疾考生参加完考试后，对尽快公布考试成绩的需求非常迫切。尤其是报考两所及以上的学校的残疾考生，他们更是迫切希望高等院校在预定的时间公布考试成绩，而且越快越好。笔者在调研中发现，各高等特殊教育院校在执行残疾考生单考单招时，约八成以上的高等院校在一周左右就能公布残疾考生的考试成绩。这样对残疾考生而言，具有现实意义。

如果高校残疾考生单考单招在残疾考生参加下一个高校的考试之前公布考试成绩，并且确定综合成绩排名在录取的范围之内，就既可以减轻残疾考生及其家庭的紧张和焦虑，同时也能减轻考生奔波去其他学校而造成的人力、物力和财力的负担，又可以避免考生被多个院校录取造成的教育资源浪费。如果考生成绩不理想，就好好准备下一场考试。（ZG 学院特殊教育学院教师）

（6）对"高校会在预定的时间内公布拟录取名单"的调查结果的描述与分析。对于该问题，分别有 46.3% 和 32.4% 的教师表示"比较符合"和"完全符合"，符合的比例达到 78.7%。有 12.2% 的教师表示"不确定"，总共有 9.1% 的教师表示"不符合"及"完全不符合"（见图 5-13）。

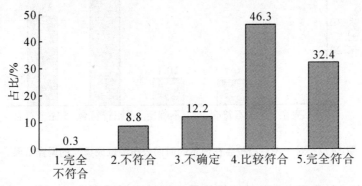

图 5-13 对"高校会在预定的时间内公布拟录取名单"的调查结果

高校在规定的时间内公布成绩和拟录取结果是残疾考生单考单招的必要程序之一。越快公布考试成绩和拟录取结果，对残疾考生越有利。一般情况下，公布考试结果是在考试后的 3~5 天。笔者所在的单位，考试成绩与拟录取结果同时公布，这样对残疾学生更为有利，因为越早知道自己的考试成绩及录取结果，他们对后面的考试越有主动权。

其实各个高校之间也是有竞争的，为了能够争取到比较优秀的学生，我们把残疾考生单考单招的考试时间安排在每年三月中下旬，考试结果也会在残疾学生考试后一周左右公布。这样无论对我们招生学校，还是对残疾考生，都是有利的。如果等残疾考生参加了几个学校的单考单招之后（大概 15 天），再公布考试结果，被本校录取的考生有可能也被别的学校录取了，这会同时给招生学校与残疾考生增添麻烦。被两所学校同时录取的残疾考生，无论他们选择哪一所学校，对被放弃的高校而言，都会造成考试成本的增加和教育机会的浪费。(ZG 学院特殊教育学院教师)

(三) 对残疾考生单考单招执行条件的调查结果的描述性统计与分析

残疾考生单考单招执行条件包括主观条件和客观条件。对残疾考生单考单招执行的主观条件调查结果的描述与分析，主要是对特殊教育学校教师对残疾考生单考单招执行的知晓度，以及残疾学生对残疾考生单考单招执行的满意度进行调查现状的描述与分析。其中，对残疾学生对残疾考生单考单招执行的满意度单独进行描述与统计。下面就残疾考生单考单招执行的主观条件 (知晓度) 和客观条件的现状调查结果进行描述。

1. 对残疾考生单考单招执行主观条件的调查结果的描述性统计与分析

本部分对残疾考生单考单招执行主观条件的分析主要是对知晓度的调查结果的分析。知晓度是指特殊教育学校教师对残疾考生单考单招的认知水平和了解程度，对知晓度调查结果的描述与分析包括高等特殊教育院校单考单招的招生专业、招生计划、考试时间、考试大纲、考试形式、招考流程 6 个方面的问题。下面对上述 6 个问题的调查结果进行描述性统计，并逐一进行描述与分析。

表 5-12 展示了"残疾考生单考单招执行知晓度"各个指标的得分情况。从各指标的得分情况来看，"关于残疾考生单考单招的招生计划"得分最低，为 2.69；其次是"关于残疾考生单考单招的考试大纲"，为 2.90。其余几项指标得分均值在 3.6 以上。从数据结果可以看出，"关于残疾考生单考单招的招生计划""关于残疾考生单考单招的考试大纲"两项考察指标的均值，在残疾考生单考单招执行知晓度各指标中均低于理论均值，它们影响了被调查者对于残疾考生单考单招执行知晓度的总体认知。

执行残疾考生单考单招的高等院校全国共有 30 所，每所学校的招生计划都不一样。有的学校每年的招生计划达数百人，例如，2022 年山东特殊教育职业学院的招生计划为 385 人；有的学校每年的招生计划仅有十人左右，例如，2022 年滨州医学院的招生计划仅有 9 人。招生计划的差异性比较大，加上许多学校对残疾考生单考单招缺乏科学宣传，严重影响了被调查者对残疾考生单考单招的招生计划的准确认知。残疾考生单考单招是高校单独命题、单独组织考试。不同学校的招生专业不同，即使是同一专业，考试科目也会不同。高等特殊教育院校的教师仅对本校的考试大纲有所了解，对其他高校的考试大纲则知之甚少。特殊教育学校只能对一到两所学校的考试大纲进行课程设置，并拟定教学大纲进行教学，没有时间和精力对其他高校的考试大纲进行了解。

表 5-12　残疾考生单考单招执行知晓度的调查结果的描述性统计

	题项	个案数/个	最小值	最大值	平均值	标准差
ZX1	关于残疾考生单考单招的招生专业	1 075	1	5	3.75	1.000
ZX2	关于残疾考生单考单招的招生计划	1 075	1	5	2.69	1.246
ZX3	关于残疾考生单考单招的考试时间	1 075	1	5	3.85	1.080
ZX4	关于残疾考生单考单招的考试大纲	1 075	1	5	2.90	1.106
ZX5	关于残疾考生单考单招的考试形式	1 075	1	5	3.76	1.105
ZX6	关于残疾考生单考单招的招考流程	1 075	1	5	3.68	1.094
	有效个案数（成列）	1 075				

对残疾考生单考单招执行知晓度调查结果的描述与分析如下：

（1）对残疾考生单考单招的招生专业知晓度的调查结果的描述与分析。对于该问题，分别有 61.4% 和 16.0% 的教师表示"比较了解"和"非常了解"，总体比例达到 77.4%。9.9% 的教师表示"不确定"，总共有 12.7% 的教师表示"不了解"及"非常不了解"（见图 5-14）。

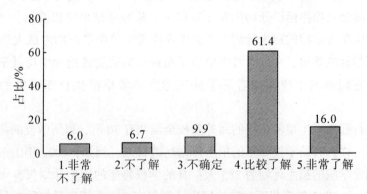

图 5-14　对残疾考生单考单招的招生专业知晓度的调查结果

各校残疾考生单考单招招生简章表明，全国 30 所高等特殊教育院校共设置了 15 个专业，其中开设艺术设计类（艺术设计类专业包括服装工艺设计、园林艺术设计、工艺美术品设计、数字媒体艺术设计、广告设计与艺术制作等）专业的高等特殊教育院校最多，有21所；其次是计算机应用技术专业、针灸推拿专业、视觉传达设计专业、音乐表演专业以及电子商务专业，分别有11所、7所、6所、5所、5所。此外，天津理工大学、长沙职业技术学院、重庆师范大学还开设了自动化专业、工程造价专业、财务管理专业、汽车运用与维修技术专业、残疾人辅助技术专业等。上述是我国残疾考生单考单招的招生专业的基本情况，这是笔者通过对我国30所高等特殊教育院校招生简章的梳理得到的结果。如果没有对各个院校的招生专业进行仔细梳理，对我国残疾考生单考单招专业的了解可能是不全面的或者不深入的。

当高校在网站上发布残疾考生单考单招的招生简章后，我们学校会根据学生想报考专业的意愿，把一些学校的招生简章下载下来，打印出来，发给同学们，让他们了解一下招生专业的情况。全国招收听障学生的高校，基本上都有计算机技术专业；招收视障学生的学校，基本上都有针灸推拿专业。我们的学生报考的学校，我们比较了解或者非常了解，没有学生报考的学校所开设的专业，我们就不太了解了。（NJ盲人学校教师）

（2）对残疾考生单考单招的招生计划知晓度的调查结果的描述与分析。对于该问题，分别有27.5%和6.2%的教师表示"比较了解"和"非常了解"，总体比例为33.7%。16.3%的教师表示"不确定"，总共有50.0%的教师表示"不了解"及"非常不了解"，已经达到五成的比例（见图5-15）。

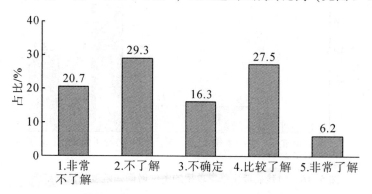

图5-15　对残疾考生单考单招的招生计划知晓度的调查结果

对于高校而言，招生计划是高校招生的依据。招生计划制订得科学、合理与否，已经成为影响高校能否健康发展的关键因素之一。高等特殊教育院校的招生计划不仅仅是招生专业与招生人数的简单分配，而且是招生专业、招生人数、招生地域的最优组合。所以，残疾考生单考单招的招生计划的编制不是孤立的过程，而是一个有机系统①。影响高校招生计划制订的因素既包括社会经济发展等外部环境因素，也包括学校的师资队伍、教学仪器设备、办学定位、其他特殊教育资源等内部因素。对于特殊教育学校而言，了解了高校的残疾考生单考单招的招生计划，有助于指导残疾学生选择学校和专业。前文讲过，被调查者仅仅对学生报考的学校或关注的学校的招生专业比较了解或非常了解，而对其他没有学生报考或关注的学校的招生专业不太了解。高等特殊教育院校的招生人数也是如此。

我国残疾考生单考单招的招生人数差异比较大，有的学校招几百人，如2018年招生人数最多的是山东特殊教育职业学院，招生390人左右；同期招生人数最少的是滨州医学院，招生人数仅有10人左右，二者差异很大。我们不可能对全国所有学校的招生人数有具体了解，但是对我们学校学生报考的高校的招生人数还是比较清楚的，至于其他学校，就不是很清楚了。(LS 特殊教育学校教师)

（3）对残疾考生单考单招的考试时间知晓度的调查结果的描述与分析。对于该问题，分别有47.4%和28.3%的特教教师表示"比较了解"和"非常了解"，总体比例达到75.7%。9.9%的特教教师表示"不确定"，总共有14.4%的特教教师表示"不了解"及"非常不了解"（见图5-16）。

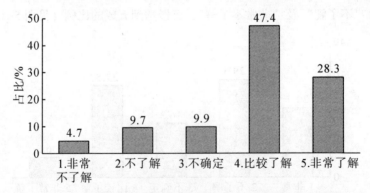

图 5-16　对残疾考生单考单招的考试时间知晓度的调查结果

① 张庆霞. 影响普通高校招生计划制定的因素分析 [J]. 牡丹江大学学报, 2007 (6): 127-128.

国家教育考试如普通高考、研究生入学考试等，全国统一时间进行。考试时间统一，大家就比较容易记住考试日期，即使有所调整，浮动也不会太大。高校的自主招生或单独招生，考试时间是由主考院校自行设置的，几乎每所学校的考试时间都不一样。残疾考生单考单招是各个高等特殊教育院校对残疾学生的单独招生，所以想要了解每个学校残疾考生单考单招的考试时间非常不容易，特校教师通常只对本校残疾学生报考的几所学校有所了解。

对残疾考生单考单招的考试时间只有一个大概的了解，一般情况下是在每年的3—5月，每个学校的具体考试时间不同。我们学校的老师，会着重关注学生报考的几所学校的考试时间，然后根据考试时间对学生的学习和备考做出规划。至于其他学校的考试时间，就没有必要去了解和关注了。(LS特殊教育学校教师)

(4) 对残疾考生单考单招的考试大纲知晓度的调查结果的描述与分析。对于该问题，分别有29.1%和6.8%的特教教师表示"比较了解"和"非常了解"。18.2%的特教教师表示"不确定"，总共有45.9%的特教教师表示"不了解"及"非常不了解"（见图5-17）。

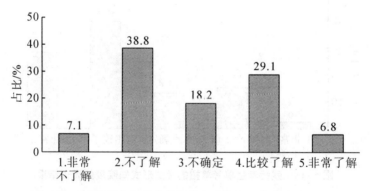

图5-17　对残疾考生单考单招的考试大纲知晓度的调查结果

我国有30所高等特殊教育院校执行残疾考生单考单招，这样就有30个版本的考试大纲。对特殊教育学校而言，仅仅知晓两三所高校的考试大纲就可以了，没有必要也没有时间和精力去了解所有高等特殊教育院校的考试大纲。所以，对残疾考生单考单招的考试大纲知晓度的调查结果表明，有超过四成的被调查者选择了"不了解"及"非常不了解"。这并不是说这些教师对所有残疾考生单考单招的考试大纲都不了解，而是对报考学校之外的大多数残疾考生单考单招的考试大纲不了解，或非常不了解。笔者在访谈时发现，大多数残疾考生首先会选择报考本省的高等特殊教育院校，如果本省没有高校执行残疾考生单考单招，才会考虑选择报考省外的学校。

> 我们省只有一所大学招收听力残疾学生，本省的残疾考生会首先报考省内的大学，所以特殊教育学校主要将这个大学的考试大纲作为编制教学大纲的依据，选择教学内容。我们学校今年有12个听力残疾学生参加残疾考生单考单招，所有的学生都报考了这所学校，其中有几个听力残疾学生还报考了北京的学校。报考的学校越多，学习的内容就越多，复习压力就越大。报考省外学校的学生，由于学校顾及不到省外学校要考的内容，他们只能在课外抽时间找老师补课。（NJ 聋人学校教师）

（5）对残疾考生单考单招的考试形式知晓度的调查结果的描述与分析。对于该问题，分别有39.9%和28.6%的特教教师表示"比较了解"和"非常了解"，总体比例达到68.5%。13.4%的特教教师表示"不确定"，总共有18.1%的特教教师表示"不了解"及"非常不了解"（见图5-18）。

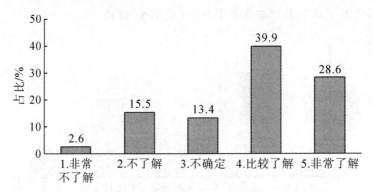

图5-18　残疾考生单考单招的考试形式知晓度的调查结果

我国各高校的残疾考生单考单招的考试内容都包括文化课考试和专业课考试（艺术类考生的专业考试如素描、水彩画等），考试形式都有笔试，而且大部分学校也安排了面试环节，尤其是融合教育的听障生招生。笔者在调研中发现，特殊教育学校教师对学生报考的高校的残疾考生单考单招的考试形式会进行专门研究，平时的考试演练会根据报考院校的考试形式进行。这一点笔者深有体会，残疾考生单考单招的面试环节会让残疾学生进行才艺展示，我们发现来自同一所学校的几个残疾学生，表演的是同一个项目，内容和情节基本一样。这说明了一个现象，特校的教师对残疾考生单考单招的考试形式是有所了解和研究的。但是笔者在访谈高校教师时，发现有个别残疾考生因为对考试形式没有了解清楚，出现漏考现象，如：

我们学校在执行残疾考生单考单招时，通常会有面试环节，在面试过程中会让学生展示自己的特长并出示相关支撑材料，比如获得的奖项证书等，这些都有可能会提高他们的面试成绩。然而有相当一部分学生只是提到获得了什么奖项，却没有提供相应的支撑材料。还有些残疾学生竟然只参加了笔试，面试环节就找不到人了，他们或许是对考试形式还不是很了解，也有可能是直接放弃了面试。上述情况，间接地说明了有部分特校教师对残疾考生单考单招的考试形式也没有做全面和深入的了解，导致传达给学生的招考信息也不是很完整。（LS学院特殊教育学院教师）

（6）对残疾考生单考单招的招考流程知晓度的调查结果的描述与分析。对于该问题，分别有40.6%和24.8%的特教教师表示"比较了解"和"非常了解"，总体比例达到65.4%。15.3%的特教教师表示"不确定"，总共有19.3%的特教教师表示"不了解"及"非常不了解"（见图5-19）。

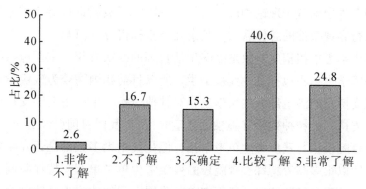

图5-19 对残疾考生单考单招的招考流程知晓度的调查结果

高校特殊教育学院的教师对残疾考生单考单招的招考流程比较熟悉。在对残疾考生单考单招的招考流程的调查中，高校教师对该问题的回答多是"比较了解"或"非常了解"。而特殊教育学校教师对残疾考生单考单招的招考流程就没有那么熟悉了，特殊教育学校教师对该问题的回答选择"不了解"或"非常不了解"的人数相比高校教师要多一些。如果特校教师对残疾考生单考单招的招考流程的知晓度较低，那么就会直接影响残疾学生了解残疾考生单考单招的招考流程，考生就容易在考试过程中出现问题，比如上述残疾学生缺考面试或在面试环节准备不足的问题。

2. 对残疾考生单考单招执行客观条件的调查结果的描述性统计与分析

对残疾考生单考单招执行客观条件的调查结果的分析，主要是对执行残疾考生单考单招的外部环境的现状进行分析，分析的具体内容包括文化环境、技术环境和经济环境。具体而言，残疾考生单考单招执行的客观条件测量指标包括制度文化、精神文化、技术水平、技术体制以及考试支持等。根据上述情况，问卷编制过程中共形成了6个问题。下面对上述6个问题的调查结果进行描述性统计，并逐一进行描述与分析。

表5-13展示了"残疾考生单考单招执行客观条件"各个指标的得分情况。从各指标的得分情况来看，"高校提供的考试支持能够满足残疾学生实际考试支持需求"得分最低，为2.67；然后是"高校拥有比较完善的残疾考生单考单招支持保障制度"和"高校有执行残疾考生单考单招的全纳教育氛围"，它们的得分均值都低于理论均值，分别为2.74和2.85。从数据结果可以看出，上述三项考察指标的均值得分在残疾考生单考单招执行客观条件中均低于理论均值，它们严重影响了被调查者对残疾考生单考单招执行客观条件的总体认知。其余几项指标得分均值都在3以上。我国残疾考生单考单招招生对象是能够生活自理的残疾青年，主要包括听障学生和视障学生，不包括其他残疾学生。所以目前我国高校为残疾学生提供的考试支持只能满足部分残疾学生，对其他残疾学生还不能够支持或不能够完全支持，如精神残疾（孤独症儿童）。虽然我国目前已经有30所高等特殊教育院校执行残疾考生单考单招，但是其中大多数都是近几年才开始执行，所以很多高等特殊教育院校的残疾考生单考单招支持保障制度还处于摸索、学习和借鉴阶段，还不完善。我国专门的残疾人高等教育已经有30余年的发展历程，越来越多的残疾学生进入大学接受高等教育，高等融合教育已经是残疾人高等教育的发展趋势。但是，目前我国高等院校的全纳教育环境建设仍任重道远。笔者在调研中了解到，已经执行残疾考生单考单招的高等特殊教育院校，相当多的正常大学生竟然还不知道本校有残疾大学生，更没有与残疾大学生打过交道。而残疾大学生虽然在大学校园里学习和生活，但是大多数情况下，也只在残疾学生圈子里社交；即使他们与正常大学生打交道，也仅限于本学院的同学。所以，高等特殊教育院

校的普通高等教育与残疾人高等教育仍然像两种平行教育，缺乏交流，这已成为创建高等院校全纳教育环境的阻碍。

表 5-13　残疾考生单考单招执行客观条件的调查结果描述性统计

	题项	个案数/个	最小值	最大值	平均值	标准差
KG1	高校有执行残疾考生单考单招的全纳教育氛围	1 075	1	5	2.85	1.287
KG3	高校目前的考试技术力量能够保障残疾考生单考单招的全面执行	1 075	1	5	3.05	1.080
KG4	高校拥有比较完善的残疾考生单考单招支持保障制度	1 075	1	5	2.74	1.228
KG5	高校残疾考生单考单招方法适合残疾学生的身心特征	1 075	1	5	3.66	0.915
KG6	高校提供的考试支持能够满足残疾学生实际考试支持需求	1 075	1	5	2.67	1.441
	有效个案数（成列）	1 075				

对残疾考生单考单招执行客观条件的调查结果的描述与分析如下：

（1）对"高校有执行残疾考生单考单招的全纳教育氛围"的调查结果的描述与分析。对于该问题，分别有 27.4% 和 10.9% 的高校教师表示"比较符合"和"完全符合"，总体比例为 38.3%。14.1% 的高校教师表示"不确定"，总共有 47.6% 的高校教师表示"不符合"及"完全不符合"（见图 5-20）。

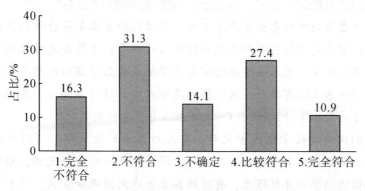

图 5-20　对"高校有执行残疾考生单考单招的全纳教育氛围"的调查结果

根据《中国残疾人事业发展统计公报》中的有关数据，2012—2021年，通过普通高考被高等院校录取的残疾人共计 102 175 人，占比为85.55%；通过残疾考生单考单招被高等特殊教育学院录取的残疾人有17 727 人，占比为 14.45%。越来越多的残疾学生通过高考进入普通高等院校进行融合教育，或者进入高校特殊教育学院进行部分融合教育。这说明，我国高校已经初步具备了发展残疾人高等教育的全纳教育氛围。在残疾人高等教育入学机会上，有适合他们身心特征的残疾考生单考单招。这样，通过考试支持，创造无障碍环境，让残疾学生进入大学接受高等教育。为了使残疾考生单考单招顺利执行，大学生志愿者会为残疾学生提供引领与咨询服务，美术学院、音乐学院、医学院等院系的教师会为残疾考生单考单招提供专业支持，并在后期与特殊教育学院在教育教学、科研等方面精诚合作。所以，我国高校已经具备了全纳教育氛围的最基本特征：合作、支持、包容、理解。但是，上述全纳教育氛围的特征是比较狭隘的，只是保障了残疾考生单考单招的执行，却没有为残疾考生单考单招的发展创造更多的执行基础和条件。对于很多高校而言，执行残疾考生单考单招后，偌大的校园里，特教学院风风火火、热热闹闹，旁人（一般指其他学院的老师和学生）却不知道发生了什么事情。我们所追求的全纳教育校园是：校园里的一砖一瓦、一草一木都散发出全纳教育气息。然而，高校进行残疾考生单考单招时，除特教学院的师生，其他人都是局外人，这与理想的全纳教育校园建设的要求相去甚远。残疾考生单考单招的执行需要全纳教育氛围，除了特教学院的师生参与外，还应该让更多的人知晓和参与。这不仅有利于残疾考生单考单招的执行，而且有利于残疾学生进入校园后更好地融入校园，不至于被其他师生看作"另类"。

　　学院在开展残疾考生单考单招时，监考教师基本都是特殊教育学院的教师，巡考者是学校校长和其他职能部门的领导，志愿者是特殊教育学院的听力残疾学生，艺术类专业会有美术学院或音乐学院的教师参与，其他学院的师生基本没有参与。我觉得也没有必要，隔行如隔山，其他学院的师生来了也都不上什么忙。（CS 大学教育科学学院教师）

　　我们班的残疾学生入学之后，要经历很长的适应期。有同学向我反映，在图书馆、食堂或其他公共场所，同学们之间的手语交流，难免会引来其他健听同学的异样眼光，有时候甚至会遭到围观和嘲笑。很长一段时间里，残疾学生心理包袱比较重，甚至有点自卑。我觉得，我们学校关于残疾人高等教育的宣传还不到位，只有健听学生了解了残疾考生单考单招，熟知了身边这群特殊的大学生，听障学生与健听学生之间才会彼此尊重，共融共生。（LS 学院特殊教育学院教师）

通过与残疾学生的交流得知，他们除了在本学院有几个健听朋友之外，在大学再也没有其他健听朋友了。他们觉得和健听同学，尤其是不会手语的健听同学，交流起来比较麻烦。听障学生也没有主动去与健听同学交流的欲望，有时候也受不了他们异样的眼光。（ZG 学院特殊教育学院教师）

（2）对"高校目前的考试技术力量能够保障残疾考生单考单招的全面执行"的调查结果的描述与分析。对于该问题，分别有 29.9% 和 9.3% 的教师表示"比较符合"和"完全符合"，总体比例仅有 39.2%，还不足四成。有 20.6% 的教师选择了"不确定"，总共有 40.2% 的教师表示"不符合"及"完全不符合"（见图 5-21）。

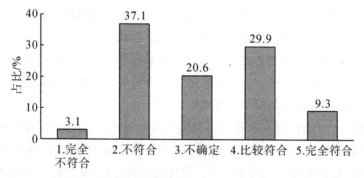

图 5-21　对"高校目前的考试技术力量能够保障残疾考生单考单招的全面执行"的调查结果

2017 年，教育部和中国残联正式颁布的《残疾人参加普通高等学校招生全国统一考试管理规定》（以下简称《管理规定》），明确了为残疾学生参加普通高考提供的 12 项合理便利措施以及申请、审核、申诉等程序。《管理规定》从考试管理的角度对残疾人考生所需要的合理便利与考试支持服务做出了规定，但由于历史、经济、社会、政策、系统配套和技术手段等方方面面的问题，目前很多高校所能提供的考试支持还不能完全满足残疾人的需求。例如，笔者在访谈中得知，有些视力障碍学生，虽然满足普通高考或残疾考生单考单招的条件，但是在考试中要使用不熟悉的盲文作答，教育部门和高校又无法提供其他适合的考试支持技术，如电子试卷、口述作答等，这影响了他们参加考试。因此，在完善相关法律法规的同时，教育部门与残疾人工作主管部门也应该关注考试技术的发展情况，不断地提升考试技术水平。

我们学校只招听障学生，目前不招视力障碍及其他障碍类型的学生。我们学校招听障学生，最基本的要求是能够用手语交流。即使这样，不同地方的手语也有差别。所以面试环节，往往是手语、书写、口型等综合使用以进行交流。我们为听障学生所提供的考试支持是最基础的，且是最低端的，如手语翻译。像美国，为残疾学生安排了专门设置无障碍设备的考场，比如FM调频系统、电磁感应线系统，通过无障碍语音设备连接听障学生的助听器，使考试相关语音能够干净地被听障学生接收，避免外界噪声的干扰。这种考试支持技术我们目前还达不到。(LS学院特殊教育学院教师)

在国外，尤其是在美国，参加大学入学考试的残疾学生的障碍类别更多。我国目前主要是对听力障碍、视力障碍和肢体障碍的学生提供考试支持。其他障碍类型的学生如精神残疾、注意力缺陷多动症和学习障碍的学生，我们目前还无法为他们提供有效的考试支持。另外国外可选择的学校和专业比我国要多很多，这或许跟教育理念有关，关键是考试支持技术跟得上。(ZS学院特殊教育学院教师)

(3)对"高校拥有比较完善的残疾考生单考单招支持保障制度"的调查结果的描述与分析。对于该问题，分别有26.1%和8.2%的教师表示"比较符合"和"完全符合"，总体比例为34.3%。有11.9%的教师表示"不确定"，总共有53.8%的教师表示"不符合"及"完全不符合"(见图5-22)。

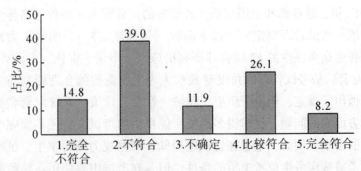

图5-22　对"高校拥有比较完善的残疾考生单考单招支持保障制度"的调查结果

20 世纪 90 年代以来，我国陆续颁布了残疾人参加考试及为其提供考试支持的相关政策。1994 年出台的《残疾人教育条例》强调："高校必须招收符合国家规定的录取标准的残疾考生入学，不得因其残疾而拒绝招收。"① 该条例的修订稿（2017 年）增加了残疾人高考测验便利的有关内容：高等学校"应当招收符合国家规定的录取标准的残疾考生入学，不得因其残疾而拒绝招收"②。《中国残疾人事业"十二五"发展纲要》提出："完善盲、聋、重度肢体残疾等特殊考生招生、考试办法。"③ 2012 年出台的《无障碍环境建设条例》再次强调："国家举办的升学考试，有视力残疾人参加的，应当为视力残疾人提供盲文试卷、电子试卷，或者由工作人员予以协助。"④ 2014 年出台的《国务院关于深化招生考试制度改革的实施意见》特别提出"为残疾人等特殊群体参加考试提供服务"⑤。基于国家关于为残疾人提供考试支持的政策，高校应在执行残疾考生单考单招时，根据本校实际为残疾学生提供相应的考试支持。通过实际考察发现，目前我国高校关于残疾考生单考单招的支持保障制度还不完善，主要体现在：①目前我国高校只能为极少数残疾学生提供考试支持，还无法保障大多数残疾人的教育权利，高校方面的原因就是缺乏残疾人教育资源整合的运行机制；②各个学校没有设置专门为残疾学生服务的考试支持评估小组，通过专业人员对残疾学生的考试支持申请进行评估，为残疾学生形成科学、有效的考试支持方案；③各高校目前还没有真正形成适合本校的残疾考生单考单招的支持保障制度，只是在宏观的教育政策下执行残疾考生单考单招。

（4）对"高校残疾考生单考单招方法适合残疾学生的身心特征"的调查结果的描述与分析。对于该问题，分别有 51.4% 和 15.0% 的教师表示"比较符合"和"完全符合"，总体比例达到 66.4%。18.9% 的高校教师表

① 国务院. 残疾人教育条例 [EB/OL].（1994-08-23）[2018-10-15]. http://www. moe. gov. cn/s78/A06/jcys_ left/moe_ 709/s3330/201001/t20100128_ 82037. html.

② 国务院. 残疾人教育条例（修订）[EB/OL].（2017-02-23）[2018-10-15]. http://www. moe. gov. cn/jyb_ xwfb/s6052/moe_ 838/201702/t20170224_ 297211. html.

③ 国务院. 中国残疾人事业"十二五"发展纲要 [EB/OL].（2011-05-16）[2019-04-11]. http://www. gov. cn/jrzg/2011-06/08/content_ 1879655. htm.

④ 国务院. 无障碍环境建设条例 [EB/OL].（2012-06-28）[2019-04-11]. http://www. gov. cn/flfg/2012-07/10/content_ 2179947. htm.

⑤ 国务院. 国务院关于深化招生考试制度改革的实施意见 [J]. 人民教育，2014（18）：16-19.

示"不确定"，总共有 14.7% 的教师表示"不符合"及"完全不符合"（见图 5-23）。

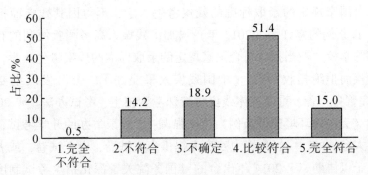

图 5-23　对"高校残疾考生单考单招方法适合残疾学生的身心特征"的调查结果

残疾考生单考单招是专门为残疾考生制定的一种特殊的大学入学考试制度，其最大特征就是对残疾学生执行单独招生考试，招生专业是根据市场需求和残疾人身心特征设置的。残疾考生单考单招经过一定的考试调整，使考试更加适合残疾考生的身心特征，主要体现在：①考试内容的调整，残疾考生单考单招包括文化科目和专业科目的考试，这与残疾考生在高中学校的学习和专业训练相符；②考试形式的调整，包括笔试和面试，使残疾考生单考单招有利于对残疾考生综合素养的考核；③考试呈现方式的调整，比如为视障学生提供大字体试卷或盲文试卷；④考试时间的调整，如对肢体障碍的学生进行考试时间调整，一般情况下是延长考试时间；⑤考试环境的调整，比如为有注意力缺陷多动症的考生提供单独的考场；⑥考试难度的调整，残疾考生单考单招的难度较低，偏基础性测试等。残疾考生单考单招针对残疾考生做出上述考试调整，使考试更适合残疾考生的身心特征，更加科学有效。

我觉得残疾考生单考单招对残疾考生而言，是实现残疾人教育公平的一种教育措施，是残疾人的教育福利，同时也是一场为维护残疾人考试权利的革命。（CS 大学教育科学学院教师）

（5）对"高校提供的考试支持能够满足残疾学生实际考试支持需求"的调查结果的描述与分析。对于该问题，分别有 28.0% 和 10.6% 的教师表示"比较符合"和"完全符合"，总体比例不足四成，仅有 38.6%。11.6% 的教师选择了"不确定"，总共有 49.8% 的教师表示"不符合"及

"完全不符合"（见图5-24）。

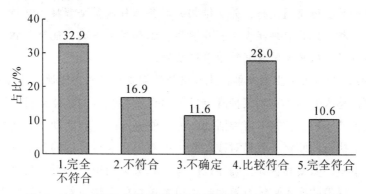

图5-24 对"高校提供的考试支持能够满足残疾学生实际考试支持需求"的调查结果

　　教育公平问题一直是教育领域重点关注和研究的话题。已有研究表明，残疾人高等教育存在比较多的教育不公平现象，尤其是存在残疾人入学考试和入学机会的公平问题。目前我国高校为残疾学生提供的考试支持包括考试试题呈现方式的支持、考试作答方式的支持、延长考试时间的支持以及考试环境的调整等。这些考试支持，能够使一部分残疾考生（主要包括听障、视障、肢体障碍等）克服障碍、平等有效地参加残疾考生单考单招。笔者在与一些高校教师交流后得知，目前高校为残疾学生提供的考试支持还远远满足不了所有残疾考生的实际需求。

　　其实有些残疾学生并不希望被安排在单独的考场中，而希望与普通学生在一个考场考试。残疾考生单考单招一般是同一障碍类型的学生安排在一起考试。关于环境的支持，学校除了安排有无障碍通道与门口、安排独立的考场之外，好像没有别的考试支持了。其实学校还应该根据实际需求，为他们提供一些考试辅助工具，比如升降桌椅、扩视机和放大镜等。关于视力障碍考生，通常情况下，我们为他们安排了大字体试卷或盲文试卷，此外就没有别的支持了。在考试中，有的视障学生不擅长盲文，即使为他们提供盲文试卷，也不能最大化地提高考试效果。所以，我觉得可以借鉴国外的相关经验，让他们通过口述来作答。（ZS学院特殊教育学院教师）

　　来我们学校参加考试的残疾学生，多数是从外省来的。他们来了之后，人生地不熟，加上自身的障碍，考试期间的衣食住行都会遇到很多问题。所以我建议主考院校为来参加考试的残疾学生提供统一的住宿，并且提供统一的往返交通支持，并安排相关考务工作人员全程提供支持。在此期间可以相应地收取残疾考生一些费用，但如果主考院校能够承担，那就再好不过了。（CS大学教育科学学院教师）

（四）对残疾考生单考单招执行监督的调查结果的描述性统计与分析

监督是人们为了达到某种既定目标而对社会经济的具体运行过程所执行的检查、审核、监察、督导活动，是一种特殊的管理活动。对残疾考生单考单招执行的监督，就是对残疾考生单考单招执行过程的各个环节进行检查、审核、监察和督导，确保残疾考生单考单招得以公开、公平、公正地执行，保障残疾人平等有效地参加单考单招的合法权益。对残疾考生单考单招执行监督的调查结果的描述与分析主要包括高校在残疾考生单考单招工作中能坚持依法依规、高校在残疾考生单考单招工作中能坚持科学宣传、高校在残疾考生单考单招工作中能坚持公平公正、高校在残疾考生单考单招工作中能坚持程序公开、高校纪检监察部门全程参与残疾考生单考单招工作监督5个问题，对被调查者进行相关认知的调查。

1. 对残疾考生单考单招执行监督调查结果的描述性统计

表5-14展示了残疾考生单考单招执行监督调查的各个指标的得分情况。从各指标的得分情况来看，"高校在残疾考生单考单招工作中能坚持科学宣传"的得分均值最低，为3.30，其次是"高校在残疾考生单考单招工作中能坚持程序公开"和"高校纪检监察部门全程参与残疾考生单考单招工作监督"，分别为3.77和3.79。从数据结果可以看出，上述三个问题的考察指标的得分均值都高于理论均值（3分），但是它们的得分均值都是介于"不确定"与"比较符合"之间，说明被调查者对残疾考生单考单招的科学宣传、程序公开以及管理的透明化的认可度较低，它们影响了残疾考生单考单招执行监督得到的总体评价。其余两项指标得分均值在3.8以上。执行残疾考生单考单招的高等特殊教育院校是我国两千所高等院校中的30所，且面向的考生是部分残疾考生（有生活自理能力的听障考生、视障考生以及少量多重残疾的考生），其知晓度和影响力远不及普通高考。社会大众对残疾考生单考单招的了解甚少，这直接影响了社会对该制度执行的监督。笔者在调查中发现社会大众，包括一些高校教师和特殊教育学校的教师，对残疾考生单考单招的一些问题解释不清或不知道。所以，许多人不了解某项制度，更谈不上对该制度的执行进行监督。残疾考生单考

单招的科学宣传得分均值较低，直接影响了对该制度执行的有效监督。坚持程序公开和纪检监察人员的参与是对残疾考生单考单招执行进行监督的基本前提，所以制约残疾考生单考单招执行监督的主要因素，是残疾考生单考单招程序公开化程度不够，以及学校纪检监察人员的参与度不高等。

表 5-14　残疾考生单考单招执行监督调查的描述性统计

	题项	个案数/个	最小值	最大值	平均值	标准差
JD6	高校在残疾考生单考单招工作中能坚持依法依规	1 075	1	5	4.00	0.847
JD7	高校在残疾考生单考单招工作中能坚持科学宣传	1 075	1	5	3.30	1.176
JD8	高校在残疾考生单考单招工作中能坚持公平公正	1 075	1	5	3.95	0.817
JD9	高校在残疾考生单考单招工作中能坚持程序公开	1 075	1	5	3.77	1.020
JD10	高校纪检监察部门全程参与残疾考生单考单招工作监督	1 075	1	5	3.79	1.014
	有效个案数（成列）	1 075				

2. 对残疾考生单考单招执行监督的调查结果的描述与分析

（1）对"高校在残疾考生单考单招工作中能坚持依法依规"的调查结果的描述与分析。对于该问题，分别有 57.5% 和 25.6% 的教师表示"比较符合"及"完全符合"，总体比例为 83.1%。8.9% 的教师表示"不确定"，总共有 8.0% 的教师表示"不符合"及"完全不符合"（见图 5-25）。

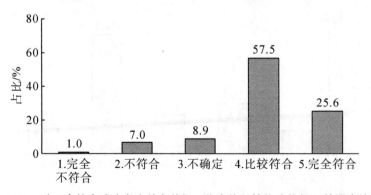

图 5-25　对"高校在残疾考生单考单招工作中能坚持依法依规"的调查结果

2012 年教育部发布有关普通高校招生考试执法监察工作的通知，要求各级教育主管部门、考试机构以及学校依法治招、从严治考，即在普通高校招生考试的各个环节要坚持依法依规，做好执法监察。残疾考生单考单招基于普通高等学校招生考试执法监察工作的通知，在招考责任落实、考务安全防范体系建设、录取工作执行等环节都要坚持依法治招、从严治考。根据教育部《国家教育考试违规处理办法》，高校要处理在残疾考生单考单招中的考试舞弊行为，营造公平的考试环境。要加大现场巡查力度，加强突发事件应急预案的落实，以及加强对监考人员履职尽责情况的监督检查，有效防范残疾考生单考单招中的团伙舞弊行为。

残疾考生单考单招是残疾人享受平等高等教育权利的一种途径和保障，同时它也是改变残疾人及其家庭命运的重要措施。因此，国家教育主管部门和各高等特殊教育院校也在努力地追求这种教育公平的实现。残疾考生单考单招执行所遵循的第一原则就是要依法治招，从严治考，公平竞争，择优录取。残疾考生单考单招也是践行有教无类教育理念的招考制度，它实现了人文关怀与法治的对接。这使残疾人参加的考试更加规范化、制度化和法治化，保障了残疾人的合法权益，真正实现了对残疾考生的人文关怀。(CS 大学教育科学学院院长)

（2）对"高校在残疾考生单考单招工作中能坚持科学宣传"的调查结果的描述与分析。对于该问题，分别有 44.9% 和 11.4% 的教师表示"比较符合"及"完全符合"，总体比例为 56.3%。15.1% 的教师表示"不确定"，总共有 28.6% 的教师表示"不符合"及"完全不符合"（见图 5-26）。

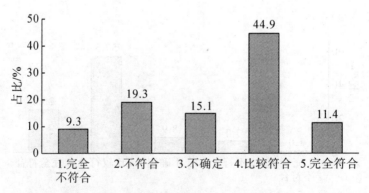

图 5-26　对"高校在残疾考生单考单招工作中能坚持科学宣传"的调查结果

残疾考生单考单招被外界知晓的广度和深度远不如普通高考，因为残疾考生单考单招只是被一些高等特殊教育院校、残疾学生及其家长所关注，与此制度无利益相关的人员对此了解甚少。上文提到过，高校在执行残疾考生单考单招过程中，即使是本校其他学院的师生，对此了解也很少，主要原因就是高校对该制度缺乏基本的宣传。笔者在调研中了解到，在特殊教育学校，绝大部分听力残疾或视力残疾考生，对残疾考生单考单招都有一个清楚的认识，这得益于特校教师的科学宣传。而对于一些在普通高中就读的残疾学生，由于缺乏相关信息通道，对残疾考生单考单招的了解就会有所欠缺；或者因为宣传方式不对，影响了残疾学生参加残疾考生单考单招的积极性，甚至因信息不畅，导致残疾学生错过报考时间。

在普通学校就读的残疾学生，一般障碍程度要轻些，但是他们因为体检过不了，不能参加普通高考。在普通学校就读的残疾学生对残疾人高校办学层次，招生考试的时间、方式、难度等信息的了解比较少，而且他们对残疾人高校的专业设置的了解也不全面。所以，在普通高中，如果班级内有残疾学生，而且打算参加残疾考生单考单招，班主任和学生家长就应为残疾学生提供高校残疾人招考信息。有些残疾学生，对残疾考生单考单招缺乏最基本的了解，甚至有一定的误解，认为通过残疾考生单考单招上大学不正规，自己又不适合普通高考，结果错过了残疾考生单考单招，又未能参加高考，导致最后没有学上。（NT 师范学院特殊教育学院院长）

（3）对"高校在残疾考生单考单招工作中能坚持公平公正"的调查结果的描述与分析。对于该问题，有 56.3% 的教师表示"比较符合"，有 23.3% 教师选择了"完全符合"，总体比例达到了 79.6%。有 13.0% 的教师表示"不确定"，总共有 7.4% 的教师表示"不符合"及"完全不符合"（见图 5-27）。

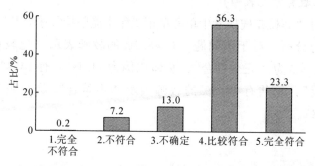

图 5-27 对"高校在残疾考生单考单招工作中能坚持公平公正"的调查结果

本书对残疾考生单考单招的公平问题的研究主要考察影响残疾学生接受高等教育机会的相关规则的公平情况。对残疾人教育机会的分配规则主要包括：残疾考生单考单招的招生标准（入学条件，即报考条件、凭什么资格能够进入高等教育）、评价方式（即评价是否符合入学条件的方式，包括大学招生入学考试、中学课程成绩、推荐书、面试等）、录取方式（主要是指对符合条件的申请者采取的录取形式，主要包括提前录取和统一录取等）。笔者通过自己对残疾考生单考单招的了解，以及对相关人员的访谈，对残疾考生单考单招工作的公平情况有了基本判断。整体而言，残疾考生单考单招的执行过程中各个环节都能够体现公平公正。

凡是高级中等教育毕业或具有同等学力，生活能够自理的听障考生，在各省（区、市）规定时间内，到户口所在地招生办办理高考报名手续，并获取 14 位高考考生号，以及思想政治品德和身体健康情况符合教育部《普通高等学校招生工作规定》中的相关要求，都可以报考我校。（LS 学院特殊教育学院院长）

我校残疾人单独招生录取工作按照普通高等学校招生工作的相关规定，在省教育考试院的指导下进行。录取规则是按照我校专业招生计划数，根据总分从高分到低分录取。如总分相同，则依次按语文、数学、英语、素描、色彩从高分到低分录取。听障考生专业录取顺序：先进行融合教育专业的录取，再进行服装与服饰设计本科专业的录取，最后进行艺术设计（电脑艺术设计方向）专科专业的录取。轻度精神残疾考生根据文化课考试排名先后，安排两周左右的跟班试读，由相关学院给出试读鉴定，即是否具备融合教育应具备的情绪、行为等校园学习生活所需的能力。试读期间，拟录取考生要独立完成课内外活动，不通过者不予录取。（NT 师范学院特殊教育学院教师）

（4）对"高校在残疾考生单考单招工作中能坚持程序公开"的调查结果的描述与分析。对于该问题，有 48.2% 的教师表示"比较符合"，有 22.9% 的教师认为"完全符合"，总体比例为 71.1%。有 14.4% 的教师表示"不确定"，总共有 14.5% 的教师表示"不符合"及"完全不符合"（见图 5-28）。

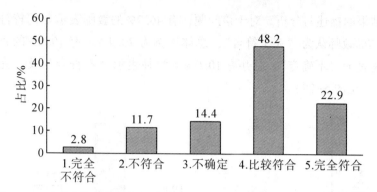

图 5-28　对"高校在残疾考生单考单招工作中能坚持程序公开"的调查结果

教育部颁布的《教育部关于进一步推进高校招生信息公开工作的通知》，要求教育主管部门、招生考试机构和高校扩大招生考试信息范围，做到招考程序和相关内容的及时有效公开①。在调查过程中笔者发现，各个高校都能够坚持将招考程序的各个环节进行及时有效的信息公开。也有一些教师反映，由于和学生的沟通存在问题，学校的招考程序公开透明度受到一些影响。

我校在残疾考生单考单招工作中，从发布招生简章，到处理残疾考生报名信息，再到确定考试科目、考试大纲、考试时间和地点、招生考试程序，直至公布成绩与录取结果、办理录取手续等环节，构成了一个需要公开的"信息面"。通过学校招生网络及电话、宣传册、电子邮件等形式向报考我校的残疾学生进行推送，做到残疾考生单考单招工作的各个环节公开、透明、规范、有序。（CS大学教育科学学院院长）

有残疾学生反映，我校的残疾考生单考单招的考试成绩及录取结果的信息公布有点慢。他们还报了其他学校，面对这种情况，自己又不能等学校的录取结果，否则会错过别的学校的考试。他们往往跑了几个学校之后，考试成绩才出来。没有被录取，他们感觉也没有什么；如果被录取，他们又觉得自己浪费了很多时间和金钱去别的学校考试。所以有些残疾学生觉得，如果考试成绩及录取结果在考后2~3天公开最好。（LS学院特殊教育学院副院长）

（5）对"高校纪检监察部门全程参与残疾考生单考单招工作监督"的

---

① 教育部. 教育部关于进一步推进高校招生信息公开工作的通知［EB/OL］.［2021-01-17］. http://old.moe.gov.cn/publicfiles/business/htmlfiles/moe/s7063/201312/160469.html.

调查结果的描述与分析。对于该问题，有46.7%的教师表示"比较符合"，有23.7%教师认为"完全符合"，总体比例为70.4%。有19.6%的教师对该问题表示"不确定"，总共有10.0%的教师表示"不符合"及"完全不符合"（见图5-29）。

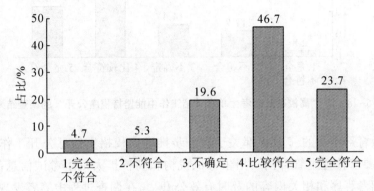

图5-29 对"高校纪检监察部门全程参与残疾考生单考单招工作监督"的调查结果

凡是风险高、涉及利益群体大的考试，比如普通高考、高校自主招生、研究生考试等，高校纪检监察部门会全程参与。残疾考生单考单招属于残疾人高考制度，涉及成千上万残疾考生的切身利益，考试的公平、公正，直接影响到其高等教育入学机会的公平、公正。因此，残疾考生单考单招也是一种风险高、涉及利益群体较大的高风险考试，也需要高校纪检监察部门的全程参与，对残疾考生单考单招进行有效监察。笔者通过访谈高校行政人员发现，事实上绝大部分高校的纪检监察部门全程参与了残疾考生单考单招。

在残疾考生单考单招工作中，我们纪检部门要参加招考学院的相关会议，比如监考教师培训会。从审查监考员资格、检查考试试题与答卷的安全、保密情况，到考试现场督察考风考纪，并且处理本考点各种违纪或舞弊行为，再到参与和监督考试试卷的保管与交接，最后还要审核录取结果或补录结果。所以学校纪检办从始至终全程参与了残疾考生单考单招。(CS大学教育科学学院院长)

（五）对残疾考生单考单招执行效果的调查结果的描述性统计与分析

本书研究的执行效果维度主要测量残疾人单独招生考试制度目标的实现程度、制度的影响力，包括目标内执行效果评价和目标外执行效果评价。目标内执行效果评价指的是在残疾考生单考单招制定时已经明确且制度文本中标明的招考制度效果，主要考察残疾考生单考单招执行一段时间之后，高等特殊教育院校是否按照颁布的招生简章执行，以及招生计划的预期目标实现了多少。残疾人招生考试制度目标内实现度的评价的内容主要包括：招生计划、招生专业、招生类别、考试科目、考试内容、评价模式等。目标外执行效果指的是执行残疾考生单考单招时的溢出效应，主要是指残疾考生单考单招在学生身份认同、教育民主、文化交流等方面产生的预期外的效果。残疾人招生考试制度目标外实现度的评价的维度包括对残疾学生身份认同的贡献、对文化交流的贡献、对教育民主的贡献等。上述内容共形成 7 个问题，下面对这 7 个问题的调查结果进行描述性统计，并逐一进行分析。

1. 对残疾考生单考单招执行效果的调查结果的描述性统计

表 5-15 展示了"残疾考生单考单招执行效果"各个指标的得分情况。从各指标的得分情况来看，"残疾考生单考单招的执行在明确特殊教育学校的办学定位方面"及"残疾考生单考单招的执行在完善特殊教育学校的教学方法方面"的均值得分别为 2.86、2.74，它们都低于残疾考生单考单招执行效果的理论得分均值（3 分）。虽然"残疾考生单考单招的执行在完善特殊教育学校的教学内容方面"的得分均值为 3.00，但是它和上述两个指标一样影响了被调查者对残疾考生单考单招执行相关问题的总体认知。其余几项指标得分均值都在 3.3 以上，"残疾考生单考单招的执行在促进残疾人文化与主流文化交流方面"均值得分最高，为 4.16。笔者在调研中了解到，不同的特殊教育学校的办学定位也存在很大差异，如招收智力障碍学生、孤独症学生的综合性特殊教育学校，它们的办学定位一般是培养学生的健全人格，提高学生自我照顾的能力，促进学生融入主流社会。而聋校或盲校，以职业教育为导向，实现残疾学生的精准就业。受残疾考生单考单招的影响，越来越多的残疾学生，尤其是听力残疾学生和视力残疾学生，想通过残疾考生单考单招进入大学接受高等教育。所以，本来以生存技能教育和职业教育为主的特殊教育学校，在残疾考生单考单招的冲击下，不得不调整或改革其办学定位。招收听力残疾学生、视力残疾学生、智力障碍学生等的综合性特殊教育学校，既要继续进行生存技能教育、职业教育，还要满足一部分残疾学生的升学需求。因此，残疾考生单考单招的执行使一些特殊教育学校的办学目标更加复杂。基于上述原因，残疾考生单考单招也对特殊教育学校的单一的教学模式形成了冲击，由之

前以生存技能教学和职业教学为主，转向以为部分残疾学生提供应试教学为主。从此角度而言，残疾考生单考单招的执行，并没有使特殊教育学校的教育教学变得更好，至少不利于不能参加残疾考生单考单招的智力障碍学生。残疾考生单考单招，为那些不能参加普通高考的残疾学生，打开了进入大学接受高等教育的另一扇窗。残疾考生单考单招的执行，既实现了特殊教育学校与高等教育学校的交流，也实现了残疾学生与外界环境更多的交融。因此，残疾考生单考单招是实现高等融合教育、融合社会的最直接的措施，它有利于残疾人文化与主流文化的交融。

表 5-15　残疾考生单考单招执行效果的描述性统计

	题项	个案数/个	最小值	最大值	平均值	标准差
XG3	残疾考生单考单招的执行在明确特殊教育学校的办学定位方面	1 075	1	5	2.86	1.172
XG4	残疾考生单考单招的执行在完善特殊教育学校的课程设置方面	1 075	1	5	3.36	1.173
XG5	残疾考生单考单招的执行在完善特殊教育学校的教学内容方面	1 075	1	5	3.00	1.307
XG6	残疾考生单考单招的执行在完善特殊教育学校的教学方法方面	1 075	1	5	2.74	1.123
XG7	残疾考生单考单招的执行在提高残疾学生的身份认同方面	1 075	1	5	3.84	1.195
XG9	残疾考生单考单招的执行在促进教育民主方面	1 075	1	5	3.36	1.369
XG10	残疾考生单考单招的执行在促进残疾人文化与主流文化交流方面	1 075	1	5	4.16	1.056
	有效个案数（成列）	1 075				

2. 对残疾考生单考单招执行效果的调查结果的描述与分析

（1）对"残疾考生单考单招的执行在明确特殊教育学校的办学定位方面"的调查结果的描述与分析。对于该问题，分别有 28.7% 和 6.2% 的教师表示"效果一般"和"效果很好"，认为有效果的比例仅为 34.9%。24.7% 的教师表示"不确定"，总共有 40.4% 的教师表示"没有效果"及"完全没有效果"（见图 5-30）。

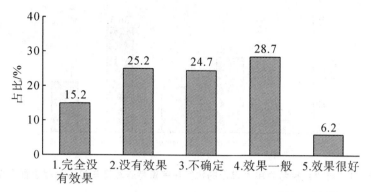

图 5-30　对"残疾考生单考单招的执行在明确特殊教育学校办学定位方面"
的调查结果

　　目前我国高校在执行残疾考生单考单招时，各高等特殊教育院校根据市场需求和残疾人身心发展特征自行设置专业，同时各个院校之间在考试科目、考试大纲、考试时间上也不统一。这种"各行其是"的招生考试局面，不仅形成各残疾人高校之间的恶性竞争，还严重冲击了特殊教育学校的教育教学，非常不利于明确特殊教育学校的办学定位。笔者在调研中发现，特殊教育学校原本重视残疾学生的潜能发挥，塑造残疾学生的社会性行为，注重残疾学生的职业技能训练，使残疾学生具备社会适应和生活自理能力。所以特殊教育学校的办学定位是基于上述教育目的的。然而，随着融合教育理念的广泛及深入传播，残疾学生对高等教育的渴望与需求日益增强。这促进了我国高校残疾人招生考试制度的改革与发展，越来越多的高等院校开展高等融合教育，并且对残疾人实行单独招生。高等特殊教育院校通过考试来选拔优秀的残疾学生，保障高校的残疾人生源质量。特殊教育学校的办学定位受到残疾考生单考单招的强烈冲击，特殊教育学校除了残疾学生基本的社会适应和职业技能的教育之外，还要对那些想参加残疾考生单考单招的残疾学生进行应试知识和应试技能的训练。从此角度而言，高校残疾人招生的考试科目和考试大纲就左右了特殊教育学校的课程设置、教学大纲等。

　　（2）对"残疾考生单考单招的执行在完善特殊教育学校的课程设置方面"的调查结果的描述与分析。对于该问题，有 36.3% 的教师认为"效果一般"，有 17.3% 的教师认为"效果很好"。有 15.9% 的教师表示"不确定"，总共有 30.5% 的教师表示"没有效果"及"完全没有效果"（见图 5-31）。

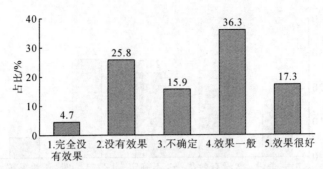

图 5-31　对"残疾考生单考单招的执行在完善特殊教育学校的课程设置方面"的调查结果

　　在理想状态下，残疾考生单考单招的执行有利于完善特殊教育学校的课程设置，能够有效地促进特殊教育学校课程的改进与调整。笔者在调研中发现，特殊教育学校的课程设置比较狭隘，基本对应残疾考生单考单招的科目，教学内容基本是紧紧围绕考试大纲的考核内容进行，应试化现象比较严重。特殊教育学校还出现了对残疾考生单考单招的考核内容和考核方式把握不准的问题，导致它们存在课程设置缺乏针对性、训练方式不科学等问题。这或许是众多被调查者认为残疾考生单考单招的执行在完善特殊教育学校的课程设置方面没有起到积极效果的主要原因之一。

　　（3）对"残疾考生单考单招的执行在完善特殊教育学校的教学内容方面"的调查结果的描述与分析。对于该问题，有 34.8% 的教师认为"效果一般"，有 10.7% 的教师认为"效果很好"，表示有效果的教师总比例为45.5%。有 16.9% 的教师表示"不确定"，总共有 37.6% 的教师表示"没有效果"及"完全没有效果"（见图 5-32）。

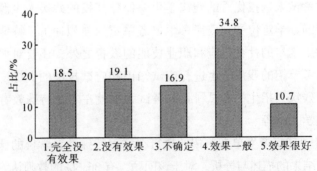

图 5-32　对"残疾考生单考单招的执行在完善特殊教育学校的教学内容方面"的调查结果

在教学内容方面，由于受到考试大纲的影响，特殊教育学校呈现出如何考就如何教的问题。例如，残疾考生单考单招语文科目考试侧重阅读理解的考核，特殊教育学校在高中语文教学上就侧重于课文的节、段、篇的教学，而忽略了语句的基础教学。一些特殊教育学校如聋校在语文、数学教学中，教学观念陈旧、课堂教学模式老化、教学效率不高等现象仍然比较普遍。一些特殊教育学校对高校残疾考生单考单招的考试科目的考核内容和考核方式把握不准，教学内容选择不当等；加之高校在设置考试科目、制定考试大纲时，并没有完全考虑到特殊教育学校的教育教学现状和残疾学生的学业水平现状，形成了教考分离的问题。上述因素导致残疾考生单考单招的执行在完善特殊教育学校的教学内容方面没有取得明显的效果。

（4）对"残疾考生单考单招的执行在完善特殊教育学校的教学方法方面"的调查结果的描述与分析。对于该问题，分别有 17.1% 和 8.5% 的教师表示"效果一般"和"效果很好"，总体比例为 25.6%。有 25.5% 的教师表示"不确定"，总共有 48.9% 的教师表示"没有效果"及"完全没有效果"（见图 5-33）。

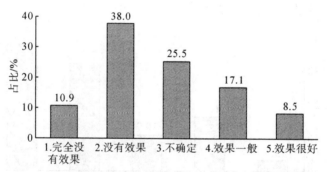

图 5-33　对"残疾考生单考单招的执行在完善特殊教育学校的
教学方法方面"的调查结果

教学方法是指教师和学生为了完成一定的教学任务、达到某种教育教学目标，在共同活动中所采用的方法或手段。教学方法既包括教师教的方法，也包括学生学的方法。教学方法是完成教学任务、提高教学效率的前提条件，是培养学生正确的学习观、激发学生学习兴趣的重要手段①。由

---

① 马伯相. 当前中学教学方法改革中的几个问题 [J]. 上海师范大学学报（哲学社会科学版），1992（2）：151-152.

于我国残疾人高等教育资源匮乏，执行残疾考生单考单招的高等院校数量非常有限。与之相对的是残疾学生的高等教育需求越来越多，有限的残疾人高等教育资源无法满足所有学生的需求，残疾考生单考单招强化了特殊教育学校教学观与学习观的应试化问题。残疾学生为了争夺有限的残疾人高等教育资源，争取来之不易的大学入学机会，特殊教育学校的教学方法呈现出：教师以"填鸭式""灌输式"的教学方法为主，残疾学生以"死记硬背""机械记忆"的学习方法为主。因此，残疾考生单考单招的执行，在某种程度上强化了特殊教育学校功利化的教育教学观，这对完善特殊教育学校的教学方法非常不利。因此，研究结果中近五成的被调查者认为残疾考生单考单招的执行在完善特殊教育学校的教学方法方面没有效果，也不足为奇了。

（5）对"残疾考生单考单招的执行在提高残疾学生的身份认同方面"的调查结果的描述与分析。对于该问题，分别有 31.9% 和 37.6% 的教师表示"效果一般"和"效果很好"，认为有效果的总体比例达到 69.5%。有 10.7% 的教师表示"不确定"，总共有 19.8% 的教师表示"没有效果"及"完全没有效果"（见图 5-34）。

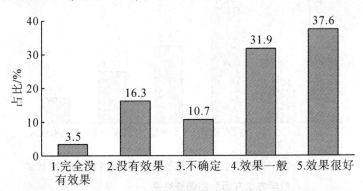

图 5-34 对"残疾考生单考单招的执行在提高残疾学生的身份认同方面"的调查结果

人的社会身份包括自愿身份和非自愿身份、理想身份和非意欲身份两个维度。前者是指对身份是否可以自行选择，而后者则是指个体对身份的态度是不是积极的。与非自愿身份相比，自愿身份不需要付出更多努力来维持；当人们感知自己拥有理想身份时，也会为自己感到自豪和骄傲。反之，当人们感知自己拥有非自愿、非意欲身份时，会表现出自卑和羞愧。

一般而言，残疾人倾向于赋予自己非自愿身份，或者非意欲身份，易于自卑和羞愧。社会身份的构建是一个动态的过程，人们在社会参与过程中，通过不断的信息交流，不断影响、塑造、创造和再创造身份。参加残疾考生单考单招，是典型的社会活动参与的过程。在此过程中，由于生理缺陷，残疾学生在信息获取的内容和渠道上相对匮乏、思维受限，接受与表达能力受影响，这必然影响到残疾学生对其身份的认知。已有研究发现，残疾学生作为兼有残疾人和学生双重身份的特殊群体，其身份认同不仅体现残疾学生自身的心理健康水平、人际交往满意度、社会生活质量，还会凸显个体对自身残疾的事实和残疾人文化的接纳程度。残疾考生单考单招的执行，使残疾人与非残疾群体之间交往互动。如果高等院校为残疾考生提供有针对性的考试支持，保障残疾考生平等有效地参加残疾考生单考单招，那么残疾考生参加残疾考生单考单招的过程，有利于他们对自我身份的认同。目前，我国对残疾人的考试支持体制和机制还不够完善，还不能够完全满足所有残疾人对考试支持的需求。因此，残疾考生单考单招的执行在提高残疾学生的身份认同方面，有近 20% 的被调查者认为效果不明显。

（6）对"残疾考生单考单招的执行在促进教育民主方面"的调查结果的描述与分析。对于该问题，有 31.4% 的教师表示"效果一般"，有 24.6% 的教师认为"效果很好"，认为有效果的总体比例达到 56.0%。有 12.5% 的教师表示"不确定"，总共有 31.5% 的教师表示"没有效果"及"完全没有效果"（见图 5-35）。

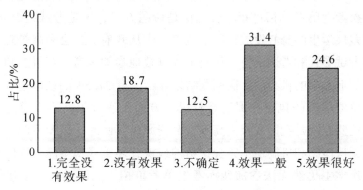

图 5-35 对"残疾考生单考单招的执行在促进教育民主方面"的调查结果

将民主的生活方式作为教育价值实现的必要方式，教育才能培养公民的理性、德行和个性。在一切教育机构中，在一切教育活动中，在一切教育实践中，如果没有民主的生活方式与民主的教育方式，知识和信息就不能充分共享和交流，公民的理性就不能得到充分运用和发展，德行就没有机会和条件得到培养，个性、个人的尊严和发展目标就无法得到鼓励，因此，就不可能有公民的品德，不可能有公民理性的精神与性格的健全，实际上也就没有真正的教育。教育民主是公民的理性精神获得实践性培养的最为重要的条件。民主本身就是教育的原则。民主以尊重人的自由、保障人的平等、积极发挥每个人的价值和能力为首要基础。这样，民主所创造的积极交流的方式、多样化的发展目标，既为个人获得来自社会和社群的最大支持从而实现自我价值提供了重要的保障，又为个人通过参与交流和实现价值的行动而贡献社会提供了有效的机制。因此，民主是健全社会和个人的方式，也是实现个人福祉和公共福祉的方式。教育民主意味着要为儿童提供更多的社会支持，通过提供选择的自由、理智的开放和实际的参与机会来形成学生的公共道德、理性精神、社会态度和社会责任感，形成社会实践技能①。

在没有执行残疾考生单考单招时，绝大多数障碍程度比较严重的残疾学生不符合我国普通高校招生体检标准，不能参加普通高考，因而没有机会上大学。残疾考生单考单招作为一项特殊的高考制度，充分体现出了其民主的特性，即尊重残疾人教育选择的自由，保障残疾人平等的教育权利，让残疾学生在残疾考生单考单招中充分发挥个人价值和潜能。高校在执行残疾考生单考单招过程中，无论是命题方式，还是考试组织与实施，都依据残疾学生的身心发展特征。残疾学生从政府、社会和高等院校获得相应的考试形式和考试支持，从而平等有效地参加高考，获得了和普通学生一样的上大学的机会。这次调查结果显示，有31.5%的被调查者表示残疾考生单考单招的执行在促进教育民主方面没有效果。笔者通过访谈得知，其主要原因是我国残疾人高等教育资源极其匮乏，以及我国对残疾人的考试支持体制和机制还不完善，精神残疾、多重残疾等障碍程度比较严重的残疾学生仍然无法参加残疾考生单考单招，无法进入大学接受高等教育。

---

① 金生鈜. 我们为什么需要教育民主 [J]. 教育学报, 2005 (6)：7-13.

（7）对"残疾考生单考单招的执行在促进残疾人文化与主流文化交流方面"的调查结果的描述与分析。对于该问题，分别有31.8%和48.5%的教师表示"效果一般"和"效果很好"，认为有效果的比例达到80.3%。有9.7%的教师表示"不确定"，总共有10.0%的教师表示"没有效果"及"完全没有效果"（见图5-36）。

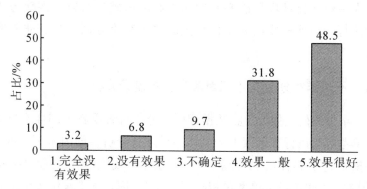

图5-36 对"残疾考生单考单招的执行在促进残疾人文化与主流文化交流方面"的调查结果

受儒家思想的影响，中国社会形成了中国文化价值观的集体主义、不确定性规避程度高、权力距离大、男性倾向以及长期导向等特点。这些价值取向的存在，使残疾人文化在主流文化外形成，成为与主流文化并存的共文化。共文化是指"非主流社会成员（包括少数族裔、残疾人及同性恋者等），当他们受到主流社会成员排斥后所形成的一种文化"①。在共文化环境中，残疾人在主流社会结构中处于边缘地位。当他们受到主流社会结构的压力时，残疾人可以通过传播共文化的方式来适应环境，并获得成功。残疾学生由于身心发展障碍，普通学校又缺乏足够的支持保障体系，他们只能到特殊教育学校读书。他们在特殊教育学校这样一个相对封闭的教育环境里，酝酿并形成了残疾人共文化。在共文化环境里，残疾学生群体能够得到适合其身心特征的教育教学，身心得到一定的发展，潜能得到一定的发挥。在隔离式环境里形成的残疾人共文化与主流文化之间长期处于缺少交流的状态。随着融合教育的深入发展，残

---

① 周薇薇，王丽皓. 从语气标记语视角分析残疾人共文化的形成 [J]. 沈阳农业大学学报（社会科学版），2010，12（6）：742-744.

疾人共文化与主流文化在交流过程中，二者的交集和共性越来越多。残疾考生单考单招的执行过程即残疾人共文化在高等院校中进行传播的过程，这能促进残疾人共文化与主流文化的交流，让更多的主流群体成员了解残疾人的身心特征和残疾考生单考单招，增加理解与互动，减少拒绝与排斥。这有利于形成尊重、理解与接纳残疾人的全纳教育氛围，使残疾人在主流文化环境里感知到归属感和舒适感。所以，残疾考生单考单招的执行，在促进残疾人文化与主流文化交流方面，具有非常明显的效果。

五、不同样本分组在"五因素"上的差异分析

基于本书的研究假设，在数据分析部分，将着重就不同样本分组在残疾考生单考单招执行五因素上的具体差异进行分析，即因素 1 "残疾考生单考单招执行主客体的利益博弈"、因素 2 "残疾考生单考单招执行条件"、因素 3 "残疾考生单考单招执行程序"、因素 4 "残疾考生单考单招执行监督"、因素 5 "残疾考生单考单招执行效果"。本书的差异性分析所采用的主要方法是借助 SPSS24.0 软件进行 K 个独立样本检验，以 Kruskal-Wallis H 检验为具体检验工具，其基本思路是：首先将全体样本按照升序进行排列，得出每个数据的秩，进而对各个分组的样本求出秩的平均值，即"秩均值"。若秩均值相差很大，我们则认为两组样本间有着显著差异。

（一）基于就职的学校类型的差异

在就职学校类型的分布上，本书研究的正式调查样本的就职学校类型分为部属本科院校、省属本科院校、高职高专院校（包括 3+2 高职）、特殊教育学校。考虑到目前没有部属本科院校实施残疾考生单考单招，所以，基于就职学校类型对残疾考生单考单招执行五因素进行差异性分析的时候，仅比较省属本科院校、高职高专院校（包括 3+2 高职）、特殊教育学校三组样本之间的差异。以"就职学校类型"为分组变量，以五个因素为检验变量，将数据纳入"K 个独立样本检验"分析程序。如表 5-16 所示，五个因素中因素 1 "残疾考生单考单招执行主客体的利益博弈"、因素 2 "残疾考生单考单招执行条件"、因素 3 "残疾考生单考单招执行程序"、因素 4 "残疾考生单考单招制度执行监督"在分组变量"就职学校类型"上的渐进显著性水平均小于 0.05，说明原假设的发生是小概率事件，故推

翻原假设，并认为在残疾考生单考单招执行的五个因素上，省属本科院校、高职高专院校（包括3+2高职）、特殊教育学校三组样本间均存在显著差异。因素5"残疾考生单考单招执行效果"在分组变量"就职学校类型"上的渐进显著性大于0.05，所以支持原假设，五个因素在省属本科院校、高职高专院校（包括3+2高职）、特殊教育学校三组样本间不存在显著差异。

表5-16　非参数检验

项目	残疾考生单考单招执行主客体的利益博弈	残疾考生单考单招执行条件	残疾考生单考单招执行程序	残疾考生单考单招执行监督	残疾考生单考单招执行效果
卡方	17.285	67.349	22.982	20.695	8.006
自由度	2	2	2	2	2
渐近显著性	0.000	0.000	0.000	0.000	0.097

注：1. 克鲁斯卡尔-沃利斯检验。

　　2. 分组变量：就职的学校类型。

在因素1上，得分由高到低排列分别是省属本科院校、高职高专院校（包括3+2高职）、特殊教育学校，说明在残疾考生单考单招执行主客体的利益博弈方面，来自省属本科院校的教师对执行主客体利益协调性的认可程度最高，高职高专院校（包括3+2高职）次之，特殊教育学校最低。在因素2上，得分由高到低排列分别是特殊教育学校、省属本科院校、高职高专院校（包括3+2高职），说明在残疾考生单考单招执行条件方面，来自特殊教育学校的教师认知水平最高、省属本科院校居中，高职高专院校（包括3+2高职）最低。在因素3上，得分由高到低排列分别是特殊教育学校、省属本科院校、高职高专院校（包括3+2高职），说明在残疾考生单考单招执行程序方面，来自特殊教育学校的教师认知水平最高、省属本科院校居中，高职高专院校（包括3+2高职）最低。在因素4上，得分由高到低排列分别是高职高专院校（包括3+2高职）、特殊教育学校、省属本科院校，说明在残疾考生单考单招执行监督方面，高职高专（包括3+2高职）的教师的认知水平最高，特殊教育学校居中，省属本科院校最低（见表5-17）。

表 5-17 秩

因素	就职的学校类型	个案数/个	秩平均值
残疾考生单考 单招执行主客体 的利益博弈	省属本科院校	430	583.13
	高职高专院校（包括 3+2 高职）	211	521.73
	特殊教育学校	431	497.21
	总计	1 072	
残疾考生单考 单招执行条件	省属本科院校	430	493.35
	高职高专院校（包括 3+2 高职）	211	437.92
	特殊教育学校	431	627.81
	总计	1 072	
残疾考生单考 单招执行程序	省属本科院校	430	536.80
	高职高专院校（包括 3+2 高职）	211	506.30
	特殊教育学校	431	550.99
	总计	1 072	
残疾考生单考 单招执行监督	省属本科院校	430	501.06
	高职高专院校（包括 3+2 高职）	211	618.69
	特殊教育学校	431	531.62
	总计	1 072	
残疾考生单考 单招执行效果	省属本科院校	430	535.66
	高职高专院校（包括 3+2 高职）	211	536.76
	特殊教育学校	431	537.21
	总计	1 072	

（二）基于教师类别的差异

在教师类别的分布上，本书研究的正式调查样本的教师类别为高校专任教师、高校行政人员、特殊教育学校教师、其他教师。在基于教师类别对残疾考生单考单招执行五因素进行差异性分析时，比较高校专任教师、高校行政人员、特殊教育学校教师、其他教师四组样本之间的差异。以"教师类别"为分组变量，以五个因素为检验变量，将数据纳入"K 个独立样本检验"分析程序。如表 5-18 所示，五个因素中，因素 1 "残疾考生单考单招执行主客体的利益博弈"、因素 2 "残疾考生单考单招执行条件"、因素 3 "残疾考生单考单招执行程序"、因素 4 "残疾考生单考单招执行监督"、因素 5 "残疾考生单考单招执行效果"在分组变量"教师类别"上的渐进显著性水平均小于 0.05，说明原假设的发生是小概率事件，故推翻原假设，并认为在残疾考生单考单招执行五个因素上，高校专任教师、高校行政人员、特殊教育学校教师、其他教师四组样本间均存在显著差异。

表 5-18　非参数检验

项目	残疾考生单考单招执行主客体的利益博弈	残疾考生单考单招执行条件	残疾考生单考单招执行程序	残疾考生单考单招执行监督	残疾考生单考单招执行效果
卡方	12.481	79.675	76.296	67.464	74.165
自由度	3	3	3	3	3
渐近显著性	0.006	0.000	0.000	0.000	0.000

注：1. 克鲁斯卡尔–沃利斯检验。

　　2. 分组变量：身份。

由表 5-19 可知，在因素 1 上，得分由高到低排列分别是其他教师、高校行政人员、高校专任教师、特殊教育学校教师，说明在残疾考生单考单招执行主客体的利益博弈方面，其他教师对执行主客体利益协调性的认可程度最高，高校行政人员次之，然后是高校专任教师，特殊教育学校教师最低。在因素 2 上，得分由高到低排列分别是特殊教育学校教师、其他教师、高校行政人员、高校专任教师，说明在残疾考生单考单招执行条件方面，特殊教育学校教师的认知水平最高，其他教师次之，然后是高校行政人员，高校专任教师最低。在因素 3 上，得分由高到低排列分别是高校行政人员、高校专任教师、其他教师、特殊教育学校教师，说明在残疾考生单考单招执行程序方面，高校行政人员的认知水平最高，高校专任教师次之，然后是其他教师，特殊教育学校教师最低。在因素 4 上，得分由高到低排列分别是高校行政人员、其他教师、高校专任教师、特殊教育学校教师，说明在残疾考生单考单招执行监督方面，高校行政人员的认知水平最高，其他教师次之，然后是高校专任教师，特殊教育学校教师最低。在因素 5 上，得分由高到低排列分别是其他教师、高校专任教师、特殊教育学校教师、高校行政人员，说明在残疾考生单考单招执行效果方面，其他教师的认知水平最高，高校专任教师次之，然后是特殊教育学校教师，高校行政人员最低。

表 5-19　秩

因素	身份	个案数/个	秩平均值
残疾考生单考单招 执行主客体的利益博弈	高校专任教师	370	556.74
	高校行政人员	248	569.47
	特殊教育学校教师	431	499.00
	其他教师	26	617.58
	总计	1 075	
残疾考生单考单招 执行条件	高校专任教师	370	436.83
	高校行政人员	248	520.78
	特殊教育学校教师	431	629.44
	其他教师	26	626.15
	总计	1 075	
残疾考生单考单招 执行程序	高校专任教师	370	529.56
	高校行政人员	248	648.27
	特殊教育学校教师	431	451.21
	其他教师	26	500.77
	总计	1 075	
残疾考生单考单招 执行监督	高校专任教师	370	515.94
	高校行政人员	248	554.91
	特殊教育学校教师	431	494.31
	其他教师	26	525.67
	总计	1 075	
残疾考生单考单招 执行效果	高校专任教师	370	625.85
	高校行政人员	248	513.43
	特殊教育学校教师	431	538.43
	其他教师	26	652.04
	总计	1 075	

（三）基于学校所在区域的差异

在学校所在区域的分布上，本书研究的正式调查样本的学校所在区域为东部地区、中部地区和西部地区。在基于学校所在区域对残疾考生单考单招执行五因素进行差异性分析时，比较东部地区、中部地区和西部地区三组样本之间的差异。以"学校所在区域"为分组变量，以五个因素为检验变量，将数据纳入"K 个独立样本检验"分析程序。如表 5-20 所示，五个因素中，因素 1"残疾考生单考单招执行主客体的利益博弈"、因素 2"残疾考生单考单招执行条件"、因素 3"残疾考生单考单招执行程序"、因素 5"残疾考生单考单招执行效果"在分组变量"区域位置"上的渐进显著性水平均小于 0.05，说明原假设的发生是小概率事件，故推翻原假设，并认为在残疾考生单考单招执行五个因素上，东部地区、中部地区、西部地区三组样本间均存在显著差异。因素 4"残疾考生单考单招执行监督"在分组变量"学校所在区域"上的渐进显著性水平大于 0.05，所以支持原假设，五个因素在东部地区、中部地区和西部地区三组样本间不存在显著差异。

表 5-20　检验统计

项目	残疾考生单考单招执行主客体的利益博弈	残疾考生单考单招执行条件	残疾考生单考单招执行程序	残疾考生单考单招执行监督	残疾考生单考单招执行效果
卡方	11.115	20.376	17.114	4.111	14.195
自由度	2	2	2	2	2
渐近显著性	0.008	0.000	0.000	0.146	0.000

注：1. 克鲁斯卡尔-沃利斯检验。

　　2. 分组变量：就职学校所在的区域位置。

由表 5-21 可知，在因素 1 上，得分由高到低排列分别是东部地区、西部地区、中部地区，说明在残疾考生单考单招执行主客体的利益博弈方面，东部地区对执行主客体利益协调性的认可程度最高，西部地区次之，中部地区最低。在因素 2 上，得分由高到低排列分别是西部地区、东部地区和中部地区，说明在残疾考生单考单招执行条件方面，西部地区的认知水平最高，然后是东部地区，中部地区最低。在因素 3 上，得分由高到低排列分别是西部地区、东部地区和中部地区，说明在残疾考生单考单招执行程序方面，西部地区的认知水平最高、然后是东部地区，中部地区最低。在因素 5 上，得分由高到低排列分别是西部地区、东部地区和中部地区，说明在残疾考生单考单招执行效果方面，西部地区的认知水平最高，然后是东部地区，中部地区最低。

表 5-21 秩

	就职学校所在的区域位置	个案数/个	秩平均值
残疾考生单考单招执行主客体的利益博弈	东部地区	241	552.83
	中部地区	526	528.52
	西部地区	308	542.58
	总计	1 075	
残疾人高等教育单考单招执行条件	东部地区	241	516.20
	中部地区	526	508.62
	西部地区	308	605.23
	总计	1 075	
残疾人高等教育单考单招执行程序	东部地区	241	571.06
	中部地区	526	498.31
	西部地区	308	579.91
	总计	1 075	
残疾人高等教育单考单招执行监督	东部地区	241	543.66
	中部地区	526	535.65
	西部地区	308	537.58
	总计	1 075	
残疾人高等教育单考单招执行效果	东部地区	241	533.93
	中部地区	526	522.46
	西部地区	308	567.72
	总计	1 075	

六、数据归整

（一）残疾考生单考单招执行问题的整体认知水平处于中等略偏上的水平

通过对 1 075 个样本对"残疾考生单考单招执行量表"打分的数据结果进行描述性统计，量表的总体得分均值为 3.612 分，略高于残疾考生单考单招执行现状的理论得分均值 3 分，介于"不确定"与"比较符合"（或"比较了解"或"效果一般"）之间。由此可知，目前被调查者对我国残疾考生单考单招执行问题的整体认知水平处于中等略偏上的水平。

（二）残疾考生单考单招执行问题量表五个维度的得分情况

在残疾考生单考单招执行问题量表的五个维度上，对各自的数据结果进行描述性统计后，得分均值由高到低排序分别是：残疾考生单考单招执行程序量表、残疾考生单考单招执行监督量表、残疾考生单考单招执行主客体利益博弈量表、残疾考生单考单招执行效果量表、残疾考生单考单招执行条件量表。在对残疾考生单考单招执行问题的五个因素（因素 1 "残疾考生单考单招执行主客体利益博弈"、因素 2 "残疾考生单考单招执行条件"、因素 3 "残疾考生单考单招执行程序"、因素 4 "残疾考生单考单招执行监督"、因素 5 "残疾考生单考单招执行效果"）的数据结果进行描述性统计后发现，五个因素的得分均值由高到低排序分别是："残疾考生单考单招执行程序""残疾考生单考单招执行监督""残疾考生单考单招执行主客体利益博弈""残疾考生单考单招执行效果""残疾考生单考单招执行条件"。五个分量表的得分均值排序与五因素的得分均值排序结果完全一致。由此可知，在残疾考生单考单招执行问题的五个维度上，被调查者对残疾考生单考单招执行问题的认知水平由高到低排序分别是："残疾考生单考单招执行程序""残疾考生单考单招执行监督""残疾考生单考单招执行主客体的利益博弈""残疾考生单考单招执行效果""残疾考生单考单招执行条件"。

第四节　残疾考生单考单招执行满意度的调查结果描述与分析

一、残疾大学生问卷调查样本与描述

从残疾大学生处共收集到 974 个样本。其中，性别共有 974 个有效信息；残疾类别共有 974 个有效信息；接受的大学教育层次共有 974 个有效信息；就读年级共有 974 个有效信息；就读学校所在的区域位置共有 974 个有效信息（见表 5-22）。

表 5-22　样本中有效个案信息计数

项目		性别	残疾类别	接受的大学教育层次	就读年级	学校所在的区域位置
个案数/个	有效	974	974	974	974	974
	缺失	0	0	0	0	0

从表5-23可知，样本中有547名女生，占比为56.16%；男生427名，占比为43.84%。

表5-23 样本中有效性别频率计数

性别		频率/人	百分比/%	有效百分比/%	累计百分比/%
	男	427	43.84	43.84	43.84
有效	女	547	56.16	56.16	100.0
	总计	974	100.0	100.0	

样本中听力残疾大学生的比例为79.06%，视力残疾大学生的比例是16.22%；其他残疾包括多重残疾、语言残疾、精神残疾以及肢体残疾等，占调查样本的4.72%（见表5-24）。

表5-24 样本中有效残疾类别频率计数

类别		频率/人	百分比/%	有效百分比/%	累计百分比/%
	听力残疾	770	79.06	79.06	79.06
	视力残疾	158	16.22	16.22	95.28
有效	其他	46	4.72	4.72	100.0
	总计	974	100.0	100.0	

由表5-25可知，从残疾大学生接受大学教育的层次来看，样本中有631个本科生，占比为64.78%；专科生（包括3+2高职的专科生）的样本有343个，占比为35.22%。

表5-25 样本中有效的大学教育层次频率计数

大学教育层次		频率/人	百分比/%	有效百分比/%	累计百分比/%
	专科生（包括3+2高职的专科生）	343	35.22	35.22	35.22
有效	本科生	631	64.78	64.78	100.0
	总计	974	100.0	100.0	

从残疾大学生就读年级的频率来看，样本中有大一学生375人，占比为38.50%；大二学生278人，占比为28.54%。此外，样本中有20.33%为大三学生，还有4.00%为大四学生（见表5-26）。

表 5-26　样本中有效的就读年级频率计数

就读年级		频率/人	百分比/%	有效百分比/%	累计百分比/%
有效	大一	375	38.50	38.50	38.50
	大二	278	28.54	28.54	67.04
	大三	198	20.33	20.33	87.37
	大四	39	4.00	4.00	91.37
	其他	84	8.63	8.63	100.0
	总计	974	100.0	100.0	

由表 5-27 可知，从调查样本的就读学校所在的区域位置分布来看，就读学校大部分位于中部地区，共有 536 个，占比为 55.03%；其次是西部地区，样本有 235 个，占比为 24.13%；东部地区最少，有 203 个，占比为 20.84%。

表 5-27　样本中有效就读学校所在区域计数

就读学校所在区域		频率/个	百分比/%	有效百分比/%	累计百分比/%
有效	东部地区	203	20.84	20.84	20.84
	中部地区	536	55.03	55.03	75.87
	西部地区	235	24.13	24.13	100.0
	总计	974	100.0	100.0	

二、残疾大学生访谈调查样本与描述

笔者首先通过前期对残疾大学生的访谈，从访谈中发现问题、研究问题，然后根据问题思路进行实证研究设计。从测验工具的检测到正式调研，再到深度访谈，访谈调查始终贯穿于本书研究的整个过程。本书研究选择通过残疾考生单考单招进入大学接受高等教育的残疾大学生作为访谈样本，共 15 人。其中包括听力障碍学生 11 人，视力障碍学生 4 人，访谈样本分布于我国东、中、西部地区。具体信息如表 5-28 所示。

表 5-28　残疾大学生具体信息

走访学校（所在区域）	访谈对象	被访谈者基本信息
LS 学院特殊教育学院（西部）	残疾大学生 2 人（听障）	S1，男，20 岁，本科，特殊教育专业，大二，听力残疾三级，有残余听力；有幼儿园、小学融合教育经历，初高中在特殊教育学校就读，能熟练用手语交流 S2，女，19 岁，专科，艺术设计专业，大一，听力残疾二级；无融合教育经历，能熟练用手语交流
CS 大学教育科学学院（西部）	残疾大学生 3 人（听障）	S3，女，20 岁，本科，特殊教育专业（聋人教师教育方向），大二，听力残疾二级；幼儿园有融合教育经历，义务教育阶段、高中均在聋校就读，能熟练用手语交流 S4，女，20 岁，本科，特殊教育专业（聋人教师教育方向），大二，重听（听力残疾三级），有残余听力；在普通高中融合教育一年，能熟练用手语交流 S5，男，19 岁，本科，特殊教育专业（残疾人辅助技术方向），大二，听力残疾三级；有幼儿园、小学融合教育经历，初高中在聋校就读，能熟练用手语交流
ZG 学院特殊教育学院（中部）	残疾大学生 2 人（听障）	S6，女，18 岁，专科，视觉传播设计与制作专业，大一，听力残疾三级，有残余听力；幼儿园、小学、初中有融合教育经历，高中在特殊教育学校就读，能熟练用手语交流 S7，男，19 岁，本科，视觉传播设计与制作专业，大一，听力残疾三级，有残余听力；幼儿园有融合教育经历，义务教育阶段及高中教育均在特殊教育学校就读，能熟练用手语交流
HT 职业学院（中部）	残疾大学生 2 人（视障）	S8，女，20 岁，专科，针灸推拿专业，大二，低视力（视力残疾四级）；幼儿园、义务教育阶段、高中均有融合教育经历，会盲文 S9，女，19 岁，专科，针灸推拿专业，大一，低视力（视力残疾三级）；幼儿园、义务教育阶段有融合教育经历，高中在盲校就读，会盲文

表5-28(续)

走访学校 (所在区域)	访谈对象	被访谈者基本信息
ZZ 师范学院特殊教育学院（中部）	残疾大学生2人（听障）	S10，男，21岁，本科，音乐学（舞蹈表演聋人方向），大二，听力残疾三级，有残余听力；幼儿园有融合教育经历，义务教育阶段、高中均在特殊教育学校就读，能熟练用手语交流 S11，女，20岁，本科，音乐学（舞蹈表演聋人方向），大二，听力残疾四级，有残余听力；幼儿园、义务教育阶段均有融合教育经历，高中转到特殊教育学校就读，能熟练用手语交流
NT 师范学院（东部）	残疾大学生2人（听障、视障各1人）	S12，男，18岁，本科，服装与服饰设计专业，大一，听力残疾三级；幼儿园有融合教育经历，义务教育阶段、高中均在聋校就读，能熟练用手语交流 S13，男，19岁，本科，服装与服饰设计专业，大一，视力残疾四级；幼儿园、义务教育阶段、高中均有融合教育经历，不会盲文
BL 大学特殊教育学院（东部）	残疾大学生2人（听障、视障各1人）	S14，男，20岁，本科，计算机科学与技术专业，大二，听力残疾二级；幼儿园有融合教育经历，义务教育阶段、高中均在聋校就读，能熟练用手语交流 S15，男，18岁，本科，针灸推拿学专业，大一，视力残疾四级；幼儿园、义务教育阶段、高中均有融合教育经历，会少许盲文

三、满意度量表总体得分情况

在调查问卷中，残疾考生单考单招执行满意度量表是了解被调查者对我国残疾考生单考单招执行现状满意度的主要测量工具，本书的研究主要利用它来测量残疾大学生对残疾考生单考单招执行过程中各个方面的认可程度。量表共包括12个测量指标，用其来代表对残疾考生单考单招执行满意度相关问题的描述。本量表仍采用李克特量表5点计分法，根据被调查者的回答情况进行赋值如下："①非常不满意"得1分、"②不满意"得2分、"③不确定"得3分、"④比较满意"得4分、"⑤非常满意"得5分。在5点计分法的测量方式下，理论上的平均值为3分，即若测量结果显示得分为3分，则表示被调查者对残疾考生单考单招执行现状的相关问题不确定；3 分以上，则表示被调查者对残疾考生单考单招执行现状相关问题的满意度较高，4 分则为比较满意，4~5 分则介于比较满意与非常满意之间；若低于 3 分，则表示被调查者对残疾考生单考单招执行现状相关问题的满意程度相对较低，2 分表示不满意，1~2 分则表示介于不满意与非常不满意之间。残疾考生单考单招执行满意度量表的得分情况如表 5-29 所示。

表 5-29   残疾考生单考单招执行满意度量表的得分

	题项	个案数/个	最小值	最大值	平均值	标准差
MY1	关于残疾人高中学校的教学方法	974	1	5	3.78	0.958
MY2	关于残疾人高中学校的教学内容	974	1	5	3.72	1.000
MY3	关于残疾人高中学校接触的招生考试信息	974	1	5	3.69	1.023
MY4	关于国家招收残疾学生的高校的数量	974	1	5	2.64	1.276
MY5	关于残疾考生单考单招的招生专业	974	1	5	2.96	1.286
MY6	关于残疾考生单考单招的招生计划	974	1	5	3.08	1.191
MY7	关于残疾考生单考单招的时间安排	974	1	5	3.25	1.167
MY8	关于残疾考生单考单招的考试大纲	974	1	5	3.57	1.066
MY9	关于残疾考生单考单招的考试形式	974	1	5	3.69	0.991
MY10	关于残疾考生单考单招的工作流程	974	1	5	3.76	0.868
MY11	关于残疾考生单考单招的录取办法	974	1	5	3.85	0.844
MY12	关于残疾学生家长对残疾学生参加单考单招的支持态度	974	1	5	4.07	0.874
MY13	关于残疾学生家长对残疾学生参加单考单招的资金支持	974	1	5	4.13	0.859
	有效个案数（成列）	974				

根据残疾考生单考单招执行满意度的相关问题量表得分的描述性统计情况来看，被调查者的量表总体的得分均值为 3.55 分，略高于理论上的平均值，说明被调查者对残疾考生单考单招执行现状相关问题的满意度介于不确定与比较满意之间。被调查者之所以出现这种状态，是由于我国残疾考生单考单招还不够完善，残疾考生单考单招在执行过程中还存在很多问题。在量表中，"关于国家招收残疾学生的高校的数量""关于残疾考生单考单招的招生专业""关于残疾考生单考单招的招生计划"的得分均值分

别为 2.64、2.96、3.08，说明残疾大学生对执行残疾考生单考单招的高校的数量、高校的招生专业都不满意，而且残疾大学生对残疾考生单考单招的招生计划不是很了解，对此的态度也不是很明确。其中"关于残疾学生家长对残疾学生参加单考单招的资金支持"和"关于残疾学生家长对残疾学生参加单考单招的支持态度"的得分均值都超过了 4 分，分别为 4.13、4.07，说明残疾学生对其家长的支持态度和资金支持都比较满意。其余的分量表的得分均值虽然都高于 3.2 分，但是它们仍未达 4 分以上，因此，我们可以认为残疾考生单考单招执行的满意度是中等略微偏上的水平，即被调查者对我国残疾考生单考单招执行的相关问题的了解还不全面、深入和透彻，以及对残疾考生单考单招执行的满意度还没有达到预期效果，下文会详述。

图 5-37 显示的是被调查者的残疾考生单考单招执行满意度量表的总体得分情况，将其与正态分布相比：偏度系数为 -0.213，说明处于平均值左右两端的数据分布频率相对均匀；峰度系数为 0.347，略微高于正态分布，说明极端值较少，样本的总体分布与正态分布较为接近。

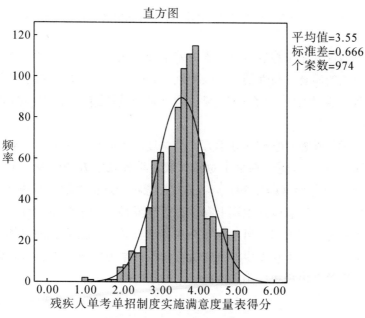

图 5-37 残疾考生单考单招执行满意度量表总体得分情况

四、残疾考生单考单招执行满意度的调查结果描述与分析

（1）对残疾大学生对特殊教育学校教学方法满意度的调查结果的描述与分析。对于该问题，分别有 19.4% 和 54.1% 的残疾大学生表示"非常满意"和"比较满意"，总体满意率为 73.5%。有 13.9% 的残疾大学生对该问题表示"不确定"，总共有 12.6% 的残疾大学生表示"不满意"及"非常不满意"（见图 5-38）。

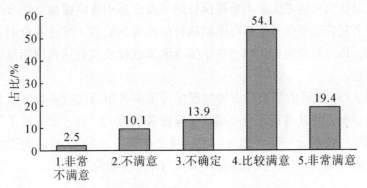

图 5-38　残疾学生对特殊教育学校教学方法的满意度的调查结果

本书通过利用 T 检验或单因素方差来分析残疾大学生对特殊教育学校的教学方法的满意度与性别、残疾类别、接受大学教育的层次、就读不同类型学校、就读学校所在的区域位置 5 项之间的差异情况。具体结果如下：

学生对特殊教育学校的教学方法满意度的不同性别的差异比较。从表 5-30 可以看出，不同性别学生对特殊教育学校教学方法的满意度呈现出 0.01 水平的显著性（$t=2.89$，$p=0.00$），意味着残疾大学生对特殊教育学校的教学方法的满意度在性别上存在显著差异性。通过对不同性别的平均值得分的对比可以得出，男生对特殊教育学校教学方法满意的平均值得分显著高于女生。男生和女生对特殊教育学校教学方法满意的得分均值都高于残疾考生单考单招执行满意度的理论得分均值（3 分）。

表 5-30　不同性别学生对特殊教育学校教学方法的满意度的差异比较

项目	性别：（平均值±标准差）		t	p
	1. 男（$N=427$）	2. 女（$N=547$）		
残疾大学生对特殊教育学校教学方法的满意度	3.88±0.89	3.70±1.00	2.892	0.004**

注：*为 $p<0.05$，**为 $p<0.01$，下同。

学生对特殊教育学校教学方法的满意度的不同残疾类别的差异比较。从表 5-31 可以看出，不同残疾类别的学生对特殊教育学校教学方法的满意呈现出 0.01 水平的显著性（$F=5.35$，$p=0.00$），意味着残疾大学生对特殊教育学校教学方法的满意度在残疾类别上存在显著的差异性。通过对不同残疾类别的平均值得分的对比可以得出，听力残疾对特殊教育学校教学方法满意度的均值得分显著高于其他残疾，其他残疾的平均值得分又高于视力残疾。

表 5-31　不同残疾类别的学生对特殊教育学校教学方法的满意度的差异比较

项目	残疾类别：（平均值±标准差）			F	p
	1. 听力残疾（$N=770$）	2. 视力残疾（$N=158$）	3. 其他残疾（$N=46$）		
残疾大学生对特殊教育学校教学方法的满意度	3.83±0.93	3.58±1.05	3.61±1.02	5.354	0.005**

学生对特殊教育学校教学方法满意度的不同教育层次的差异比较。从表 5-32 可以看出，不同教育层次的残疾大学生对特殊教育学校教学方法的满意度没有表现出显著性（$p>0.05$）。所以，残疾大学生对特殊教育学校的教学方法满意度在教育层次上不存在显著性差异。

表 5-32　不同教育层次的学生对特殊教育学校的教学方法满意度的差异比较

项目	教育层次：（平均值±标准差）		F	p
	1. 专科生（包括 3+2 高职的专科生）（$N=343$）	2. 本科生（$N=631$）		
残疾大学生对特殊教育学校教学方法的满意度	3.81±0.95	3.76±0.96	0.532	0.466

学生对特殊教育学校教学方法满意度的不同区域的差异比较。从表5-33可以看出，不同区域的学生对特殊教育学校教学方法的满意度没有表现出显著性（$p>0.05$）。所以，残疾大学生对特殊教育学校教学方法的满意度在区域方面不存在显著性差异。

表5-33 不同区域的学生对特殊教育学校的教学方法满意度的差异比较

项目	区域：（平均值±标准差）			F	p
	1. 东部地区 ($N=203$)	2. 中部地区 ($N=536$)	3. 西部地区 ($N=235$)		
残疾大学生对特殊教育学校教学方法的满意度	3.70±0.92	3.79±0.96	3.82±0.99	0.818	0.441

综上所述，残疾大学生对特殊教育学校教学方法的满意度：在性别上存在显著差异，男生对特殊教育学校教学方法的满意度得分均值高于女生，而且不管是男生还是女生，对特殊教育学校教学方法的满意度水平均处于较高的水平；在残疾类别上也存在差异，听力残疾学生对特殊教育学校教学方法的满意度得分均值高于其他残疾类别的学生，视力障碍学生的得分均值最低，所有残疾类别的大学生对特殊教育学校的教学方法有中等略偏高的满意度。残疾大学生对特殊教育学校教学方法的满意度在教育层次、不同类型学校以及区域位置方面不存在显著性差异，而且他们对特殊教育学校教学方法都有较高的满意度。

在调研中，也有少数残疾大学生对特殊教育学校的教学方法感到不满意，比如有的听力障碍学生认为：

有的教师在课堂教学时，手语速度太快，缺少相应的口语，有时候跟不上老师的手语教学，也没有办法通过读唇来获得信息。我们有个新来的老师，虽然他的教学设计比较好，备课也比较充分，但就是手语不好。有时候他打的手语我们都看不懂，导致我们班有些学生就不听课了，上课时做其他的事情，这样会影响学习成绩，这些学生可能考不上大学。所以我觉得老师除了备课外，还要思考一下教学手语的问题。（S2）

笔者也访谈了个别视力障碍的大学生，他们在学校学习过程中遇到过很多困难，比如：

我在高中的时候，最害怕上数学课，尤其是刚接触到盲文书写以及摸读的时候，我对数学有一种本能的畏惧心理。老师在课堂上不停地讲，即使讲很多遍，我对于一些简单的图形和概念始终都不能理解，更不用说是复杂的公式和图形了。可能是老师的教学方法有问题，也可能是我太笨了。(S13)

（2）对残疾大学生对特殊教育学校教学内容满意度的调查结果的描述与分析。对于该问题，分别有19.1%和51.2%的残疾大学生表示"非常满意"和"比较满意"，总体满意率为70.3%。选"不确定"的比例为16.0%，总共有13.7%的残疾大学生表示"不满意"及"非常不满意"（见图5-39）。

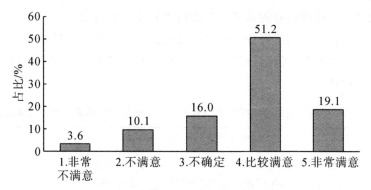

图5-39　残疾大学生对特殊教育学校教学内容的满意度的调查结果

本书通过运用T检验或单因素方差分析来研究残疾大学生对特殊教育学校教学内容的满意度是否在性别、残疾类别、接受大学教育的层次、就读的不同类型学校、就读学校所在的区域位置5项之间存在差异性。具体结果如下：

学生对特殊教育学校教学内容的满意度的不同性别的差异比较。从表5-34可以看出，不同性别的学生对特殊教育学校教学内容的满意度呈现出0.01水平的显著性（$t=2.96$，$p=0.00$），意味着残疾大学生对特殊教育学校教学内容的满意度在性别上存在显著性差异。通过对不同性别的平均值得分对比可以得出，男生对特殊教育学校教学内容满意度的平均值得分显著高于女生。男生和女生对特殊教育学校教学内容的满意度得分均值都高于残疾考生单考单招执行满意度的理论得分均值（3分）。

表 5-34　不同性别学生对特殊教育学校教学内容的满意度的差异比较

项目	性别：（平均值±标准差）		t	p
	1. 男（$N=427$）	2. 女（$N=547$）		
残疾大学生对特殊教育学校教学内容的满意度	3.83±0.90	3.64±1.06	2.962	0.003**

学生对特殊教育学校教学内容的满意度的不同残疾类别的差异比较。从表 5-35 可以看出，不同残疾类别的学生对特殊教育学校教学内容的满意呈现出 0.01 水平的显著性（$F=7.34$，$p=0.00$），意味着残疾大学生对特殊教育学校教学内容的满意度在残疾类别上存在显著的差异性。通过对不同残疾类别的平均值得分的对比可以得出，听力残疾对特殊教育学校教学内容满意度的平均值得分显著高于其他残疾，其他残疾的平均值得分又高于视力残疾。

表 5-35　不同残疾类别的学生对特殊教育学校教学内容的满意度的差异比较

项目	残疾类别：（平均值±标准差）			F	p
	1. 听力残疾（$N=770$）	2. 视力残疾（$N=158$）	3. 其他残疾（$N=46$）		
残疾大学生对特殊教育学校教学内容的满意度	3.78±0.97	3.47±1.12	3.52±0.96	7.344	0.001**

学生对特殊教育学校教学内容满意度的不同教育层次的差异比较。从表 5-36 可以看出，不同教育层次的学生对特殊教育学校教学内容的满意度没有表现出显著性（$p>0.05$）。所以，残疾大学生对特殊教育学校教学内容的满意度在教育层次上不存在显著性差异。

表 5-36　不同教育层次的学生对特殊教育学校的教学内容满意度的差异比较

项目	教育层次：（平均值±标准差）		F	p
	1. 专科生（包括3+2 高职的专科生）（$N=343$）	2. 本科生（$N=631$）		
残疾大学生对特殊教育学校教学内容的满意度	3.73±1.00	3.72±1.00	0.027	0.87

学生对特殊教育学校教学内容满意度的不同区域的差异比较。从表 5-37 可以看出，不同区域的学生对特殊教育学校教学内容的满意度没有表现出显著性（$p>0.05$）。所以，残疾大学生对特殊教育学校教学内容的满意度在区域方面不存在显著性差异。

表 5-37　不同区域的学生对特殊教育学校教学内容的满意度的差异比较

项目	区域：（平均值±标准差）			F	p
	1. 东部地区（$N=203$）	2. 中部地区（$N=536$）	3. 西部地区（$N=235$）		
残疾大学生对特殊教育学校教学内容的满意度	3.65±0.99	3.74±1.00	3.74±1.01	0.655	0.52

综上所述，残疾大学生对特殊教育学校教学内容的满意度，在性别上存在显著差异，男生对特殊教育学校教学内容的满意度得分均值高于女生，男生和女生对特殊教育学校教学方法的满意度均处于较高的水平。残疾大学生对特殊教育学校教学内容的满意度在残疾类别上也存在差异，听力残疾学生对特殊教育学校的教学内容的满意度得分均值高于其他残疾类别的学生，其中视力障碍学生的得分均值最低；通过数据分析可知，所有残疾类别的大学生对特殊教育学校的教学内容有中等略偏高的满意度。残疾大学生对特殊教育学校教学内容的满意度在教育层次、不同类型学校以及区域位置方面没有明显的差异，而且他们对特殊教育学校的教学内容都有较高的满意度。

笔者通过对一些残疾大学生的访谈得知，他们对特殊教育学校的教学内容既有认同的地方，也有认为需要调整的地方。

在高中，跟不上学习节奏，加上老师讲课讲得快，同时学习几个科目的压力大，文科的背记内容太多，理科的公式多。听不见声音，只能靠自己眼睛去看和理解，但老师没时间写这么多，很多内容只能讲。（S10）

外在因素是受教育水平限制，他们学的知识很皮毛，比如说教材落后。我所在的学校，高中学生上语文、数学和英语课使用的都是普校初中教材。这也不是我们学校不想用普校高中教材，一是师资力量不够好，二是用普校高中教材他们也学不会，跟不上。（S3）

听力残疾学生选择残疾考生单考单招，主要是因为我们在高中时学习的内容没有普通高中多，学习的知识不够。如果选择普通高考，我们肯定都考不上了。很多课程我们没学过，比如说化学、物理等，主要是因为我们听障人士的数学基础很差。(S6)

（3）对残疾大学生对特殊教育学校提供的招考信息的满意度的调查结果的描述与分析。对于该问题，分别有 19.4% 和 48.1% 的残疾大学生表示"非常满意"和"比较满意"，总体满意率为 67.5%。残疾大学生选"不确定"的比例为 18.7%，总共有 13.8% 的残疾大学生表示"不满意"及"非常不满意"（见图 5-40）。

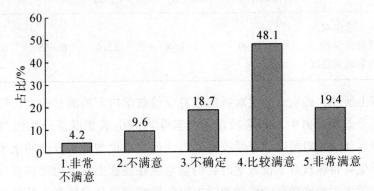

图 5-40　残疾大学生对特殊教育学校提供的招考信息的满意度的调查结果

本书通过利用 T 检验或单因素方差分析来研究残疾大学生对特殊教育学校提供的招考信息的满意度是否在性别、残疾类别、接受大学教育的层次、就读不同类型学校、就读学校所在的区域位置 5 项之间存在差异性。具体结果如下：

学生对特殊教育学校提供的招考信息的满意度的不同性别的差异比较。从表 5-38 可以看出，不同性别对特殊教育学校提供的招考信息的满意呈现出 0.05 水平的显著性（$t = 2.13$，$p = 0.03$），意味着残疾大学生对特殊教育学校提供的招考信息的满意度在性别上存在显著差异性。通过对比不同性别的平均值得分可以得出，男生对特殊教育学校提供的招考信息满意度的平均值得分显著高于女生。男生和女生对特殊教育学校提供的招考信息的满意度得分均值都高于残疾考生单考单招执行满意度的理论得分均值（3 分）。

表 5-38　不同性别的学生对特殊教育学校提供的招考信息的满意度的差异比较

项目	性别：（平均值±标准差）		t	p
	1. 男 （$N=427$）	2. 女 （$N=547$）		
残疾大学生对特殊教育学校提供的招考信息的满意度	3.77±0.97	3.63±1.06	2.134	0.033*

学生对特殊教育学校提供的招考信息的满意度的不同残疾类别的差异比较。从表 5-39 可以看出，不同残疾类别的学生对特殊教育学校提供的招考信息的满意度呈现出 0.01 水平的显著性（$F=15.48$，$p=0.00$），意味着残疾大学生对特殊教育学校提供的招考信息的满意度在残疾类别上存在显著的差异性。通过对比不同残疾类别的平均值得分可以看出，听力残疾对特殊教育学校提供的招考信息满意度的平均值得分显著高于其他残疾，其他残疾的平均值得分又高于视力残疾。

表 5-39　不同残疾类别的学生对特殊教育学校提供的招考信息的满意度的差异比较

项目	残疾类别：（平均值±标准差）			F	p
	1. 听力残疾 （$N=770$）	2. 视力残疾 （$N=158$）	3. 其他残疾 （$N=46$）		
残疾大学生对特殊教育学校提供的招考信息的满意度	3.78±0.97	3.30±1.22	3.54±0.86	15.477	0.000**

学生对特殊教育学校提供的招考信息的满意度的不同教育层次的差异比较。从表 5-40 可以看出，不同教育层次的学生对特殊教育学校提供的招考信息的满意度没有表现出显著性（$p>0.05$）。所以，残疾大学生对特殊教育学校提供的招考信息的满意度在教育层次上不存在显著性差异。

表 5-40　不同教育层次的学生对特殊教育学校提供的招考信息的满意度的差异比较

项目	教育层次：（平均值±标准差）		F	p
	1. 专科生（包括 3+2 高职的专科生）（$N=343$）	2. 本科生 （$N=631$）		
残疾大学生对特殊教育学校提供的招考信息的满意度	3.64±1.08	3.71±0.99	1.053	0.305

学生对特殊教育学校提供的招考信息的满意度的不同区域的差异比较。从表 5-41 可以看出，不同区域的学生对特殊教育学校提供的招考信息的满意度没有表现出显著性（$p>0.05$）。所以，残疾大学生对特殊教育学校提供的招考信息的满意度在区域上不存在显著性差异。

表 5-41　不同区域的学生对特殊教育学校提供的招考信息的满意度的差异比较

项目	区域：（平均值±标准差）			F	p
	1. 东部地区（$N=203$）	2. 中部地区（$N=536$）	3. 西部地区（$N=235$）		
残疾大学生对特殊教育学校提供的招考信息的满意度	3.61±0.97	3.70±1.07	3.74±0.96	0.995	0.370

综上所述，残疾大学生对特殊教育学校提供的招考信息的满意度，在性别上存在显著差异，男生对特殊教育学校提供的招考信息的满意度得分均值高于女生，男生和女生对特殊教育学校提供的招考信息的满意度均处于较高的水平。残疾大学生对特殊教育学校提供的招考信息的满意度在残疾类别上也存在差异，听力残疾学生对特殊教育学校提供的招考信息的满意度得分均值高于其他残疾类别的学生，视力障碍学生的得分均值最低。通过数据分析可知，所有残疾类别的大学生对特殊教育学校提供的招考信息有中等略偏高的满意度。残疾大学生对特殊教育学校提供的招考信息的满意度在教育层次、不同类型学校以及区域位置方面没有明显的差异，而且他们对特殊教育学校提供的招考信息都有较高的满意度。通过访谈得知，绝大多数残疾大学生对特殊教育学校提供的招考信息比较满意，但也有一些残疾大学生感到不满意：

我高中是在普校读的，在普通高中，几乎得不到有关残疾考生单考单招的信息，也不能找到历年的考试真题。我觉得应该有很多像我一样在普通高中读书的听障同学，他们不能及时了解考试的具体情况，比如考题的难易度、题型、题量等，这会让复习难以准确进行。最好的办法就是委托班主任帮忙联系相关高校，来获得一些关于残疾考生单考单招的信息。(S4)

上高中时，我对残疾考生单考单招的方式和难易程度不怎么了解，而且也不了解大学的具体情况，对大学校园内的学习和生活便利程度以及高校对残疾学生的态度等方面了解非常少。(S5)

（4）对残疾大学生对招收残疾学生的高校数量的满意度的调查结果的

描述与分析。对于该问题，被调查者中表示"非常满意"的占比为 11.2%，表示"比较满意"的占比为 15.2%，残疾大学生对招收残疾学生的高校数量的总体满意率仅有 26.4%。选"不确定"的残疾大学生的比例为 21.7%，有 51.9% 的残疾大学生对招收残疾学生的高校数量表示"不满意"及"非常不满意"，总体不满意率超过了五成（见图 5-41）。

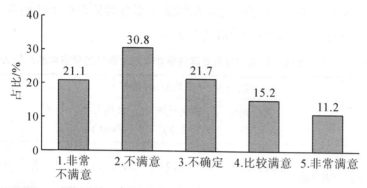

图 5-41　残疾大学生对高等特殊教育院校数量的满意度的调查结果

本书通过 T 检验或单因素方差分析来研究残疾大学生对国家招收残疾学生的高校数量的满意度是否在性别、残疾类别、接受大学教育的层次、就读的不同类型学校、就读学校所在的区域位置 5 项上存在差异。具体结果如下：

学生对国家招收残疾学生的高校数量的满意度的不同性别的差异比较。从表 5-42 可以看出，不同性别的学生对国家招收残疾学生的高校数量的满意度没有表现出显著性（$p>0.05$）。所以，残疾大学生对国家招收残疾学生的高校数量的满意度上没有性别方面的差异性。通过分析不同性别的平均值得分可以得出，男生和女生对国家招收残疾学生的高校数量的满意度得分均值都低于残疾考生单考单招执行满意度的理论得分均值（3 分）。

表 5-42　不同性别的学生对高等特殊教育院校数量的满意度的差异比较

项目	性别：（平均值±标准差）		t	p
	1. 男 （$N=427$）	2. 女 （$N=547$）		
对国家招收残疾学生的高校数量的满意度	2.68±1.27	2.61±1.28	0.844	0.399

学生对国家招收残疾学生的高校数量的满意度的不同残疾类别的差异比较。从表 5-43 可以看出，不同残疾类别的学生对国家招收残疾学生的高校数量的满意度没有表现出显著性（$p>0.05$）。所以，残疾大学生对国家招收残疾学生的高校数量的满意度在残疾类别上不存在显著性差异。由不同残疾类别的平均值得分可知，听力残疾、视力残疾和其他残疾的大学生对国家招收残疾学生的高校数量的满意度得分均值都低于残疾考生单考单招执行满意度的理论得分均值（3分）。

表 5-43　不同残疾类别的学生对高等特殊教育院校数量的满意度的差异比较

项目	残疾类别：（平均值±标准差）			F	p
	1. 听力残疾（$N=770$）	2. 视力残疾（$N=158$）	3. 其他残疾（$N=46$）		
对国家招收残疾学生的高校数量的满意度	2.66±1.29	2.59±1.27	2.61±1.13	0.215	0.806

学生对国家招收残疾学生的高校数量的满意度的不同教育层次的差异比较。从表 5-44 可以看出，不同教育层次的学生对国家招收残疾学生的高校数量的满意度没有表现出显著性（$p>0.05$）。所以，残疾大学生对国家招收残疾学生的高校数量的满意度在教育层次上不存在显著性差异。

表 5-44　不同教育层次的学生对高等特殊教育院校数量的满意度的差异比较

项目	教育层次：（平均值±标准差）		F	p
	1. 专科生（包括3+2高职的专科生）（$N=343$）	2. 本科生（$N=631$）		
对国家招收残疾学生的高校数量的满意度	2.71±1.29	2.61±1.27	1.572	0.210

学生对国家招收残疾学生的高校数量的满意度的不同区域的差异比较。从表 5-45 可以看出，不同区域的学生对国家招收残疾学生的高校数量的满意度没有表现出显著性（$p>0.05$）。所以，残疾大学生对国家招收残疾学生的高校数量的满意度在区域方面不存在显著性差异。通过观察不同区域的平均值得分可以得出，来自东、中、西部的大学生对国家招收残疾学生的高校数量的满意度得分均值都低于残疾考生单考单招执行满意度

的理论得分均值（3分）。

表5-45　不同区域的学生对高等特殊教育院校数量的满意度的差异比较

项目	区域：（平均值±标准差）			F	p
	1. 东部地区 （N=203）	2. 中部地区 （N=536）	3. 西部地区 （N=235）		
对国家招收残疾学生 的高校数量的满意度	2.53±1.21	2.66±1.29	2.71±1.29	1.171	0.311

综上所述，残疾大学生对国家招收残疾学生的高校数量的满意度在性别、残疾类别、教育层次、不同类型学校以及区域位置方面都没有明显的差异。而且通过数据分析可知，各分组变量对国家招收残疾学生的高校数量的满意度水平都比较低，都低于残疾考生单考单招执行满意度的理论得分均值。上述数据分析结果在笔者对残疾大学生的访谈中也得到验证。

对残疾人单招的学校数量相比全国残疾人数量而言，明显不足，尤其是招收视力障碍学生的大学更少。师范类院校和高职院校招残疾学生的比较多，其他高校少；专科学校多，本科学校少。（S8）

（5）对学生对残疾考生单考单招招生专业的满意度的调查结果的描述与分析。对于该问题，被调查者中表示"非常满意"的占比为10.0%，"比较满意"的占比为33.3%，残疾大学生对残疾考生单考单招的招生专业的总体满意率为43.3%。选"不确定"的残疾大学生的比例为17.4%，总共有39.3%的残疾大学生对残疾考生单考单招的招生专业表示"不满意"及"非常不满意"（见图5-42）。

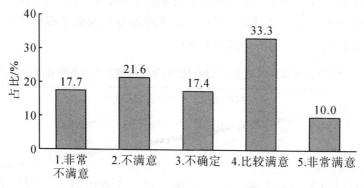

图5-42　残疾大学生对残疾考生单考单招招生专业的满意度的调查结果

本书通过利用单因素方差分析来研究残疾大学生对残疾考生单考单招招生专业的满意度是否在性别、残疾类别、接受大学教育的层次、就读不同类型学校、就读学校所在的区域位置 5 项上存在差异。具体结果如下：

学生对残疾考生单考单招招生专业的满意度的不同性别的差异比较。从表 5-46 可以看出，不同性别的学生对残疾考生单考单招招生专业的满意度没有表现出显著性（$p>0.05$）。所以，残疾大学生在残疾考生单考单招招生专业的满意度上没有性别方面的差异性。通过分析不同性别的平均值得分可以得出，男生和女生对残疾考生单考单招招生专业的满意得分均值都低于残疾考生单考单招执行满意度的理论得分均值（3 分）。

表 5-46　不同性别的学生对残疾考生单考单招招生专业满意度的差异比较

项目	性别：（平均值±标准差）		t	p
	1. 男（$N=427$）	2. 女（$N=547$）		
对残疾考生单考单招招生专业的满意度	2.98±1.30	2.95±1.28	0.419	0.676

学生对残疾考生单考单招招生专业的满意度的不同残疾类别的差异比较。从表 5-47 可以看出，不同残疾类别的学生对特殊教育学校教学内容的满意度呈现出 0.01 水平的显著性（$F=15.48$，$p=0.00$），意味着残疾大学生对残疾考生单考单招招生专业的满意度在残疾类别上存在显著性差异。通过对比不同残疾类别的平均值得分可以得出，其他残疾对残疾考生单考单招招生专业的满意度的得分均值显著高于听力残疾，听力残疾的得分均值又高于视力残疾。由不同残疾类别的平均值得分可知，视力残疾大学生对残疾考生单考单招招生专业的满意度得分均值低于残疾考生单考单招执行满意度的理论得分均值（3 分）。

表 5-47　不同残疾类别的学生对残疾考生单考单招招生专业的满意度的差异比较

项目	残疾类别：（平均值±标准差）			F	p
	1. 听力残疾（$N=770$）	2. 视力残疾（$N=158$）	3. 其他残疾（$N=46$）		
对残疾考生单考单招招生专业的满意度	3.04±1.28	2.58±1.28	3.09±1.24	8.757	0.000**

学生对残疾考生单考单招招生专业的满意度的不同教育层次的差异比较。从表5-48可以看出，不同教育层次的学生对残疾考生单考单招招生专业的满意度没有表现出显著性（$p>0.05$）。所以，残疾大学生对残疾考生单考单招招生专业的满意度在教育层次不存在显著性差异。由不同残疾类别的平均值得分可知，专科生对残疾考生单考单招招生专业的满意度得分均值低于残疾考生单考单招执行满意度的理论得分均值（3分）。

表5-48　不同教育层次的学生对残疾考生单考单招招生专业满意度的差异比较

项目	教育层次：（平均值±标准差）		F	p
	1. 专科生（包括3+2高职的专科生）（N=343）	2. 本科生（N=631）		
对残疾考生单考单招招生专业的满意度	2.91±1.35	3.00±1.25	1.053	0.305

学生对残疾考生单考单招招生专业的满意度的不同区域的差异比较。不同区域的学生对残疾考生单考单招招生专业的满意度没有表现出显著性（$p>0.05$）。所以，残疾大学生对残疾考生单考单招的招生专业的满意度在区域方面不存在显著性差异。通过观察不同区域的平均值得分可以得出，来自中、西部地区的大学生对残疾考生单考单招招生专业的满意度得分均值都低于残疾考生单考单招执行满意度的理论得分均值（3分）（见表5-49）。

表5-49　不同区域的学生对残疾考生单考单招招生专业满意度的差异比较

项目	区域：（平均值±标准差）			F	p
	1. 东部地区（N=203）	2. 中部地区（N=536）	3. 西部地区（N=235）		
对残疾考生单考单招招生专业的满意度	3.02±1.24	2.96±1.28	2.91±1.34	0.397	0.673

综上所述，残疾大学生对残疾考生单考单招招生专业的满意度在残疾类别上存在显著的差异性，视力残疾大学生对残疾考生单考单招招生专业的满意度得分均值最低，而且低于残疾考生单考单招执行满意度的理论得分均值（3分）。残疾大学生对残疾考生单考单招招生专业的满意度在性别、受教育层次、就读的学校类型、就读学校所在区域等方面没有表现出显著的

差异性，样本在各个分组变量上的满意度得分均值都比较低，大部分都低于残疾考生单考单招执行满意度的理论得分均值。笔者在访谈残疾大学生时，也验证了上述的数据分析结果。

我对我的视觉传达设计专业比较满意。因为这个专业是自己喜欢的，所以学起来会更容易，也更有兴趣。（S12）

我的高考目标是进入大学学习室内设计专业，后来发现所选择的环境设计不是我想学的专业，就像工艺美术。我也不明白为什么学这东西。后悔了，有些同学说了不应该来考＊＊学院，如果有机会换专业就好了。我们对自己的专业实在没有兴趣，可惜不能换。（S14）

我觉得残疾考生单考单招给了视力残疾学生上大学的机会是挺好的，但是能选的专业太少了。当时选择专业，不知道选择的专业是什么样子。后来才知道自己并不喜欢，专业名称和一开始的想象完全不一样。我想学舞蹈专业，可惜我考的大学没有这个专业。（S13）

参加残疾考生单考单招，不仅能考的学校少，而且学校为视力障碍学生开设的专业太少了，只有音乐、针灸推拿专业。我不太喜欢针灸推拿专业，音乐又一窍不通，但是没有办法，没有别的专业可选。我喜欢的专业是外语专业，所以我希望国家能为视力障碍学生多开设一些专业。（S15）

（6）对学生对残疾考生单考单招招生计划的满意度的调查结果的描述与分析。对于该问题，被调查者中表示"非常满意"的占比为10.4%，"比较满意"的占比为32.8%，残疾大学生对残疾考生单考单招招生计划的总体满意率为43.2%。残疾大学生选"不确定"的比例为22.7%，总共有34.1%的残疾大学生对残疾考生单考单招的招生计划表示"不满意"及"非常不满意"（见图5-43）。

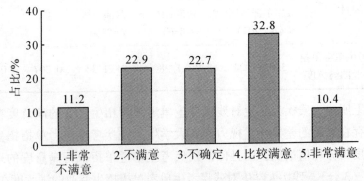

图5-43　残疾大学生对残疾考生单考单招招生计划的满意度的调查结果

本书通过 T 检验或单因素方差分析来研究残疾大学生对残疾考生单考单招招生计划的满意度是否在性别、残疾类别、接受大学教育的层次、就读不同类型学校、就读学校所在的区域位置 5 项上存在差异。具体结果如下：

学生对残疾考生单考单招招生计划的满意度的不同性别的差异比较。从表 5-50 可以看出，不同性别的学生对残疾考生单考单招招生计划的满意度呈现出 0.05 水平的显著性（$t = 2.27$，$p = 0.02$），意味着残疾大学生对残疾考生单考单招招生计划的满意度在性别上存在显著差异性。通过对比不同性别的平均值得分可以看出，男生对残疾考生单考单招招生计划的满意度的平均值得分显著高于女生。男生和女生对残疾考生单考单招招生计划的满意度得分均值都高于或等于残疾考生单考单招执行满意度的理论得分均值（3 分）。

表 5-50 不同性别的学生对残疾考生单考单招招生计划的满意度的差异比较

项目	性别：（平均值±标准差）		t	p
	1. 男（$N=427$）	2. 女（$N=547$）		
对残疾考生单考单招招生计划的满意度	3.18±1.15	3.00±1.22	2.272	0.023*

学生对残疾考生单考单招招生计划的满意度的不同残疾类别的差异比较。不同残疾类别的学生对残疾考生单考单招招生计划的满意度没有呈现出显著性（$p>0.05$）。所以，残疾大学生对残疾考生单考单招招生计划的满意度在残疾类别上不存在显著的差异性。由不同残疾类别的平均值得分可知，视力残疾大学生对残疾考生单考单招招生计划的满意度得分均值低于残疾考生单考单招执行满意度的理论得分均值（3 分）（见表 5-51）。

表 5-51 不同残疾类别的学生对残疾考生单考单招招生计划的满意度的差异比较

项目	残疾类别：（平均值±标准差）			F	p
	1. 听力残疾（$N=770$）	2. 视力残疾（$N=158$）	3. 其他残疾（$N=46$）		
对残疾考生单考单招招生计划的满意度	3.10±1.19	2.92±1.23	3.24±1.04	1.908	0.149

学生对残疾考生单考单招招生计划的满意度的不同教育层次的差异比较。不同教育层次的学生对残疾考生单考单招招生计划的满意度没有表现

出显著性（$p>0.05$）。所以，残疾大学生对残疾考生单考单招招生计划的满意度在教育层次上不存在显著性差异。由不同残疾类别的平均值得分可知，专科生对残疾考生单考单招招生计划的满意度得分均值要低于本科生（见表5-52）。

表5-52　不同教育层次的学生对残疾考生单考单招招生计划的满意度的差异比较

项目	教育层次：（平均值±标准差）		F	p
	1. 专科生（包括3+2高职的专科生）（$N=343$）	2. 本科生（$N=631$）		
对残疾考生单考单招招生计划的满意度	3.02±1.25	3.11±1.16	1.463	0.227

学生对残疾考生单考单招招生计划的满意度的不同区域的差异比较。从表5-53可以看出，不同区域的学生对残疾考生单考单招招生计划的满意度没有表现出显著性（$p>0.05$）。所以，残疾大学生对残疾考生单考单招招生计划的满意度在区域方面不存在显著性差异。通过观察不同区域的平均值得分可以得出，来自东、中、西部地区的大学生对残疾考生单考单招招生计划的满意度得分均值都高于残疾考生单考单招执行满意度的理论得分均值（3分）。

表5-53　不同区域的学生对残疾考生单考单招招生计划的满意度的差异比较

项目	区域：（平均值±标准差）			F	p
	1. 东部地区（$N=203$）	2. 中部地区（$N=536$）	3. 西部地区（$N=235$）		
对残疾考生单考单招招生计划的满意度	3.15±1.14	3.04±1.21	3.11±1.19	0.771	0.463

综上所述，残疾大学生对残疾考生单考单招招生计划的满意度在性别上存在显著的差异性，男生对残疾考生单考单招招生计划的满意度的平均值得分显著高于女生，但是二者的得分均值仅略高于残疾考生单考单招执行满意度的理论得分均值。残疾大学生对残疾考生单考单招招生计划的满意度在残疾类别、受教育层次、就读的学校类型、就读学校所在区域等方面没有表现出显著的差异性，样本在各个分组变量上的满意度得分均值方面，视力障碍大学生对残疾考生单考单招招生计划的满意度较低，低于残

疾考生单考单招执行满意度的理论得分均值，其他方面的得分均值虽略高于残疾考生单考单招执行满意度的理论得分均值，但是均值得分多数都在3.2以下，所以残疾大学生对残疾考生单考单招招生计划的总体满意度不高。笔者对残疾大学生的访谈，也验证了上述数据分析结果。

残疾考生单考单招报名的时候，我报了3个学校，到处参加考试，感觉一直在火车上，好累啊。如果只考一个学校，风险太高了，万一这个学校考不上，那就完蛋了。我考的是本科专业，招生人数太少，考的人又很多，所以希望各个学校能够增加残疾人招生名额，这样也不会有太多学生一下子报考好几个学校。(S5)

高校为视力障碍学生开设的专业太少，招生名额也太少。我非常不喜欢推拿针灸专业，我本人对音乐比较感兴趣，全国残疾考生单考单招有音乐专业的大学只有北京联合大学、长春大学等为数不多的学校。爸妈不放心我去外地读书，生活和学习都不方便，所以我就选择报考长春大学。长春大学残疾考生单考单招的音乐表演专业只招6个视力障碍学生，去参加考试的就有20多个人，幸好我被录取了。(S9)

（7）对学生对高校残疾考生单考单招时间安排的满意度的调查结果的描述与分析。对于该问题，被调查者中表示"非常满意"的占比为11.6%，"比较满意"的占比为39.7%，残疾大学生对残疾考生单考单招时间安排的总体满意率为51.3%。残疾大学生中选"不确定"的比例为20.4%，总共有28.3%的残疾大学生对残疾考生单考单招时间安排表示"不满意"及"非常不满意"（见图5-44）。

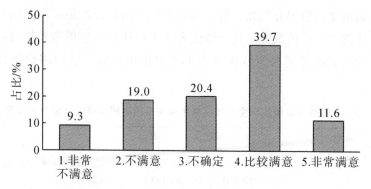

图5-44　残疾大学生对残疾考生单考单招时间安排的满意度的调查结果

本书通过 T 检验或单因素方差分析来研究残疾大学生对残疾考生单考单招时间安排的满意度是否在性别、残疾类别、接受大学教育的层次、就读不同类型学校、就读学校所在的区域位置 5 项上存在差异性。具体结果如下：

学生对残疾考生单考单招考试时间的满意度的不同性别的差异比较。从表 5-54 可以看出，不同性别的学生对残疾考生单考单招时间安排的满意度没有呈现出显著性，意味着残疾大学生对残疾考生单考单招时间安排的满意度在性别上不存在显著差异性。通过对比不同性别的平均值得分可以看出，男生对残疾考生单考单招时间安排的满意度的平均值得分显著高于女生。男生和女生对残疾考生单考单招时间安排的满意度得分均值都高于残疾考生单考单招执行满意度的理论得分均值（3分）。

表 5-54　不同性别的学生对残疾考生单考单招时间安排的满意度的差异比较

| 项目 | 性别：（平均值±标准差） | | t | p |
	1. 男（$N=427$）	2. 女（$N=547$）		
对残疾考生单考单招时间安排的满意度	3.29±1.16	3.22±1.17	0.807	0.420

学生对残疾考生单考单招时间安排的满意度的不同残疾类别的差异比较。从表 5-55 可以看出，不同残疾类别的学生对残疾考生单考单招时间安排的满意度没有呈现出显著性（$p>0.05$）。所以，残疾大学生对残疾考生单考单招时间安排的满意度在残疾类别上不存在显著的差异性。由不同残疾类别的平均值得分可知，听力残疾大学生的得分均值最高，而视力残疾大学生的得分均值最低。各类残疾大学生对残疾考生单考单招时间安排的满意度得分均值都高于残疾考生单考单招执行满意度的理论得分均值（3分）。

表 5-55　不同残疾类别的学生对残疾考生单考单招时间安排的满意度的差异比较

| 项目 | 残疾类别：（平均值±标准差） | | | F | p |
	1. 听力残疾（$N=770$）	2. 视力残疾（$N=158$）	3. 其他残疾（$N=46$）		
对残疾考生单考单招时间安排的满意度	3.28±1.16	3.12±1.22	3.24±1.06	1.219	0.296

学生对残疾考生单考单招时间安排的满意度的不同教育层次的差异比较。从表5-56可以看出，不同教育层次的学生对残疾考生单考单招时间安排的满意度没有表现出显著性（$p>0.05$）。所以，残疾大学生在残疾考生单考单招时间安排的满意度上没有表现出教育层次方面的显著性差异。由不同残疾类别的平均值得分可知，专科生对残疾考生单考单招时间安排的满意度得分均值要高于本科生。

表5-56　不同教育层次的学生对残疾考生单考单招时间安排的满意度的差异比较

项目	教育层次：（平均值±标准差）		F	p
	1. 专科生（包括3+2高职的专科生）（$N=343$）	2. 本科生（$N=631$）		
对残疾考生单考单招时间安排的满意度	3.27±1.17	3.24±1.17	0.074	0.786

学生对残疾考生单考单招时间安排的满意度的不同区域的差异比较。不同区域的学生对残疾考生单考单招时间安排的满意度没有表现出显著性（$p>0.05$）。所以，残疾大学生对残疾考生单考单招时间安排的满意度在区域上不存在显著性差异。通过观察不同区域的平均值得分可以得出，来自东、中、西部地区的大学生对残疾考生单考单招时间安排的满意度得分均值都高于残疾考生单考单招执行满意度的理论得分均值（3分）（见表5-57）。

表5-57　不同区域的学生对残疾考生单考单招时间安排的满意度的差异比较

项目	区域：（平均值±标准差）			F	p
	1. 东部地区（$N=203$）	2. 中部地区（$N=536$）	3. 西部地区（$N=235$）		
对残疾考生单考单招时间安排的满意度	3.20±1.15	3.24±1.19	3.31±1.13	0.494	0.610

综上所述，残疾大学生对残疾考生单考单招时间安排的满意度在性别、残疾类别、受教育层次、就读的学校类型、就读学校所在区域等方面没有表现出显著性差异。我国招收残疾人的高校遍布全国各个省份，残疾考生单考单招时间为每年的3—5月，公布录取结果时间为4—6月。如此

一来，残疾学生参加残疾考生单考单招的主要特点是活动范围广、耗费时间长，可谓是争取高等教育机会的旷日持久战。通过与残疾大学生交流得知，残疾考生单考单招考试时间在这一群体中争议较大。

招收残疾人的学校的考试时间大都不一样。如果同时报考几所学校，那跑的学校就会比较多，花费的时间、精力和钱自然也就多了，同学们和我都感觉太累了。(S7)

我就遇到了两个学校考试时间冲突的情况，所以只能二选一，很纠结，很难选择。所以我建议各个高校把残疾考生单考单招的时间尽量错开些，避免考试时间冲突。(S4)

残疾考生单考单招的考试时间和普通高考时间错开了三个月，这样我觉得还是有好处的。参加完单考单招的残疾学生，如果有能力还可以参加普通高考，这是对残疾人的照顾。但残疾考生单考单招的考试时间太早了，都没有复习好，而且考试时间也比较紧，四处奔波，有点浪费时间。(S1)

（8）对学生对残疾考生单考单招考试大纲的满意度的调查结果的描述与分析。对于该问题，被调查者中表示"非常满意"的占比为16.3%，"比较满意"的占比为46.6%，残疾大学生对残疾考生单考单招考试大纲的总体满意率为62.9%。残疾大学生中选"不确定"的比例为21.6%，总共有15.5%的残疾大学生对残疾考生单考单招考试大纲表示"不满意"及"非常不满意"（见图5-45）。

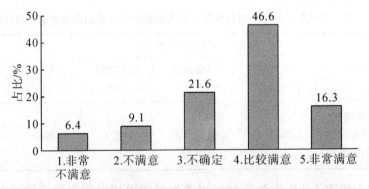

图5-45 残疾大学生对残疾考生单考单招考试大纲的满意度的调查结果

本书通过 T 检验或单因素方差分析来研究残疾大学生对残疾考生单考单招考试大纲的满意度是否在性别、残疾类别、接受大学教育的层次、就读不同类型学校、就读学校所在的区域位置 5 项上存在差异性。具体结果如下：

学生对残疾考生单考单招考试大纲的满意度的不同性别的差异比较。从表 5-58 可以看出，不同性别的学生对残疾考生单考单招考试大纲的满意度没有表现出显著性（$p>0.05$），意味着残疾大学生对残疾考生单考单招考试大纲的满意度在性别上没有显著差异性。通过对比不同性别的平均值得分可以得出，男生对残疾考生单考单招考试大纲的满意度的得分均值高于女生。男生和女生对残疾考生单考单招考试大纲的满意度得分均值都高于残疾考生单考单招执行满意度的理论得分均值（3 分）。

表 5-58　不同性别的学生对残疾考生单考单招考试大纲的满意度的差异比较

项目	性别：（平均值±标准差）		t	p
	1. 男 （$N=427$）	2. 女 （$N=547$）		
对残疾考生单考单招 考试大纲的满意度	3.63±1.07	3.53±1.06	1.45	0.147

学生对残疾考生单考单招考试大纲的满意度的不同残疾类别的差异比较。从表 5-59 可以看出，不同残疾类别的学生对残疾考生单考单招考试大纲的满意度呈现出 0.01 水平的显著性（$F=9.87$，$p=0.00$）。所以，残疾大学生对残疾考生单考单招考试大纲的满意度在残疾类别上存在显著性差异。由不同残疾类别的平均值得分可知，听力残疾、视力残疾和其他残疾的大学生对残疾考生单考单招考试大纲的满意度得分均值都高于残疾考生单考单招执行满意度的理论得分均值（3 分）。其中，听力残疾大学生对残疾考生单考单招考试大纲的满意度得分均值最高，而视力残疾大学的得分均值最低。

表 5-59　不同残疾类别的学生对残疾考生单考单招考试大纲的满意度的差异比较

项目	残疾类别：（平均值±标准差）			F	p
	1. 听力残疾 （$N=770$）	2. 视力残疾 （$N=158$）	3. 其他残疾 （$N=46$）		
对残疾考生单考单招 考试大纲的满意度	3.64±1.03	3.23±1.21	3.57±0.98	9.87	0.000**

学生对残疾考生单考单招考试大纲的满意度的不同教育层次的差异比较。从表5-60可以看出，不同教育层次的学生对残疾考生单考单招考试大纲的满意度没有表现出显著性（$p>0.05$）。所以，残疾大学生对残疾考生单考单招考试大纲的满意度在教育层次上不存在显著性差异。由不同残疾类别的平均值得分可知，本科生对残疾考生单考单招考试大纲的满意度得分均值要高于专科生，而且二者的得分均值都高于残疾考生单考单招执行满意度的理论得分均值（3分）。

表5-60　不同教育层次的学生对残疾考生单考单招考试大纲的满意度的差异比较

项目	教育层次：（平均值±标准差）		F	p
	1. 专科生（包括3+2高职的专科生）（$N=343$）	2. 本科生（$N=631$）		
对残疾考生单考单招考试大纲的满意度	3.55±1.12	3.59±1.04	0.310	0.578

学生对残疾考生单考单招考试大纲的满意度的不同区域的差异比较。不同区域的学生对残疾考生单考单招考试大纲的满意度没有表现出显著性（$p>0.05$）。所以，残疾大学生对残疾考生单考单招考试大纲的满意度在区域方面不存在显著性差异。通过观察不同区域的平均值得分可以得出，来自东、中、西部地区的大学生对残疾考生单考单招考试大纲的满意度得分均值都高于残疾考生单考单招执行满意度的理论得分均值（3分）（见表5-61）。

表5-61　不同区域的学生对残疾考生单考单招考试大纲的满意度的差异比较

项目	区域：（平均值±标准差）			F	p
	1. 东部地区（$N=203$）	2. 中部地区（$N=536$）	3. 西部地区（$N=235$）		
对残疾考生单考单招考试大纲的满意度	3.47±1.03	3.60±1.07	3.60±1.08	1.267	0.282

综上所述，残疾大学生对残疾考生单考单招考试大纲的满意度在残疾类别上存在显著的差异性，视力残疾大学生对残疾考生单考单招考试大纲的满意度得分均值最低，但是略高于残疾考生单考单招执行满意度的理论得分均值。残疾大学生对残疾考生单考单招考试大纲的满意度在性别、受

教育层次、就读的学校类型、就读学校所在区域等方面没有表现出显著的差异性。由于特殊教育学校没有全国统一的课程标准，所以特殊教育学校的教学内容和要求，除了参照普通高中的课程标准外，还主要参照了高校颁布的关于残疾考生单考单招的考试大纲。笔者通过访谈残疾大学生得知，相当一部分残疾大学生对考试大纲不是特别的了解，他们对考试大纲的满意度跟报考学校的数量有直接关系。

在高中时，你报的学校越多，你要学的东西就越多，因为各个高校考的内容大部分不一样。当然，如果只报一所学校，那只按照一所学校的考试大纲进行复习就可以了，很轻松。当时我们班就有同学报考了3所学校或者4所学校，甚至5所学校的都有。他们学得很累，老师教得也累，因为要学习的东西太多了。（S5）

（9）对学生对残疾考生单考单招考试形式的满意度的调查结果的描述与分析。对于该问题，被调查者中表示"非常满意"的占比为17.3%，"比较满意"的占比为51.5%，残疾大学生对残疾考生单考单招考试形式的总体满意率为68.8%。有18.7%的残疾大学生选了"不确定"，总共有12.5%的残疾大学生表示"不满意"及"非常不满意"（见图5-46）。

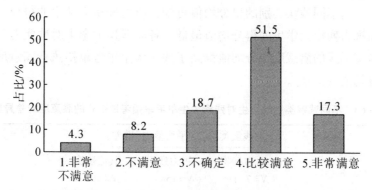

图5-46　残疾大学生对残疾考生单考单招考试形式的满意度的调查结果

本书通过 T 检验或单因素方差分析来研究残疾大学生对残疾考生单考单招考试形式的满意度是否在性别、残疾类别、接受大学教育的层次、就读不同类型学校、就读学校所在的区域位置 5 项上存在差异。具体结果如下：

对学生对残疾考生单考单招考试形式的满意度的不同性别的差异比较。从表5-62可以看出，不同性别的学生对残疾考生单考单招考试形式的满意度没有呈现出显著性（$p>0.05$），意味着残疾大学生对残疾考生单考单招考试形式的满意度在性别上不存在显著性差异。由不同性别的得分均值可知，男生对残疾考生单考单招考试形式的满意度的平均值得分显著高于女生。男生和女生对残疾考生单考单招考试形式的满意度得分均值都高于残疾考生单考单招执行满意度的理论得分均值（3分）

表 5-62　不同性别的学生对残疾考生单考单招考试形式的满意度的差异比较

| 项目 | 性别：（平均值±标准差） | | t | p |
	1. 男 ($N=427$)	2. 女 ($N=547$)		
对残疾考生单考单招考试形式的满意度	3.74±1.01	3.66±0.98	1.272	0.204

学生对残疾考生单考单招考试形式的满意度的不同残疾类别的差异比较。从表 5-63 可以看出，不同残疾类别的学生对残疾考生单考单招考试形式的满意度呈现出 0.01 水平的显著性（$F=8.38$，$p=0.00$）。所以，残疾大学生对残疾考生单考单招考试形式的满意度在残疾类别上存在显著的差异性。由不同残疾类别的得分均值可知，听力残疾大学生的得分均值最高，而视力残疾大学生的得分均值最低。各类残疾大学生对残疾考生单考单招考试形式的满意度得分均值都高于残疾考生单考单招执行满意度的理论得分均值（3分）。

表 5-63　不同残疾类别的学生对残疾考生单考单招考试形式的满意度的差异比较

| 项目 | 残疾类别：（平均值±标准差） | | | F | p |
	1. 听力残疾 ($N=770$)	2. 视力残疾 ($N=158$)	3. 其他残疾 ($N=46$)		
对残疾考生单考单招考试形式的满意度	3.75±0.94	3.40±1.17	3.74±0.95	8.385	0.000**

学生对残疾考生单考单招考试形式的满意度的不同教育层次的差异比较。从表 5-64 可以看出，不同教育层次的学生对残疾考生单考单招考试形式的满意度没有表现出显著性（$p>0.05$）。所以，残疾大学生对残疾考生单考单招考试形式的满意度在教育层次方面不存在显著性差异。p 值是 0.927，p 值越趋近于 1，说明专科生与本科生对残疾考生单考单招考试形

式的满意度得分均值越趋近于相等的原假设，二者的差异越小。

表5-64　不同教育层次的学生对残疾考生单考单招考试形式的满意度的差异比较

项目	教育层次：（平均值±标准差）		F	p
	1. 专科生（包括3+2高职的专科生）（N=343）	2. 本科生（N=631）		
对残疾考生单考单招考试形式的满意度	3.69±1.05	3.69±0.96	0.008	0.927

学生对残疾考生单考单招考试形式的满意度的不同区域的差异比较。从表5-65可以看出，不同区域的学生对残疾考生单考单招考试形式的满意度没有表现出显著性（$p>0.05$）。所以，残疾大学生对残疾考生单考单招考试形式的满意度在区域方面不存在显著性差异。由不同区域的平均值得分可知，来自东、中、西部地区的残疾大学生对残疾考生单考单招考试形式的满意度得分均值都高于残疾考生单考单招执行满意度的理论得分均值（3分）。其中，满意度得分均值最高的是中部地区，其次是东部地区，最低是西部地区。

表5-65　不同区域的学生对残疾考生单考单招考试形式的满意度的差异比较

项目	残疾类别：（平均值±标准差）			F	p
	1. 东部地区（N=203）	2. 中部地区（N=536）	3. 西部地区（N=235）		
对残疾考生单考单招考试形式的满意度	3.67±0.98	3.71±0.99	3.66±1.01	0.222	0.801

综上所述，残疾大学生对残疾考生单考单招考试形式的满意度在残疾类别上存在显著的差异性，视力残疾大学生对残疾考生单考单招考试形式的满意度得分均值最低，但是高于残疾考生单考单招执行满意度的理论得分均值（3分）。其他项均值得分基本都在3.6以上，所以残疾大学生对残疾考生单考单招考试形式的满意度处于较高水平。残疾大学生对残疾考生单考单招考试形式的满意度在性别、受教育层次、就读的学校类型、就读学校所在区域等方面没有表现出显著的差异性。我国各个高校的残疾考生单考单招的考试形式比较一致，包括文化课和专业课，只是一些高校的文化课和专业课的考核比重有所不同。通过访谈残疾大学生可知，他们对残

疾考生单考单招的考试形式，还是比较满意的。

我觉得作为一名残疾人，能够有机会上大学还是非常幸运的。文化课考试内容的难易程度比较适合我们残疾学生，专业课考试能够充分发挥残疾学生的特长，给残疾学生充分展示才能的机会。(S12)

虽然平时我会说我已经受够了参加考试的奔波劳苦，但是最终能够考上大学，已经非常不错了。我建议残疾考生单考单招可以尝试几个学校一起联考或者集中在一个地方考试，比如几所学校可以在一个地点考试，又或者一个学校在几个省设立考点，这样可能就方便多了。(S3)

（10）对学生对残疾考生单考单招工作流程的满意度的调查结果的描述与分析。对于该问题，被调查者中表示"非常满意"的占比为16.9%，"比较满意"的占比为51.3%，残疾大学生对残疾考生单考单招工作流程的总体满意率为68.2%。有25.1%的残疾大学生选了"不确定"，对残疾考生单考单招工作流程表示"不满意"及"非常不满意"的残疾大学生的总体比例为6.7%（见图5-47）。

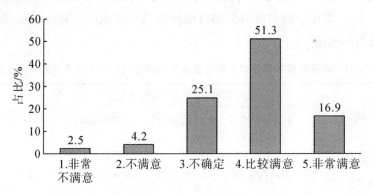

图5-47　残疾大学生对残疾考生单考单招工作流程的满意度的调查结果

本书通过 T 检验或单因素方差分析来研究残疾大学生对残疾考生单考单招工作流程的满意度是否在性别、残疾类别、接受大学教育的层次、就读不同类型学校、就读学校所在的区域位置 5 项上存在差异。具体结果如下：

学生对残疾考生单考单招工作流程的满意度的不同性别的差异比较。从表5-66可以看出，不同性别的学生对残疾考生单考单招工作流程的满意度没有呈现出显著性（$p > 0.05$），意味着残疾大学生对残疾考生单考单招工作流程的满意度在性别上不存在显著差异性。通过不同性别的平均值得分对比可以得出，男生对残疾考生单考单招工作流程满意度的平均值得分显著高于女生，且二者的满意度得分均值都高于残疾考生单考单招执行满意度的理论得分均值（3分）。

表 5-66　不同性别的学生对残疾考生单考单招工作流程的满意度的差异比较

项目	性别：（平均值±标准差）		t	p
	1．男（N=427）	2．女（N=547）		
对残疾考生单考单招工作流程的满意度	3.82±0.84	3.72±0.88	1.798	0.072

学生对残疾考生单考单招工作流程的满意度的不同残疾类别的差异比较。从表5-67可以看出，不同残疾类别的学生对残疾考生单考单招工作流程的满意度没有呈现出显著性（$p>0.05$）。所以，残疾大学生对残疾考生单考单招工作流程的满意度在残疾类别上不存在显著性差异。由不同残疾类别的平均值得分可知，听力残疾、视力残疾及其他残疾大学生对残疾考生单考单招工作流程的满意度的得分均值都高于残疾考生单考单招执行满意度的理论得分均值（3分）。其中，听力残疾大学生的满意度得分均值最高，视力残疾大学生的满意度得分均值最低。

表 5-67　不同残疾类别的学生对残疾考生单考单招工作流程的满意度的差异比较

项目	残疾类别：（平均值±标准差）			F	p
	1．听力残疾（N=770）	2．视力残疾（N=158）	3．其他残疾（N=46）		
对残疾考生单考单招工作流程的满意度	3.78±0.86	3.68±0.90	3.74±0.83	0.789	0.454

学生对残疾考生单考单招工作流程的满意度的不同教育层次的差异比较。从表5-68可以看出，不同教育层次的学生对残疾考生单考单招工作流程的满意度没有表现出显著性（$p>0.05$）。所以，残疾大学生对残疾考生单考单招工作流程的满意度在教育层次方面不存在显著性差异。由不同残疾类别的平均值得分可知，专科生对残疾考生单考单招工作流程的满意度得分均值要高于本科生。

表 5-68　不同教育层次的学生对残疾考生单考单招工作流程的满意度的差异比较

项目	教育层次：（平均值±标准差）		F	p
	1. 专科生（包括 3+2 高职的专科生）（$N=343$）	2. 本科生（$N=631$）		
对残疾考生单考单招工作流程的满意度	3.80±0.85	3.74±0.88	1.179	0.278

学生对残疾考生单考单招工作流程的满意度的不同区域的差异比较。从表 5-69 可以看出，不同区域的学生对残疾考生单考单招工作流程的满意度没有表现出显著性（$p>0.05$）。所以，残疾大学生对残疾考生单考单招工作流程的满意度在区域方面不存在显著性差异。通过观察不同区域的平均值得分可以得出，来自东、中、西部地区的残疾大学生对残疾考生单考单招工作流程的满意度得分均值都高于残疾考生单考单招执行满意度的理论得分均值（3 分）。

表 5-69　不同区域的学生对残疾考生单考单招工作流程的满意度的差异比较

项目	区域：（平均值±标准差）			F	p
	1. 东部地区（$N=203$）	2. 中部地区（$N=536$）	3. 西部地区（$N=235$）		
对残疾考生单考单招工作流程的满意度	3.69±0.90	3.80±0.85	3.73±0.88	1.227	0.294

综上所述，残疾大学生对残疾考生单考单招工作流程的满意度在性别、残疾类别、受教育层次、就读的学校类型、就读学校所在区域等方面没有表现出显著的差异性。残疾考生单考单招主要是由本校命题、本校负责组织与执行考试，本校负责与残疾考生所在的省级教育部门协调办理录取审批事宜[1]。残疾考生单考单招的招考工作流程主要包括：残疾考生报名、高校单位组织与执行考试、各高校与省统招办协同办理考生录取和发放录取通知书[2]。残疾大学生对残疾考生单考单招工作流程的满意度，总

---

① 李冬梅. 残疾人高等教育的发展历程及现状 [J]. 中国残疾人，1999（3）：47.

② 丁锐. 我国听障、视障考生高等教育入学考试现状及对策：以长春大学为例 [J]. 长春大学学报，2014，24（9）：1284-1287.

体处于较高的水平，但也有一些残疾学生对此不是很满意。

招生学校的网站上有详细的残疾考生单考单招工作流程，如果有不清楚的地方，我会寻求家长和志愿者的帮助。(S2)

我觉得学校的考试安排得挺好的，当初在河南推拿学院考试时有人帮忙，直接把我送到考场，吃饭也有人带，感觉很温馨，有种家的感觉。(S8)

我感觉残疾考生单考单招的宣传力度还不够。当初报考时，我们当地残联都不知道。他们还说，没听说残疾人还可以考大学的。总之，视力障碍学生报考的程序比较复杂，省内学校和省外学校的报考程序有时候也不一样，好像报考省外学校的程序更复杂。(S9)

去我们当地招生办挂号做体检，来来回回好几次。本来因为视力问题就不方便，还必须本人去。还有，去我们当地招生办的体检中心挂号，弄了好几天才能挂到。总之最好让残疾人不出门，或者少出门就能办理。有的报名手续能在手机上完成就好了。(S15)

我去某所高校参加考试时，开始作答的铃声已经响起了，可试卷仍然没有发到我们手上。我觉得这种做法不够规范。(S2)

（11）对学生对残疾考生单考单招录取办法的满意度的调查结果的描述与分析。对于该问题，被调查者中表示"非常满意"的占比为19.6%，"比较满意"的占比为53.3%，残疾大学生对残疾考生单考单招录取办法的总体满意率为72.9%。残疾大学生中选"不确定"的比例为20.7%，总共有6.4%的残疾大学生对残疾考生单考单招录取办法表示"不满意"及"非常不满意"（见图5-48）。

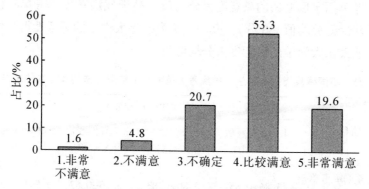

图5-48 残疾大学生对残疾考生单考单招录取办法的满意度的调查结果

本书通过 T 检验或单因素方差分析来研究残疾大学生对残疾考生单考单招录取办法的满意度是否在性别、残疾类别、接受大学教育的层次、就读不同类型学校、就读学校所在的区域位置 5 项上存在差异。具体结果如下：

学生对残疾考生单考单招录取办法的满意度的不同性别的差异比较。从表 5-70 可以看出，不同性别的学生对残疾考生单考单招录取办法的满意度没有呈现出显著性（$p>0.05$），意味着残疾大学生对残疾考生单考单招录取办法的满意度在性别上不存在显著性差异。通过对比不同性别的平均值得分可以得出，男生对残疾考生单考单招录取办法的满意度的平均值得分高于女生，且二者的满意度得分均值都高于残疾考生单考单招执行满意度的理论得分均值（3 分）。

表 5-70　不同性别的学生对残疾考生单考单招录取办法的满意度的差异比较

项目	性别：（平均值±标准差）		t	p
	1. 男（$N=427$）	2. 女（$N=547$）		
对残疾考生单考单招录取办法的满意度	3.87±0.86	3.83±0.83	0.670	0.503

学生对残疾考生单考单招录取办法的满意度的不同残疾类别的差异比较。从表 5-71 可以看出，不同残疾类别的学生对残疾考生单考单招录取办法的满意度没有呈现出显著性（$p>0.05$）。所以，残疾大学生对残疾考生单考单招录取办法的满意度在残疾类别上不存在显著性差异。由不同残疾类别的平均值得分可知，听力残疾、视力残疾及其他残疾大学生对残疾考生单考单招录取办法的满意度得分均值都高于残疾考生单考单招执行满意度的理论得分均值（3 分）。其中，听力残疾大学生的满意度得分均值最高，其他残疾大学生的满意度得分均值最低。

表 5-71　不同残疾类别的学生对残疾考生单考单招录取办法的满意度的差异比较

项目	残疾类别：（平均值±标准差）			F	p
	1. 听力残疾（$N=770$）	2. 视力残疾（$N=158$）	3. 其他残疾（$N=46$）		
对残疾考生单考单招录取办法的满意度	3.86±0.85	3.80±0.83	3.76±0.82	0.533	0.587

学生对残疾考生单考单招录取办法的满意度的不同教育层次的差异比较。从表5-72可以看出，不同教育层次的学生对残疾考生单考单招录取办法的满意度没有表现出显著性（p>0.05）。所以，残疾大学生在残疾考生单考单招录取办法的满意度上没有教育层次方面的差异性。由不同残疾类别的平均值得分可知，专科生对残疾考生单考单招录取办法的满意度得分均值要高于本科生。

表5-72　不同教育层次的学生对残疾考生单考单招录取办法的满意度的差异比较

项目	教育层次：（平均值±标准差）		F	p
	1. 专科生（包括3+2高职的专科生）（N=343）	2. 本科生（N=631）		
对残疾考生单考单招录取办法的满意度	3.85±0.89	3.84±0.82	0.004	0.948

学生对残疾考生单考单招录取办法的满意度的不同区域的差异比较。不同区域的学生对残疾考生单考单招录取办法的满意度没有表现出显著性（p>0.05）。所以，残疾大学生在残疾考生单考单招录取办法的满意度上不存在区域方面的显著性差异。通过观察不同区域的平均值得分可以得出，来自东、中、西部地区的残疾大学生对残疾考生单考单招录取办法的满意度得分均值都高于残疾考生单考单招执行满意度的理论得分均值（3分）（见表5-73）。

表5-73　不同区域的学生对残疾考生单考单招录取办法的满意度的差异比较

项目	区域：（平均值±标准差）			F	p
	1. 东部地区（N=203）	2. 中部地区（N=536）	3. 西部地区（N=235）		
对残疾考生单考单招录取办法的满意度	3.76±0.85	3.87±0.85	3.86±0.81	1.397	0.248

综上所述，残疾大学生对残疾考生单考单招录取办法的满意度在性别、残疾类别、受教育层次、就读的学校类型、就读学校所在区域等方面没有表现出显著性差异。残疾考生单考单招结束以后，高校会及时向社会公布残疾考生的考试成绩，同时整理符合本校录取原则的残疾考生的基本材料，然后将书面材料和相关电子材料分别报给各考生所在地的省级招生

主管部门。该部门进行审批后将材料寄回高校。高校接到审核结果以后，向通过审核的残疾考生发放录取通知书。这就是目前残疾考生单考单招的招考录取程序①。然而，在这个过程，中间可能会有一些环节让残疾大学生感到不满意。

报考一所以上的学校的学生，很容易通过两个学校的考试，我就是其中一个。考试完后，我得知我通过了＊＊大学和＊＊大学两所学校的考试，但是没有被理想中的学校录取。到现在我都不知道招生办是怎么操作的，很郁闷啊！(S6)

我的考试成绩也不错，成绩合格且被本科学校录取了。但是等待录取通知书的过程太煎熬了。打了很多次电话，学校那边说招生部门还没有给审批，直到快开学了才收到录取通知书，办事效率太差了。(S7)

(12) 对学生对家人支持态度的满意度的调查结果的描述与分析。对于该问题，被调查者中表示"非常满意"的占比为 33.3%，"比较满意"的占比为 47.0%，残疾大学生对家人的支持态度的总体满意率为 80.3%。残疾大学生中选"不确定"的比例为 14.4%，总共有 5.3%的残疾大学生对家人的支持态度表示"不满意"及"非常不满意"（见图 5-49）。

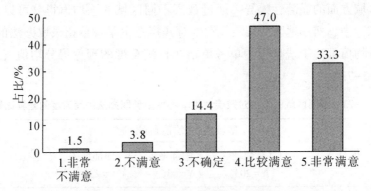

图 5-49　残疾大学生对家人支持态度的满意度的调查结果

本书通过 T 检验或单因素方差分析来研究残疾大学生对家人支持态度的满意度是否在性别、残疾类别、接受大学教育的层次、就读不同类型学校、就读学校所在的区域位置 5 项上存在差异性。具体结果如下：

---

① 丁锐. 我国听障、视障考生高等教育入学考试现状及对策：以长春大学为例 [J]. 长春大学学报，2014，24 (9)：1284-1287.

残疾大学生对家人支持态度的满意度的不同性别的差异比较。从表5-74可以看出，不同性别的学生对家人支持态度的满意度没有呈现出显著性（$p>0.05$），意味着该问题的调查结果不存在性别上的显著性差异。通过对比不同性别的平均值得分可以看出，男生对家人支持态度的满意度的得分均值显著高于女生。男生和女生对家人支持态度的满意度得分均值都高于残疾考生单考单招执行满意度的理论得分均值（3分），且达到了"比较满意"的较高的认可水平。

表 5-74　不同性别的学生对家人支持态度的满意度的差异比较

项目	性别：（平均值±标准差）		t	p
	1. 男（$N=427$）	2. 女（$N=547$）		
残疾大学生对家人支持态度的满意度	4.08±0.89	4.05±0.86	0.481	0.631

残疾大学生对家人支持态度的满意度的不同残疾类别的差异比较。从表5-75可以看出，不同残疾类别的学生对家人支持态度的满意度没有呈现出显著性（$p>0.05$）。所以，残疾大学生对家人支持态度的满意度不存在残疾类别上的显著性差异。由不同残疾类别的平均值得分可知，听力残疾、视力残疾和其他残疾的大学生对家人支持态度的满意度得分均值都高于残疾考生单考单招执行满意度的理论得分均值（3分）。

表 5-75　不同残疾类别的学生对家人支持态度的满意度的差异比较

项目	残疾类别：（平均值±标准差）			F	p
	1. 听力残疾（$N=770$）	2. 视力残疾（$N=158$）	3. 其他残疾（$N=46$）		
残疾大学生对家人支持态度的满意度	4.08±0.87	4.03±0.87	4.02±0.93	0.301	0.740

残疾大学生对家人支持态度的满意度的不同教育层次的差异比较。不同教育层次的学生对家人支持态度的满意度没有表现出显著性（$p>0.05$）。所以，残疾大学生在家人支持态度的满意度上不存在教育层次方面的差异。由不同教育层次的平均值得分可知，本科生对家人支持态度的满意度得分均值要高于专科生（见表5-76）。

表 5-76　不同教育层次的学生对家人支持态度的满意度的差异比较

项目	教育层次：（平均值±标准差）		F	p
	1. 专科生（包括3+2 高职的专科生）（$N=343$）	2. 本科生（$N=631$）		
残疾大学生对家人支持态度的满意度	4.02±0.95	4.09±0.83	1.489	0.223

　　残疾大学生对家人支持态度满意度的不同区域的差异比较。从表 5-77 可以看出，不同区域的学生对家人支持态度的满意度没有表现出显著性（$p>0.05$）。所以，残疾大学生在家人支持态度的满意度上没有表现出区域方面的显著性差异。通过观察不同区域的平均值得分可以得出，来自东、中、西部地区的残疾大学生对家人支持态度的满意度得分均值都高于残疾考生单考单招执行满意度的理论得分均值（3 分）；而且三者的得分均值都高于 4 分，说明来自东、中、西部地区的残疾大学生对家人的支持态度达到较高的认可水平。

表 5-77　不同区域的学生对家人支持态度的满意度的差异比较

项目	区域：（平均值±标准差）			F	p
	1. 东部地区（$N=203$）	2. 中部地区（$N=536$）	3. 西部地区（$N=235$）		
残疾大学生对家人支持态度的满意度	4.07±0.87	4.07±0.86	4.05±0.92	0.051	0.95

　　综上所述，残疾大学生对家人支持态度的满意度在性别、残疾类别、受教育层次、就读的学校类型、就读学校所在区域等方面没有表现出显著的差异性。残疾大学生对家人支持态度满意度的得分均值都在 4 分以上，说明残疾大学生对家人支持态度的满意度处于较高的水平。家长的支持态度主要体现在他们对残疾学生参加残疾考生单考单招持有积极的思想和行为。笔者在访谈残疾大学生时得知，多数人的家长对他们参加单考单招还是比较支持的。

　　我妈妈在菜市场卖菜，我爸长期在外打工，家里还有一个妹妹，她今年上（小学）五年级。考试那几天，妈妈也不卖菜了，陪我去考试，坐了好长时间的火车。由于交流问题，买车票、住酒店、找学校等都由妈妈来

做。到学校后，要考试确认、提交材料，妈妈也不懂，一直在不停地找别人询问，我心里不好受。(S3)

我知道爸妈最大的愿望就是希望我能考上大学，将来能够找个工作，可以独立生活。他们知道我喜欢舞蹈，花了很多钱让我去学习舞蹈，现在我也考了舞蹈十级证书，还在市里获得了舞蹈比赛二等奖。虽然残疾考生单考单招不考这些，但是家人仍然支持我去做这些。后来我在残疾考生单考单招面试环节，跳了一支我最拿手的舞蹈，老师们都很高兴。能考上大学，也是沾了舞蹈的光。(S11)

（13）对学生对家长资金支持的满意度的调查结果的描述与分析。对于该问题，被调查者中表示"非常满意"的占比为36.9%，"比较满意"的占比为44.8%，残疾大学生对家长资金支持的总体满意率为81.7%。有13.8%的残疾大学生选了"不确定"，对家长的资金支持表示"不满意"及"非常不满意"的总体比例为4.5%（见图5-50）。

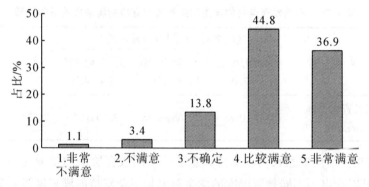

图5-50　残疾大学生对家长资金支持的满意度的调查结果

本书通过 T 检验或单因素方差分析来研究残疾大学生对家长资金支持的满意度是否在性别、残疾类别、接受大学教育的层次、就读不同类型学校、就读学校所在的区域位置 5 项上存在差异。具体结果如下：

残疾大学生对家长资金支持满意度的不同性别的差异比较。从表5-78可知，不同性别的学生对家长资金支持的满意度没有呈现出显著性（$p > 0.05$），意味着残疾大学生对家长资金支持的满意度在性别上不存在显著性差异。通过对比不同性别的平均值得分可以得出，女生对家长资金支持满意度的平均值得分低于男生。男生和女生家长资金支持满意度的得分均值都高于残疾考生单考单招执行满意度的理论得分均值（3分），且达到了

4 分以上的较高的满意水平。

表 5-78　不同性别的学生对家长资金支持的满意度的差异比较

| 项目 | 性别：（平均值±标准差） | | t | p |
	1. 男（N=427） 2. 女（N=547）			
对家长资金支持的满意度	4.14±0.87	4.12±0.85	0.457	0.648

残疾大学生对家长资金支持满意度的不同残疾类别的差异比较。不同残疾类别的学生对家长资金支持的满意度没有呈现出显著性（$p>0.05$）。所以，残疾大学生对家长资金支持的满意度在残疾类别上不存在显著性差异。由不同残疾类别的平均值得分可知，听力残疾、视力残疾和其他残疾的大学生对家长资金支持的满意度得分均值高于残疾考生单考单招执行满意度的理论得分均值（3分）（见表5-79）。

表 5-79　不同残疾类别的学生对家长资金支持的满意度的差异比较

| 项目 | 残疾类别：（平均值±标准差） | | | F | p |
	1. 听力残疾（N=770）	2. 视力残疾（N=158）	3. 其他残疾（N=46）		
对家长资金支持的满意度	4.15±0.85	4.06±0.85	3.89±0.97	2.535	0.080

残疾大学生对家长资金支持满意度的不同教育层次的差异比较。从表5-80可以看出，不同教育层次的学生对家长资金支持的满意度没有表现出显著性（$p>0.05$）。所以，残疾大学生对家长资金支持的满意度在教育层次方面不存在显著性差异。由不同教育层次的平均值得分可知，本科生对家长资金支持的满意度得分均值要高于专科生。

表 5-80　不同教育层次的学生对家长资金支持的满意度的差异比较

| 项目 | 教育层次：（平均值±标准差） | | F | p |
	1. 专科生（包括3+2高职的专科生）（N=343）	2. 本科生（N=631）		
对家长资金支持的满意度	4.11±0.90	4.14±0.84	0.243	0.622

残疾大学生对家长资金支持满意度的不同区域的差异比较。从表5-81可以看出，不同区域的学生对家长资金支持的满意度没有表现出显著性（$p>0.05$）。所以，残疾大学生对家长资金支持的满意度在区域上不存在显著性差异。从不同区域的平均值得分可以得出，来自东、中、西部地区的大学生对家长资金支持的满意度得分均值都高于残疾考生单考单招执行满意度的理论得分均值（3分），且它们都达到了4分以上的较高的满意水平。

表5-81　不同区域的学生对家长资金支持的满意度的差异比较

项目	区域：（平均值±标准差）			F	p
	1. 东部地区（$N=203$）	2. 中部地区（$N=536$）	3. 西部地区（$N=235$）		
对家长资金支持的满意度	4.10±0.81	4.13±0.86	4.15±0.91	0.188	0.829

综上所述，残疾大学生对家长资金支持的满意度在性别、残疾类别、受教育层次、就读的学校类型、就读学校所在区域等方面没有表现出显著的差异性。残疾大学生对家长资金支持满意度的多数项目得分均值都在4分以上，说明残疾大学生对家长的资金支持具有较高的满意度。大多数残疾学生的家庭经济状况都比较差，如果残疾学生报考多个学校，几千元的考试费用（包括车旅费、食宿费、考试费等）对大部分残疾考生家庭而言都是很大的经济负担。尽管如此，绝大部分家长还是愿意为残疾学生花费这些钱，因为他们希望自己的孩子也能够有更多的机会上大学。

我的家庭并不富裕，之前因为耳朵的问题看病也花了很多钱。家里没有钱，就向别人借钱让我看病，因此我家欠了很多钱。具体负债多少我也不清楚，听妈妈说有十几万元，不知道什么时候能还完。家里虽然很穷，但还是很支持我上大学。考试的时候，爸爸一直陪我，跑了三个学校，也花了几千块钱。最后，我被第一个学校录取了。早知道，我就不跑后面两个学校了，这样还可以省点钱。(S10)

第五节　残疾考生单考单招执行的个案分析

笔者对我国残疾考生单考单招执行问题进行了调查，通过调查结果分析从宏观层面得出了残疾考生单考单招执行的基本情况。为了使研究的问题更加聚焦深入，需要从微观层面对某一高校的残疾考生单考单招的执行进行深入分析。因此，笔者试图选择我国一所比较具有代表性的高等特殊教育院校作为个案，并以其基本情况、其残疾考生单考单招的执行现状、其残疾考生单考单招执行取得的成就以及其残疾考生单考单招执行过程中遇到的难点为思路来进行个案分析。

一、个案的选择

笔者之所以选择长春大学作为个案分析对象，是因为长春大学于1987年成立了我国第一所特殊教育学院，它也是我国第一所执行残疾考生单考单招的高等特殊教育院校，又是亚洲第一所专门招收视障学生、听障学生来接受高等教育的高等特殊教育院校。长春大学特殊教育学院的创立，填补了我国高等教育的空白，开了我国视障学生、听障学生接受高等教育的先河。在残疾考生单考单招执行问题研究中，长春大学无论是取得的成就，还是遇到的问题，都具有一定的代表性。

二、长春大学残疾考生单考单招执行个案分析

(一) 残疾考生单考单招执行主体——长春大学特殊教育学院概况

长春大学特殊教育学院内部的一级机构有行政机构、教辅机构和系室，这三个一级机构下设有三个办公室、四个中心和五个系。三个办公室，即学院办公室、学生工作办公室、综合办公室；四个中心，即实验中心、视障资源中心、创新创业中心、培训中心；五个系，即针灸推拿系、视觉传达设计系、绘画系、动画系、特殊教育系。该学院呈现出"三、四、五"二级机构设置模式（见图5-51）。

长春大学特殊教育学院的针灸推拿系始创于1987年，是国内最早执行视力残疾学生单考单招的院系；绘画系在残疾考生单考单招方面现有绘画（油画）和绘画（国画）两个专业方向，这两个专业是目前国内同类院校中开设最早、师资水平较强、最适合听障学生掌握职业技能和自主创业的专业。残疾考生单考单招的视觉传达设计专业是长春大学特殊教育学院最早开设的本科专业之一，该专业采用独特的适合听力残疾大学生的教育模式，注重艺术与科学的结合，形象思维与逻辑思维的融合，不断加强基础设计理论和基础设计技能的训练，注重对学生创造性思维及实践能力的培

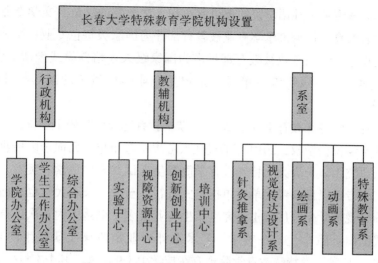

图5-51　长春大学特殊教育学院机构设置

养，使学生成为具有一定创业能力并符合时代要求，符合我国社会经济建设和发展需求，从事艺术设计、教学等方面工作的应用型高级专门人才。长春大学特殊教育学院动画专业于2004年正式设立，于2005年开始招生，它是国内创办最早，也是吉林省唯一的开展听障人士动画本科教育的艺术类专业。长春大学特殊教育学院残疾考生单考单招的音乐表演专业采取完全融合的培养模式，视力残疾学生的专业课学习全部在长春大学的音乐学院进行，与音乐学院的健全学生融为一体，专业课教学全部由音乐学院的教师承担。该专业视力残疾学生的学籍管理、学生管理由特殊教育学院承担。

　　长春大学面向残疾人招生的专业发展至今，已经有针灸推拿学、康复治疗学、音乐表演、舞蹈表演、绘画、视觉传达设计、动画、工商管理八个面向残疾人单独招生的专业，还有1个师资培养本科专业，3个视障全纳教育辅修专业——特殊教育、英语、汉语言文学，2个听障全纳教育辅修专业——工商管理、特殊教育。其中，特殊教育专业、音乐表演专业、舞蹈表演专业、工商管理专业是完全融合专业，通过残疾考生单考单招招进的残疾大学生被分别安插到特殊教育学院的特殊教育专业、音乐学院的音乐学专业、音乐学院的舞蹈表演专业、管理学院的工商管理专业与健全学生一起学习。特殊教育专业、英语专业、汉语言文学专业是融合辅修专业，通过残疾考生单考单招的学生，在规定的时间内分别到特殊教育学院的特殊教育专业、外语学院的英语专业和人文学院的汉语言文学专业进行部分融合教育。针灸推拿学专业被教育部评为国家级特色专业;绘画、视觉传达设计、动画专业被教育部批准为国家级人才培养模式创新实验区。长春大学是我国残疾考生单考单招招生专业学科最全的高等特殊教育院校。

长春大学特殊教育学院于2018年获批教育部中医学硕士学位、艺术学专业硕士学位授予权,2019年通过残疾考生单考单招,面向全国招收残疾人硕士研究生。长春大学特殊教育学院招生考试共有中医学、美术、艺术设计三个专业以残疾考生单考单招方式进行。至此,长春大学也是国内面向听障、视障学生开展硕士研究生招生专业最多,也是国内首次以单考单招方式面向听障学生,在美术、艺术设计专业招收硕士研究生的高校。2022年,长春大学特殊教育学院现有在校学生1 949人,其中本科生1 821人(包含本科残障学生999人),研究生128人(包含研究生残障学生82人),是全国在校残疾大学生数量最多的特殊教育学院。

(二)长春大学残疾考生单考单招执行的具体程序

长春大学对听力障碍、视力障碍的招生基本都是以残疾考生单考单招的形式执行,即由该校自主命题、单独组织与执行考试、单独录取。残疾考生单考单招执行,通常采用高等特殊教育院校负责与考生所在省级教育部门协调办理录取审批事宜的方式。以2018年长春大学残疾考生单考单招执行程序为例,长春大学残疾考生单考单招执行程序为学校公布招生简章、考生报名及提交材料、考生参加考试、学校公布考试成绩、学校公布录取结果(见图5-52)。

图5-52 长春大学残疾考生单考单招执行的具体程序

1. 高校公布残疾考生单考单招招生简章

高等特殊教育院校确定招生对象、招生计划及招生专业等之后,向社会发布招生简章。招生简章一般包括招生学校或学院的简介、招生专业的介绍、招生计划及分配、残疾学生报考条件、报考时间及办法、录取原则以及考试时间和地点等。长春大学根据本校的实际情况,制订残疾考生单考单招的招生专业与招生计划，并纳入学校残疾考生单考单招的招生简章，残疾考生单考单招的招生简章在长春大学招生信息网上向社会公布。

2. 报名及提交材料

招生简章公布以后，残疾考生仔细审阅之后，开始报名。残疾考生报名时需要注意四个方面：一是关于报考条件，长春大学要求考生是高级中等学校毕业或具有同等学力，年龄 17 周岁以上，生活能够自理的残疾青年；二是关于报名时间，长春大学残疾考生单考单招的网上报名时间为每年 10—12 月；三是关于报名方式：长春大学规定，考生可以到学校的招生办现场报名，或将报名材料邮寄到学校的招生办（不收报名费）；四是关于报名需要提交的材料，长春大学要求考生提交的材料包括长春大学特殊教育学院招生考试报名表、一寸近期免冠彩色照片 2 张（照片背后须写考生姓名）、毕业证复印件、残疾证复印件、体检表（由县级及以上医院体检）等。

3. 残疾考生参加考试

长春大学残疾考生单考单招除了在本校设置考点之外，还在重庆市特殊教育中心设立分考点，这样我国西部、华南地区报考长春大学的残疾考生不用再舟车劳顿、长途奔波以应付考试。

4. 公布考试成绩

长春大学残疾考生单考单招的考试成绩的公布时间为每年 4 月左右，残疾考生及其家长可以在长春大学招生信息网站查询。

5. 公布录取结果

长春大学要求残疾考生查询成绩之后，在规定的时间内用学校统一的确认函以传真的形式确认是否就读。长春大学将达到学校录取分数线，且成绩排名在招生计划范围内的残疾考生的拟录取结果公布在学校招生信息网上。

对残疾考生的录取，通常是按考生的文化成绩和专业成绩总和排序，直至完成招生计划为止。长春大学残疾考生单考单招实行"分数优先，遵循志愿"的录取原则。具体而言，长春大学对考生先按照综合分数从高到低排序，然后根据学校的招生计划、残障类型、专业报考限制等依据，以完成招生计划为基准划定学校最低录取分数线。低于学校最低录取分数线的考生不予录取；高于学校划定的最低录取分数线，但所填报专业志愿都不能被录取，并且不服从专业调剂的考生，不予录取。对划定在学校最低录取分数线上的考生，从高分到低分按照每名考生的专业志愿逐一进行检索录取，当第一专业志愿不能录取时，检索其第二专业志愿，以此类推；当检索录取完所有进线考生后，对所报专业志愿都不能录取且服从专业调剂的考生以残障类型、报考专业限制等为依据，将其随机调剂到未完成计划的专业。考生综合分相同时，依次按学校语文、英语、数学、物理、化学、解剖学（生物）、听写、朗读等规定科目顺序的单科成绩由高到低录取。

（三）长春大学残疾考生单考单招执行的条件

残疾考生单考单招的顺利执行，离不开一定的保障，包括师资保障、环境保障、教育教学设施设备保障等。首先，长春大学残疾考生单考单招执行的师资情况。2022 年，长春大学特殊教育学院现有专任教师 62 人，其中教授 13 人，副教授 20 人，博士、硕士研究生占教师总数的 74.2%。其次，环境保障情况，长春大学特殊教育学院于 2005 年在国内率先开展高等融合教育。其融合教育模式分为四种：第一种就是环境共享，即在教学环境设计上遵循了有利于所有学生（包括残疾学生）融入社会的原则，提高残疾学生融入社会的能力和自信心。第二种是残健融合模式，即将音乐表演专业的视力障碍学生安置在音乐学院，与正常学生一起学习，共享教学资源。第三种是随班就读模式，即特殊教育学院的轻度残疾学生可以转入相关学院的专业进行随班就读，与正常学生一起参与所有的教学活动。第四种是自主辅修模式。长春大学为视障大学生开设了特殊教育、汉语言文学、英语 3 个辅修专业；为听障大学生开设了特殊教育、工商管理 2 个独立辅修专业。这让残障学生与健全学生在平等的教育环境下接受教育，实现了"多元共存、融合共享、提高综合素质、促进个性发展"的人才培养目标。2017 年 8 月，长春大学被中国残疾人联合会确定为残疾人高等融合教育试点。最后，教育教学设施设备保障。长春大学特殊教育学院有 4 500 平方米的教学楼一座，内有电化教室、多媒体模拟诊断实验室、解剖室、装裱室、图书资料室、展览室和各类教室、计算机房、琴房、画室、健身房等。此外长春大学建设有高等特殊教育视力障碍资源中心，中心建有先进的视力残疾学生阅览室、专用机房、盲文刻印室、语音制作室等。此外，在高等特殊教育资源中心还拥有国际领先的阅读、盲文打字、盲文印刷设备以及点字翻译软件。高等特殊教育资源中心还有盲文阅读及翻译服务，制作语音教材和盲文教材，这为残疾考生单考单招提供了必要的考试支持保障。

（四）长春大学残疾考生单考单招执行的监督

《国家中长期教育改革和发展规划纲要（2010—2020 年）》、《残疾人教育条例》（修订版）、《第二期特殊教育提升计划（2017—2020 年）》等政策法规是长春大学执行残疾考生单考单招的依据。长春大学在残疾考生单考单招执行过程中，不断完善残疾考生单考单招信息的发布制度，实现招考信息的透明化，进而保障残疾考生的合法权益。长春大学能够及时公布残疾考生单考单招招生简章，向社会公开残疾考生单考单招招生计划的分配原则、招生考试方法、招生考试程序及录取办法等。《残疾人教育条例》规定："残疾人参加国家教育考试，需要提供必要支持条件和合理便利的，可以提出申请。教育考试机构、学校应当按照国家有关规定予以提供。"长春大学为残疾考生单考单招提供了相关考试支持，如为视力残疾学生提供盲、汉文辅助阅读和翻译服务，制作语音试卷、盲文试卷及大字号试卷。由此可见，长春大学遵守并落实了国家相关政策法规，为残疾考生单考单招提供了合理便利。长春大学每年向社会公布招生简章的时间比较早，而且网上报名时间比较长，如 2018 年残疾考生单考单招的公布时间为 2017 年 11 月 1 日，报名时间 2017 年 11 月 1 日—30 日，足足有一个月时间，给残疾学生充足的准备、提交材料的时间。

长春大学执行残疾考生单考单招期间，吉林省教育厅主管教育考试的副厅长、吉林省残联副理事长、吉林省教育考试院领导组建了由长春大学校领导牵头负责，学校办公室、纪检委办公室、党委宣传部、特殊教育学院、学生工作处、安全处、后勤保障处和校医院等部门分工协作的工作领导小组，并且还制定了《长春大学残疾人单考单招招生考试实施方案》，为残疾考生单考单招提供科学、规范的服务和保障，并进行相应的监督与管理。

（五）长春大学残疾考生单考单招执行的效果

长春大学残疾考生单考单招执行三十余年，执行效果显著，主要体现在长春大学通过执行残疾考生单考单招完善了高等特殊教育人才培养模式，实现了残疾人潜能的充分发挥。

长春大学通过执行残疾考生单考单招完善了高等特殊教育人才培养模式。"让每一个学生都成才"的人才培养理念，使长春大学探索出"多元共存、融合共享、注重素质能力协调提高、满足个性发展需求"的高等特殊教育人才培养模式。长春大学根据残疾学生的身心障碍特征和实际需求，确立了既掌握专业理论和基本技能，又具有较强融入社会能力的应用型专门人才培养目标。长春大学积极创造条件促进残健融合，残疾学生与健全学生共享人文环境与教育资源。长春大学开设了残健学生都能选修的课程，鼓励残疾学生跨学院辅修自己喜欢的专业，例如，长春大学采取4种融合教育方式。

长春大学残疾考生单考单招执行实现了知识与能力的考查。长春大学残疾考生单考单招的考试科目有文化课和专业课，文化课的具体考试学科包括语文、数学、英语，专业课的考试科目是与专业属性直接关联的具体学科并根据学校实际来确定。长春大学的视觉传达专业、绘画、动画的专业课考试科目相同，有素描（人物头像写生）、色彩（水粉、静物默写）。关于考试命题的立意倾向的问题，同一考试科目，知识立意与能力立意的不同倾向，主要还是取决于学校人才培养的要求与社会对人才规格的不同需求。例如，长春大学数学科目的考试，按照"考查基础知识的同时，注重考查能力"的原则，确立以残疾学生实际能力立意命题的指导思想，将知识、能力与素质的考查融为一体，全面检测考生的数学素养。整体来看，长春大学残疾考生单考单招的数学科目考试倾向于能力立意，重点考查数学的基本技能：逻辑思维能力、运算能力、空间想象能力、分析问题解决的能力以及残疾学生进入学校之后的学习潜能。

长春大学通过执行残疾考生单考单招，实现了残疾人潜能的充分发挥。多名视障学生接受长春大学英语专业全纳教育后，参加雅思考试获得7.0分、7.5分的好成绩，分别被美国佩泊戴恩大学西维尔学院录取攻读硕士学位，以及到英国杜伦大学攻读教育学硕士；听障学生作为中国聋人代表赴英国伦敦参加国际聋人领袖培训，并创办了"长春光音之翼动漫传媒有限公司"，组建了全国第一支聋人大学生动漫创作团队，获得吉林省科技厅大学生创业指导资金的支持。音乐专业的视障学生随中国残疾人艺术团出国巡演，足迹遍及多个国家和地区；针灸推拿专业的视障学生经常参加志愿服务活动，广受媒体关注。特教学生连续荣获第五、六届全国青少年科技创新奖，连续荣获第四、五届"挑战杯"吉林省大学生创业计划竞赛金奖，在教师指导下，学生组建创新创业团队七个，近三年实现创业收入24万元；连续荣获第一、二、三、四届全国大学生艺术展演一等奖；在第三届全国盲人歌手及器乐独奏大赛中囊括了美声组的一、二、三等奖，民族组的一、二、三等奖；连续参加吉林省高校视觉艺术大赛，共获得

146 个奖项。听障学生黄重仲 2012 年荣获全国绿色网游动漫设计大赛一等奖；多名听障学生组成的"未来之声队""热血团队"分别荣获"全国三维数字化创新设计大赛"吉林赛区特等奖、二等奖；多名听障学生组合参加中央电视台"非常 6+1"节目，博得了导演和现场观众的一致好评，被选为当晚的"非常明星"；视障学生周国华在伦敦残奥会上两次打破世界纪录，获得一金一银，为国争光。

三、长春大学残疾考生单考单招执行的难点

（一）避免本校考试时间与其他高等特殊教育院校的考试时间冲突

残疾考生单考单招具有很强的自主性，各高等特殊教育院校都是根据自己的情况确定考试时间，没有协商一致的考试时间。所以，如果多所学校的考试时间相同，那么对于一名需要同时参加两所或多所高等特殊教育院校单考单招的考生而言，只能选择其中一个参加考试。或者，某两所高校的考试时间十分接近，如 2018 年南京特殊教育师范学院的残疾考生单考单招时间为 3 月 30 日，而长春大学残疾考生单考单招的考试报到时间为 3 月 31 日，正式考试时间为 4 月 2 日至 4 日。同时报了这两所学校的残疾考生，可能会由于时间间隔过短，在一天之内无法从南京市赶到长春市，不得不放弃一次机会，只选择其中之一参加，这样就大大减小了被录取的概率。因此，如何避免本校考试时间与其他高等特殊教育院校的考试时间冲突，在规则允许的前提下，让残疾考生参加两所及以上残疾考生单考单招，提高被录取的机会，是长春大学在执行残疾考生单考单招过程中遇到的难题。

（二）降低残疾考生单考单招执行成本、提高招考效率

与普通高考相比，残疾考生单考单招好比隐形的高考，没有引起社会公众关注，因为参加残疾考生单考单招的群体是最容易被社会忽略的特殊群体，群体规模较小。以一组数据为例，以 2020—2021 年的招生数据为例，2020 年长春大学特殊教育学院通过单考单招招收了 218 名残疾学生，其中，听力障碍的学生有 128 人，招生专业分别有视觉传达设计（54 人）、绘画（30 人）、动画（30 人）、工商管理（6 人）和舞蹈表演（8 人）。视力障碍的学生有 60 人，招生专业有针灸推拿学。低视力的学生有 24 人，招生专业有康复治疗学（20 人）和特殊教育（4 人）。此外，还有 6 名视力障碍或低视力的学生，招生专业是音乐表演。2021 年长春大学特殊教育

学院的招生人数增加到 240 人，其中听力障碍的学生有 150 人，招生专业有视觉传达设计（54 人）、绘画（30 人）、动画（30 人）、工商管理（6 人）和舞蹈表演（30 人）。视力障碍的学生有 66 人，招生专业有针灸推拿学（60 人）和音乐表演（6 人）。低视力的学生有 24 人，招生专业有康复治疗学（20 人）和特殊教育（4 人）。虽然残疾考生单考单招的招考规模不大，但整个过程比较烦琐，而且每所学校的程序基本相同。残疾人单独招生考试招生规模小，各高校每年的招生计划只有几十人，多的时候上百人，但考试命题、考试组织等各环节均需投入大量经费。高校每年用于残疾考生单考单招的直接费用在 20 万元左右，包括命题费、盲文试卷制作与翻译费、监考费以及考试组织所需的设备租赁费、安保费等，还有投入修建保密室、安装监控设备等硬件的间接费用以确保考试的安全性。考试结束后，高校还要组织各类专业教师进行过程周密的评卷工作。各高校每年必须用一部分人力、物力、财力来准备这次国家级考试。长春大学残疾生单考单招也要完成类似的招考工作，也面临残疾考生单考单招执行效率低、成本高的问题。

（三）解决残疾考生单考单招执行出现的新问题

2018 年，长春大学残疾考生单考单招的考点除了本校，还在重庆特殊教育中心设置了考点。除了工商管理专业（完全融合）、音乐表演专业（完全融合）、舞蹈表演专业（完全融合）必须在长春大学参加考试外，残疾考生单考单招的其他专业，残疾考生可以根据自身的实际情况，选择长春大学或重庆特殊教育中心作为考点。残疾考生单考单招执行的这种"一校多考点"模式，使西南地区的残疾考生不用再长途跋涉、千里迢迢奔赴长春大学应考，这既给残疾考生及其家庭带来了考试便利，同时又减轻了他们的经济负担。残疾考生单考单招"一校多点考"模式值得其他高等特殊教育院校借鉴和参考，并逐步在全国推广。但是这种模式在执行过程中也会遇到一些问题，如残疾考生单考单招外地考点的组织、协调与管理问题。在重庆市特殊教育中心设置考点，长春大学需要与重庆市教育考试院、重庆市特殊教育中心就考试的组织、执行与管理工作做充分的协调，其中难点就是分考点（重庆市特殊教育中心）如何做好招考人员的合理配置、监考教师的培训、考试成本分摊与支付等工作，这需要长春大学与分考点做充分的协调。长春大学作为主考点，在保证本校有充足的招考工作人员的同时，应再派出一些教师到分考点进行指导，协调与管理残疾考生单考单招的执行工作。此外,"一校多点考"模式需要保障考试试题运输过程中的保密性,主考点(长春大学)与分考点(重庆市特殊教育中心)要保证考试时间的统一性。如果残疾考生单考单招执行过程中出现突发状况,不能够在同一时间进行考试,就要采用两套试卷考试,该如何保证两套试卷考查知识点的一致性以及录取标准的科学性等?这些问题是残疾考生单考单招在解决旧问题过程中出现的新问题。

第六章 残疾考生单考单招执行问题与归因分析

本章基于问卷调查与访谈内容的分析结果，围绕残疾考生单考单招各执行主客体、执行程序、执行条件、执行监督以及执行效果进行深度分析，全面地分析我国残疾考生单考单招在执行过程中存在的问题。

第一节 残疾考生单考单招的执行问题

一、残疾考生单考单招执行主客体之间存在的主要问题

（一）高等特殊教育资源不能满足残疾人的教育需求

随着融合教育理念的影响越来越大，以及残疾人高等教育获得的政策保障和考试支持越来越多，越来越多的残疾人得以进入大学接受高等教育。当前我国高等特殊教育资源配置与残疾人的教育需求存在供需矛盾，总体表现为高等特殊教育资源不能满足残疾人多元化的教育需求，具体体现为高等特殊教育院校办学层次整体偏低、高等特殊教育院校区域分布不平衡以及残疾考生单考单招的招生专业比较单一。

第一，高等特殊教育院校办学层次整体偏低。目前我国残疾考生单考单招执行中各地差异比较大，主要体现在招生计划和教育层次方面。根据2022年的招生人数数据统计，我国高等特殊教育院校招生计划最多的是山东特殊教育职业学院，为385人，其中高中起点大专310人，初中起点五年制大专75人。最少的是滨州医学院，招生计划仅有9人。高等特殊教育院校招生计划前十名的高校中专科层次办学的较多，而高等特殊教育院校

招生计划较少的多为本科层次办学，说明残疾考生单考单招以高职高专教育为主。现在的残疾人高等教育是以残疾学生身心特征和市场需求为基准的职业教育模式，定位导向是以就业为主。相对偏理论的专业，如语言类、历史类、法律类等专业，很少对残疾人进行招生。残疾考生单考单招以及考试支持主要是本、专科两个层次，目前的残疾人高等教育发展水平，无法满足残疾人越来越高的教育需求。残疾考生单考单招和考试支持需要向更高层次延伸，有条件的高等特殊教育院校应执行残疾人研究生教育单考单招。目前我国已经有个别的高等特殊教育院校执行残疾人研究生单考单招，如山东滨州医学院为肢体残疾学生开设了医疗专业的研究生教育，成为我国首个招收残疾人硕士的高等院校。2015 年，北京联合大学特殊教育学院开始对听力残疾学生执行研究生入学考试的单考单招，开了我国对残疾人执行研究生单考单招的先河。2019 年，长春大学开始对残疾人执行研究生单考单招。目前，我国还没有专门招收残疾人博士研究生的高等院校。而国外，比如美国的加劳德特大学、俄罗斯的鲍曼斯特国立理工大学等，针对残疾人，已经构建了包括专科、本科、硕士、博士的比较完整的高等特殊教育招生考试体系。我国在学历层次上，与这些国家相比还有差距。目前我国高等特殊教育办学层次整体偏低，很多优秀的残疾学生想要继续深造，摆在他们面前的只有两条路：一是选择申请国外的大学，二是与普通学生竞争研究生教育资格。目前国内残疾人研究生招生考试制度还不完善，招生考试的各个环节缺乏相应的考试支持，加之研究生导师选录主导性强等一些因素，导致残疾人参加研究生招生考试很有可能面临不公平的对待。所以，我国高等特殊教育招生考试现状，可能会导致很多适合做科学研究的残疾人失去继续深造的机会。

第二，我国高等特殊教育院校区域分布不平衡。从教育发展的区域差异来看，我国东部与中、西部地区之间的教育发展不平衡问题仍然十分严重。中、西部地区的教育发展受到其社会经济发展水平和自然条件的限制，在教育财政投入、教师专业水平、教师福利待遇等方面仍然存在严重不足。在残疾人高等教育方面，高等特殊教育院校在东、中、西部地区分布不均衡。其中，东部地区 17 所，中部地区 6 所，西部地区 7 所。东部地区的高等特殊教育院校数量比中、西部地区数量之和还要多。东部地区 11 个省份中有 9 个省份设有高等特殊教育院校，只有河北、海南两个省还没有开展残疾人高等教育。中部地区 9 个省份中有 5 个省份设有高等特殊教育院校，而山西、安徽、江西和湖北 4 个省还没有执行残疾考生单考单招。西部地区 11 个省份中只有 5 个省份执行残疾考生单考单招，而新疆、青海、甘肃、宁夏、内蒙古、西藏 6 个省份没有设立高等特殊教育院校。这足以说明高等特殊教育院校主要集中在东部经济发达地区，其次是西部地区，中部地区高等特殊教育院校数量最少。据《中国残疾人事业统计年鉴》统计数据，2021 年我国特殊教育学校在校生人数有 11 847 人，其中东、中、西部地区分别有 5 253 人、3 529 人、3 065 人。西部地区特殊教育学校在校残疾学生人数第二多，对残疾人高等教育需求较大，而高等特殊教育院校仅有 7 所，这个问题极大地限制了西部地区残疾人高等教育的发展。我国高等特殊教育院校的区域布局不协调，与当地残疾人需求不匹配，残疾人高等教育成为高等教育系统中的薄弱环节。党的二十大报告指出，要坚持教育优先发展，加快建设教育强国，优化区域教育资源配置。因此，我国应强化特殊教育普惠发展，保障优质资源，满足多样化需求，让每个残疾的孩子都能享有公平而有质量的特殊教育。

第三，我国残疾考生单考单招的招生专业比较单一。高等特殊教育院校以残疾学生为主，会较多地考虑各类残疾学生的特殊性，设置较有针对性的专业。尽管如此，高等特殊教育中面向残疾学生设置的专业还是显得传统、单一。目前我国高等特殊教育院校设置的专业过于狭窄，为听力残疾学生设置的专业主要包括计算机科学与技术、艺术类（如绘画创作）专业，为视力残疾学生设置的专业主要有针灸推拿按摩专业，个别院校开设了音乐学专业。根据相关统计数据，2022 年我国 30 所高等特殊教育院校共设置 15 个专业，其中开设艺术设计类（艺术设计类包括：服装工艺设计、园林艺术设计、工艺美术品设计、数字媒体艺术设计、广告设计与艺术制作等）专业的高等特殊教育院校最多，有 21 所，其次是计算机应用技术专业、针灸推拿专业、视觉传达设计专业、音乐表演专业以及电子商务专业，分别有 11 所、7 所、6 所、5 所、5 所。此外，天津理工大学、长沙职业技术学院、重庆师范大学还开设了自动化专业、工程造价专业、财务管理专业、汽车运用与维修技术专业、残疾人辅助技术专业等[①]。相对于残疾学生的身心特征，目前高等特殊教育院校开设的专业优势并不明显，尤其是计算机科学与技术专业，在就业方面，残疾学生根本没有优势

---

① 王振洲. 我国高校残疾人招生考试政策的历史、现状及趋势 [J]. 残疾人研究，2019
(3)：46-55.

可言。《2022年第三季度部分城市公共就业服务机构市场供求状况分析》的数据显示，从行业需求看，87.9%的用人需求集中在制造业（40.0%）、批发和零售业（9.5%）、居民服务修理和其他服务（9.0%）、住宿和餐饮业（7.3%）、建筑业（5.9%）、信息传输软件和信息技术服务业（5.4%）、租赁和商务服务业（3.9%）、交通运输仓储和邮政业（3.8%）、房地产业（3.1%）等行业①。而目前我国残疾考生单考单招的招生专业中，上述市场需求大的专业较少开设。特别是面向视力残疾学生的专业设置，仅限于针灸推拿、音乐表演、钢琴调律等少数专业，难以满足市场上对人才的需求。尽管我国颁布了残疾人就业的相关法律以保障和促进残疾人就业，但是，近年来高等特殊教育院校的残疾人毕业生的就业情况不太乐观。

（二）残疾考生单考单招过度左右高中特殊教育教学

残疾考生单考单招的招生专业由各高等特殊教育院校根据市场需求和残疾人身心特征自行设置，各个院校在考试科目、考试大纲、考试时间上不统一。特殊教育学校的教育目的原本是重视残疾学生的潜能发挥，塑造残疾学生的社会适应性行为，注重残疾学生的职业技能训练，使残疾学生具备社会适应能力和生活自理能力。而现在特殊教育学校的教育目的除了上述目的，还增加了为高等特殊教育院校输送人才。然而，随着融合教育理念的影响越来越大，残疾学生对高等教育的需求日益增长，这促进了我国高校残疾人招生考试制度的改革与发展。越来越多的高等院校创造条件招收残疾人以执行高等融合教育，同时也有越来越多的高等院校对残疾人执行单考单招。高等特殊教育院校通过残疾考生单考单招来选拔优秀的残疾学生，来保障残疾人生源质量。在研究残疾考生单考单招执行主体与客体之间的利益博弈时，笔者发现特殊教育学校与高等特殊教育院校的矛盾关系主要表现在课程设置与考试科目方面：残疾考生单考单招的考试科目主导着特殊教育学校的课程设置，考试大纲决定着特殊教育学校教学内容的选择与执行，即残疾考生单考单招是特殊教育学校教学的"指挥棒"。

特殊教育学校的课程设置主要取决于残疾考生单考单招的考试科目。很多特殊教育学校都会开设语文、数学、英语等文化课程，而历史、地理、物理、化学等课程并不是所有的学校都会开设，也不是所有的学生都

---

① 任社宣. 2022年第三季度部分城市公共就业服务机构市场供求状况分析 [J]. 中国人力资源社会保障，2022 (11)：57-59.

会学。笔者在调研中发现，在特殊教育学校，即使是同类残疾学生，他们的教育需求和学习目的也不尽相同。大部分残疾学生没有继续深造的意愿和条件，只有一小部分残疾学生有升学的目标。这一部分有升学计划的残疾学生报考的大学不同，而且不同大学的考试科目不同。以武汉盲童学校为例，该校为视力残疾学生开设了语文、数学、英语、物理、化学、解剖课程，报考长春大学、北京联合大学等本科院校的残疾学生，除了要学习上述课程，还要加强实践技能的学习。而我国执行残疾考生单考单招的高职院校只对语文、数学、英语、解剖等科目进行考核，基本不会有物理、化学等课程的考核。所以武汉盲童学校报考高职院校的残疾学生，会重点学习专业实践技能，文化课程只学习语文、数学、解剖，而不学习物理、化学、生物等课程。甚至有的院校的残疾考生单考单招对英语没有考核要求，特殊教育学校就不会对英语课程有学习要求。可见特殊教育学校的课程设置在与残疾考生单考单招的考试科目博弈过程中，特殊教育学校一直处于被动状态，其课程设置受制于残疾考生单考单招科目，这遵循"高考指挥棒"效应。所谓的"高考指挥棒"指的是高考成为所有教育教学活动的轴心①，高考考什么科目，高中就开设什么课程，高考考什么内容，高中就教什么内容。在普通教育中，中考已经成为职业教育和普通高中"双轨分流"的节点，进入普通高中的学生任务非常明确，就是考大学。我国高等教育资源呈现出明显的区域性差异和优质教育资源稀缺性的特征，这就决定了大量的学生无法升入名牌大学。所以这一尖锐的供需矛盾迫使中学教育，尤其是高中教育为提高高考升学率，教育教学无限接近高考标准②。当前我国高等特殊教育资源的绝对不足与残疾人日益增长的高等教育需求成了残疾人高等教育的主要矛盾，加上高等特殊教育资源的区域分布差异大，加剧了高等特殊教育资源的供需矛盾，残疾考生单考单招成为特殊教育学校教学的"指挥棒"便成为必然。

（三）残疾考生单考单招的执行缺乏协同合作

在残疾考生单考单招执行过程中，各高等特殊教育院校的主要矛盾关系是它们之间缺乏协同合作，呈现出"各行其是"的现状。各高等特殊教育院校"各行其是"的招考行为主要体现为：在考试命题、考试时间、考

---

① 郑若玲，宋莉莉，徐恩煊. 再论高考的教育功能：侧重"高考指挥棒"的分析 [J]. 全球教育展望，2018，47（2）：105-115.

② 刘清华. 高考与教育教学的关系研究 [M]. 武汉：华中师范大学出版社，2007：62-63.

试大纲等方面，每个高等特殊教育院校都在做同样的工作，以大量的招考精力和成本来招收数量有限的残疾学生，导致招考成本高，招考效率低。高等特殊教育院校的"各行其是"的招考机制，还衍生出特殊教育学校的教学秩序被打乱，残疾学生及其家庭考试负担过重，以及少数高等特殊教育院校的残疾考生单考单招的测验质量低等问题。

普通高考执行的是全国普通高等院校统一招生、考试、录取的制度，是教育部考试中心与地方教育考试中心共同组织与执行高考的制度，普通高考的统一性保证了高校人才选拔的公平性、公正性和高效性。而残疾考生单考单招是各高等特殊教育院校自主命题、招生、考试、录取的考试制度，没有进行统一管理，特殊教育学校也没有全国统一的课程标准。各个高等特殊教育院校在考试命题上，根据招生专业的考核要求，并参考普通高中教育的教学内容设置残疾考生单考单招科目和考试大纲。由于各校考试科目、考试大纲、考试内容不统一，各中学为了提高学生的考试通过率，常常把几所高等特殊教育院校考试大纲规定的考试内容都拿来给学生进行学习和强化训练。这进一步加重了中学教师的工作负担，也加重了学生的学习负担，造成的结果是打乱了特殊教育学校的正常教学秩序，教师和学生加班加点也难以完成教学与学习任务。高等特殊教育院校执行残疾考生单考单招的沟通与协作机制不健全，各院校残疾考生单考单招的执行时间不一，在3—5月份陆续执行招生考试。高等特殊教育院校这种考试安排打乱了特殊教育学校的教学进度与教学安排，高中的教学时间由规定的三年时间被压缩为两年半，这对高中正常教学秩序形成冲击，违背了素质教育的基本精神。

二、残疾考生单考单招执行程序存在的主要问题

（一）残疾考生易错过单考单招报名时间或报名不成功

残疾考生报名时最常出现的问题主要包括：①残疾学生的报名材料准备不充分或者报名材料逾期递交。残疾考生报名时，没有仔细审读高校要求递交的材料的具体事宜，导致残疾学生向若干所高校邮寄的报名材料都是一样的，忽略了各个院校对材料要求略有不同①。②在特殊教育学校接收招考信息不畅，给残疾学生报名工作带来诸多麻烦。残疾学生在报名残

---

① 丁锐. 我国听障、视障考生高等教育入学考试现状及对策：以长春大学为例 [J]. 长春大学学报，2014，24（9）：1284-1287.

疾考生单考单招时，通常会遇到什么时候报名、报名需要准备哪些材料、报考哪所院校及选择什么专业等一系列问题。例如，一些偏远地区的特殊教育学校，获得高等特殊教育院校的招考信息非常不便，而且报名程序比较繁杂，准备的材料比较多，考生及时完成报名非常不容易。③一些在普通高中随班就读的残疾学生，在普通学校接触到的都是关于普通高考的招考信息，想要了解残疾考生单考单招的信息，则需要班主任或家长向高等特殊教育院校电话咨询以获取招考信息，了解残疾考生单考单招报名程序及需要准备的相关材料等。上述三种情况，如果招考信息获取不及时，对报名程序的了解不充分及需要的材料准备不充分，考生就很容易错过残疾考生单考单招报名。

（二）考试时间重叠增加了残疾考生择校的风险

残疾考生单考单招的考试时间的安排非常不统一，残疾考生在报考时难以把控，存在一定的择校风险。这种风险主要体现为：①时间冲突。残疾考生单考单招的考试时间一般安排在3—5月份，不同学校的考试时间呈现出交错重叠的现象。这就导致残疾考生可能无法同时参加多所院校的考试，从而错失一些机会。例如，如果某个残疾考生想要参加北京联合大学和长春大学的单考单招，但是两校的考试时间恰好是同一天，那么他就必须放弃其中一所学校的考试，这就增加了其落榜风险。②选择困难：残疾考生为了提高被录取的机会，往往会选择参加多所院校的单考单招，可能会出现同时被几所学校录取的情况，但最终会择优就学。这就需要残疾考生在有限的时间内，对各个院校的教学质量、专业设置、学费标准、就业前景等方面进行比较和权衡，这会带给残疾考生很大的心理压力和负担。如果他不清楚哪所学校更适合他的专业兴趣和发展方向，那么他就需要在短时间内做出一个重要的决定，这就增加了他的择校风险。

（三）给残疾人及其家庭带来沉重的人力和经济负担

我国残疾考生单考单招时间为每年的3—5月份，高校公布考试录取结果一般为4—6月份。绝大部分残疾学生会同时报考几所高校，这样就能提高被高校录取的概率，能够考上自己心仪的大学及专业。从每年3月份开始，残疾学生在学校老师的带领下或家长的陪同下，一般要花费两三个月的时间奔波于各个报考院校，参加各个高校举行的残疾考生单考单招。由于各个高校的考试科目和考试内容不同，残疾学生参加各个高校不同考试科目的考试，既要耗费大量的时间和精力来应付各种考试形式和内容，也要支出参加残疾考生单考单招的相关费用,主要是交通费和住宿费。笔者在调研中发现,残疾学生有相当一部分来自农村,并且家庭收入水平普遍较低。有的残疾学生父母的一方或双方也有残疾,或者工作不稳定,工资收入没有保障,甚至有的残疾学生家长长期处于失业状态。这一点,边丽等的研究也给予了证实,如残疾学生前往报考学校参加考试都需要家庭或所在学校老师的带领或陪同。多数残疾人家庭的经济状况都较差,每年几千元的考试费用对大部分残疾考生家庭而言,都是一笔很大的经济负担。而对奔波应试的残疾考生、家庭和学校老师而言,体力上及精神上的付出同样巨大①。

（四）残疾考生单考单招执行成本高

残疾考生单考单招是属于残疾人的高考制度,如同普通高考涉及千万高考考生利益一样,关系到众多残疾考生的前途和命运,同时也寄托着千万残疾考生家庭对子女实现大学梦想的期盼。因此,残疾考生单考单招在执行过程中既要保证考试的信度与效度,也要尽力做到残疾考生单考单招选拔的科学性。残疾考生单考单招执行程序现状呈现为:各高等特殊教育院校每年在考试组织上需要投入大量的人力和财力,精心准备考试中的每一个环节,人力成本和管理成本都非常高昂。单考单招招生规模小,各高校每年的招生计划只有几十人,最多有上百人,但考试命题、考试组织等各环节均需投入大量经费。高校每年用于残疾考生单考单招的直接费用在20万元左右,包括命题费、盲文试卷制作与翻译费、监考费、阅卷费以及考试组织所需的设备租赁、安保费等。此外,各高校还要修建保密室、安装监控设备等硬件以确保考试的安全性。由于考生同时报考多所高校但最终只能选择就读一所大学,因此很多高等特殊教育院校的新生报到率低,生均招生成本较高②。

三、残疾考生单考单招执行条件存在的主要问题

（一）高校缺乏执行残疾考生单考单招的全纳环境

与正常学生相比,残疾学生的入学机会较少。全纳教育的目的是为每

---

① 边丽,张海丛,滕祥东,等. 我国残疾人高等教育单独招生考试现状与改革建议 [J].
中国特殊教育,2018（5）:9-14.
② 黄伟,邓岳敏. 残疾人高等教育单独招考制度的改革目标与形式选择 [J]. 中国特殊教育,2014（7）:8-12.

一个适龄儿童，提供全纳的、高质量的教育，拒绝排斥和歧视，增强社会凝聚力①。因此，高校在执行残疾考生单考单招时，要对残疾人予以特殊的关照，根据他们的身心特征和实际需求，为他们提供考试支持服务，以此来降低或消除身心障碍给残疾学生带来的考试影响，进而保障残疾人公平、有效地参加考试。

越来越多的残疾学生通过单考单招的形式进入大学接受高等教育，高等融合教育逐渐形成与发展。因此，残疾考生单考单招的执行是促进高等融合教育发展的主要措施之一。同时它的执行，也需要大学全纳教育环境的建设。调查结果显示，有47.6%的被调查者表示，我国高校缺乏执行残疾考生单考单招的全纳教育环境。我国高校，甚至包括一些高等特殊教育院校，普遍缺乏执行残疾考生单考单招的全纳教育环境，例如，高校执行残疾考生单考单招，从招生考试，到录取，再到进入大学，整个流程是由大学的职能部门及特殊教育学院在负责执行，其他学院的大多数师生对残疾考生单考单招一无所知，甚至还不知道学校里有残疾大学生的存在，这种现象恰恰说明了我们对残疾考生单考单招的宣传还不到位。这一结论，本书研究的调查结果也给予了验证。调查结果显示，有28.6%的被调查者表示，高等特殊教育院校关于残疾考生单考单招的宣传不科学，而且不充分。此外，高等院校，尤其是执行残疾考生单考单招的高等特殊教育院校，虽然越来越重视校园无障碍环境建设，但校园无障碍环境建设的现状还是不尽如人意，主要表现在以下几个方面：①校园设施建设对残疾学生存在障碍，像校园大门口、教学楼、图书馆、食堂等学生经常活动的场所没有无障碍出入口，无障碍电梯较少，有的学校甚至没有配备。图书馆内也较少考虑残疾学生的特殊需求，没有提供残疾人阅览室和阅览设备。②大学教育教学存在障碍。在大学课堂教学中，教师的教学方法没有根据残疾学生的身心特征进行调整，仍然以传统的口语教授为主。听力残疾学生只能在特殊教育学院上课，无法跨学院或参加学校组织的学习活动，因为其他学院的教师不会手语教学或没为听力残疾学生提供手语翻译。此外，大学教学材料也没有进行相应的处理，很多学校为视力残疾学生提供的还是传统的教学材料，没有为他们提供盲文书籍或大字号书籍。③信息交流无障碍环境薄弱。国内高校在信息交流无障碍环境建设方面比较薄

① 余小红. 特殊需要儿童全纳教育研究 [M]. 杭州：浙江大学出版社，2016：108.

弱，为无障碍信息交流提供的服务与支持很少，如没有为听力残疾学生提供相应的手语翻译及相关沟通辅助设备。此外，我国高校招生信息的官方网页绝大部分没有进行无障碍信息处理，例如，没有为视力残疾学生提供语音版网页，导致视力残疾学生无法从网络中获得信息。④无障碍环境维护程度较低。目前，我国一些高校虽然具有一定的无障碍环境，但是对无障碍环境的管理和维护较少。近年来，我国对无障碍环境建设的资金投入较多，但是对其后期的使用、检查和维修关注较少。公众对于无障碍环境的保护意识不足，导致了无障碍设施无法长期、有效发挥作用。笔者通过实地观察发现，无障碍设施由于被破坏和占用而无法正常使用的情况不在少数。

（二）考试支持无法满足残疾考生的考试需求

高等学校招考制度作为连接中等教育和高等教育的纽带和桥梁，在一定程度上决定着残疾学生能否平等地接受高等教育以及接受什么类型的高等教育、什么质量的高等教育①。由于残疾学生的身心发展障碍，他们不能直接参加普通高考，政府需要根据他们的特殊教育需求为其提供相应的考试支持。因此，残疾考生单考单招应残疾人强烈的高等教育需求而产生。残疾学生能否获得平等接受高等教育权利的保障在很大程度上取决于高考制度是否完善，具体表现在高考的报名环节、考试环节和录取环节，其中考试环节是关键。在考试环节需要为残疾学生提供公平而科学的支持服务体系。残疾人虽然获得了参加大学入学考试的权利与机会，但是如果在考试过程中不能根据残疾人的身心特征进行考试调整，那么残疾人就无法公平有效地参加考试。笔者在调查中发现，有40.2%的被调查者表示当前的考试支持技术还不能够全面保障残疾考生单考单招的执行，足以说明目前残疾考生单考单招的试卷结构设计和试题呈现还没有实现通达性。目前我国残疾考生单考单招面向的主体考生是听力残疾学生和视力残疾学生，其他一些残疾类型的考生，如具有发展性障碍、精神障碍、注意力缺陷多动症等的学生，我国目前还没有为他们设计与提供有效的考试支持服务。调查结果显示，有53.8%的被调查者表示，当前残疾考生单考单招的考试方法不适合残疾考生的身心特征。以视力残疾学生为例，全国30所高等特殊教育院校中只有9所学校招收视力残疾学生，并且招收的学生都是

---

① 吴根洲，刘菊华. 美国残障学生大学入学考试特殊服务研究 [J]. 黑龙江高教研究，2016 (4)：48-52.

低视力学生，不招收全盲的学生。根据《2022 年中国残疾人事业统计年鉴》的统计数据，高等特殊教育院校在全国共招录 2 302 名残疾人，其中研究生 18 名（盲人 4 人，聋人 13 人，其他残疾 1 人），本科 930 人（盲人 182 人，聋人 446 人，其他残疾 302 人），专科 1 354 人（盲人 285 人，聋人 417 人，其他残疾 652 人）。高等特殊教育院校招录的残疾人中，其他残疾（41.53%）和聋人（38.01%）占了绝大多数，盲人（20.46%）次之。普通高等院校在全国共招录 14 559 人，其中研究生 348 人（盲人 47 人，聋人 59 人，肢体残疾 224 人，其他残疾 18 人），本科 5 928 人（盲人 699 人，聋人 1 172 人，肢体残疾 3 551 人，其他残疾 506 人），专科 8 283 人（盲人 975 人，聋人 1 186 人，肢体残疾 4 857 人，其他残疾 1 265 人）。普通高等院校招录的残疾人中，肢体残疾（58.64%）占了半数以上，其他残疾（15.27%）和聋人（14.32%）相近，盲人（11.77%）最少。49.8%的被调查者表示，当前除了视力残疾、听力残疾、肢体残疾学生之外，现有考试支持技术还不能够满足其他残疾学生的考试需求。除上述三类残疾之外的其他残疾类型的学生接受高等教育的呼声也越来越高，残疾考生单考单招也需要根据这些身心障碍学生的实际需求进行相应的考试调整，为他们提供必要的考试支持服务。

（三）残疾考生单考单招招考信息盲点多

执行主体与客体对残疾考生单考单招规定的认识与了解，包括对残疾考生单考单招的招考信息，如高等特殊教育院校的招生计划、考试大纲，对残疾学生在高校内学习和生活的便利程度，残疾考生单考单招执行时间、考核方式、试题的难易程度以及高校对残疾考生的学习期望和接纳态度等方面的了解，是顺利执行残疾考生单考单招的必要前提。调查结果显示，一些受访的教师（包括高等特殊教育院校的教师和特殊教育学校教师）对我国残疾考生单考单招的招生计划、考试大纲、考试形式以及考试流程等缺乏必要的认识与了解。50%的受访教师表示对残疾考生单考单招的招生计划不了解，49.5%的受访教师表示对残疾考生单考单招的考试大纲不了解。此外还有 20%左右的受访教师表示对考试形式、考试流程不了解。高等特殊教育院校作为残疾考生单考单招的直接执行者，其部分教师对残疾考生单考单招招生信息的知晓度较低，这极大地影响了残疾考生单考单招执行的质量与效果。特殊教育学校教师对残疾考生单考单招缺乏必要的了解，也会极大地影响残疾学生对招考信息的获取。

地方教育主管部门与高等院校在执行残疾考生单考单招时，缺乏必要的信息交流，出现了招考信息不对称现象，给残疾考生单考单招工作造成一定的麻烦。残疾考生单考单招的执行程序与其他考试的执行程序相似，基本步骤是各高等特殊教育院校进行自主命题、组织与执行考试，然后高等特殊教育院校与残疾人考生所在的省级教育部门进行协调，办理残疾考生录取审批手续的相关事宜①。对于残疾考生而言，不同的地方和高校报考时间、报考程序和提交的报考材料都存在差异性，而且外省考生报考程序会更复杂，加之残疾考生获得残疾考生单考单招信息的渠道比较少，导致残疾考生对残疾考生单考单招招生计划、招生专业、考试大纲、考试方法以及录取规则等招考信息缺乏全面的了解，这样会直接影响残疾学生报考的有效性。参加考试并被高校录取的基本前提是成功完成报考，然而在残疾考生单考单招执行过程中，经常会有一些残疾考生因报名不及时，错过了当地残疾考生单考单招的报名时间，结果不能参加当年的残疾考生单考单招。

四、残疾考生单考单招执行监督存在的主要问题

(一) 残疾考生单考单招没有得到科学宣传

调查结果显示，有28.6%的被调查者认为高等特殊教育院校没有对残疾考生单考单招进行科学宣传。这一问题主要体现在三个方面：①宣传媒体方面，线下宣传不足，线上宣传平台与残疾考生获取信息的需求存在距离。高校招生宣传最常用的宣传方式是高校定期（一般是高考之后，填报志愿之前）开展现场招生咨询，并向咨询的考生派发招生简章，这也是考生最愿意接受的招生宣传方式。而针对参加残疾考生单考单招的残疾考生，高等特殊教育院校则较少进行线下招生宣传，基本采用媒体宣传方式，如利用学校招生信息网、报纸、杂志、电视等媒体发布招生信息。一些高等特殊教育院校还采用线上交互平台进行宣传，如在QQ群、微信群、微博等开展线上招生宣传。线上招生宣传，使残疾考生不能跟高校关于招生专业、考试形式、录取模式、校园环境以及就业情况等进行面对面交流。②宣传精度方面，高等特殊教育院校提供的招生信息与残疾学生的需求有距离。从供给侧来看，高校进行残疾考生单考单招宣传，只是单向地

---

① 兰继军. 论高师特教专业　招生制度的改革 [J]. 特殊儿童与师资研究, 1994 (4): 35-37.

向残疾考生传播招生信息，并没有真正地去了解残疾考生的接收与反馈；从需求侧来看，不同障碍类型的残疾考生对外界的招考信息的关注点与关注方式差异明显，呈现出以自身需求为导向的特征。③宣传频度方面，高校对残疾考生单考单招的宣传与残疾考生个性化需求有距离。高校线上宣传残疾考生单考单招，往往使用传统的网页宣传，无法满足特定残疾考生如视力残疾学生的需求，所以高校需要基于通用设计理念，构建无障碍招生宣传网页。

（二）高等特殊教育院校拥有过多的潜在特权

高等特殊教育院校作为教育招考机构，有执行残疾考生单考单招的权力。在招考制度执行过程中，最为公众诟病的问题是招考过程信息不公开，大众只获得一个没有过程说明且难以变更的最终结果。这种现象既反映了高等特殊教育院校与残疾考生双方关于残疾考生单考单招信息占有的不对称性，又反映了高校在执行残疾考生单考单招过程中缺乏社会参与与监督。信息的不对称性与缺乏社会参与与监督，也揭示了教育招考机构的特权所在。高考是高等教育工作的重要组成部分，高等教育开展工作离不开社会监督。全国举行高考也需要有效的社会参与与监督。残疾考生单考单招执行主体主要是高等特殊教育院校，它既是发起者、执行者，同时又是组织者与管理者。在整个执行过程中，社会几乎没有参与其中，没有承担起对残疾考生单考单招执行的各个环节进行监督的责任，这在一定程度上造成了高校在残疾考生单考单招过程中拥有过多的特权。

（三）残疾考生表达意见的渠道不够畅通

考生作为高考制度执行中最大的参与群体，本该成为高考制度公正执行的最大的维护力量，然而残疾考生却是残疾考生单考单招执行过程中的弱势群体。虽然残疾考生知道在高考权益受到侵害的情况下，自己可以拿起法律的、行政复议的武器来捍卫自己的权益，但是残疾考生很少用法律或行政申诉的方式来维护自己的权益。这既有法律、行政维权观念在残疾人中还没有普及的原因，又与残疾人的表达意见的渠道不畅通有关。在考试之前，残疾考生很少接触高等特殊教育院校，几乎没有给他们当面表达意见的机会，这就迫使残疾考生及其家庭更多使用平面或网络媒体等线上方式表达他们的意见。线上表达意见的方式有在线咨询、留言咨询、电话咨询等。残疾考生的意见传达到学校，一些学校处理的方式要么流于形式，要么定期统一回复，导致回复不及时。电话咨询时，考生经常会遇到招生工作人员的态度不和善，意见的回复往往是草草了事；更有甚者，有些学校的招生咨询电话长期处于无人接听的状态。

五、残疾考生单考单招执行效果存在的主要问题

（一）没有起到明确特殊教育学校办学定位的效果

高考是高中教育教学的"指挥棒"，体现为在高考中取得好成绩是高中教育的主要目的之一①。残疾考生单考单招作为高等特殊教育院校的人才选拔制度，同样也是选择具有相对较高的综合素质，或在某方面有特长的残疾学生。从选拔方法的角度来看，高校选拔残疾考生，具有一定的考试目标，即学科考试目标，具体表现为特殊教育学校各学科中的认知目标，残疾考生只有在学科考试中获得相对较好的成绩，才有可能被高等特殊教育院校录取。然而，残疾考生单考单招与特殊教育学校教育目的具有以下两个方面的主要矛盾：①由于特殊教育学校的教育质量受办学条件等诸多因素的影响，它预示着相当一部分特殊教育学校，尤其是办学资源匮乏、办学条件和办学理念相对落后的特殊教育学校，很难达到残疾考生单考单招的考试要求，导致其无法将高考目的作为高中教育目的之一，这些学校残疾学生的大学梦想也很难成为现实。②高校通过高考制度来选拔人才，一方面，高校想通过考试筛选到优秀且适合的人才来接受高等教育；另一方面，一个非常现实的问题是，优质高等教育资源匮乏。我国残疾考生单考单招的目的与特殊教育学校的目的的主要矛盾体现为，高等教育资源只能满足一小部分残疾考生的需求，通过残疾考生单考单招，把符合考试标准的残疾考生筛选出来，让他们上大学；而那些未达到考试标准的残疾考生，将无法进入大学接受高等教育。那些"被抛弃"的残疾考生，产生挫败的可能性比较大，甚至有增加身心负担的可能。因此，高等特殊教育院校采用选拔性考试方法，冲击了特殊教育学校的教育目标的全面执行，干扰了特殊教育学校的办学定位。本应该注重培养残疾学生生活技能和职业技能的特殊教育学校，由于增加了高考升学率的要求，高考目的成了高中特殊教育的目的之一，其课程设置、教学内容与教学方法都极大地受到高等特殊教育院校单考单招考试大纲和考试科目的影响。

（二）没有起到完善特殊教育学校教学内容与方法的效果

残疾考生单考单招的执行有利于完善特殊教育学校的课程设置、改革

---

① 刘清华. 高考与教育教学的关系研究 [M]. 武汉：华中师范大学出版社，2007：65.

特殊教育学校的教学内容与教学方法，使之更有利于新课程理念的落实。笔者在调研中发现，特殊教育学校的课程设置比较狭隘，基本上残疾考生单考单招考什么科目，特殊教育学校高中部就设置什么课程，课程设置应试化现象比较严重。在教学内容方面，由于受到考试大纲的影响，体现出如何考就如何教的问题。例如，残疾考生单考单招语文科目考试侧重阅读理解考核，特殊教育学校在高中语文教学上就侧重于课文的节、段、篇的教学，而忽略了语句的基础教学。一些特殊教育学校如聋校的语文、数学教学中，教学观念陈旧、课堂教学模式老化、教学效率不高等现象仍然比较普遍。残疾考生单考单招执行后，特殊教育学校还呈现出对高校考试科目的考核内容和考核方式把握不准、教学内容选择不当、训练方式不科学等问题，这使特殊教育学校的课程设置、教学内容、教学方法等没有起到积极的效果。

（三）没有起到促进残疾学生身份认同的效果

身份认同是指个体对自我身份的确认和对所属群体的认知，以及个体对所伴随的情感体验和对行为模式进行整合的历程[1]。残疾学生由于身心障碍，与普通学生个体或群体相比，具有一定的特殊性，所以残疾学生的身份认同就是残疾学生通过个体或群体的异同比较，从而形成残疾人个体或群体的看法、归属或情感体验等，以及受此影响在社会交往、社会参与中所表现出的行为方式和过程[2]。简言之，残疾人的身份认同就是残疾人对自我或群体的看法、归属或情感体验。随着我国高等教育的快速发展，以及融合教育体系的逐步完善和教育质量的提升，越来越多的残疾学生进入大学接受高等教育。但是由于残疾学生存在生理缺陷，他们获得残疾考生单考单招招考信息的渠道相对匮乏，且接受与表达能力受到身心特点的影响，这会影响到残疾学生对其身份的认知、认同，进而会影响到其日后的学业和社会适应。笔者通过深入访谈残疾大学生得知，听力残疾学生进入大学后，基本适应学校生活，但他们对残疾考生单考单招认可度处于一般水平，甚至一些学生对高等特殊教育院校设置的专业不满意。一部分学生认为学校没有开设或学校没有允许他们报考自己感兴趣的专业，还有一部分残疾大学生不能够很好地适应大学的学校生活，既不完全认同自己的

---

① 张淑华，李海莹，刘芳. 身份认同研究综述 [J]. 心理研究，2012，5（1）：21-27.

② 杨志林. 残疾人社会融入问题研究及社会工作介入 [D]. 北京：中国社会科学院研究生院，2015.

聋人身份，也无法融入健听人群体之中。

（四）残疾考生单考单招命题及其管理失范

残疾考生单考单招主要由招考院校进行单独命题，对它们而言，最大的挑战就是针对残疾人身心特征来进行单考单招的命题工作。考试试题的科学性与严谨性，决定了测验的公平性。测验的公平性是命题者最需要关注的基本内容，也是考试机构专业化发展水平的重要体现。所以残疾考生单考单招的考试试题既要兼顾不同地区、享受不同教育资源的考生，又要保障测验本身的公平（如试题背景材料、呈现方式、试题功能等），尽量减少与测量目标无关的因素对测量过程的影响，在保证测验目标构念不变的前提下，使残疾考生的知识与能力结构得到有效测量。考试是科学的测量工具。考试和命题有其本身的科学要求，命题管理者通常希望在考试理论之下，不断优化试题的质量，来保持考试主要质量指标之间的平衡。笔者在调研中发现，残疾考生单考单招的命题及其管理存在一些问题。例如，残疾考生单考单招的招考院校在命题时，与特殊教育学校的教育教学内容严重脱钩，很难把握命题的科学性与难易程度。部分地方参与残疾考生单考单招的命题教师仅由高校的教师组成，却没有特殊教育学校的教师参与。命题教师的身份保密工作流于形式，有的人会有意无意地暴露自己的命题教师的身份等。

第二节　残疾考生单考单招执行问题的主要原因分析

一、残疾考生单考单招执行主客体之间问题的原因分析

（一）制度执行的资源不足制约了地方残疾人高等教育的发展

制度执行的资源，广义上包括制度执行所需要的各种人力、物力、财力等资源，狭义上是指制度执行需要的经济和物质投入。一项制度的执行，如果没有必要的经济和物质的投入，便难以达到制度执行效果，更难以实现制度执行目标。相反，制度执行投入过量的经费和物质，会造成不必要的资源浪费，并产生负面效应。因此，必要的经费和物质投入量需要有科学的预算。

残疾考生单考单招执行过程中，高等特殊教育资源产生供需矛盾的最主要原因是我国对残疾人高等教育的财政投入不足。随着全纳教育理念的

广泛传播，我国一些普通高校开始注重无障碍校园文化和设施建设。但是，我国大部分普通高校仍然没有开展方便残疾学生生活和学习的无障碍校园建设，如配备无障碍设施、残疾教学辅助用具、康复设备等。其原因在于建设无障碍校园，不仅需要相关的教育理念，还需要投入大量的经费。由于残疾人教育教学成本高，一些发达国家（如美国、日本等）给残疾大学生的教育拨款是普通大学生的 5 倍，而我国给残疾大学生的拨款同普通大学生一样，这极大地影响了残疾人高等教育的发展①。目前我国执行残疾考生单考单招的高等特殊教育院校都不是部属院校，如果面向全国招生，就需要地方财政拨款。因此，地方的财政实力决定了残疾人高等教育发展的规模和质量，这在一定程度上影响了全国残疾人高等教育发展的平衡性。例如，北京、上海、江苏等经济和教育相对发达的地方，在残疾人高等教育上的财政投入就比四川、云南、广西等省份要多出好几倍。这些发达地区的残疾人高等教育的发展，无论从规模和速度上还是质量和内涵上，都要超出中、西部地区很多。地方财政投入的差异，在一定程度上，也会影响残疾人高等教育的师资建设水平，这个次生因素与地方财政投入不足制约了当地残疾人高等教育的发展。

残疾考生单考单招的招生人数之所以非常少，主要是因为我国高等特殊教育院校数量比较少，全国仅有 30 所。这除了受限于地方教育财政投入的不足，还体现在残疾人高等教育的师资队伍建设的规模与水平不足，导致我国高等特殊教育资源无法满足残疾人高等教育的需求。我国高等特殊教育院校的师资规模发展受特殊教育专业硕士、博士培养规模的影响。据统计，我国设置特殊教育专业的高等院校（包括高职院校）共有 94 所。而有特殊教育学硕士授予权的高等院校有 25 所（北京师范大学、浙江师范大学、济南大学、华中师范大学、四川师范大学、成都大学、西华师范大学、新疆师范大学、北京联合大学、辽宁师范大学、沈阳师范大学、华东师范大学、华南师范大学、北京体育大学、湖北师范大学、湖南师范大学、广西师范大学、西南大学、重庆师范大学、云南师范大学、淮北师范大学、陕西师范大学、西北师范大学、长春大学、西藏大学），有特殊教育学博士授予权的高等院校有 4 所（北京师范大学、华中师范大学、华东师范大学、陕西师范大学）。目前，我国高等院校师资培养对象以硕士研

① 黄晶梅，王爱国. 我国残疾人高等教育发展问题的探析 [J]. 中国特殊教育，2008 (12)：75-79.

究生为主，博士研究生学位极度匮乏。根据 2022 年的招录数据统计，全国共招收特殊教育专业硕士研究生 240 余人，特殊教育专业的博士研究生 13 人（北京师范大学 3 人，华东师范大学 7 人，华中师范大学 1 人，陕西师范大学 2 人）。近几年高等院校的特殊教育学院在师资引进上以引进特殊教育学硕士为主，具有特殊教育学专业博士学位的教师严重不足。有研究表明，我国特殊教育学院教师中具有博士学位的教师占比为 5.7%，具有硕士学位的教师占比为 49.1%，具有学士学位的教师占比为 41.46%，特殊教育学院师资学历水平状况是硕士及以上学位的教师比例不足，而拥有博士学位的教师相当紧缺①。我国高学历的特殊教育专业人才培养的不足，在一定程度上影响了特殊教育学院师资队伍的专业理论水平和科研能力，这不仅不利于我国高等院校特殊教育学院教师队伍建设，而且还极大地限制了残疾人高等教育的发展。尤其是我国中、西部地区，高等特殊教育院校内部人力资源的不足，直接影响本地区的高等特殊教育院校的建设规模和水平，使残疾考生单考单招的招生数量少，导致相当一部分有强烈高等教育需求的残疾人失去了受教育的机会。

我国高等特殊教育院校内部还存在考试设施设备配置不足的问题。执行残疾考生单考单招需要一定的考试设施设备支持，包括教学设备、辅助器具、无障碍设施及其他相关的教学设施设备。这些教学设施为残疾学生提供考试支持，来确保他们平等有效地参加残疾考生单考单招。在残疾考生单考单招执行过程中，缺少考试设施设备会导致一部分学生无法有效地参加考试。例如，由于缺乏考试调整的辅助设备，相当一部分高等特殊教育院校不能根据视力障碍学生的视力缺陷，把试卷内容转换成他们熟悉的盲文，或者通过电脑阅读软件把文字试卷通过扫描转换成音频试卷。一些高等特殊教育院校缺乏专门的无障碍语音设备，比如 FM 调频系统、电磁感应线系统。没有这些无障碍语音设备，就没有办法连接听力障碍学生的助听器，致使部分听力残疾考生无法顺利有效地参加残疾考生单考单招。高等特殊教育院校考试设施设备的配置不足，在一定程度限制了高等特殊教育的发展。

此外，我国对残疾人进行单独招生的 30 所高等特殊教育院校中，对残疾人进行高职高专类招生的院校有 13 所。高等特殊教育院校对残疾人进行

---

① 周丹，王雁，冯雅静. 合作教学论视角下我国残疾人高等教育教师团队建设路径研究 [J]. 现代特殊教育，2016 (12): 61-65.

高职高专类招生，主要是考虑到残疾人日后的工作与生活。根据马斯洛的需求层次论，人类需求从低到高依次分为生理需求、安全需求、社交需求、尊重需求和自我实现需求五类①。当前残疾人的主要需求是要有在社会上自主生活的能力，而且是有尊严地生活着，这就要求他们具有自力更生的职业态度、职业素养和职业技能。因此，为了满足残疾人的教育与职业的双重需求，需要更多高等职业院校来举办残疾人高等职业教育。近几年，已经陆续有高等职业院校执行单考单招，对残疾人单独招生，如长沙职业技术学院、山东特殊教育职业学院、浙江特殊教育职业学院、河南推拿职业学院、云南特殊教育职业学院等。高等职业教育具有既能实现残疾人的高等教育权利，又能培养他们立足社会的本领的双重价值②。

（二）资源不足与就业观念落后限制了残疾人高等教育招生专业的发展

影响高等院校专业设置的因素有很多，如学科的划分，经济与社会发展的需要，人自身发展的需要③。高等特殊教育院校针对残疾人设置的专业主要受残疾人高等教育资源不足与落后的就业观念所影响。

第一，残疾人高等教育资源的不足。残疾人高等教育资源不足主要体现两个方面：一方面，人力资源的不足，也就是高等特殊教育院校的师资队伍专业建设出现失衡现象。我国高等特殊教育院校的高学历教师，有一定教学和科研能力，可以对普通大学生进行传道、授业、解惑；而特殊教育专业的残疾大学生，相当一部分高等院校教师无法直接对他们进行教育教学，还要掌握必要的语言沟通技能。例如，给聋人大学生上课，如果不会手语，就没有办法直接上课，所以还需要配备手语翻译。如果是其他专业，如美术绘画、艺术设计、计算机信息技术等专业，需要从别的学院聘请教师给残疾学生上课，同样要配备相应的手语教师，做课程教学的手语翻译。所以，我国残疾人高等教育面临着会手语的教师不懂专业领域，懂专业领域的教师却不掌握与听力残疾学生沟通技能的尴尬局面。高校极度缺乏既精通听力残疾人沟通技能（手语），又具有相关专业背景的教师。上述情况也出现在其他残疾类型的高等特殊教育中，这极大地限制了高等

---

① 姚井君. 马斯洛需求层次理论下学生情境教育［J］. 教育与职业，2013（32）：110-112.

② 王振洲. 我国高校残疾人招生考试政策的历史、现状及趋势［J］. 残疾人研究，2019（3）：46-55.

③ 胡弼成. 高等教育学［M］. 长沙：湖南人民出版社，2015：172.

特殊教育院校面向残疾人开设的专业。另一方面，高等特殊教育院校缺乏各类残疾人教育教学、实践实训、康复评估和康复训练等方面的仪器设备，这在一定程度上也限制了残疾考生单考单招的招生专业。

第二，落后的就业观念也影响了高等特殊教育院校的招生专业。残疾人高等教育专业设置出现单一化、狭窄化的趋同现象，主要有以下两个方面的原因：一是残疾人身心发展的特殊性导致高等特殊教育院校在专业设置上的趋同或相近。残疾人高等教育的专业设置往往与残疾类型和残疾程度密切相关。以听力残疾、视力残疾的学生为例，听力残疾学生虽然听觉受损，但其他感觉代偿较好。一般认为听力残疾学生视觉观察较为敏锐，有视觉优势，直观具体思维和模仿能力突出，想象力丰富，由此高校在专业设置上偏重视觉传达方面的工艺美术、广告设计、装潢艺术设计、服装设计、园林设计等专业；而视力残疾学生缺乏对时间、空间、色彩等的视觉感知，但他们的听觉非常突出，触觉较为敏锐，因而在针灸推拿、音乐表演等专业上具有优势。高校在残疾人高等教育专业设置上的趋同性就很好地说明了这一点①。二是高校的专业设置更多地"墨守成规"和"扬长避短"，较少关注残疾学生的要求。在残疾无法改变的情况下，残疾人高等教育更应关注他们能干什么，能干好什么。因此，高校在专业设置中"扬长避短"的现象突出，结果就是专业设置不断趋同，大多数高校开办了相同或者相近的专业。大家的惯性思维认为残疾学生能学好艺术设计、针灸推拿之类的专业，其他专业对他们来说难度太大。这种思维与国外发达国家的残疾人高等教育专业设置的思路大相径庭。美国残疾人高等教育专业设置主张开放与尝试，学习更多的专业不仅意味着平等的权利，更意味着全面地参与生活②。国内这种"扬长避短"的专业设置与其说是"保护"和"利他"，还不如说是"狭隘"和"功利"，不敢尝试与创新正在造就新的"隔离"和"不平等"。显然，这与当今国际特殊教育界主张融合和参与的理念是有一定差距的。

（三）"高大衔接"断裂制约了单考单招与高中特殊教育的良性互动

"高大衔接"是指高中教育与大学教育之间的衔接，它大体是由两个

---

① 王得义，马建莲. 我国残疾人高等教育专业设置趋同现象探析 [J]. 现代特殊教育，2016（8）：25-28.

② 熊琪. 国外残疾人高等融合教育支持体系的特点及启示 [J]. 文教资料，2014（20）：100-101.

概念构成的：一个是作为大学入学选拔结果而产生的升学；另一个是由高中教育向高等教育的顺利过渡，即"学校教育的连续"，并且"学校教育的连续"和"大学入学考试"中对于学力把握的状态有着密不可分的关系，大学入学考试制度涵盖了应如何反映"学校教育的连续"这样一个重要课题①。本书所说的"高大衔接"不仅关注高校残疾人招生考试与高中教学的衔接问题，更关注高中教育与大学之间在课程与教学上的衔接问题。高校执行残疾考生单考单招，并没有与高中特殊教育形成良性互动机制。"高大衔接"的断裂在残疾考生单考单招执行中体现为高等特殊教育院校对残疾考生进行单向选拔，并没有促成高等特殊教育院校与残疾考生的双向选择。这反映在残疾考生单考单招与高中特殊教育上，体现为高等院校在知识技能考核上并没能对高中特殊教育的课程设置以及教学效果起到完善与提高的作用。

高校无论在残疾考生单考单招考试科目的设置上，还是考试大纲的颁布上，都很少与特殊教育学校沟通与交流，往往是凭一己之见来选择考试科目、制定考试大纲。在残疾考生单考单招执行过程中，高等特殊教育院校的招考主导特殊教育学校的教育教学，主要有以下几个方面的原因：第一，高校残疾考生单考单招与残疾学生的高中学习缺乏一定的关联度，考试成绩与录取办法往往只是参考残疾学生在残疾考生单考单招中文化课程与专业技能考核的成绩，并没有将残疾考生的高中学业水平纳入考核范围。第二，残疾考生单考单招的考试大纲是大多数特殊教育学校的教学内容选择的主要参考依据，教师的教学和残疾学生的学习范围都局限于考试大纲。而特殊教育学校不像普通高中那样有统一的《课程标准》，所以其在残疾学生对核心素养的掌握、对特殊教育教师教学行为的引领以及学生的价值选择上，缺乏明确标准。这导致特殊教育学校教学只看考试大纲，不看课程标准。特殊教育学校的《课程标准》理应是沟通残疾考生单考单招与高中特殊教育的桥梁与纽带，缺少了这个，高等特殊教育院校的命题、考试科目的选择以及考试大纲的制定就会缺乏一定的价值引导。第三，特殊教育学校没有统一的《课程标准》，就不能够给高等特殊教育院校较为稳定的考试科目的反馈，高等特殊教育院校在执行残疾考生单考单招时就无法将残疾人高中学业水平考试纳入高考评价体系中，进而增加残

---

① 徐程成，饶从满. 日本大学招生选拔方式多样化的"理想"与"现实"："高大衔接"的视角 [J]. 外国教育研究，2015，42（7）：3-13.

疾考生单考单招与高中学习的关联度。《国务院关于深化考试招生制度改革的实施意见》指出，"加快推进高职院校分类考试"，"普通高中毕业生报考高职院校，文化素质成绩可使用高中学考成绩"，那么合格性考试成绩便是高职院校入学的重要条件之一①。残疾考生单考单招文化科目成绩若能以残疾考生的高中学考成绩为准，入学时只进行专业技能考核，既能大大增加残疾考生单考单招与高中特殊教育的关联度，又能降低残疾考生的考试负担，提高考试效率。

残疾人单考单招与高中教育之间的衔接，主要包括两个方面：一是大学入学选拔，即通过考试或其他方式选拔合格的高中毕业生进入大学；二是学校教育的连续，即保证高中教育与高等教育的内容、方法的衔接性，使特殊教育高中毕业生能够顺利地适应残疾人高等教育。这两个方面相互影响，相互制约，残疾人单考单招是特殊教育高中与残疾人高等教育衔接的重要环节，它应该能够客观、公正、有效地反映特殊教育高中教育的教学内容与水平，同时也要考虑特殊教育高中的教育教学的针对性。残疾考生单考单招是一种针对残疾考生的特殊的高大衔接方式，它旨在保障残疾人接受高等教育的权利，提高残疾人的受教育水平和就业能力，因此这一权利的实现需要二者之间有效衔接。

二、残疾考生单考单招执行程序存在问题的主要原因

（一）报名程序烦琐导致残疾考生错过报名时间或报名不成功

残疾考生单考单招的执行程序与其他考试的程序相似，基本步骤是各高等特殊教育院校进行自主命题、组织与执行考试，然后高等特殊教育院校与残疾考生所在的省级教育部门进行协调，办理残疾考生录取审批手续的相关事宜②。在各地区主管招生的部门当中，仍有个别地方的部门，对残疾考生单考单招报名工作不了解，对教育部颁布的相关文件的内容不了解。当残疾学生咨询高考报名相关事宜时，有些地区主管招生的部门才去了解和启动残疾考生单考单招报名工作。由于残疾考生单考单招的报名时间有限，如果地区主管招生的部门办事效率不高，那么很容易使残疾学生

---

① 王妍. 从普通高中教育定位看新高考与高中学习的关联 [J]. 中小学校长，2017 (12)：47-50.

② 兰继军. 论高师特教专业 招生制度的改革 [J]. 特殊儿童与师资研究，1994 (4)：35-37.

错过报名时间。残疾考生单考单招的报名流程为：高等特殊教育院校要求残疾考生到户口所在地的招生办公室参加全国普通高等学校招生考试统一报名，然后必须将报名序号和准考证号报给各个高等特殊教育院校的招生处，还要求残疾考生本人参加报考院校的现场审核。虽然有些院校为考试合格的考生开设了申请相应路费补贴的"绿色通道"，但考生在报考过程中可能会浪费大量的时间，并在一定程度上放弃再报考其他院校的机会。不同的地方和高校的报名时间、报名程序以及提交的报考材料都存在差异性，而且跨省报名的程序会更复杂，加之残疾考生获得关于残疾考生单考单招的信息渠道比较少，导致残疾学生对残疾考生单考单招缺乏全面的了解，这样会直接影响残疾学生报名的有效性。参加考试并被残疾人高校录取的基本前提是报名，然而在残疾考生单考单招执行过程中，经常会有一些残疾考生因报名不及时，错过了当地残疾考生单考单招的报名时间，导致不能参加当年的残疾考生单考单招。

（二）因残致贫使残疾考生家庭难以负担考试花销

残疾考生单考单招的执行给残疾人及其家庭带来了人力和经济负担。主要原因有两个：一是许多残疾人家庭收入低，考试投入自然造成了沉重的家庭经济负担。残疾人家庭收入水平、贫困发生的概率和生活质量与残疾人就业状况有关系，所以，就业是残疾人生存的保证和发展的前提。研究表明，残疾人作为弱势群体，其就业率仅为非残疾人的一半左右，平均工资收入也只有非残疾人的50%左右[①]。所以，对于低收入的残疾人家庭而言，几千元的考试费用已经是一笔非常大的开销，甚至有的残疾人家庭无力承担。二是残疾考生单考单招执行管理机制的不完善也是给残疾人家庭带来经济负担的主要因素之一。残疾考生单考单招在宏观层面不是国家统一管理，各个高等特殊教育院校自主命题，单独组织与执行考试，在考试时间上呈现跨度长及交叉重叠的双重特征。残疾考生参加残疾考生单考单招，必须到招生院校考试。而目前我国还没有形成成熟的残疾人联考模式，以及绝大多数高校还没有开展异地考试和网络考试。残疾考生单考单招的执行机制的不完善给参加考试的残疾考生及家庭带来了较高的交通

---

① 赖德胜，赵筱媛. 中国残疾人就业与教育现状及发展研究 [M]. 北京：华夏出版社，2008.

费、住宿费和考试费①。残疾考生单考单招在执行过程中出现上述问题，虽有人为因素，但最主要的因素是残疾考生单考单招本身的不完善，亟须对其进行改革与完善。

（三）残疾考生单考单招本身的缺陷致其执行成本高

残疾考生单考单招不仅反映了制度规制者——制度的执行机构（高等特殊教育院校）和人员的想法和决心，而且还决定了制度执行过程及最终结果。因此残疾考生单考单招本身是否有充足的理论依据，制度目标是否明确及体系是否完备等将决定该制度的执行顺利与否。在残疾考生单考单招的执行过程中出现招考成本高、效率低及测验质量低的问题，除了制度管理过程存在不科学之处外，最主要的问题还在于制度本身存在诸多不完善之处。制度成本是一个综合性的成本指标体系。广义而言，制度成本涵盖了与制度有关的所有成本投入的总和。国家教育考试制度也不例外，就其制度成本的构成而言，教育考试制度成本包括制度生成成本、执行成本和机会成本②。也有研究者把制度成本依次划分为：制度的设计与创生成本、制度的运行成本、制度改进与变迁成本、时间成本、人力成本和物质成本等③。所以，残疾考生单考单招执行过程中的招考成本，即制度的运行成本或执行成本。就残疾考生单考单招而言，制度的生成成本、执行成本、人力成本和物质成本都由各个高等特殊教育院校承担。它们在执行残疾考生单考单招过程中，从命题到组织与执行考试再到招生，都自行其是，呈现成本叠加现象，导致招考成本很高，而招考效率却很低。相比之下，普通高考的执行由四级国家教育考试管理机构分工协调，各司其职。四级国家教育考试管理机构包括教育部考试中心和下级各省份教育考试院以及地市和县级招生办公室，即从上而下分为一、二、三、四级教育机构。一至三级教育考试机构不仅有制定不同教育考试制度的职责而且要承担相应考试的行政监督管理职能，所以既有制度制定的成本又有组织管理执行的成本。第四级考试机构——县招生办公室只是具体执行考试活动的组织机构，没有制定考试制度的成本，只有考试执行成本。虽说普通高考

---

① 孙继红，胡正纲. 关于我国聋人高校自主招生现状的反思 [J]. 中国特殊教育，2002（1）：30-34.

② 童宏保. 国家教育考试制度成本分析 [J]. 江苏高教，2009（3）：62-64.

③ 于喜繁. 制度成本与社会主体的理性选择 [J]. 韩山师范学院学报，2008，29（2）：33-37.

执行成本比较高，但招考效率也很高。

三、残疾考生单考单招执行条件存在问题的主要原因

（一）主客观因素限制高校残疾人单独招生考试信息的通畅性

研究结果显示，被调查者对残疾考生单考单招执行的知晓度较低，尤其是残疾考生对招考信息的获取不通畅。影响高校残疾人单独招生考试信息通畅的因素既有主观因素，如对残疾人学业成就的低期望、低动机等，也有客观因素如区域环境、身心障碍等。

在残疾考生单考单招执行过程中，影响高校残疾人单独招生考试信息的通畅性的主观因素有：①特殊教育学校对残疾考生单考单招的低期望和低动机因素。特殊教育学校的教学服务对象一般是身心发展存在障碍的学生，学校行政领导的办学定位是使残疾学生能够生活自理，教授残疾学生一定的职业技能，使其能够自食其力，立足于社会即可，根本没有指望学生参加高考上大学。所以，这种低期望的办学定位，降低了其了解残疾考生单考单招招考信息的动机。②残疾考生的个人因素。一些残疾考生由于疏忽大意，对残疾考生单考单招招考信息没有产生足够重视或者做出错误解读。例如，残疾考生报名时，没有仔细审读残疾人高校要求递交的材料的具体事宜，导致残疾学生向若干所高校邮寄的报名材料都是一样的，忽略了各个院校对材料要求略有不同，结果造成向一些高校提交的材料不合格，导致报名没有通过①。③执行主客体之间的信息不通畅。A. 高等院校与考生之间。高校的招生考试及录取工作是学生和高校基于国家政策及双方信息进行相互选择的过程，而此过程中，双方的信息不对称导致了信息发布和获取的不平衡现象，主要是高校和学生在掌握报考、考试、录取信息时出现了不均衡状态②。高等教育具有准公共产品属性，易受同行恶性竞争、运作不规范等因素影响。这使高等院校之间表现出对特定信息的保密性倾向，阻碍了对高校之间关于残疾人招考信息的平行传递。B. 高校与地方教育管理部门之间。一些地区主管招生的部门对残疾考生单考报名工作不了解，对教育部颁布的相关文件内容不了解。这会影响到残疾考生单考单招的执行效率。

---

① 丁锐. 我国听障、视障考生高等教育入学考试现状及对策：以长春大学为例 [J]. 长春大学学报，2014, 24（9）: 1284-1287.

② 颜丙峰，宋晓慧. 教育中介组织的理论与实践 [M]. 上海：上海人民出版社，2006: 47.

影响高校残疾人单独招生考试信息的通畅的客观因素有残疾学生的身心障碍和环境因素。①残疾学生的身心障碍。残疾学生的身心障碍，如听力残疾学生的听力损失，切断了他们通过听力和口语来了解外界信息的途径，如果他们想了解残疾考生单考单招的相关信息，则必须由教师或家长代为了解并传达。②环境因素。一方面，由于特殊教育学校与高等特殊教育院校之间的直接接触并不多，日常教育教学较少联系与合作，所以特殊教育学校接触的招考信息不畅，影响到了残疾学生报名。另一方面，一些在普通高中随班就读的残疾学生，在普通学校接触到的都是关于普通高考的招考信息。他们要了解残疾考生单考单招的信息，则需要班主任或家长向招收残疾人的高校咨询，了解残疾考生单考单招报名程序及需要准备的相关材料等。一些在普通学校就读且处于偏远地区的残疾学生，缺乏信息交流的环境，也是阻碍他们了解残疾考生单考单招招考信息的因素。

（二）主客观条件限制了残疾考生单考单招执行的通达性

调查结果显示，我国高等院校普遍缺乏执行残疾考生单考单招的全纳环境，现有的考试支持也不满足所有残疾人的考试支持需求。下面从无障碍环境和考试支持两方面来阐述影响残疾考生单考单招执行通达性的因素。

我国高校缺乏执行残疾考生单考单招的全纳教育氛围的原因，归纳起来有以下几点：①无障碍环境建设意识淡薄。许多高校对无障碍环境建设的意义认识不充分，反映了公众对无障碍环境知识的缺乏，以及对残疾人特殊需求缺乏足够的理解与重视。②大学校园的人际关系环境对残疾学生的接纳与包容还不够。虽然残疾学生可以通过普通高考或残疾人单独招生的途径进入大学接受高等教育，但是制度的释放并不意味着大众对残疾学生的误解与偏见随之消除。很多残疾大学生表示，他们行走在大学校园内或者参加学校组织的活动，异样的眼光和不公平对待都会使其或多或少地产生心理压力。③除了特殊教育学院，其他学院极少参与高校对残疾考生单考单招的执行。特殊教育学院并没有很好地借助残疾考生单考单招这个机会让其他学院更多地了解残疾考生单考单招的执行情况。

目前我国为残疾考生提供的考试支持服务还不足以完全保障残疾考生单考单招的执行，原因是多方面的。首先，我国为残疾学生参加考试提供的考试支持服务还处于初级阶段，目前只能为能力较强的残疾学生提供一定的支持服务。其次，我国还没有专门为残疾学生提供考试服务的管理机构，残疾考生单考单招测验的便利管理缺乏相应的行为标准。虽然我国已经出台相关政策为残疾人参加考试提供考试调整或合理便利，但这主要针对的是残疾人参加普通高考。例如《残疾人参加普通高等学校招生全国统一考试管理规定》，对残疾人参加普通高考的合理便利的申请程序及测验便利进行了界定。然而，该文件对残疾考生单考单招的指导性较弱，缺乏针对性。对比美国，美国 ETS 成立了身心障碍者政策办公室，其主要职责就是基于《美国残疾人法案》的相关规定为有特殊考试需求的考生（包括身心障碍学生）提供考试服务。最后，目前我国有关残疾学生考试支持服务的公平性保障政策还不够完善。这主要是因为针对身心障碍学生的考试调整的公平性保障政策，还没有引起国内研究者和考试机构的重视，缺乏基于身心障碍学生考试调整公平性保障的理论与实践探索。

（三）制度本身的缺陷制约了残疾考生单考单招的执行效率

世界上没有完美的制度，虽然所有制度都存在一定的缺陷，但是人类的各种行为离不开制度。高校招生考试活动也需要招考制度予以规范。残疾考生单考单招本身存在一定的缺陷，如残疾考生单考单招的计划制度。大部分高等特殊教育院校都倾向于招收本地考生，这种极具"地方保护主义"色彩的"区域计划配额制度"，加剧了中、西部地区高等特殊教育供给与需求的矛盾，造成残疾人高等教育机会的不平等。残疾考生单考单招，还表现出"重职业技能、轻文化科目的考核"的特征，这种制度弊端对特殊教育学校的教育教学形成了极大的冲击。与普通课程相比，特殊教育学校的文化课程教学科目少，教学范围窄且浅。除此之外，残疾考生单考单招的考试内容与特殊教育学校的教学内容没有形成"高大衔接"，考试内容没有充分考虑特殊教育学校的教学现状与残疾考生的身心障碍特征。残疾考生单考单招在执行过程中，并没有对残疾考生的考试需求做出相应的考试调整。

我国高等招生考试制度经历了一个单独招生考试到联合招生考试再到全国统一考试的过程，这一变化过程既受制于当时社会政治和经济状况，又受制于考试自身的发展规律。残疾考生单考单招作为一种考试制度，它的发展规律与普通高考应该一致。但由于特殊教育及残疾学生本身的特殊性，高等特殊教育院校执行自主命题、单独招生考试与录取的招考模式。残疾考生单考单招与普通高考相比，虽有不足之处，但是其现行的招考模式具有很强的针对性，符合差异化与个性化原则。残疾考生单考单招虽有制度本身的限制，但不宜盲目向全国统考或大范围内联考转变，具体理由有以下几点：第一，我国高等特殊教育院校数量比较少，全国仅有30所，平均每省还不足一所，且东、中、西部分布还不均衡，考试科目及考试难易程度差异也比较大。如果统一考试科目、考试大纲和考试内容，不仅会产生新的不公平问题，而且也不具可行性。第二，各个高等特殊教育院校在执行残疾人单独招生考试时，从目前执行情况来看基本可以保证其科学性、公平性，而且还具有很强的针对性。第三，由于国家暂时没有颁布统一的课程标准，所以全国各地的特殊教育学校无统一课程标准、无统一教材、无统一教学大纲、无统一教学内容、无统一考试大纲，他们的教学大纲、教学内容是基于若干个高等特殊教育院校公布的考试大纲整合而来的，所以执行大范围联考或全国统考缺乏基本条件。第四，对残疾人单独招生的高等院校多是高等职业院校，设置的专业多是职业技能教育。各高等特殊教育院校设置的专业差异比较大，这无疑增加了大范围联考或全国统考的难度。第五，残疾考生的身心发展具有特殊性，无论是不同残疾类型群体间，还是同一残疾类型群体内，残疾考生的身心发展差异都比较大。具有差异性、补偿性和多元评价性的单独招生考试制度，对他们而言，是比较适宜的。综上所述，残疾考生单考单招执行制度短期内不宜执行大范围联考或全国统考模式。同时，这一制度的缺陷决定了其执行效率。

四、残疾考生单考单招执行监督存在问题的主要原因

（一）服务意识缺乏导致残疾考生单考单招宣传不科学

科学合理的高校招生宣传，应注重线上媒体宣传与线下现场咨询相结合。高等特殊教育院校注重线上招生宣传，较少组织残疾考生单考单招的现场招生宣传，这本身不够科学。其原因可能是：一是线上招生宣传成本低、方便快捷。二是线下招生宣传成本高，不管是"请进来"（特殊教育学校邀请高校招办负责人、教师给残疾学生介绍招考制度、专业情况、学校教学环境及就业情况），还是"走出去"（高校组织在校残疾大学生干部或志愿者团队到高中母校进行招生宣传，并提供咨询服务），都会产生一定的成本。前者要支付高校招生团队服务费及差旅费，后者要支付残疾大学干部及志愿者差旅费及保险费等。三是高等特殊教育院校也会顾及一些残疾大学生因对专业、学校环境及教学条件等不满意而把消极情绪带到特

殊教育学校，所以较少组织残疾大学生进行线下招生宣传。四是高等特殊教育的教育供给少于残疾学生需求，使残疾人教育招生机构服务意识淡薄。

（二）社会参与与监督的缺失导致高等特殊教育院校拥有过多的招考特权

残疾考生单考单招的执行，无论是从命题、组织与执行考试，到阅卷、公布考试成绩，再到考生录取等环节，还是报名条件、考试制度、录取标准的制定，几乎都是由高等特殊教育院校负责的，高等特殊教育院校拥有绝对的权力。这主要是因为社会没有参与到残疾考生单考单招执行的各个环节，并缺乏相应的社会监督。社会参与与监督的缺失与高等特殊教育院校过多的特权互为因果。具体体现在：首先，高校残疾考生单考单招的执行从命题到录取整个过程，都是由高等特殊教育院校及残疾考生户籍所在地招生办负责的，压缩了公众参与的空间。其次，关于社会监督，社会对残疾人教育缺乏理性认知和接触的途径，导致专门的残疾人教育的社会监督组织缺失，也使残疾考生单考单招的社会监督变得软弱①，这在一定程度上使高等特殊教育院校拥有过多的特权。

（三）以人为本理念的缺失致残疾考生意见表达不通畅

残疾考生在残疾考生单考单招的意见表达上出现不通畅现象，主要原因可以归纳为高校在执行残疾考生单考单招时，缺乏以人为本的服务理念，具体表现为：一是高等特殊教育院校在发布残疾考生单考单招招考信息时往往以有利于学校的角度向外宣传，较少考虑到残疾考生的需求，或者没有重视残疾考生个性化的需求。二是高等特殊教育院校接收与反馈信息的平台较少融入无障碍理念。残疾考生很少有机会与高等特殊教育院校面对面交流，往往是通过线上平台接收或反馈信息。高等特殊教育院校的招生信息网很少进行无障碍技术处理，较少关注残疾学生的障碍特征和实际需求。三是一些高校负责残疾考生单考单招的招生工作人员以管理者自居，缺乏服务意识，没有设身处地地为残疾人着想，处理残疾考生的意见时，流于形式，不注重处理质量，不关心残疾人的问题是否得到了真正的解决。

---

① 黄锦成，陈启源，余红东，等. 构建高等教育社会监督机制的研究 [J]. 高教论坛，2008（1）：61-64.

五、残疾考生单考单招执行效果存在问题的原因分析

(一) 没有处理好单考单招目的与高中教学目的的关系

残疾考生单考单招作为高等特殊教育院校的人才选拔制度，同样也是选择德、智、体等具有相对较高的综合素质，或在某方面有特长的残疾学生。从选拔方法的角度来看，招收残疾人的高校选拔残疾考生，具有一定的考试目标，即学科考试目标，具体表现为特殊教育学校各学科中的认知目标，残疾考生只有在学科考试中获得相对较好的成绩，才有可能被高等特殊教育院校录取。然而，残疾考生单考单招的目的与特殊教育学校教育目的之间存在着难以协调的问题，导致特殊教育学校没有实现明确的办学定位应有的效果。主要原因如下：①特殊教育学校的办学目的应该是培养残疾学生的生活技能和职业技能，使他们能够适应社会和自我发展，而不是以升学为导向。但是，由于高考的影响，特殊教育学校不得不将高考目的作为高中教育目的之一，无论是课程设置还是教学内容与教学方法都极大地受到高等特殊教育院校单考单招大纲和考试科目的影响。这样，就忽视了残疾学生的个性化需求和差异化教育，削弱了特殊教育学校的特色和优势，降低了教育质量和效果。②高等特殊教育院校的招生目的是选拔具有相对较高的综合素质或在某方面有特长的残疾学生，而不是为了满足所有残疾学生的升学愿望。由于优质高等教育资源的匮乏，高等特殊教育院校的招生名额有限，只能满足一小部分残疾考生的需求。而那些未达到考试标准的残疾考生，将无法进入大学接受高等教育。这样，就造成了一定的不平等，使那些"被抛弃"的残疾考生产生挫败感和自卑感，或者增加了他们的身心负担。

(二) 没有把握好考试内容与教学内容的关系

残疾考生单考单招的考试内容与特殊教育学校的教学内容存在较大的差距，导致了残疾考生单考单招的选拔的有效性受到影响，其原因主要有以下几点：①残疾考生单考单招的考试内容没有充分考虑残疾考生的特殊性，没有体现出对残疾考生的关怀和支持，而是以普通考生的标准来制定和实施的，忽视了残疾考生的个性化和多样化的需求，使得残疾考生在考试中处于不利的地位，难以发挥出自己的真实水平。例如，对于听力残疾学生来说，语文教学不仅要传授知识和技能，更要培养他们的语言交流和表达能力，而残疾考生单考单招的考试大纲中却没有涉及这方面的内容，

导致听力残疾学生在考试中无法展示出自己的语言能力，也无法体现出语文教学的本质。②特殊教育学校的教学内容和方法没有与残疾考生单考单招的考试大纲相适应，没有为残疾考生提供有效的教育引领和指导，而是过分依赖应试教育，片面追求考试成绩，牺牲了学科教学的深度和广度，损害了残疾考生的学习兴趣和创新能力。例如，在特殊教育学校，教师的教学模式仍然较为传统，教师在教学中占据主导地位，强调"师道尊严"，而没有充分发挥残疾学生的主体作用，没有根据残疾学生的实际情况和需求，灵活地设计和调整教学内容和方法，没有充分利用课程资源，没有培养残疾学生的自主学习和合作学习的能力。特殊教育学校教师的专业化水平也不高，教育观念滞后，教育教学创新意识不强，不能很好地适应和把握残疾考生单考单招的考试要求和教育目标①。

（三）残疾考生单考单招的局限影响残疾考生的身份认同

残疾考生单考单招，相比于普通高考制度，有很多的局限性。首先，参加残疾考生单考单招的考生一般是身心发展有障碍的学生；其次，高等特殊教育院校数量以及单考单招的招生专业、招生名额等都十分有限，无法满足所有残疾学生的教育需求。残疾学生若要参加普通高考，又会面临着无法回避的问题：残疾学生身心残疾而难以通过普通高校的体检标准。残疾学生对现实问题既感到无奈、无助，甚至也会觉得自己无法进入自己理想的大学，无法实现个人价值。研究显示，残疾大学生的大学生活的适应情况受身份认同影响。例如，听力残疾大学生的身份认同存在四种类型，即聋文化、听文化、双文化和边缘文化，且身份认同类型受不同因素影响而有所不同。其中双文化身份的听力残疾大学生在学校的适应状况最好，聋文化和听文化身份认同次之，边缘文化身份认同对残疾学生的学校适应有不良影响②。

（四）命题组成员结构不合理导致单考单招命题及其管理失范

残疾考生单考单招是由高等特殊教育院校单独命题的，试题的针对性、科学性以及难易程度由院校自己把握。残疾考生单考单招命题与高中特殊教育教学脱钩的主要原因，就是绝大多数高等特殊教育院校的残疾考生单考单招命题工作是由高校教师来承担的，较少与特殊教育学校教师合

---

① 陈建军. 聋校新课程实施的现状、原因及策略 [J]. 绥化学院学报, 2013, 33 (6):
17-21.

② 郭锡. 听障大学生身份认同类型与其学校适应的关系研究 [D]. 重庆：西南大学, 2014.

作。特殊教育学校教师本身承担着特殊教育学校的教育教学工作，他们如何平衡本身的教学与命题工作之间的关系，是让高等特殊教育院校有所顾虑的事情。所以招考院校往往自己命题，没有邀请特殊教育学校教师参与残疾考生单考单招命题工作。目前各高等特殊教育院校并没有成立专门的残疾考生单考单招命题小组。参与命题工作的高校教师虽然娴熟于自己的专业知识，但是未必完全了解特殊教育学校的教学实际以及考试测量的一般知识，所以特殊教育学校教师参与命题工作是必要的。此外，我国部分高等特殊教育院校虽然颁布了残疾考生单考单招的考试说明，但其对试题的分析，多停留在一般性描述，偏重对试题的定性分析，缺乏对考试后效影响的研究。

第七章 残疾考生单考单招执行的优化路径

第一节 残疾考生单考单招执行主客体问题的优化路径

一、构建残疾考生单考单招各执行主客体的协作机制

对残疾考生单考单招各执行主体的协作机制的构建是以"协作治理"为理论依据。"协作"在公共管理领域被定义为"政府机构为增加公共价值而通过它们之间的共同行动所采取的联合活动"[1]。根据上述定义，我们可以把协作理解为由一个或两个以上的组织围绕共同的目的，通过资源共享、责任共担形成的联合行动，它是比协调和合作更高层次的集体活动。"协作治理"理论源于西方国家，20世纪末被引入中国并被当作适合我国现实需求的治理模式，广泛应用于教育领域[2]。关于协作治理理论以克里斯·安塞尔（Chris Ansell）和艾里森·加什（Alison Gash）的研究最具代表性。二人在分析大量协作治理案例的基础之上，建立了协作治理模型。协作治理模型设计了启动条件、制度设计、领导能力、协作程序四个变量因素[3]，并解释了各个变量间的关系和作用方式。协作治理的基本要素可以概括为：①协作治理侧重于解决公共难题；②协作治理以共识为导向；

---

① BARDACH E. Getting agencies to work together：the practice and theory of managerial crafts-manship [M]. Brookings Institution Press，1998.

② 郭道久. 协作治理是适合中国现实需求的治理模式 [J]. 政治学研究，2016（1）：61-70，126-127.

③ ANSELL C，GASH A. Collaborative governance in theory and practice [J]. Journal of public administration research and theory，2008（4）：543-571.

③协作治理强调协商决策①。本书研究通过对协作治理理论内涵的解读，分析出其运作的基本脉络是：针对公共管理的问题，经过协商达成共享，促进利益相关者的多元共同参与，使公共政策得到有效执行，公共项目和资产得到高效管理。多元治理强调各执行主体之间利益冲突问题的解决，而非利益的分享。残疾考生单考单招各执行主客体的利益冲突主要体现在：残疾人高等教育资源无法满足残疾人的教育需求，高等特殊教育院校招生专业计划与残疾考生的实际期望相冲突，高等特殊教育院校之间为争夺优质生源出现恶性竞争，各个高等院校在考试科目、考试大纲、考试时间等方面无法统一，进而形成高等特殊教育院校与特殊教育学校、残疾考生之间的利益冲突等。博弈论解决各执行主客体之间利益冲突的基本思路就是承认利益的多元性、差别化、动态性和矛盾性，又强调利益协调的必要性。因此，残疾考生单考单招的完善过程就是各主客体之间不断协调利益冲突、彼此寻求利益平衡的制度动态调整过程，也是规范和约束各利益相关者之间的利益互动关系，使之达到规范化、互利化的过程。

运用协作治理理论来解决复杂的公共问题，就是促使跨域、跨界、跨部门的利益相关者形成有沟通、有交流的伙伴关系，以平等协调地参与公共决策的制定。所以协作治理理论运用的领域不限于政府部门或公共管理者发起的正式制度安排，同时还能运用于社区、学校或私人部门发起的非正式制度安排。协作治理是一个平等协调的决策过程，参与者在集体决策中有平等的机会反映其偏好或需求，共享解决问题的信息、知识与其他相关资源，各个组织之间能够相互理解彼此的观点、偏好与需求。为了更好地推进各高等特殊教育院校解决"各行其是"地执行残疾考生单考单招的局面，本书为它们之间的协作治理构建了一个融合的理解框架（见图7-1），这个框架包括起始条件、协作过程和协作治理的结果。

---

① 刘小泉，朱德米. 协作治理：复杂公共问题治理新模式 [J]. 上海行政学院学报，2016，17（4）：46-54.

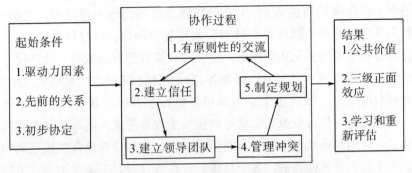

图 7-1　残疾考生单考单招执行的协作机制模型

（一）起始条件

起始条件是协作的起点，它在残疾考生单考单招执行过程中既能起促进作用，也能够阻碍各特殊教育院校之间的协作。然而各个部门或组织之间进行协作并非易事，需要克服各部门之间的冲突问题。残疾考生单考单招的执行涉及众多利益相关者，他们在招生考试过程中的不同需求、目标，导致他们为满足各自的需求、执行各自的目标而产生利益冲突。所以，各部门之间的协作只有在一定的条件下才能启动与运行。起始条件为各高等特殊教育院校之间协作执行残疾考生单考单招创造机会，同时也会影响其协作的过程和效能。

各高等特殊教育院校之间协作执行残疾考生单考单招首先要具有一定的驱动力，而制度、召集人、诱因、资源的依赖性等因素是维持协作活动的主要动力源。这里的"制度"是指能确保残疾考生单考单招协作执行过程具备开放性与包容性的基本规约。参与残疾考生单考单招协作执行的各高等特殊教育院校，不管是综合性本科院校，还是高职高专院校，都能够感觉到自己是平等的参与者，没有主从之分，而且此制度能够保障各高等特殊教育院校在集体决策中有平等的机会反映其需求，共享招考过程中的信息和资源。召集人在整个协作治理框架中的作用就是发起协作，既可以是多元协作参与中的任何一方，也可以是教育主管部门，他们作为第三方参与，在必要的情况下由其承担发起协作所需的活动执行成本。各残疾考生单考单招协作执行的召集人最好是由地方教育主管部门来承担，因为教育主管部门既在教育考试组织与管理上具有一定的公信力，也能够吸引人们关注残疾考生单考单招，增强社会对该制度的了解。引发各高等特殊教育院校残疾考生单考单招协作执行的诱因可归纳为内部诱因和外部诱因，内部诱因包括"各行其是"的招考模式成本高、效能低，一些高等特殊教育院校缺乏执行残疾考生单考单招的特殊教育资源或考试支持技术；外部诱因包括融合教育背景下残疾人日益增长的高等教育需求，越发凸显残疾考生单考单招的弊端。资源的依赖性，或者说高校仅凭一己之力无法完全执行残疾考生单考单招的任务。前文说过，并非所有的高等特殊教育院校都有全面、充足的教育资源来面向所有障碍类型的残疾学生招生，通过资源共享，优势互补，可以顺利执行残疾考生单考单招。

各高等特殊教育院校之间能否进行协作治理的另一个重要条件就是先前的关系。如果高校在协作执行某一项活动之前曾有过交流与合作的经历，那么在残疾考生单考单招执行方面将会很快就是否协作达成协议。如果之前的交流与合作是成功的，那么它们能很快产生高水平的信任，继而形成一个良性的残疾考生单考单招的协作循环。如果各高等特殊教育院校先前的伙伴关系不存在，那么它们之间的协作可能是渐进式的且从不需要太多信任的协作开始。各高校执行残疾考生单考单招的现状是"各行其是"，交流合作少，甚至出现利益冲突与竞争的局面，这使得它们都承担了较高的招考成本，这也使高等特殊教育院校探索协作执行残疾考生单考单招具有可能性。

虽然说高校各自执行残疾考生单考单招，也能够基本完成招考任务，实现招考目标，但这不是最优化的残疾人招考模式。所以，这为各高等院校之间就协作执行残疾考生单考单招达成初步协定创造了机会。初步协定能帮助高等院校厘清哪些招考环节是可以协作的，哪些资源是可以共享从而避免重复并造成资源浪费的，弄清楚需要参与协作的数量和程度与需要解决的问题的程度和范围，以及残疾考生单考单招协作执行给各个高等院校带来的利益有哪些。初步协定主要是对各个高等特殊教育院校在协作执行残疾人招考制度时的职责和过程做出规定和说明，因此，它不具备功过的奖惩功能。

（二）协作过程

协作过程是协作治理框架的核心，它是一个不断循环的过程。格雷（Gray）等把协作过程分为问题的设定、方向的设定及执行三个步骤[①]。本书中把各个高校执行残疾考生单考单招的协作过程分为有原则性的交流、

---

① GRAY B, WOOD D J. Collaborative alliances: moving from practice to theory [J]. The journal of applied behavioral science, 1991, 27 (1): 3-22.

建立信任、建立领导团队、管理冲突和制定规划五个环节①。

（1）有原则性的交流。各高校应该积极地打破狭隘的、封闭的残疾人招考模式，跨越各自的制度、部门进行交流，并使交流贯穿于残疾考生单考单招的整个协作的过程，目的就是解决招考问题以及各高校之间的利益冲突。有原则性的交流，是指各高等院校之间的交流是建立在公平、开放、包容等基础之上。高校执行残疾考生单考单招的协作过程可以划分为四个阶段：发现、定义、协商和决定。发现的目的就是各个高等特殊教育院校之间找到执行残疾考生单考单招的共同的利益、顾虑和价值观，识别和分析关于残疾人招考的相关信息。定义过程描述的是各高等特殊教育院校为了完成招考任务，达成招考目标采取的协作努力。协商就是各个高等特殊教育院校之间坦率地、理性地交流，协商的质量主要取决于各个高等特殊教育院校利益表达的技巧和利益冲突解决策略的有效性。决定既包括残疾考生单考单招招考程序的决策，如残疾考生单考单招时间、协作招考工作职责的分配的决定，也包括残疾人录取原则和录取办法的决定。各个高等特殊教育院校之间通过有原则性的交流，能够建立共同的使命感和共同的行动理论。

（2）建立信任。协作过程不仅涉及院校之间的交流与协商，而且还是一个逐步建立彼此信任的过程。信任是由人际行为、对组织能力和预期效能的信心、共同的纽带和善意感组成的。各高等院校之间的协作程度取决于彼此之间的信任程度，而持续的成功协作能够筑起更深的信任。在残疾考生单考单招协作执行过程中，各高等院校之间的信任有助于减少招考成本，维护关系的稳定性。信任还可以使高等院校打破自身制度的框架去理解他人的利益、需要、价值观，并受招考制度的约束。各个高等特殊教育院校之间实行招考信息与资源共享以及表明各自的能力，有利于信任关系的建立。所以，在残疾人招考协作关系确立以后，各个高等特殊教育院校之间应充分信任，分享招考信息。东部地区的高等院校可为西部地区的高等院校提供残疾人招考所需要的人力资源、物质资源和考试支持技术，西部地区的院校可为东部地区的院校提供其他支持，各方在互惠互利中建立信任关系，形成残疾考生单考单招的长期协作机制。

① LEACH W D, PELKEY N W. Making watershed partnerships work: a review of the empirical literature [J]. Journal of water resources planning and management, 2001, 12 (7): 378-385.

（3）建立领导团队。领导是协作过程不可或缺的要素，更是协作活动的重要产物。协作治理需要的领导是合作型领导，而非善于单枪匹马工作的领导①。协作治理理论框架下的残疾考生单考单招协作执行的领导应是合作型领导，它是残疾考生单考单招协作执行过程的"管家"，他们的领导风格应有利于促进该制度的执行。如前文所述，残疾考生单考单招的执行是一个多元主体共同参与的过程，因此，残疾考生单考单招的执行领导团队，成员不能都来自同一个部门，它应是由多个正式领导或非正式领导组成的团队。残疾考生单考单招协作执行的正式领导应来自教育主管部门（如省招委的招考负责人）、高等特殊教育院校（如招考机构负责残疾人招考的执行责任人），他们是残疾考生单考单招执行的工作领袖。除正式的领导外，非正式领导也特别重要。非正式领导是在正式组织或非正式组织中由成员自发选择而产生的领导，其领导地位主要是依靠个人才能或个人魅力来获得的。非正式领导的作用是协助组织成员解决个人化的问题、协调成员间的关系、充当成员的代言人等。它既能够弥补正式领导职位的不足，也能够推动积极广泛的参与，进而扩大残疾考生单考单招执行的社会影响，扩展协作的范围②。

（4）管理冲突。有多个主体参与的协作过程，难免会出现影响活动执行的内部利益冲突，造成利益冲突的因素包括两个方面：①各执行主体之间具有不同的活动目标和预期。例如，综合类本科院校注重培养能较扎实地掌握本门学科的基础理论、专门知识和基本技能，并具有从事科学研究工作或担负专门技术工作初步能力的高级人才，这类学校的残疾考生单考单招侧重于考查残疾考生的文化知识；而高职高专院校注重培养面向生产、建设、服务和管理一线需要的高技能人才，这类学校的残疾考生单考单招注重考查专业操作技能。所以，综合类本科院校与高职高专院校在执行残疾考生单考单招的协作过程中，很大可能会产生利益冲突。②有些执行主体在协作过程中试图扩大对口协作工作范围或加强对结果的控制。当某一执行主体的能力在协作过程中占据优势时，便很可能试图在活动协作过程中成为主导者，甚至违反早期制定的制度，此时利益冲突便会产生。

---

① RYAN C M. Leadership in collaborative policy-making: an analysis of agency roles in regulatory negotiations [J]. Policy sciences, 2001, 34 (3/4): 221-245.

② CHRISLIP D D, LARSON C E. Collaborative leadership: how citizens and civic leaders can make a difference [M]. Hoboken: Jossey-Bass Inc Pub, 1994.

在残疾考生单考单招执行过程中，综合类本科院校与高职院校也有可能因为规模、资金、声誉的不同而处于不对等的地位。占据优势者会试图加强对协作工作或结果的控制，导致利益的天平向一方倾斜而产生冲突。内部利益冲突需要领导们共同商议出现实可行的管理方案，而非召集他人来解决。在残疾考生单考单招执行的协作过程中，各执行主体之间的利益冲突管理主要体现在权力的不平衡和竞争的制度逻辑两个方面。在制度执行过程中，即使各个院校之间是平等的协作关系，也难免会存在权威和权利不平衡的问题，各执行主体间权利不平衡的冲突管理办法如伯迪（Purdy）提出的：领导者可以采取组织单独讨论会的方式来提高弱势群体权利的"话语的合法性"①。残疾考生单考单招的制度逻辑决定了具体的正式和非正式的活动规范或规则，并为执行活动提供解释。例如，招考逻辑包括招生、考试、录取三个环节，公平、有序、竞争是它的特征。其中的招生逻辑关注的是高等院校的行为管理，包括招生专业、招生计划、招生对象的执行规则和标准的操作程序等。领导者可以根据两种策略来管理竞争的逻辑：一是通过与残疾考生单考单招的利益相关者进行广泛与深入的交流，以提高该制度的知晓度、科学性，并确立其合法地位；二是增强高等特殊教育院校内部人员的信任而形成制度执行的合力，尽量降低内部管理冲突②。

（5）制定规划。在协作治理环境下，制定规划的方法有两种：一种方法强调，正式的规划是各执行主体协作成功的前兆。残疾考生单考单招规划应详尽地表述各个高等特殊教育院校协作的任务、目标、角色和职责、执行的步骤等。另一种方法主张，随着对话的深入而形成了更广泛的网络，受影响的各高等特殊教育院校对任务、目标、角色和职责以及行动步骤有了一个比较清晰的认识。我们由此可以得知，残疾考生单考单招规划需要强调三个方面：一是制定规划时应关注残疾考生单考单招执行中的所有利益相关者；二是作为残疾考生单考单招协作执行的主体，高等特殊教育院校要深入地理解协作要解决的问题以及制订可能的解决方案；三是明确协作的目标体系，即各个高等特殊教育院校协作执行残疾考生单考单招

---

① PURDY J M. A framework for assessing power in collaborative governance processes [J]. Public administration review, 2012, 72（3）：409-417.

② SAZ-CARRANZA A, LONGO F. Managing competing institutional logics in public-private joint ventures [J]. Public management review, 2012, 14（3）：331-357.

过程目标和结果目标。

（三）协作治理的结果

协作结果是协作治理的最终结果，它具体阐述了各高等特殊教育院校之间协作治理所能取得的结果。协作治理可能出现的结果可归纳为三类：公共价值、三级正面效应、学习和重新评估。

（1）公共价值。各个高等特殊教育院校执行残疾考生单考单招的协作过程，是一个善于利用各个部门的优势，弱化、克服或弥补各院校的劣势的过程。因而，协作治理理论下的残疾考生单考单招执行能更大程度地为各主体创造价值。从逻辑上讲，发挥不同院校的优势，整合与共享特殊教育资源，既可以节约教育主管部门的管理成本、高等特殊教育院校的招考成本、残疾学生及其家庭的考试成本，也可满足各类残疾学生的多样化的考试需求。

（2）三级正面效应。已有的研究表明，协作规划工作可以产生三级正面效应。第一级正面效应是协作过程的直接结果，包括社会资本、智力资本、政治资本和高质量的协定、创新型战略。第二级正面效应一般出现在协作过程进行中，通常包括协作主体关系、协调与联合行动、协定的执行与调整。第三级正面效应要在协作工作结束后才会出现，包括持续地协作，较多地协调演进，各执行主体之间在制度、规范和话语模式等方面的适应①。

（3）学习和重新评估。持续不断地学习是各执行主体协作成功的一个典型特征，同时也说明制度规划的有效性。当各个执行主体的协作绩效指标不能预先确定的时候，那么持续性地学习是解决这个难题的可行性策略。协作效果是各执行主体调整协作方法的依据，协作效果甚至决定了各执行主体之间是否有继续协作的必要，因此需要对协作的效果进行评估。残疾考生单考单招也是如此，如果高等特殊教育院校协作执行残疾考生单考单招，能够有效解决其在执行过程存在的问题，那么协作将会继续；反之，各个高等院校之间将会重新设计协作方法，甚至各个高等特殊教育院校会评估是否继续协作。

解决残疾考生单考单招成本高、效率低的方式，可以借鉴我国现行的

---

① INNES J E, BOOHER D E. Consensus building and complex adaptive systems: a framework for evaluating collaborative planning [J]. Journal of the American Planning Association, 1999, 65 (4): 412–423.

研究生招生考试模式，文化科目考试可以先尝试小范围内（同省份或相邻省份的两至三个学校）协作执行残疾人招考模式，由若干所高等特殊教育院校统一文化科目考试的考试大纲并合作命题；而专业科目考试则由各院校根据自身实际进行自主命题。考试试卷由主考院校负责寄往各省份的考点，考试结束后由当地教育考试管理部门寄回主考学校阅卷，统一公布考试成绩①。这种方式在一定程度上既可提高招生考试的经济效益，也可避免高校之间的生源大战，以及考生放弃入学资格造成的资源与机会浪费的现象。残疾考生单考单招执行过程中各个高等特殊教育院校"各行其是"的情况，带来了诸多问题，如招考成本高、招考效率低，不仅给残疾学生及其家庭带来较重的经济负担，而且还干扰了特殊教育学校的教学秩序等。协作治理理论下的高等特殊教育院校残疾考生单考单招的协作，有利于各高等特殊教育院校通过有原则的交流，彼此之间建立信任，继而建立引导协作的领导团队，这有利于解决残疾考生单考单招执行过程中的组织与管理问题。

二、构建高等特殊教育发展的对口支援运行模式

在教育发展的每个阶段都会呈现出不同的主要矛盾，北京师范大学前副校长陈丽指出：当前中国教育的主要矛盾是每一个中国人的教育需求更多的是期待能够接受灵活的、优质的、个性化的、终身的教育，而目前我国教育的主要服务模式是基于学校的、标准化的、班级的、供给驱动的教育。中国教育学会前会长钟秉林指出，长期以来，我国高等教育的主要矛盾是：一方面人民群众要上大学，享受优质高等教育资源的需求非常迫切；另一方面，我国优质高等教育资源供给十分短缺，而且发展非常不平衡。因此，当前高等教育的主要矛盾集中体现为教育规模与教育质量的矛盾。我国残疾人高等教育发展也面临着类似的矛盾，即残疾人日益增长的高等教育需要与残疾人高等教育资源短缺之间的矛盾，同时还呈现出残疾人高等教育资源区域发展不平衡的特征。残疾人高等教育的主要矛盾反映在教育的各个环节，其中高等特殊教育发展主要矛盾的焦点是高校招生考试环节中的问题，不仅涉及面广，而且影响深远②。

---

① 黄伟，邓岳敏. 残疾人高等教育单独招考制度的改革目标与形式选择 [J]. 中国特殊教育，2014（7）：8-12.

② 张耀萍. 高考改革中的利益主体分析 [J]. 中国考试（研究版），2009（10）：45-51.

高等特殊教育的发展和资源的配置，主要还是依赖于国家财政的大力投入和政策支持，但一味地强调加强国家财政投入是不太现实的。虽然在资源配置有限的情况下，可以适当地在财政投入和政策上予以倾斜，但是更需要平衡各方面的利益关系。所以高等特殊教育的发展，在财政支持有限的情况下，应协调与整合现有的高等特殊教育资源以惠及更多的残疾人。为了加快发展西部地区教育，缩小区域间的教育差距，全面提高教育水平与质量，教育部于 2001 年下发了《教育部关于执行"对口支援西部地区高等学校计划"的通知》，开启了东部地区的高校对口支援西部地区高校的工作。所谓"对口支援"，是指由政府启动，在发达地区和不发达地区有关机构和学校之间建立稳定的伙伴关系，引进发达地区的物质和智力资源，促进不发达或者欠发达地区教育发展的一种援助模式①。加快发展西部地区的高等特殊教育，执行高等特殊教育院校对口支援是一个比较可行且比较经济的途径，以执行"削峰填谷"的方式，来协调东、中、西部地区的高等特殊教育资源严重不均衡问题。这能提升残疾人高等教育的区域整体性协调，整合特殊教育专业资源。关于我国残疾人高等教育资源区域整体性协调不佳的问题，我国在未来高等特殊教育院校的建设与规划中，应加大国家层面、各省级政府层面的宏观调控力度，可通过建立由教育部、残联等部门进行宏观统筹，各个省市教育行政部门参与的专门机构，如残疾人高等教育统筹规划办公室，来对残疾人高等教育进行全面协调管理，组织特殊教育专家对各省（自治区、直辖市）的残疾人高等教育的办学规模、经费投入、教学质量等进行定期审核。同时，根据不同省份的经济、科技、残疾人口、文化、高等教育发展水平等的实际情况对残疾人高等教育资源进行合理分配，力争"削峰填谷"，提升残疾人高等教育发展的整体协调性②。高校在执行残疾考生单考单招时，打破狭隘的具有"地方保护主义色彩"的"区域招生考试制度"，在教育资源和办学条件允许的情况下，高校可以扩大生源范围。对于高等特殊教育资源比较丰富的东部地区，可以适当地扩大西部地区的生源比例，尤其是扩大西部地区还没有高等特殊教育院校的省份的残疾考生比例或者对西部地区的残疾学生

① 李延成. 对口支援：对帮助不发达地区发展教育的政策与制度安排 [J]. 教育发展研究，2002（10）：16.
② 李欢，汪甜甜. 我国残疾人高等教育区域布局协调性的实证研究 [J]. 中国特殊教育，2018（8）：3-10，17.

进行定向招生，地方政府和高校同时也要做好教育经费的财政支付转移衔接工作。

对口支援运行机制，是指对口支援管理系统各组成部分、各个管理环节等各种有形和无形要素，按照其内在规律，在运动中相互联系、分工合作、协调耦合，形成具有特定功能并实现既定目标的各种运作方式和运行轨迹。它包括各种政策法规和管理制度的建立健全，以及支援方式的采用。它关系到对口支援工程的执行成效和前进动力，良性、高效、长效的运行机制是现代管理所追求的目标，也是对口支援管理所追求的一种理想状态。对口支援良性、高效的运行机制的构成具有层次多样性的特点：包含着多种机能活动。借鉴现行对口支援运行机制的经验，高等特殊教育发展对口支援运行机制可以分为三个层次：第一层是运行机制；第二层可以分为目标机制、动力机制、约束机制三大机制；第三个层次是第二层次的三大机制所具有的结构体系，它还可分为较低一层的机制（如图7-2所示）。

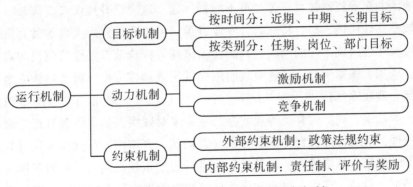

图7-2　高等特殊教育发展对口支援运行机制

（1）目标机制。根据高等特殊教育资源的供需实际，应建立高等特殊教育院校间的对口支援关系。然后在深入调查研究和充分协调的基础之上，支援高等特殊教育院校与受援高等特殊教育院校签订对口支援合作协议。签署对口支援协议的过程，实际也是支援高等特殊教育院校和受援高等特殊教育院校确立对口支援工作的指导思想、工作目标和具体执行方案的过程。对口支援工作的目标明确与否、可行与否，将直接关系到对口支援工作有无成效。基于任务分析法，对口支援总体目标可分为近期目标、中期目标和长期目标；按类别来分，对口支援总体目标又可以分为任期目标、部门目标和岗位目标。支援高等特殊教育院校和受援高等特殊教育院校可将总目标进行分解，逐级分配到高校各有关部门、学院以及具体责任人手上。

（2）动力机制。对口支援动力机制能为支援和受援的高等特殊教育院校提供长效合作的动力。动力机制分为激励机制和竞争机制。激励机制是从分析支援高等特殊教育院校的成本和收益出发的。对口支援计划的执行会产生直接与间接的成本，对口支援的直接成本体现在支援高等特殊教育院校在支援过程中，为受援高等特殊教育院校提供的各类残疾人教育康复设施设备、图书资料（盲文书、大字书）、残疾人辅助器具、教学仪器以及双方在交流过程中所产生的专项补贴、差旅费、招待费等。对口支援的间接成本主要是指支援高等特殊教育院校教师为支援其他学校而放弃的其他可能的收益，如学术讲座收益等。就收益而言，支援高等特殊教育院校可能得到的收益包括：政治收益，即学校的知名度和美誉度得到提升，尤其是对支援高校的先进集体和个人进行表彰；学术收益，即通过对口支援，促使支援学校的学科得到发展，人才得到锻炼；经济收益，即通过对口支援工作，支援学校及其教师可能获得国家的专项拨款[①]。

（3）约束机制。一般而言，支援学校参与对口支援计划是基于主动、积极和自愿的原则。为了能够顺利有效地达成支持计划的目标，还需要教育部通过制定政策、下发文件的形式来规范、推动高等特殊教育对口支援。约束机制执行的基本思路是：教育部定期对支援高等特殊教育院校的支援工作进行成绩考核，检查对口支援工作的进展情况。对于受援高等特殊教育院校的约束机制，一方面教育部要对受援高等特殊教育院校进行考核、检查和评价，另一方面受援高等特殊教育院校也要对其下属部门、学院及任务的执行人建立责任制并考核，促使其落实对口支持工作。

对口支援的各运行机制有自身的作用方式和功能，它们一方面相互联系，一方面相互制约。它们共同作用，形成对口支援整体运动的规律与活力。运行机制是对口支援工程管理的核心机制，其基本功能是将对口支援执行过程中的各要素，如人、财、物、事、时间、信息等，按照一定的组合方式、运行方向、运行路线、运行速度与强度，经过不断的协调耦合反应和对外部环境变化的适应，联结形成有序的集合状态，从而保障对口支援工作正常、高效地开展。对口支援工作主要依靠教育主管部门通过行政

---

① 康凯. 对口支援成效及推动西部地区高等学校发展的经济学模型 [J]. 医学教育探索，2004（1）：4-7.

手段来直接推动执行，并制定对口支援工作计划的执行与监督方案。基于近二十年来我国东、西部地区高校对口支援计划的经验总结，对口支援项目主要包括师资队伍建设、人才培养、科研合作、学科建设、干部挂职锻炼等①。基于现有的成熟经验，支援与受援的高等特殊教育院校可在师资队伍建设与人才培养、物质支持、学科建设、科研带动等方面开展合作（见图7-3）。

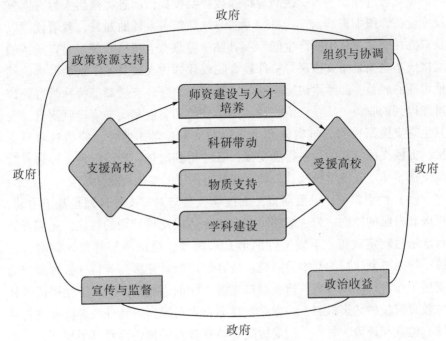

图 7-3　高等特殊教育发展对口支援运行机制模型

（一）师资建设与人才培养

师资建设与人才培养是学校发展的关键，同时也是高校对口支援工作的主要内容。高等特殊教育的院校数量与规模发展受限的最主要原因就是师资匮乏。我国特殊教育高层次人才培养与供给不足，导致高等特殊教育院校的师资队伍的数量与层次都无法满足高等特殊教育发展的现实需求。基于对口支援计划，受援高等特殊教育院校可以采取"请进来"和"走出

---

① 教育部省部共建工作研究中心. 省部共建高校战略发展研究 [M]. 太原：山西教育出版社，2008：80.

去"的特殊教育师资建设支援模式。"请进来"就是受援高等特殊教育院校根据自身需求，邀请支援高等特殊教育院校的特殊教育专家前来进行讲学，由听力残疾学生或视力残疾学生教育方向的实践技能丰富的教师来负责指导、培训受援学校的教师，培养他们的教育、康复实践技能。"走出去"就是受援高等特殊教育院校选拔一批教师到支援高等特殊教育院校访学、参加专业学习或培训、攻读学位等。

（二）科研带动

对口支援的科研带动模式是以支援与受援高校的科研合作为基础，通过支援高等特殊教育院校的专家、教授的指导，以培育科研基地的方式对受援高等特殊教育院校进行对口支援。这种支援模式，需要支援与受援双方将对口支援工作任务重心下移，充分调动院系的力量，寻找科研合作的结合点。一般情况下，科研项目的选题、申报、立项等要基于受援高等特殊教育院校所在区域经济社会发展的现状与实际需求，这样才能够有利于受援院校参与科研项目，真正实现两校的合作。

（三）物质支持

对口支援中的物质支持，是支援高等特殊教育院校将图书、残疾人教学仪器设备、康复设施、科技辅助器具等物资赠送给受援学校，来支持受援高等特殊教育院校的硬件设备建设。我国高等特殊教育资源不足，与用于残疾人教育教学、康复训练的设施设备不足有直接关系。这不但影响了招生规模与数量，同时还制约了残疾人的招生专业与招生对象的残疾类别。

（四）学科建设

为了解决西部地区残疾考生单考单招招生专业狭窄的问题，支援与受援的高等特殊教育院校可以执行学科专业对口支援建设的模式。受援高等特殊教育院校可以聘请支援高等特殊教育院校的教师过来指导学科专业建设，请其在开设针对不同残疾类型学生的专业，完善残疾考生单考单招体制与机制，申报特殊教育专业硕士、博士学位点以及导师培训等方面予以协助和指导，提高受援高等特殊教育院校的学科专业建设的综合实力。

地方政府在高等特殊教育院校对口支援政策执行中起着非常关键的作用。根据图 7-3，地方政府的作用包括：政策资源支持、组织与协调，保证支援学校的政治收益以及宣传与监督①。第一，政策资源支持。高等特殊教育院校对口支援工作的开展，需要地方政府在经费投入、项目安排、人才使用等方面给予相应的配套政策，并建立配套的激励、监督、检查与协调机制，为对口支援计划工作提供政策制度与资金方面的保障。此外，地方政府还可通过减税、免税的方式号召企事业单位为高等特殊教育院校对口支援工作进行多元资金的投入，进而拓宽对口支援工作的资金来源渠道，加大政府在政策资源支持方面的作用。第二，组织与协调。地方政府可以使各项政策为高等特殊教育院校的对口支援工作提供政策合力，加强教育系统与地方政府之间的合作。地方政府通过组织与协调对口支援政策各执行主客体的利益关系，争取资源，制定对口支援方案。第三，保证支援学校的政治收益。支援高等特殊教育院校在对口支援工作中收获的学术收益与经济收益较少，主要收益还是政治收益。所以地方政府要对支援高等特殊教育院校中成绩显著、表现突出的先进集体与个人进行广泛宣传并表彰，使其获得荣誉、知名度。第四，宣传与监督。地方政府要积极宣传支援高等特殊教育院校，并建立支援与受援的高等特殊教育院校对口支援的人、才、物管理制度，依法、依规执行对口支援工作。

三、调整硕士研究生招考模式以满足残疾人更高层次的教育需求

我国残疾考生单考单招以及考试支持绝大多数是面向本、专科两个层次，目前的残疾人高等教育发展水平，无法满足残疾人越来越多的教育需求，残疾考生单考单招和考试支持需要向更高层次延伸。北京联合大学逐渐缩小招收残疾人专科生的比例，逐渐扩大残疾人单独招生的本科生比例，并且向残疾人研究生教育发展。例如，2014年，北京联合大学特殊教育学院首次开启了视障学生的研究生单考单招，来自北京、辽宁、山东和新疆的18名拥有本科学历的视障考生参加了此次考试，开了我国对残疾人执行研究生单考单招的先河。2019年，长春大学获得面向残疾考生开展研究生单考单招的资格，设立了中医学（视障）、美术（听障）和艺术设计（听障）专业，同时是国内面向听障、视障学生开展硕士研究生招生专业最多以及国内首次以单考单招方式招收听障学生的高等特殊教育院校。2020年，天津理工大学聋人工学院也开始残疾人硕士研究生单考单招，面

---

① 贺羽. 地方政府在高校对口支援政策执行中的作用 [J]. 企业导报, 2013 (19): 19-20.

向全国以单考单招方式招收全日制攻读硕士学位的听力残疾学生。我国残疾人高等教育招生考试体系逐步得到完善。根据2021年残疾人事业发展统计公报统计，全国有2 302名残疾考生通过残疾考生单考单招被高等特殊教育学院录取。但目前执行残疾人研究生单考单招的院校只有北京联合大学、长春大学和天津理工大学三所高等院校。所以我国残疾人高等教育的发展水平还远不能够满足残疾人接受更高层次高等教育的需求。为了解决更多残疾学生接受更高层次教育的问题，需要对我国部分高等院校的硕士研究生招生考试进行调整。

目前我国的残疾人研究生的招生计划数量极其有限，还远未满足残疾人的需求。提高残疾人研究生招生计划的现实途径就是让已经执行残疾人研究生单考单招的高等院校，增加残疾人招生计划。根据残疾人的障碍程度，我国高校可以执行研究生分流招生模式，其模式的基本框架为：分残疾类别进行招生，举办研究生特殊教育班，即对残障程度较高的残疾学生以研究生特殊教育班的形式开展融合教育，招收的残疾学生需要的支持最多；高等特殊教育院校实施融合教育，招收的是残障程度较轻的残疾学生，为他们提供的支持一般；特殊教育学院与其他学院进行联合招生，优势互补，资源共享，执行研究生融合教育，招收的残障程度轻微，只需要较少的支持；其他学院（非特教学院）对残疾人进行招生，必要时，为其提供专业支持，招收的学生残障程度极其轻微，只需要很少支持或不需支持（见图7-4）。

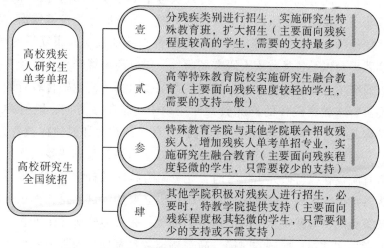

图7-4　高等院校残疾人研究生招生考试运行模式

（一）分残疾类别进行残疾人研究生招生

扩大残疾人研究生招生计划的策略之一：分残疾类别进行招生，实施研究生特殊教育班招生模式，扩大残疾人招生计划。该策略的执行思路就是：高等特殊教育院校在高校研究生统招的基础之上，执行残疾人研究生单考单招。在招生时间、考试科目、考试内容与考试标准完全一致的情况下，高等特殊教育院校根据残疾人的障碍特征和实际需求，对研究生考试进行相应的调整，如对试卷考试题结构、考试试题的呈现方式等进行调整，或者为残疾人考生提供必要的考试辅助设备，为残疾人平等有效地参加研究生入学考试创造条件。高等特殊教育院校可以根据残疾类别对残疾人执行研究生招生，如视力残疾研究生特殊教育班、听力残疾研究生特殊教育班等。分类的研究生特殊教育班便于高校对残疾人进行研究教育。分残疾类别进行研究生招生，将被录取的残疾人根据残疾类别编成研究生特殊教育班，每个班级不超过十五名残疾人研究生；每个研究生特殊教育班配备 3~5 名硕士生导师，分别负责残疾人研究生的知识学习、科研活动、学术交流、撰写论文等工作。分残疾类别进行研究生招生，招生对象是残障程度较高的残疾人，无论入学考试，还是日后的研究生教育，都需要给予较多的支持。

（二）高等特殊教育院校实施研究生融合教育

扩大残疾人研究生招生计划的策略之二：高等特殊教育院校实施研究生融合教育。高等院校，尤其是执行残疾考生单考单招的高等特殊教育院校，聚集了丰富的残疾人研究生教育的资源，既有服务于各类残疾人的教师如手语教师、盲文教师等，也有一些硬件设施如残疾人康复设施设备、教学实践平台以及各类残疾人研究场所等，所以高等特殊教育院校有执行残疾人研究生教育的基础。高等特殊教育院校执行研究生融合教育的思路为：高等特殊教育院校的特殊教育专业硕士包括很多方向，既有融合教育、特殊儿童心理咨询与教育，也有聋教育、盲教育和孤独症教育方向，所以，高等特殊教育院校特殊教育专业可以适当地招收一些残疾人。高等特殊教育院校在执行研究生招考时，充分融合特殊教育学院的特殊教育资源，为参加研究生统一考试的残疾考生提供必要的考试支持，如根据国家相关政策免除听力残疾学生的英语听力测试，为视力残疾考生准备大字号试卷或者盲文试卷。面试的时候，高等特殊教育院校要为听力残疾考生配备手语翻译，为视力障碍考生提供引路与提示服务。被录取的残疾考生与特殊教育学院的其他正常学生一起进行学习。高等特殊教育院校执行研究生融合教育，在研究生教育教学过程中，要积极地为残疾人研究生创造无障碍的学习和生活环境。高等特殊教育院校通过研究生考试招收的残疾人障碍程度较轻，通过一定的物理环境的调整，他们在学习过程中只需要一些必要的支持，便完全能够与正常学生一起学习。

（三）特殊教育学院与其他学院联合招收残疾人研究生

扩大残疾人研究生招生计划的策略之三：高等院校的特殊教育学院与其他学院联合招收及培养残疾人研究生。我国目前残疾人研究生单考单招的基本情况是：北京联合大学面向视力残疾大学生招收中医（针灸推拿学）专业的硕士研究生；天津理工大学聋人工学院在电子信息（计算机技术网络与人工智能方向）和艺术（产品设计方向、环境设计方向）两个专业上面向听力残疾学生招收研究生；长春大学中医学专业对视力残疾学生进行单考单招，美术、艺术设计两个专业对听力残疾学生进行单独招生。特殊教育学院招收残疾人研究生的招生院校和招生专业少，极大地限制了招生计划。扩大残疾人研究生招生计划的主要策略就是高等院校的特殊教育学院与其他学院联合招生，该策略的主要执行思路是：特殊教育学院与其他学院进行资源共享，优势互补，联合招收残疾人研究生。特殊教育学院招收残疾人的本科专业与其他学院相同或相近的硕士专业进行合作，借助其他学院的硕士研究生的授予权及培养平台，招收残疾人研究生；必要的时候，由特殊教育学院的老师来担任残疾人研究生的导师。以长春大学为例，在面向残疾人进行工商管理本科专业单考单招的基础上，长春大学的特殊教育学院与管理学院进行合作，面向残疾人，就工商管理专业的硕士研究生进行联合招生，必要时由特殊教育学院的教师来担当残疾人研究生的导师。这种招生模式主要是针对那些残障程度轻微，具有融合教育能力的残疾学生，在教育教学过程中，只需要为他们提供较少的支持。

（四）高等特殊教育院校的其他学院招收残疾人研究生

扩大残疾人研究生招生计划的策略之四：高等特殊教育院校的其他学院招收残疾人研究生，必要时由特殊教育学院给予必要的专业支持。残疾考生单考单招招收的残疾学生，有两种教育安置形式：第一种是高等特殊教育班，即根据残疾类别和所学专业对招收的残疾学生统一编班，集中进行教育教学；第二种是高等融合教育，即把那些通过残疾考生单考单招的残疾大学生插入相同专业的普通班与健全大学生一起就读，进行随班就读的残疾大学生需要较强的学习和适应能力。高等特殊教育院校适当地照顾或倾斜在学院就读的全纳教育专业的残疾学生，或者留出一定比例的招生名额给残疾学生。以天津理工大学为例，该校已经面向听力残疾学生进行研究生单考单招，天津理工大学扩大残疾人研究生招生计划的关键就是对电子信息工程专业、自动化专业、工程造价专业、财务管理专业、环境设计专业的随班就读的残疾大学生进行研究生招生。这些专业的残疾学生，已经在普通环境中与正常大学生一起生活学习了四年，所以他们已经基本具备了在普通环境中学习和生活的能力。天津理工大学在进行招生时，可以适当地向这些专业的残疾学生予以倾斜或照顾，必要时由特殊教育学院在考试服务和教育教学方面给予支持，如为研究生全纳教育专业提供手语翻译服务或其他考试技术服务，特教教师配合全纳教育专业的教师进行协调教学。高校全纳教育专业的残疾学生的障碍程度轻微，只需在必要的时候为其提供相关支持。

第二节　残疾考生单考单招执行程序的优化路径

一、通过专题培训以提高相关工作人员对残疾考生单考单招的了解

残疾考生单考单招工作事关成千上万残疾考生及其家庭的利益和幸福。为了让残疾考生顺利完成报考工作，残疾考生户籍所在地的招生办既要熟悉残疾人招生考试报名的具体流程，又要具有较高的业务素养和为民服务的思想[1]。因此，有必要对基层招生办工作人员进行残疾人招考工作的专题培训，提高他们的整体业务素质。培训的内容包括：一是让基层招生办工作人员了解本地区特殊教育学校的具体情况，掌握参加残疾考生单考单招的残疾考生的基本情况；二是及时关注并收集高等特殊教育院校公布的残疾考生单考单招招生简章；三是发挥沟通残疾考生与高等特殊教育院校的桥梁与纽带作用，树立在不同部门之间沟通协作的意识，积极主动地与高等特殊教育院校、特殊教育学校进行沟通协作，保障残疾考生单考单招报名工作的顺利完成；四是基层招生办要设立专门的残疾考生单考单招报名咨询热线，以便残疾学生及其家长咨询考试报名的相关问题。

---

① 胡斌. 走群众路线，办人民满意的招生考试工作 [J]. 文教资料，2015 (24)：111-113.

二、优化残疾考生单考单招的报名程序，提高报名效率

我国残疾考生单考单招采用"双报考"的方式进行报名，残疾学生既要在户口所在地的招生办参加全国高考统一报名，获得高考考生号之后，还要在报考的高等特殊教育院校进行报名。在高等特殊教育院校进行报考时，残疾学生必须根据报考的高等特殊教育院校的要求填写残疾人单独招生考试考生报名表，然后将报名表、体检表、身份证复印件（正反面）、残疾证复印件、当地高考考生证（或当地高考报名登记表）复印件加盖公章，一并寄给报考的高等特殊教育院校。所在地区偏僻，获得招考信息的渠道不畅，加之报考程序比较复杂，会增加残疾学生报考的难度。残疾学生由于需要提交的报考材料比较多，准备材料的时间较长，可能会造成残疾考生单考单招报名不及时，或者因提交的报名材料不全等，没有通过考试的报考环节。因此，针对上述问题，本书认为，根据国内外招生考试的先进经验，需要对残疾考生单考单招的报考程序进行优化。

首先，把残疾考生单考单招的"双报考"的方式调整为"一次性报考"，即所有要参加残疾考生单考单招的残疾学生在规定的时间内在指定的地点报名，同时填写好报考学校志愿，然后由报考的高等特殊教育院校招生办对残疾学生提交的材料进行审核，确认报考资格并发放准考证。经过这样的调整，残疾学生就不用在户籍所在地的招生办进行高考报名了。其次，可以充分利用现代信息技术，采用在线提交报考材料及审核的方式。运用这种报名方式的前提，是不同部门执行在线系统协同办公。具体流程为：残疾学生本人或委托他人在系统内填写并提交报名申请，先由考生所在学校对考生提交的报考材料（根据报考院校的要求进行提交）进行初审；初审通过后自动推送给考生户籍所在地的招生办对残疾考生的报名材料统一审核；通过此阶段审核的残疾考生，会自动生成一个高考考生号，然后进入高校审核阶段；通过高校审核的残疾考生，经过特殊教育学校及残疾考生的确认之后，即可获得参加残疾考生单考单招的资格，高校向残疾考生发放准考证（或考生自行在高校招生网下载打印）（见图7-5）。

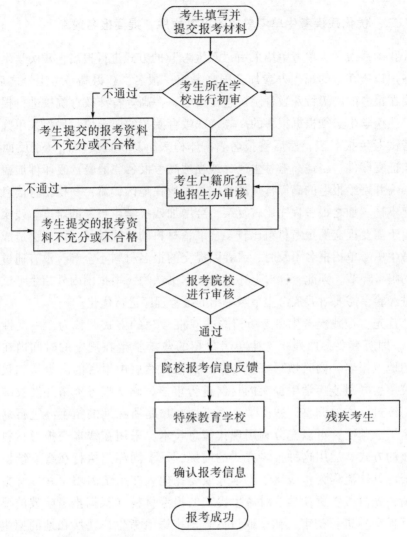

图7-5　高等特殊教育院校残疾考生单考单招报考程序

  残疾考生单考单招网上报名,考生在网上提交报考材料,招生考试各相关部门通过在线协作办公,能够极大地提高残疾人报考的成功率和效率。因此,通过建立残疾考生单考单招网络报考信息平台,既可以以区域为单位进行统一报考,也可以在全国范围内执行统一在线报考。这样既避免了残疾学生填写多种不同类型的表,同时也避免了残疾学生到报考院校进行现场报名的奔波之苦。此外,对偏远地区的残疾学生而言,特殊教育学校统一进行残疾考生单考单招在线报考，既节省特殊教育学校及残疾学生邮寄报考材料的花销，又使残疾学生在报考系统中能够快捷地得知自己的报考审核过程及结果。

三、构建残疾人"联合考试"或"一校多点考"模式

残疾考生单考单招作为一种考试制度，它的发展规律与普通高考应该一致。但由于特殊教育及残疾学生本身的特殊性，残疾考生单考单招短期内不会执行大范围联考或全国统考。执行残疾考生单考单招的高校为获得有限的生源，会过度提前招生时间以争夺优质生源；而残疾学生为获得入学机会在各地奔波劳苦。高校与高校之间、高校与考生之间都在耗费大量的精力和物力来维持这种均衡。虽然短期内不会执行多个高等特殊教育院校联合招生，但不意味着应对残疾考生单考单招执行过程中出现的问题熟视无睹。解决残疾考生单考单招成本高、效率低的问题，可以借鉴我国现行的研究生招生考试模式，文化科目考试可以先尝试小范围内（同省份或相邻省份的两至三个学校）的联考，由若干所高等特殊教育院校统一文化科目的考试大纲并合作命题；而专业科目考试则由各院校根据自身实际进行自主命题。考试试卷由主考院校负责寄往各省（自治区、直辖市）考点，考试结束后由当地教育考试管理部门寄回主考学校阅卷，统一公布考试成绩①。这种方式在一定程度上既提高了招生考试的经济效益，也避免了高校之间的生源大战，以及考生放弃入学资格造成的资源与机会浪费。残疾考生单考单招的完善，也可以参照长春大学与南京特殊教育师范学院的招生模式。长春大学残疾考生单考单招除了在本校设置考点，还在重庆特殊教育中心设置了考点；南京特殊教育师范学院针对听障生的单考单招在湖北、山西、四川、吉林、广东等距离南京市比较远的省份设置了考点，降低了考生的考试成本，减轻了残疾考生家庭的经济负担，极大地提高了招生考试效率和效益。无论是理论研究提出的建议，还是长春大学与南京特殊教育师范学院的现实案例，都有可能引导我国残疾考生单考单招改革的方向。

---

① 黄伟，邓岳敏. 残疾人高等教育单独招考制度的改革目标与形式选择 [J]. 中国特殊教育，2014（7）：8-12.

第三节　残疾考生单考单招执行条件的优化路径

一、通过科学宣传以提高公众对残疾考生单考单招执行的知晓度

提高公众对残疾考生单考单招执行的知晓度，需要高等特殊教育院校和特殊教育学校共同努力。一方面，残疾人高校要及时公布残疾考生单考单招的招生简章。高等特殊教育院校应及时公布招生考试信息，给残疾学生充分了解招生考试信息的时间，建议至少提前 4 个月公布残疾考生单考单招信息。高等特殊教育院校除了在学校招生网站发布相关招考信息，还应印制纸质的招生简章向各地的特殊教育学校及融合教育高中进行投递，充分做好宣传工作。此外，高等特殊教育院校要公布报考咨询热线，供残疾人及其家长咨询报名考试的相关问题。另一方面，特殊教育学校要为残疾考生提供及时有效的报考信息，包括残疾考生单考单招的院校数量、招生专业、招生名额、执行时间、各高校的资源配置以及无障碍环境建设等基本情况，让残疾学生对我国高等特殊教育院校有较全面的了解。此外，融合教育高中的班主任及其学科教师也要积极主动地了解残疾考生单考单招的招考信息，并及时向残疾学生传达。这样残疾学生参加完残疾考生单考单招后，还可以参加普通高考，大大提高了残疾学生上大学的机会。

二、整合高校内外教育资源，拓展残疾考生单考单招的招生专业

高等特殊教育资源不能满足残疾人教育需求的现状，影响着我国残疾人高等教育的可持续发展，而对校内外高等教育资源进行整合是解决我国高等特殊教育资源紧张和专业范围狭窄的有效途径[①]。高等特殊教育资源是满足高等特殊教育事业正常运行的各类资源的总称，不仅包括校内硬件资源和软件资源（硬件资源主要有图书馆资源、实验室资源等，软件资源有课程资源、教师资源等），还包括其他院校的教育资源、社区实践教学资源等[②]。校内外特殊教育资源整合是指高等特殊教育院校将校内分散的、

---

① 康凯. 对口支援成效及推动西部地区高等学校发展的经济学模型 [J]. 医学教育探索，2004（1）：4-7.
② 李惠翔. 中外高等教育资源共享的经验与启示 [J]. 知识文库，2016（15）：287-290.

不同的教育资源与校外资源按照一定方式聚合成一个有机整体的过程。

（一）整合校内教育资源的模式

高等特殊教育院校校内各部门之间资源整合的思路是：①特殊教育学院与其他学院进行专业合作，来扩展残疾人的专业范围。例如，特殊教育学院与计算机学院进行专业资源整合，为听力残疾学生开设计算机相关专业；特殊教育学院与音乐学院进行专业资源整合，为视力残疾学生开设音乐、器乐相关专业等。②其他学院与特殊教育学院合作，通过残疾考生单考单招的形式招收残疾学生进行随班就读，由特殊教育学院为他们提供手语翻译、手语培训等相关服务支持。比较成功的案例，如美国加劳德特大学承担起了资源提供和调配的重要责任，为各学院及时输送手语翻译、口语或手语训练等相关方面的人才[①]。③特殊教育学院与其他学院之间通过课程互选，来弥补课程资源的不足。大学各学院之间通过选课学习，实现校内资源的共享，这种模式很好地提高了高等教育的效益[②]。

（二）整合校外教育资源的模式

校外特殊教育资源整合是对校外教育进行分门别类，按照一定的要求和方式进行选择、配置与组合，进而实现高等特殊教育院校与校外机构彼此资源共享，发挥资源最大的效益。整合校外教育资源的模式有：①特殊教育专业整合其他院校教育资源的模式，即校际联盟模式。该模式是指各个院校之间相互开放教育资源，包括图书馆、实验室等硬件资源的共用，以及课程、师资等软件资源的共建、共享，最大限度地发挥现有教育资源的效能[③]。②教育康复专业整合临床医院教育资源模式，即院校合作模式。医学院是兼具教育职能和临床会诊职能的实体机构。在实践中，护理专业是常见的校外教育资源整合对象。护理专业合作模式是学校护理专业与医院及护理部之间建立合作关系，通过院校教师之间的协作以及资源共享，为培养该专业人才共同努力。当前，高等特殊教育院校开设了教育康复学专业。该专业是典型的医教结合的专业，所以高等特殊教育院校要积极与当地医院建立合作关系，在医院建立教育康复学专业的实践基地，通过将

---

① 刘颖. 二十世纪中后期美国聋人高等教育改革及其启示 [J]. 中国特殊教育，2011 (8)：36-40.

② 童欣，曹宏阁，康顺利. 分析借鉴美、俄聋人高等全纳教育经验：以美国国家聋人工学院和俄罗斯鲍曼技术大学聋人中心为例 [J]. 中国特殊教育，2009 (4)：30-35.

③ 李芳芳，姜安丽，顾申. 护理专业教育资源共享的方式：大学联盟及其发展 [J]. 解放军护理杂志，2010 (13)：5，36-38.

理论与实践操作相结合，培养教育康复应用实践技能人才。学院教师与医院临床医师之间通过学术讲座、校外聘请、教学培训、参与临床康复训练等方式进行合作，以形成院校双方长期合作、相互受益的关系。

三、对残疾考生单考单招进行考试调整以提升其通达性

通用设计（universal design）最初是用于建筑方面的一个概念。"通用设计"一词，是由美国建筑师麦可·贝奈（Michael Bednar）教授提出来的，他指出：在撤除了环境中的障碍后，每个人的功能都可获得提升。美国特殊技术应用中心（Center of Special Technology Applications，简称CAST）将"通用设计"的理念引入中小学课程设计之中，并提出了通用学习设计（universal design for learning，简称UDL），尝试从学习材料的革新和教与学的转化等，让每一个儿童都能够接受平等、最适合的教育。根据 CAST 发布的 UDL（Guideline Version2.0）的相关论述的分析，UDL 是用于指导教育实践的、科学有效的指导框架。这个指导框架中的教学在信息呈现方式、行为与表达方式、学习参与方式等环节都具有灵活性。已有研究表明，UDL 结合技术的使用，能够为残疾学生参加考试创造更多的机会。将 UDL 理念融入残疾考生单考单招活动中，要求考试命题者以及试卷设计者考虑到不同考生的需求，从而为包括残疾考生在内的所有考生提供有效的试题设计调整和试卷结构调整。

（一）提供多元化的试题呈现方式

国家和教育主管部门要求为视力残疾学生参加普通高考进行相应的考试调整，其中就包括对高考试题呈现方式的调整[①]。基于 UDL 理念，考题呈现方式的调整，是根据视力障碍学生的视力缺陷，把高考试卷内容转换成视力残疾学生熟悉的盲文或者大字号试卷，或者通过电脑阅读软件、语音软件等现代信息技术把普通高考的文字试卷通过扫描转换成音频试卷。在使用音频试卷时，为了便于视障学生记住并理解语音播放的试题内容，音频试卷的语音播放要以短句为主，而且尽量减少与题目无关的内容，来降低无关因素对有效考试信息的干扰。与此同时，音频试卷在播放的同时还可以在电脑屏幕上显示大且颜色鲜亮的 18 号字体的试题内容，便于他们

---

① 刘扬，任伟宁，孙颖，等. 北京残疾人高等教育入学机会保障调查研究 [J]. 北京联合大学学报，2018，32（4）：67-76.

有效接收考试信息①。基于通用设计理念，高考试卷结构设计要根据不同个体感知信息的差异，提供多样化的考试内容呈现方式，如为视力残疾考生提供大号字或盲文试卷、音频试卷等，来消除视力残疾学生的视觉障碍，满足他们的个体差异需求。由于听觉缺陷影响了听力残疾学生的文字加工和信息处理的能力，所以，试卷中的考题也尽量以短句的形式呈现。如果考试有听力部分，允许听力残疾学生重复播放试卷中的听力部分；必要时，主考方应把考试中的听力部分的材料转换成文字，运用投影设备进行投放展示②。阅读障碍是学习障碍的表现形式之一，以口述的方式来呈现试题，会提高他们的考试效果③。Fuchs 等研究发现，口头陈述考试试题能避免阅读障碍带来的考试过程困难和考试结果失真。实践表明，为患有阅读困难的学生口述考试题时，他们更容易在数学考试中获得好的成绩④。

（二）提供多元化的试题作答方式

对一些身心障碍学生而言，在试卷中直接圈出答案，比单独写在答题卡上可能更适合、更方便。那些运动障碍、视觉运动障碍的学生扫描问题的视野宽度比较狭窄，以及处理问题的速度比较缓慢，所以对于患有视觉障碍、运动障碍、学习障碍和注意力缺陷等的学生，调整考试作答方式或许更为适合。考试作答方式调整最初是为那些肢体移动障碍或手眼协调障碍的学生而提供的，因为这些学生很难将答案从试卷中快速有效地誊写在答题卡上。在答题卡上答题需要具备较高的注意集中、视觉扫描、空间知觉、精细运动控制和工作记忆等能力，这些能力有利于在答题卡上定位和标记目标项。然而，对于身心障碍学生而言，需要大量的时间完成作答⑤。除了耗时外，身心障碍学生可能会在誊抄试卷答案时出错，可能会把答案

① ELBAUM B. Effects of an oral testing accommodation on the mathematics performance of secondary students with and without learning disabilities [J]. The journal of special education, 2007, 40 (4): 218-229.

② HARTYGOLDER B. What accommodations does a hearing-impaired patient require? [J]. Mlo med lab obs, 2002, 34 (4): 9.

③ FLETCHER J M, FRANCIS D J, BOUDOUSQUIE A, et al. Effects of accommodations on high-stakes testing for students with reading disabilities [J]. Exceptional children, 2006, 72 (2): 136-150.

④ FUCHS L S, FUCHS D, EATON S B, et al. Supplemental teacher judgments of mathematics test accommodations with objective data sources [J]. School psychology review, 2000, 29 (1): 65-85.

⑤ BURNS E. Testing accommodations for students with disabilities [J]. Remedial and special education, 1995, 16 (5): 260-270.

写错位置或漏掉一些项目，导致答题卡不能正确反映测试结果。美国的教育部门已经正式批准了一种替代性作答的考试支持，通常被称为"试卷上填写答案"（mark answers in test booklet）。美国教育研究协会、美国心理学会和2014年教育测量全国委员会联合颁布的《考试联合标准》规定，考试中应消除或减少与考试无关的构念，允许身心障碍学生直接在考试试卷中进行答题①。这样，有可能出现在答题卡上的问题几乎都被规避了。

（三）提供多元化的考试参与形式

视力残疾考生参加普通高考，相关部门应根据其身心障碍及实际需求做出灵活调整。重度视力残疾考生或者盲人参加普通高考时，应尽量为其创造条件，进而提升他们的高考参与效能。基于 UDL 理念，以下几种措施可以提高视力残疾学生高考参与的效能：一是允许重度视力残疾考生或失明考生在家人陪伴下进入学校参加普通高考，这样可以为他们提供必要的帮助以规避环境中的安全问题。二是视力残疾学生扫描问题的视野宽度狭窄以及处理问题速度缓慢等原因，导致他们答题的速度比较缓慢。针对视力残疾学生这一缺陷的补偿措施就是适当延长考试时间，即通过调整残疾学生考试参与的时间长度，来保障知识的有效输出。例如，美国的 SAT 和 ACT 两项考试都考虑到视力残疾学生的实际需求而进行了延长考试时间的调整。三是将 UDL 与技术相结合，科技辅助手段使视力残疾学生能在考场上最大化发挥自己的潜能。例如，北京联合大学开发了"新特视力障碍人员考试平台"②，残疾考生通过利用该平台，有效地参与高考。因此，科技辅助技术极大地丰富了视力残疾学生普通高考的参与形式。

四、加强高等特殊教育院校的无障碍环境建设与管理

无障碍环境是残疾人社会参与的基本条件。为了保障残疾人顺利参加单考单招及适应大学校园生活，大学校园无障碍环境建设至关重要。高校无障碍环境建设的策略：①提高高校无障碍环境建设的意识，营造无障碍大学校园氛围。营造高校无障碍环境，首先要改变社会大众对无障碍环境

① LEWANDOWSKI L J, LOVETT B J, ROGERS C L. Extended time as a testing accommodation for students with reading disabilities: does a rising tide lift all ships? [J]. Journal of psychoeducational assessment, 2008, 26（4）: 315-324.

② 安俊英，周华丽，付百文，等. 视障人员考试平台开发及其学生试用探究 [J]. 中国特殊教育, 2007（2）: 28-31.

功能的认识。无障碍环境建设不仅为残疾学生服务，同时也可供所有有特殊需要的人士使用。所以，大学应在校园内加强宣传政府颁布的无障碍环境建设的相关文件，在校园的各个场所张贴醒目的无障碍标识，使残疾学生非常方便地找到并使用无障碍设施。校园环境的规划者和执行者都要有无障碍环境建设的意识，在教学楼、图书馆、食堂、宿舍楼以及楼道、电梯、厕所等设施的建设时，都要考虑到残疾学生可能遇到的困难及其需求，从而设计出满足所有学生需求的基础设施。②要对高校的无障碍设施进行必要的管理和维护，使高校校园的无障碍环境建设全面化和系统化，覆盖整个校园。校园各种设施的设计者和执行者都要严格遵守国家无障碍环境建设标准，充分体现无障碍环境的人性化和标准化，这样才能提高大学校园内所有人的学习和生活质量。校园无障碍设施建成以后，还要制定配套的管理制度，并将相应的责任落实到具体负责人，根据无障碍设施的管理结果进行相应的奖惩。无障碍设施的相关管理者，要定期对无障碍设施进行检查，对破损的无障碍设施及时维修或重建，以及对占用无障碍设施的物体进行清理，并对相关人士进行警告和处理，来保障无障碍设施的充分、有效利用①。③建设高校无障碍的网络信息平台。高校的校园网络平台建设要考虑到特殊学生的需求，如为视力障碍学生设置网页读屏功能，使视力障碍学生能够轻松地获取网页上的信息。

第四节 完善残疾考生单考单招执行监督的优化路径

一、构建科学合理的残疾考生单考单招招生宣传模式

高校招生宣传是高校面向广大考生集中展示自身形象、吸引优质生源、实现可持续发展的重要手段，也是考生获取招考信息、填报高考志愿的重要途径。与普通高校招生宣传不同之处在于，残疾考生单考单招招生宣传更注重招考信息的传达与获取及招考问题的解决。调查结果显示，残疾考生单考单招招生宣传的主要问题就是过于注重线上招生宣传，线下招生宣传不足；招生宣传的信息内容存在供给与需求的偏差；招生宣传的方

① 苏娜. 高校无障碍环境建设现状调查：以四所高校为例 [J]. 现代特殊教育，2019 (8)：68-78.

式没有考虑到残疾考生的个性差异。本书围绕这三个问题提出相应的优化路径。

（一）优化"线上+线下"的残疾考生单考单招宣传模式

优化残疾考生单考单招招生宣传的思路就是执行"线上+线下"的模式，充分利用线上宣传与线下宣传各自的优势。高等特殊教育院校可以先了解残疾考生及其家长的媒介偏好，执行有针对性的残疾人招生宣传，残疾考生单考单招招生宣传的媒介平台最好选择具有较高的权威性和可信度的平台，如省教育考试院官网、省残疾人联合会官网、学校招生信息网等。线上招生宣传要注意以下几个方面：一是网站的招生宣传内容要真实，设计合理，重点突出，方便残疾考生快速查找自己需要的招生内容；二是线上招生宣传的内容要融入通用设计理念，针对不同的残疾考生要有不同的页面设计，如为视力障碍学生安装语音读屏软件，为听力障碍学生介绍专业的宣传视频或音频专栏配上字幕或手语翻译等；三是网络首页要公布关于残疾考生单考单招招生宣传、专业咨询等方面的微信（群）、QQ（群）号码或二维码，并有专门的工作人员负责，通过在线平台与考生互动、答疑解惑，充分发挥线上招生宣传的无空间和时间限制的优势。

线上线下两条腿，二者充分结合，优势互补，才能使残疾考生单考单招线下招生宣传工作事半功倍。关于线下招生宣传的优化策略是：一是"走出去"。"走出去"招生宣传策略是通过在校残疾大学生到母校做招生宣讲，并为其母校即将参加残疾考生单考单招的残疾学生答疑解惑。"走出去"招生宣传，高校需要做以下工作：①制定相关制度、准则及标准；②基于一定的标准遴选参加招生宣传的残疾大学生志愿者；③对残疾大学生志愿者进行关于招生宣传内容、方式、常见问题答疑等的系统性培训；④培训结束后对残疾大学生志愿者进行考核，达到标准或考核合格后，方可被确定为正式的招生宣传志愿者。二是"请进来"。由特殊教育学校向高等特殊教育院校发出邀请，高校派学校招生办、残疾考生单考单招执行机构的代表到特殊教育学校进行招生宣传。此时特殊教育学校需要做的工作有：①就残疾考生单考单招相关问题向残疾学生进行调查，列出问题清单，将问题清单提前发给高校招生宣传工作人员；②特殊教育学校根据实际需求，让高校为其定制残疾考生单考单招专题讲座。

（二）分层分类科学匹配：残疾考生单考单招招生宣传内容的精准推送

残疾考生单考单招招生宣传是单向宣传模式，即高校站在自己的角度选择招生宣传方式、宣传内容，很少考虑残疾考生的真正信息需求，出现了招考信息的供需偏差。所以高校要从残疾考生的实际需求出发，以招生宣传内容、方式为核心，根据残疾考生的需求，通过精准定制和精准推送，来提高残疾考生单考单招招生宣传的针对性。残疾考生普遍比较关注的内容是招生专业的介绍、学校的学习和生活环境以及就业情况，高校要对这些内容进行重点宣传。招生宣传过程中要把专业是什么、开设哪些课程、课程学习方式是怎样的、有哪些残疾考生适合报考的专业、就业方向有哪些等告知残疾考生。高校还要以残疾考生能够理解的方式进行招生宣传，如针对不同障碍类型的残疾学生，方式和语言也就不同，使残疾考生在充分了解的基础上做出理性、明智的选择。残疾考生单考单招的招生宣传渠道和平台是开放的、无障碍的。要想吸引残疾考生，高校就要针对不同目标群体的需求，分层分类、科学匹配、突出特色、精准推送。

（三）转变招生管理意识，推进残疾人招生宣传服务常态化

残疾考生单考单招招生宣传过程中出现的一些问题，如对残疾考生及家长态度不和善、处理问题草草了事、问题反馈不及时以及意见表达渠道不畅等，都与部分招生宣传工作人员的意识有关。他们以管理者自居，缺乏服务意识。所以，为了使残疾考生单考单招的招生宣传工作更有温度，更有效能，招生宣传工作人员应主动转变招生管理意识，向服务意识转变，耐心、细致地面对残疾人考生及其家长的咨询，直到问题解决为止。招生宣传工作人员应紧紧围绕残疾考生专业倾向，把高校招生工作与残疾考生的生涯规划联系起来，把残疾考生单考单招政策宣讲与升学咨询辅导相结合，充分利用职业生涯规划的方法，为残疾考生开展个性化的专业和学校选择，使残疾考生更好认识自己、认识专业、认识学校，使残疾考生从残疾考生单考单招招生宣传中提升自己的获得感。总之残疾考生单考单招的招生宣传是一项系统性工程，但每个环节都应本着以学生为本的理念，充分利用线上与线下的各自优势，精准施策，用心服务，保障残疾考生顺利有效地参加残疾考生单考单招。

二、扩大社会参与与监督

残疾考生单考单招执行监督存在的主要问题是缺乏社会参与和社会监督。社会参与的缺失，直接导致社会对残疾考生单考单招执行监督的弱化或虚位。残疾考生单考单招的执行是对国家教育政策的具体落实，社会参

与和社会监督执行的过程即社会参与教育管理的过程。社会参与与监督在一定程度上避免了高校教育决策的随意性，同时社会把教育事业当作自己的事情来参与与管理，有利于提高教育管理的科学性①。社会参与教育管理有利于形成全社会关心和支持教育的氛围。残疾人教育作为一项公益性事业，它不仅从国家那里获得财政支持，而且还受企事业单位、社会组织的资助。因此，残疾人教育事业俨然已成为全社会的事业②。提高社会参与和监督残疾考生单考单招执行的相关方法有：①转变领导者和管理者的领导观念和管理理念，使社会参与人员掌握残疾考生单考单招的相关知识和技能。本书建议高等院校对直接参与残疾考生单考单招的相关人员尤其是领导者和管理者进行教育，形成教育管理的民主观念和民主意识。因为他们的领导观念和管理理念是决定社会大众能否参与和监督残疾考生单考单招执行的重要因素③。相关部门还应对参与和监督残疾考生单考单招的社会组织或团体进行残疾人教育的相关知识和技能的培训，使他们的参与和监督更加有效。②发展和健全代表残疾人利益的教育中介组织。教育中介组织是联系高校与社会的纽带，在社会参与高等教育管理中发挥着极其重要的作用④。残疾人教育中介组织，代表着残疾人在高等教育方面的利益和需求。通过教育中介组织和高等教育机构的沟通协商，残疾人的利益和要求可以对高等教育产生积极的影响。《〈中国教育改革和发展纲要〉的实施意见》已经明确指出："要建立健全社会中介组织……发挥社会各界参与教育决策和管理的作用。"⑤ 因此，为了能够让社会顺利参与残疾考生单考单招的执行，充分发挥社会对残疾考生单考单招执行的监督作用。首先，要建立代表残疾人利益和要求的教育中介组织；其次，还要制定相应的法律制度和政策来规范和维护教育中介组织参与残疾考生单考单招的行为和权益。

---

① 朱玉山. 美国高等教育管理体制中的社会参与及借鉴 [J]. 医学教育探索, 2006 (7): 598-600.

② 刘振天. 西方国家教育管理体制中的社会参与 [J]. 比较教育研究, 1996 (3): 10-14.

③ 林守忠. 社会参与高等教育管理探析 [J]. 现代教育论丛, 2004 (4): 35-38.

④ 张峰, 周艳. 治理理论视角下高等教育管理的社会参与 [J]. 科技情报开发与经济, 2004 (9): 170-172.

⑤ 国务院.《中国教育改革和发展纲要》的实施意见. (1994-07-03) [2023-04-13]. http://old. moe. gov. cn/publicfiles/business/htmlfiles/moe/moe_ 177/200407/2483. html.

第五节 完善残疾考生单考单招执行效果的优化路径

一、残疾考生单考单招要适当照顾特殊教育学校的教育目的

高中的课程设置、教学内容以及教学方法的调整与改革必然导致高考制度也随之变革。高考制度的执行，要充分发挥其高中课程设置、教学内容选择的正确导向作用，即执行怎样的高考制度，就要有与之相应的高中教育模式。尤其是在优质高等教育资源紧缺的情况下，高考制度的执行对特殊教育学校的影响更大。目前来看，残疾人高等教育资源相当匮乏，导致残疾考生单考单招对特殊教育学校的高中教育影响更为直接，表现为残疾考生单考单招考什么科目、考什么内容、怎样考，特殊教育学校就设置什么科目、学习什么内容以及怎样训练考试方法。所以残疾考生单考单招这根"指挥棒"，严重左右了特殊教育学校的教育目的。

尽管考试与教育是两种独立的社会活动，其职能各异，前者突出选才功能，后者注重育才功能，但二者的目标一致。社会对人的素质与能力的要求的标准，是考试与教育确定目标时共同遵循的依据。考试与教育目标的一致性是通过督导教学达到培养目标与检测培养目标的达成情况来实现的。高等特殊教育院校为选拔特殊教育学校优秀人才而举行的残疾考生单考单招，其目标应参照特殊教育学校的教育目标[①]。残疾考生单考单招的执行没有起到明确特殊教育学校办学定位的作用，其主要原因就是残疾考生单考单招目标脱离了特殊教育学校的教育目标，即残疾考生单考单招没有能够体现特殊教育学校教育的基本任务。换言之，残疾考生单考单招还不能达到实现特殊教育学校培养目标，或者检测特殊教育学校培养目标是否实现的目的。因此，残疾考生单考单招在执行过程中，要适当地照顾特殊教育学校的教育目的。

残疾考生单考单招是在中等特殊教育的基础上执行的，其目的是为高等院校选拔教育对象。所以残疾考生单考单招的执行既要考虑高等教育培

[①] 廖平胜. 论高考制度与学校教育的关系 [J]. 华中师范大学学报（哲学社会科学版），1987（6）：105-111.

养目标的需求，又要照顾到特殊教育学校的培养目标的实际。残疾考生单考单招的执行如果充分考虑到特殊教育学校的教育目的或培养目标，就能够很好地起到衔接中等特殊教育与高等特殊教育的作用，增强残疾考生单考单招的督导功能。特殊教育学校的教育目的是发挥残疾学生潜能，塑造残疾学生的社会性行为，注重残疾学生的职业技能训练，使残疾学生具备社会适应和生活自理能力，以及使一部分有能力继续教育的残疾学生通过学校教育，顺利考上大学。所以基于特殊教育学校教育目的的特殊性和多样性，残疾考生单考单招应采用综合素质评定的方式来选拔残疾学生。综合素质评定的内容应包括残疾学生模块修习记录、基本素质评价、实验操作、各类等级考试证书等[①]。评定的结果与残疾考生单考单招成绩相结合，以此来实现残疾考生单考单招目的与特殊教育学校教育目的的一致性，扩大残疾学生的高等教育入学机会。

二、提高残疾考生单考单招的教育性以促进残疾人身份认同

高考制度具有教育性，所谓高考制度的教育性是指高考制度应该给学校教育尤其是特殊教育以正确的价值引导和健康积极的影响，能予以在校学生以及社会青年的人生观、价值观和世界观正确的方向，有利于他们德、智、体、美、劳全面发展，促进学校教育整体目标的实现。制约高考制度教育性的影响因素有很多，既有劳动人事制度和社会就业市场的外部因素的影响，又有考试内容、考试形式、考试手段、考试环境、考试功能、考试分数作用等内部因素的影响。就高考应试的主体而言，学生的身心发展特征和发展规律是制约高考制度教育性的最主要因素之一。说人是制约高考制度教育性的主要因素之一，原因是高考制度具有选拔性考试的典型特征——竞争性和目的性。高考的选拔性和目的性是在应试主体与应试客体交互作用与博弈中实现的，积极的高考制度不仅要恰当地体现考试的竞争性与目的性，而且必须恰当地处理考试主体与考试客体之间的关系。高考既要达到强化考生竞争意识的目的，又要引导考生向预期目标进取，使考试主体面向考试客体时，考试客体能够适合考试主体身心发展的规律[②]。当考生能够将"这个目的当作法则"时，就可以规定考试主体参

---

① 李朝仙. 高中课程改革与高考关系研究 [D]. 厦门：厦门大学，2006.
② 廖平胜. 论高考制度与学校教育的关系 [J]. 华中师范大学学报（哲学社会科学版），1987（6）：105-111.

加考试的样式和方法，使他们的意志能够从属于这个"目的法则"，即考生能够正确地分析自己的优劣势，定位自己的学生身份和社会角色，以良好的心态接受并从事考试活动，以积极的态度接受考试竞争①。因此，残疾考生单考单招在执行过程中也要具有恰当的教育性。残疾考生单考单招正确的教育性应体现为考试的影响反映在残疾学生头脑中时，残疾学生对自我能力的认知，对考试的动机和意志，能够积极地加工形成"理想的意图"，并能通过这个形成过程变成"理想的力量"。残疾考生单考单招在执行过程中没有提高残疾学生的身份认同感，主要原因就是残疾考生单考单招的教育性没有很好地使考试的影响在残疾学生头脑中转换成"理想的意图"，最终没有形成"理想的力量"。所以，完善残疾考生单考单招的教育性是提高残疾学生身份认同的必要途径。其完善措施为，使残疾考生单考单招所规定的考试内容、考试形式、考试方法以及手段等，切实适合残疾学生体力和智力的发展水平实际。唯有如此，才能积极地影响残疾学生的思想、意志和动机，构成残疾学生符合其身心发展要求的"理想意图"，进而转换成"理想的力量"，形成积极的自我认知，产生适合其能力水平的目标行为，在恰当的自我定位的指导下进行考试竞争。

三、成立结构合理的命题小组，加强命题质量管理

普通高考的命题工作由教育部考试中心组织实施。考试中心通过教育行政部门在高校与中学中寻找合适的教师参加命题，组成命题小组。每一学科的命题小组大概有 5~6 人，主要是该学科的高校教师和中学教师。高考是为高校选拔合格、优秀的人才的，同时又面向广大的高中生，所以高考命题要坚持两个"有利于"原则：有利于选拔新生、有利于推动中学教育发展。残疾考生单考单招也应该成立结构合理的命题小组，各学科命题小组成员应该由该学科的高等特殊教育院校的教师与特殊教育学校教师组成。之所以强调让特殊教育学校教师参与，是因为特殊教育学校教师比较了解特殊教育教学实际和残疾学生的学习水平，便于残疾考生单考单招与特殊教育学校的教育教学产生良性互动，使命题内容、方法具有一定的针对性。命题小组的命题工作大概分为以下几个步骤：一是对命题教师进行培训。解决试题的歧义，提高命题质量，就要加强命题教师的培训。目前

---

① 马克思. 资本论：第一卷 [M]. 北京：人民出版社，1953：192.

的命题管理比较注重对命题教师的遴选与组合，但对命题教师试题测量方面的培训较为缺乏，各高等特殊教育院校要加强对命题教师的培训工作，建立一种长期的研究型的培训机制。二是命题小组召开评价会，各个命题教师根据往年的考试结果，不断地修改内容与试题结构，依据上一年的考试结果分析和专家研讨会提出的各种意见对试题结构进行调整。三是各高等特殊教育院校组织召开由命题教师参加的预备会，对上一年残疾考生单考单招试题的区分度、难度进行详细说明，为下一次命题提供借鉴。四是命题小组集中命题，并对试卷的每一道试题进行仔细研究，查漏补缺，完成命题。

四、完善残疾考生单考单招的顶层设计

在融合教育背景下，考虑到我国残疾人高等教育发展现状与残疾人多样化的教育要求，以及残疾考生单考单招本身的缺陷，顶层设计将成为完善残疾考生单考单招的关键。残疾考生单考单招的顶层设计共分为六个模块（见图7-6）。

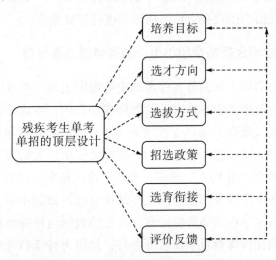

图 7-6　残疾考生单考单招的顶层设计

（1）培养目标：大学人才培养的目标。大学的招生考试紧紧围绕人才培养这一核心目标，因此大学招生考试的起点就是人才培养的目标。只有锁定了人才培养的目标，才能够确定招生考试的方向，乃至招生考试的全

部后续工作①。招考对象的特殊性，要求高等特殊教育院校执行残疾考生单考单招时必须基于自身的办学特点和优势，明确人才培养目标。只有如此，上至最高教育行政部门，中至高等特殊教育院校，下至特殊教育学校与残疾考生，各方之间才能进行有效的交互。大学招生考试的不断改革与发展是为了促进人才培养。残疾考生单考单招，一方面使高等特殊教育院校选拔适合的人才进行培养，另一方面通过对残疾考生的选拔来促进培养质量的提升。残疾考生单考单招的顶层设计必须与高等教育人才培养紧密结合。所以，高等特殊教育院校能够根据自身的办学特点和不同类型残疾考生自身的特点来选拔、培养优秀的人才，这是残疾考生单考单招顶层设计的主要目标。

（2）选才方向：大学招生面向的生源对象。大学确定拟招收的生源对象，是招生考试工作的首要任务。大学应根据明确的人才培养目标确定合适的选才方向，有效服务和对接大学的人才培养。科学合理的选才方向，不仅关系到招生考试工作后续环节的顺利开展，更会影响到大学人才培养的全局工作②。残疾考生单考单招的生源对象主要是感官发展有障碍的残疾考生，比如听力残疾考生、视力残疾考生等。各个高等特殊教育院校应因地制宜，结合本校资源优势进行人才选拔与培养。从残疾考生单考单招选才现状来看，既要扩大残疾人选才的数量与规模，又要扩大残疾人选才的障碍类别，这是残疾考生单考单招选才方向的顶层设计的要求。

（3）选拔方式：选拔生源对象的方法与流程。对教育公平的追求与人类身心特征的差异，决定了大学单一选拔人才的方式必然存在局限性。针对不同的选才方向设计不同的选才方式，这样才能够体现大学招生考试在人才选拔方面人尽其才的功能。科学提高人才选拔水平，促进社会公平、公正，是大学招生考试在顶层设计的主要目标。残疾人依据残疾障碍类别和障碍程度，可以通过普通高考与残疾考生单考单招两种招考制度进入大学接受高等教育。由于残疾考生单考单招本身的限制性，其选拔方式需要不断改革与优化。从顶层设计出发，需要教育行政部门牵头，加强各高等特殊教育院校之间的协同合作，提高残疾人高等教育招考效率，制定与完

---

① 于涵，张弘. 大学招生亟需科学合理的顶层设计 [J]. 中国高等教育，2015（2）：10-13.

② 于涵，张弘. 大学招生亟需科学合理的顶层设计 [J]. 中国高等教育，2015（2）：10-13.

善残疾考生单考单招招生考试支持服务体系，提升残疾人参加大学入学考试的有效性，促进残疾人高等教育招生考试的公平、公正。

（4）招选政策：大学录取意向生源的具体政策条件。不同的选拔方向和选拔方式适用量身定制的招选政策。残疾考生单考单招是专门面向残疾人的特殊高考，它关系到成千上万残疾考生及其家庭的切身利益、关系到社会公平、公正及社会和谐发展的事业。目前还没有关于残疾考生单考单招的专门的法律、法规，这非常不利于该制度的顺利实施。因此，为了保证残疾考生单考单招有效、公平、公正实施，相关法律法规的制定与完善是一个必不可少的前提条件。基于顶层设计，残疾考生单考单招的招选政策可从以下几个方面着手：首先，政府应完善相关法律法规，明确高等特殊教育院校依法独立自主办学的地位，充分保证高等特殊教育院校在残疾考生单考单招执行过程中的自主权，高等特殊教育院校有权自主制定残疾考生单考单招的报名条件、申请资格、考试程序、录取标准等。其次，高等特殊教育院校应从学校的长远发展考虑，依法律法规规范其招生考试管理工作，这就需要高等特殊教育院校建立严密的招生考试管理体系及规章制度。最后，政府应进一步强化管理和监督机制，规范残疾考生单考单招执行过程中的各种行为，对违规行为予以严厉的惩罚，对有关责任人进行彻底查处，坚决杜绝各种不正之风。为此，政府应该建立专门的残疾考生单考单招执行的管理、协调、监督机构①。

（5）选育衔接：针对所选拔和录取的不同特点的人才因材施教，采用不同的培养模式进行有针对性的培养。这是招生顶层设计的核心环节，也是最能体现大学招生考试与人才培养的关系的环节。选育衔接，不仅仅意味着招生考试与人才培养的对接，更意味着招生考试过程本身已经成为人才培养环节之一，招生考试与人才培养间的良性互动也有利于两者的共同进步和完善。残疾考生单考单招作为残疾人教育体系中的一个重要环节，是高中特殊教育与残疾人高等教育的桥梁与纽带，上连残疾人高等教育，是高等特殊教育院校人才培养的起点，直接对接大学人才培养；下接基础特殊教育，对高中特殊教育教学具有强大的导向性。因此，残疾考生单考单招的顶层设计，必须充分考虑到其作为大学招生考试应有的衔接作用，这种作用也是招生考试制度成为教育领域牵一发而动全身的关键环节的重

---

① 樊本富. 中国高校自主招生研究［D］. 厦门：厦门大学，2009：256

要原因之一。

（6）评价反馈：评价反馈既包括对学生在学校的表现、人才培养效果、就业等方面的评价，也包括教师、院系及就业单位等对学生表现的反馈，这些反馈直接用于对系统各环节的优化与完善。上述对学生表现的反馈，在高校招生考试工作中是比较容易被忽略的一个环节。顶层设计的其他各环节都要根据评价反馈的研究结果不断进行完善，以确保整个系统的各个环节都能够与时俱进。因此，残疾人高等教育也要从整个系统出发，逐步推行融合残疾考生单考单招与残疾人高中学业水平考试成绩的综合评价多元录取制度，从根本上解决一考定终身的弊端。

上述六个模块及其关系共同构成了残疾考生单考单招改革的顶层设计。该设计从大学人才培养出发，以人的身心差异和人才多元化为基础，真正实现因材施招、因材施考，符合前文所提出的残疾考生单考单招服务多元化的人才培养、提升残疾人高等教育人才选拔水平、衔接中高等残疾人教育、自我监督与完善的基本设计原则。在这一顶层设计的基础上，可以真正做到依据高等特殊教育院校自身办学特点，改革完善现有的残疾考生单考单招，并设计和实现新的具体的残疾人多元化招生考试方式。

第八章　结论与展望

　　我国是世界上残疾人数量最多的国家之一。根据第七次全国人口普查总人口数及全国残疾人抽样调查的数据，截至 2020 年 12 月 31 日，我国残疾人总数为 8 548 万人，占总人口的 6.05%；我国已办理残疾人证的残疾人总数为 3 781 万人，占总人口的 2.68%。面对如此数量的残疾人，如何保障这些残疾人的教育权利，对任何一个国家来说都是巨大的挑战。新中国成立以来，尤其是改革开放以来，特殊教育相关法规政策逐渐得到完善，一系列的特殊教育法规、政策相继颁布并进行修订，如《关于进一步加快特殊教育事业发展的意见》《国家中长期教育改革和发展规划纲要（2010—2020 年）》（以下简称《教育规划纲要》）等相继出台，《义务教育法》《残疾人保障法》《残疾人教育条例》等相继进行修订并得以执行，《特殊教育提升计划（2014—2016 年）》和《第二期特殊教育提升计划（2017—2020 年）》等相继执行，有效推动了特殊教育的发展。需要特别指出的是，《教育规划纲要》把特殊教育作为八大教育发展任务之一，对特殊教育真正纳入国家教育整体规划、执行融合教育具有重要意义。截至 2021 年年末，我国不断完善残疾人权益保障制度已 30 年。全国人大及其常委会通过的法律法规中，有 80 多部包含了直接保护残疾人权益的内容；国务院通过的行政法规中，有 70 多部包含了直接保护残疾人权益的内容；民法典中，直接涉及残疾人权益保障的条文有近 30 条。这标志着残疾人教育事业已基本完成了从慈善型、救济型向权利型、普惠型方向转变，纳入依法治教轨道。

　　新中国成立初期，残疾人教育的发展仅限于基础教育阶段。经过 70 年的不懈努力，我国特殊教育逐步确立了"保障义务教育，着重发展职业教育，积极开展学前教育，稳步发展高等教育"等方针。就残疾人高等教育而言，我国高校面向残疾人的招生考试政策，最早只是允许部分肢体残疾学生参加普通高考。随着高等学校招生体检政策变得宽松，以及残疾考生单考单招制度的制定与执行，越来越多的残疾人通过普通高考和残疾考生单考单招的形式进入大学接受高等教育。根据中国残疾人联合会官网发布的《残疾人事业发展统计公报》，2012—2021 年，我国通过残疾考生单考单招进入高等特殊教育院校学习的残疾学生的总人数为 19 479 人。《2021年残疾人事业发展统计公报》显示，2021 年全国共有 14 559 名残疾人被普通高等院校录取。通过残疾考生单考单招进入高等特殊教育院校学习的残疾学生有 2 302 人，占全国高等教育入学残疾学生总数的 13.7%。因此，残疾考生单考单招已经成为残疾学生进入大学接受高等教育的主要途径之一，它在落实残疾人高等教育权利公平方面发挥了极大的作用。最近我国学者逐渐开始关注残疾人大学入学考试中的现象与问题，并进行了一系列相关研究。本书基于政策执行理论、博弈模型以及教育公平理论对我国残疾考生单考单招的执行问题进行研究。本书从执行主客体之间的利益博弈、执行条件、执行程序、执行监督和执行效果五个维度进行调查研究。调查结果显示，残疾考生单考单招执行问题的总体得分均值为 3.612，略高于理论得分均值（3 分），即被调查者对残疾考生单考单招执行现状的相关问题的正面认可度较高。具体而言，各维度的调查结果之间有差异。其中，残疾考生单考单招的执行条件、执行主客体利益博弈和执行效果的得分均值都在 3.5 以下，说明高校在执行残疾考生单考单招过程中在这几个维度上存在的问题较多；而执行程序、执行监督的得分均值在 3.9 以上，则说明被调查者对这两个维度的正面认可度较高，这两个方面存在的问题相对较少。前期研究发现的残疾考生单考单招执行中存在的问题现在依然存在，没有得到很好的解决。通过对调查结果的分析发现，残疾考生单考单招执行还存在其他一些问题。

残疾考生单考单招执行存在的主要问题的验证与确认。第一，残疾考生单考单招的执行对特殊教育学校的课程设置、教学内容、教学方法等方面没有起到足够的正向效果，表现出过度左右高中特殊教育教学，特殊教育学校的教育教学呈现出过度应试化现象。第二，残疾考生单考单招执行过程中，执行主客体之间存在比较明显的利益冲突。主要体现在：残疾考生单考单招的考试科目、考试内容过度左右了特殊教育学校的课程设置、教学内容，导致特殊教育学校的教育教学应试化现象比较严重，弱化了特殊教育学校本身的教育功能。高校在执行残疾考生单考单招过程中，各行其是。大多数高校为争夺优质生源，不断提早单考单招执行时间，不仅造成了高校之间恶性竞争的局面，而且还影响到了特殊教育学校正常的教学秩序。残疾学生为了提高高考的成功率，通常会报考两所及以上高校，这样不仅形成了残疾学生之间的博弈，而且还可能会造成教育资源的浪费，增加高校及学生家庭的考试成本。第三，不同的地方和高校报考时间、报考程序和提交的报考材料都存在差异性，而且外省考生报考程序会更复杂，加之残疾考生获得残疾考生单考单招信息的渠道比较少，导致残疾学生对残疾考生单考单招缺乏全面了解，这样会直接影响残疾学生报考的有效性。参加考试并被残疾人高校录取的基本前提是报名，然而在残疾考生单考单招执行过程中，经常会出现一些残疾考生因报名不及时，错过了当地残疾考生单考单招的报名时间，导致不能参加当年的残疾考生单考单招。第四，被调查者对残疾考生单考单招的执行要素缺乏必要的了解和认可度。在调查过程中，一些被调查者对残疾考生单考单招的相关信息（招生计划、办学层次、招生专业、执行时间、考试方式等）缺乏必要的了解，对残疾考生单考单招的招生专业、招生计划、执行时间以及提供的考试支持服务等缺乏足够的认可度。第五，残疾考生单考单招的执行，缺乏社会参与和社会监督。

残疾考生单考单招执行问题的新发现。第一，为了解决残疾考生单考单招执行过程中出现的考试成本高，给残疾考生及其家庭造成巨大的人力和经济负担等问题，少数高校执行"一校多点考"模式。但这种考试改革在解决老问题的同时，又出现了组织、协调与管理方面的新问题。高校缺乏执行残疾考生单考单招的全纳环境。第二，高校提供的考试支持无法满足残疾考生的考试需求。第三，高校没有对残疾考生单考单招进行科学宣传。第四，高校在执行残疾考生单考单招时潜在的特权过多。第五，残疾考生表达意见的渠道不通畅。第六，残疾考生单考单招的执行没有起到促进残疾学生身份认同的效果。在研究中发现的新问题及其归因解释，也是本书研究重要的创新点。

上述研究结论，能够更加深入全面地验证并发现残疾考生单考单招在执行过程中取得的经验和存在的问题。研究结果和建议，无论在理论层面还是实践层面都有其意义和价值。首先在理论层面，它有利于深化对残疾人高等教育起点公平的理性认识，为残疾人大学入学考试环节提供制度保障和支持服务。研究过程涉及特殊教育学校的教学内容、教学方法、辅助工具、考试支持以及师资队伍等方面的问题，这不仅有利于丰富我国残疾学生从高中至大学的教育转衔服务的相关理论，而且有利于在实践过程中解决残疾学生上大学后的生活、学习的适应问题。残疾考生单考单招执行问题的一个关键因素就是其制度的局限性，其局限性造成了残疾考生单考单招在执行过程中出现诸多问题，如各高校自行颁布残疾考生单考单招执行办法，自主命题，单独组织与执行考试。当前残疾考生单考单招的执行机制，既增加了高等院校的考试成本，又造成了残疾学生及其家庭的经济负担。通过对上述问题的验证及确认，以及新问题的发现，本书对提出的问题进行了分析，构建了高等特殊教育院校执行残疾考生单考单招的协作过程模型，有利于完善残疾人高等教育招生考试制度。

笔者花费大量的时间和精力，去思考、分析并撰写本书，在一定程度上对残疾考生单考单招相关研究的理论体系进行了补充，有利于完善残疾考生单考单招实践层面上的不足。但是由于时间、精力和财力等方面的限制，以及受访对象不够全面和不配合等原因，笔者调查的高校的数量有限，获得的资料相对不足，但能够满足研究的基本需求。由于笔者初学数理统计，问卷设计及处理还相对粗糙，缺乏精细化统计。因此，本书对残疾考生单考单招执行问题的研究仍有分析不到位和遗漏之处，以后还需要对这次没有分析到位的问题继续加强和完善，对遗漏的问题进行深入细致的后续研究。

未来笔者将会继续关注残疾考生单考单招执行、改革与发展的趋势，更加强调从管理体制与机制层面来思考和分析残疾考生单考单招执行的相关问题。在高校残疾新生当中，通过普通高考上大学的残疾学生比例约占80%。因此，对于残疾学生参加普通高考的相关问题，如为残疾学生参加普通高考提供考试支持与合理便利，以及相关政策的落实问题，笔者以后会将其与残疾考生单考单招制度相关问题一起并入残疾人高等教育入学考试问题，进行深入系统的研究。

参考文献

安德森，2009. 公共政策制定 [M]. 谢明，等译. 北京：中国人民大学出版社.

安俊英，周华丽，付百文，等，2007. 视障人员考试平台开发及其学生试用探究 [J]. 中国特殊教育（2）：28-31.

鲍国东，2000. 发展聋人教育高等教育和高等职业技术教育的几个问题 [J]. 现代特殊教育（5）：41-42.

边丽，张海丛，滕祥东，等，2018. 我国残疾人高等教育单独招生考试现状调查 [J]. 教育观察，7（13）：132-136.

边丽，张海丛，滕祥东，等，2018. 我国残疾人高等教育单独招生考试现状与改革建议 [J]. 中国特殊教育（5）：9-14.

布鲁贝克，1987. 高等教育哲学 [M]. 郑继伟，王承绪，张维平，等选译. 杭州：浙江教育出版社.

陈恒敏，2018. 论考试的博弈性 [J]. 中国考试（6）：75-78.

陈建军，2013. 聋校新课程实施的现状、原因及策略 [J]. 绥化学院学报，33（6）：17-21.

陈庆云，1996. 公共政策分析 [M]. 北京：中国经济出版社.

陈振明，2003. 政策科学：公共政策分析导论 [M]. 2版. 北京：中国人民大学出版社.

程凯，2011. 发展特殊教育促进教育公平 [J]. 行政管理改革（2）：44-48.

邓恩，2011. 公共政策分析导论 [M]. 谢明，伏燕，朱雪宁，译. 4版. 北京：中国人民大学出版社.

邓猛，郭玲，2007. 教育公平与特殊教育 [J]. 教师博览（11）：

34-36.

邓朴方, 1999. 人道主义的呼唤 [M]. 北京: 华夏出版社.

丁煌, 1991. 政策执行 [J]. 中国行政管理 (11): 38.

丁锐, 2014. 我国听障、视障考生高等教育入学考试现状及对策: 以长春大学为例 [J]. 长春大学学报, 24 (9): 1284-1287.

丁勇, 2012. 当代特殊教育新论走向学科建设的特殊教育研究 [M]. 南京: 南京师范大学出版社.

凡勃伦, 2007. 有闲阶级论: 关于制度的经济研究 [M]. 蔡受百, 译. 北京: 商务印书馆.

樊本富, 2009. 中国高校自主招生研究 [D/OL]. 厦门: 厦门大学 [2019 - 04 - 11]. https://kns. cnki. net/kcms2/article/abstract? v = 3uoqIhG8C447WN1SO36whNHQvLEhcOy4v9J5uF5OhrkGID6XhvjmsHzMY75L OFsueGDtyGkDFcesAibg-xLlk5oO1NDQQALJ&uniplatform = NZKPT.

范如国, 韩民春, 2006. 博弈论 [M]. 武汉: 武汉大学出版社.

方慧, 2014. 从医院到学校的转衔: 美国患病儿童学校融入计划及启示 [J]. 现代中小学教育, 30 (5): 103-108.

甘昭良, 2012. 从隔离到全纳特殊教育发展的理论与实践 [M]. 厦门: 厦门大学出版社.

高兴武, 2008. 公共政策评估: 体系与过程 [J]. 中国行政管理 (2): 58-62.

谷振宇, 2010. 录取制度: 高考改革的关键 [J]. 大学教育科学 (4): 23-25.

顾明远, 1999. 教育大辞典 [M]. 增订合编本. 上海: 上海教育出版社.

郭道久, 1998. 协作治理是适合中国现实需求的治理模式 [J]. 政治学研究, 2016 (1): 61-67, 126-127.

郭建模, 1993. 中国残疾人事业年鉴 (1949—1993) [M]. 北京: 华夏出版社.

郭锡, 2014. 听障大学生身份认同类型与其学校适应的关系研究 [D/OL]. 重庆: 西南大学 [2020-02-12]. https://kns. cnki. net/kcms2/article/abstract? v = 3uoqIhG8C475KOm _ zrgu4lQARvep2SAk9z9MrcM-rOU-4mSkGl_ LWf8IIkYXktJiT46KCeK9rlRBeYQU1hl8baa1kbhkji1pj&uniplatform =

NZKPT.

国务院. 2018 年残疾人补贴政策标准［EB/OL］. （2018 - 11 - 19）［2019 - 04 - 11］. https://www. chashebao. com/shehuifuli/18682. html.

国务院. 中国残疾人事业"十二五"发展纲要［EB/OL］. （2011 - 05 - 16）［2019 - 04 - 11］. http://www. gov. cn/jrzg/2011 - 06/08/content_1879655. htm.

国务院. 《中国教育改革和发展纲要》的实施意见［EB/OL］. （1994 - 07 - 03）［2019 - 04 - 11］. http://old. moe. gov. cn/publicfiles/business/htmlfiles/moe/moe_177/200407/2483. html.

国务院. 国务院关于深化招生考试制度改革的实施意见［J］. 人民教育, 2014 （18）: 16 - 19.

韩梅, 王妍, 张雪慧, 2014. 美国国家聋人工学院课程设置的研究与借鉴［J］. 教育与职业 （8）: 94 - 95.

韩同振, 2016. 我国高等院校听障学生招生考试研究［D/OL］. 天津: 天津理工大学［2020 - 02 - 11］. https://kns. cnki. net/kcms2/article/abstract?v = 3uoqIhG8C475KOm_zrgu4lQARvep2SAkkyu7xrz　FWukWIylgpW-WcEhPcIYINV5v7AuDHjCvf_hA-AvODeYACCkEFFba8rj51&uniplatform = NZ-KPT.

何静, 2015. 地方政府公共政策执行力: 内涵、影响因素、提升路径［J］. 中国管理信息化, 18 （22）: 191 - 192.

贺羽, 2013. 地方政府在高校对口支援政策执行中的作用［J］. 企业导报 （19）: 19 - 20.

胡弼成, 2015. 高等教育学［M］. 长沙: 湖南人民出版社.

胡斌, 2015. 走群众路线, 办人民满意的招生考试工作［J］. 文教资料 （24）: 111 - 113.

胡东成, 2002. 试论入学考试和新生教育: 高等教育质量链中的第一环节［J］. 清华大学教育研究 （2）: 1 - 6.

华国栋, 华京生, 2009. 全纳教育对师资的需求和挑战［J］. 中国教师 （9）: 44 - 46.

黄锦成, 陈启源, 余红东, 等, 2008. 构建高等教育社会监督机制的研究［J］. 高教论坛 （1）: 61 - 64.

黄晶梅, 王爱国, 2008. 我国残疾人高等教育发展问题的探析［J］.

中国特殊教育（12）：75-79.

黄明东，陈越，姚宇华，2016. 教育政策效果评估指标体系构建研究：基于后实证主义方法论的视角［J］. 教育发展研究，36（1）：1-6.

黄伟，邓岳敏. 残疾人高等教育单独招考制度的改革目标与形式选择［J］. 中国特殊教育，2014（7）：8-12.

黄志成，2004. 全纳教育：关注所有学生的学习和参与［M］. 上海：上海教育出版社.

霍奇逊，胡平杰，王国顺，2005. 康芒斯与制度经济学的基础［J］. 经济社会体制比较（5）：117-124，90.

贾宏燕，2010. 教育现代化的"世纪"探索［M］. 北京：中国时代经济出版社.

姜钢，2005. 完善高校招生自主选拔录取办法的思考［J］. 中国高等教育（24）：26-28.

蒋兴礼，2014. 和谐大学关系论［M］. 南宁：广西人民出版社.

教育部. 2017 年全国教育事业发展统计公报［EB/OL］. （2018-07-19）［2018-11-07］. http://www. moe. gov. cn/jyb_ sjzl/sjzl_ fztjgb/201807/t20180719_ 343508. html.

教育部. 教育部关于进一步推进高校招生信息公开工作的通知［EB/OL］. （2013-11-22）［2019-05-12］. http://old. moe. gov. cn/publicfiles/business/htmlfiles/moe/s7063/201312/160469. html.

教育部. 全国高等学校名单［EB/OL］. （2017-06-14）［2020-05-14］. http://www. moe. gov. cn/srcsite/A03/moe_ 634/201706/t20170614_ 306900. html.

教育部，国家发展改革委，民政部，等. 教育部等七部门关于印发《第二期特殊教育提升计划（2017—2020 年）》的通知［EB/OL］. （2017-07-17）［2019-04-30］. http://www. moe. gov. cn/srcsite/A06/s3331/201707/t20170720_ 309687. html.

教育部省部共建工作研究中心，2008. 省部共建高校战略发展研究［M］. 太原：山西教育出版社.

金生鈜，2005. 我们为什么需要教育民主［J］. 教育学报（6）：7-13.

康凯，2004. 对口支援成效及推动西部地区高等学校发展的经济学模型［J］. 医学教育探索（1）：4-7.

康芒斯，2017. 制度经济学［M］. 于树生，译. 北京：商务印书馆.

赖德胜，赵筱媛，2008. 中国残疾人就业与教育现状及发展研究［M］. 北京：华夏出版社.

兰继军，1994. 论高师特教专业　招生制度的改革［J］. 特殊儿童与师资研究（4）：35-37.

李朝仙，2006. 高中课程改革与高考关系研究［D/OL］. 厦门：厦门大学［2020-02-13］. https://kns. cnki. net/kcms2/article/abstract? v = 3uoqIhG8C475KOm_ zrgu4lQARvep2SAk6X_ k1IQGNCLwAgnuJ-hC09WvC79 YCb7QP86NHC0UkSYwDIaoSgn2su4HV_ Xz5sSD&uniplatform = NZKPT.

李春玲，2003. 社会政治变迁与教育机会不平等：家庭背景及制度因素对教育获得的影响（1940—2001）［J］. Social sciences in China（4）：86-98.

李德龙，2010. 简明教育法学教程［M］. 沈阳：辽宁大学出版社.

李冬梅，1999. 残疾人高等教育的发展历程及现状［J］. 中国残疾人（3）：47.

李法泉，2013. 把权力关进制度的笼子里［M］. 北京：社会科学文献出版社.

李芳芳，姜安丽，顾申，2010. 护理专业教育资源共享的方式：大学联盟及其发展［J］. 解放军护理杂志（13）：5，36-38.

李欢，汪甜甜，2018. 我国残疾人高等教育区域布局协调性的实证研究［J］. 中国特殊教育（8）：3-10，17.

李惠翔，2016. 中外高等教育资源共享的经验与启示［J］. 知识文库（15）：287-290.

李丽丽，2007. 在大众化进程中趋向高等教育公平：约翰·布鲁贝克《高等教育哲学》的启示［J］. 高教探索（3）：15-18.

李文长，2007. 弱势群体高等教育权益研究［M］. 北京：人民教育出版社.

李雅蓉，刘春玲，王和平，2018. 美国特殊儿童幼小转衔服务研究［J］. 现代特殊教育（11）：22-26.

李延成，2002. 对口支援：对帮助不发达地区发展教育的政策与制度安排［J］. 教育发展研究（10）：16.

李彦群，2013. 高等特殊教育学校支持体系的建构 ［J］. 宝鸡文理学院学报（社会科学版），33（6）：181-184.

联合国. 残疾人权利公约 ［EB/OL］.（2008-05-03）［2019-05-20］. http：//www. un. org/chinese/disabilities/convention/convention. htm.

联合国. 世界人权宣言 ［EB/OL］.（1948-12-10）［2018-04-10］. http：//www. un. org/zh/universal-declaration-human-rights.

梁土坤，2015. 普通高等学校招生体检中的残障限制：历史、现状与反思 ［J］. 社会福利（理论版）（7）：12-17.

廖菁菁，2018. 从全纳到高质量：日本高等特殊教育的新进展及启示 ［J］. 外国教育研究（5）：18-30.

廖平胜，1987. 论高考制度与学校教育的关系 ［J］. 华中师范大学学报（哲学社会科学版）（6）：105-111.

廖平胜，1988. 考试学 ［M］. 武汉：华中师范大学出版社.

廖平胜，2003. 考试学原理 ［M］. 武汉：华中师范大学出版社.

林守忠，2004. 社会参与高等教育管理探析 ［J］. 现代教育论丛（4）：35-38.

林幸台，2001. 身心障碍者生涯发展与转衔服务 ［J］. 中等教育（5）：26-37.

刘春，王军，2000. 公共政策概论 ［M］. 北京：当代世界出版社.

刘海峰，2009. 高校招生考试制度改革研究 ［M］. 北京：经济科学出版社.

刘骥，2009. 找到微观基础：公共选择理论的中国困境 ［J］. 开放时代（1）：100-119.

刘建如，2016. 中美一流大学本科生录取制度的比较研究 ［D/OL］. 沈阳：辽宁师范大学 ［2020-03-15］. https：//kns. cnki. net/kcms2/article/abstract?v=3uoqIhG8C475KOm_ zrgu4lQARvep2SAkkyu7xrzF WukWIylgp-WWcEqrF2kcwGZATtvL7 - H - qd7fq879U1rZdWpycopM9x32G&uniplatform = NZKPT.

刘清华，2003. 高考与学校教育的关系研究 ［D/OL］. 厦门：厦门大学 ［2020 - 04 - 01］. https：//kns. cnki. net/kcms2/article/abstract? v = 3uoqIhG8C447WN1SO36whBaOoOkzJ23ELn_ -3AAgJ5enmUaXDTPHrFge4I4k SvMhutEQWbI8T1lgJbEYZ2M2uDDOLLQdYjkh&uniplatform = NZKPT.

刘清华，2007．高考与教育教学的关系研究［M］．武汉：华中师范大学出版社．

刘小泉，朱德米，2016．协作治理：复杂公共问题治理新模式［J］．上海行政学院学报，17（4）：46-54．

刘晓玲，平可，2018．改革开放以来思想政治教育政策环境建设回顾与展望［J］．思想教育研究（11）：14-18．

刘扬，任伟宁，孙颖，等，2018．北京残疾人高等教育入学机会保障调查研究［J］．北京联合大学学报，32（4）：61-76．

刘颖，2011．二十世纪中后期美国聋人高等教育改革及其启示［J］．中国特殊教育（8）：36-40．

刘珍，2014．残疾人高等职业教育现状与对策研究［D/OL］．南昌：江西农业大学［2020-04-01］．https://kns.cnki.net/kcms2/article/abstract?v=3uoqIhG8C475KOm_ zrgu4lQARvep2SAkbl4wwVeJ9R mnJRGnwiiN-VmdYx-lANKH-mRelGzEDkFo_ 43uFTMd5Hx21_ hRXiwRC&uniplatform=NZ-KPT．

刘振天，1996．西方国家教育管理体制中的社会参与［J］．比较教育研究（3）：10-14．

刘芷晴，2013．身心障碍学生升大学政策之探讨［J］．台湾特殊教育学会年刊（102）：265-276．

陆小成，2017．公共治理视域下政策执行力研究［M］．北京：中国经济出版社．

路颜铭，2015．依法保障残疾人平等参加高考促进考试公平公正［J］．中国考试（4）：24-29．

罗自刚，2012．公共政策执行力：从价值博弈到宪政之治：兼论楼市调控政策执行力［J］．中共山西省委党校学报，35（1）：75-78．

麻一青，孙颖，2012．残疾人高等教育现状及发展对策［J］．中国特殊教育（7）：19-24．

马伯相，1992．当前中学教学方法改革中的几个问题［J］．上海师范大学学报（哲学社会科学版）（2）：151-152．

马明，武红军，谭寒，2009．教育公平视野下残疾人高等教育研究［J］．高校教育管理，3（5）：36-39．

马永霞，2006．多元主体利益冲突的高等教育供求结构失衡［J］．教育研究与实验（2）：17-20.

宁国良，2005. 公共利益的权威性分配：公共政策过程研究 ［M］. 长沙：湖南人民出版社.

宁骚，2010. 公共政策学 ［M］. 北京：高等教育出版社.

牛学敏，2007. 高考招生计划制度改革：教育与经济的契合 ［J］. 教育与考试（3）：29-32.

彭春生，2002. 高校招生计划及其管理策略探讨 ［J］. 江苏市场经济（4）：63-64.

彭和平，1997. 国外公共行政理论精选 ［M］. 北京：中共中央党校出版社.

彭和平，2008. 公共行政管理 ［M］. 3 版. 北京：中国人民大学出版社.

彭和平，2015. 制度学概论 ［M］. 北京：国家行政学院出版社.

彭玉琨，贾大光，1998. 影响义务教育过程平等的因素分析与对策 ［J］. 现代中小学教育（4）：11-13.

MUDGETT-DECARO P A，DECARO J J，刘玉芳，2007. 中国聋人高等教育：现状、需求和建议 ［J］. 中国特殊教育（8）：12-17.

帕顿，沙维奇，2001. 政策分析和规划的初步方法 ［M］. 孙兰芝，胡启生，译. 北京：华夏出版社.

朴永馨，2004. 高等特殊教育的发展 ［J］. 中国残疾人（1）：39-40，122.

朴永馨，2006. 特殊教育辞典 ［Z］. 北京：华夏出版社.

钱茂伟，2004. 国家、科举与社会：以明代为中心的考察 ［M］. 北京：北京图书馆出版社.

秦华，2012. 高考招生政策中的人本倾向研究（1977—2010）［D/OL］. 杭州：浙江师范大学 ［2020-04-02］. https：//kns. cnki. net/kcms2/article/abstract？v = 3uoqIhG8C475KOm _ zrgu4lQARvep2SAkVR3 - _ UaYGQCi3Eil_ xtLb1vmDAioXig7mt9VaYIIC9yMlH2gB_ qVOgz5xAKhR9PK&uniplatform=NZKPT. oc88. com/p-3367347206569. html.

任社宣，2022. 2022 年第三季度部分城市公共就业服务机构市场供求状况分析 ［J］. 中国人力资源社会保障（11）：57-59.

任伟宁，孙岩，葛明明，等，2018. 残疾人高等教育入学机会现状分析及对策［J］.现代特殊教育（18）：19-30.

桑玉成，刘百鸣，1991.公共政策学导论［M］.上海：复旦大学出版社.

申仁洪，2014.融合与创生：随班就读的效能实现［J］.中国特殊教育（2）：24-28.

沈玉林，杨七平，陈金友，等，2010.向希望的延伸：我国部分聋校高中课程建设综述（上）［J］.现代特殊教育（4）：4-10.

盛永进，2011.特殊教育学基础［M］.北京：教育科学出版社.

石中英，2008.教育公平的主要内涵与社会意义［J］.中国教育学刊（3）：1-6.

宋洁绚，2015.我国高校招生考试制度的形成与演化［M］.武汉：武汉大学出版社.

苏娜，2019.高校无障碍环境建设现状调查：以四所高校为例［J］.现代特殊教育（8）：68-78.

孙继红，胡正纲，2002.关于我国聋人高校自主招生现状的反思［J］.中国特殊教育（1）：28-34.

唐军，2001.关于中学校园文化环境建设与管理的几点思考［J］.广西社会科学（1）：143-146.

田霖，韦小满，2015.我国残疾人参加普通高考的问题与对策［J］.中国特殊教育（11）：3-7，42.

童宏保，2009.国家教育考试制度成本分析［J］.江苏高教（3）：62-64.

童欣，曹宏阁，康顺利，2009.分析借鉴美、俄聋人高等全纳教育经验：以美国国家聋人工学院和俄罗斯鲍曼技术大学聋人中心为例［J］.中国特殊教育（4）：30-35.

童欣，曹宏阁，康顺利，等，2008.聋人高等教育中几个问题的思考［J］.现代特殊教育（5）：12-15.

王得义，马建莲，2016.我国残疾人高等教育专业设置趋同现象探析［J］.现代特殊教育（8）：25-28.

王纪明，2016.残疾人概念的文化解读［J］.临沂大学学报，38（6）：91-96.

王学杰，2008.我国公共政策执行力的结构分析［J］.中国行政管理

（7）：62-65.

王妍，2017. 从普通高中教育定位看新高考与高中学习的关联［J］. 中小学校长（12）：47-50.

王振洲，汪红烨，周喜梅，2018. 后现代视野下的全纳教育及其对残疾儿童教育公平的启示［J］. 现代教育论丛（5）：39-46.

王振洲，2019. 我国高校残疾人招生考试政策的历史、现状及趋势［J］. 残疾人研究（3）：46-55.

吴根洲，刘菊华，2016. 美国残障学生大学入学考试特殊服务研究［J］. 黑龙江高教研究（4）：48-52.

吴志宏，冯大鸣，魏志春. 新编教育管理学［M］. 2版. 上海：华东师范大学出版社，2008.

武砀，蔺红春，2016. 台湾高中残障学生升学转衔服务及启示［J］. 现代特殊教育（2）：58-62.

萧宗六，贺乐凡，1996. 中国教育行政学［M］. 北京：人民教育出版社.

新青年数学教师工作室，2014. 当代中国数学教育流派［M］. 上海：上海教育出版社.

熊琪，邓猛，2013. 从解构到重构：全纳教育的后现代解读［J］. 教育探索（10）：1-4.

熊琪，2014. 国外残疾人高等融合教育支持体系的特点及启示［J］. 文教资料（20）：100-101.

徐程成，饶从满，2015. 日本大学招生选拔方式多样化的"理想"与"现实"："高大衔接"的视角［J］. 外国教育研究，42（7）：3-13.

徐萍，2016. 高考制度伦理研究［M］. 武汉：华中师范大学出版社.

徐添喜，苏慧，2016. 从学校到就业：美国残障学生就业转衔模式的发展及其启示［J］. 残疾人研究（2）：25-29.

徐艳国，2010. 思想政治教育政策环境论［D/OL］. 长沙：中南大学［2020-04-02］. https://kns.cnki.net/kcms2/article/abstract? v = 3uoqIhG8C447WN1SO36whNHQvLEhcOy4v9J5uF5OhrnQEpjv_ r9SmqNEm Wl-gbvocorNKkxV52ToSlrodhSq9kZWGHVYxOVeF&uniplatform=NZKPT.

许文惠，张成福，1997. 行政决策学［M］. 北京：中国人民大学出版社.

颜丙峰，宋晓慧，2006. 教育中介组织的理论与实践 ［M］. 上海：上海人民出版社.

燕新，2006. 我国高校招生计划制度研究 ［D/OL］. 武汉：华中科技大学 ［2020 - 04 - 03］. https：//kns. cnki. net/kcms2/article/abstract? v = 3uoqIhG8C475KOm ＿ zrgu4lQARvep2SAkAYAgqaTO4OyKkcOJ4w ＿ 0uM1s3IX2iKxzDrwnQuclhoziYALtxPzMokNXYguSCZbD&uniplatform = NZKPT.

杨宏山，2016. 情境与模式：中国政策执行的行动逻辑 ［J］. 学海 （3）：12-17.

杨明军，2002. 我国公共政策执行研究 ［D/OL］. 郑州：郑州大学 ［2020 - 04 - 03］. https：//kns. cnki. net/kcms2/article/abstract? v = 3uoqIhG8C475KOm＿ zrgu4m9eu－VXu9H75RhMZCEMue9h8LplqMYx9＿ 7＿ 6CPXfj8LfBIqLmTnKMZ＿ f5qXx2L-clRkWtpgAdsG&uniplatform = NZKPT.

杨慎耘，2009. 我国特殊教育高考制度的现状分析及其改革的研究 ［J］. 现代特殊教育 （11）：14-16.

杨文娟，1994. 中国残疾人高等教育概况 ［J］. 现代特殊教育 （2）：3-4.

杨学为，2003. 高考文献 （上）［M］. 北京：高等教育出版社.

杨学为，2007. 中国高考史述论 ［M］. 武汉：湖北人民出版社.

姚洁，2016. 国家科研项目资金的监督问题研究 ［D/OL］. 北京：中央财经大学 ［2020 - 05 - 02］. https：//kns. cnki. net/kcms2/article/abstract?v = 3uoqIhG8C447WN1SO36whLpCgh0R0Z-ifBI1L3ks338rpyhinzvy7D6lwB7p4HrShFv6TsVb4Io2Qz5Fib4xSA-j8iKQs1r8&uniplatform = NZKPT.

姚井君，2013. 马斯洛需求层次理论下学生情境教育 ［J］. 教育与职业 （32）：110-112.

姚志友，2005. 对当前我国高校招生考试制度的分析与研究 ［D/OL］. 南京：南京农业大学 ［2020-05-03］. http：//www. d

尹晓彬，2013. 普通高校招生考试的管理机制研究 ［D/OL］. 西安：西北大学 ［2020 - 05 - 04］. https：//kns. cnki. net/kcms2/article/abstract?v = 3uoqIhG8C475KOm＿ zrgu4lQARvep2SAk9z9MrcM-rOU4mSkGl＿ LW-fzqRYRTCtmvL0X-kCVGz82w2n6C0SHYA3FKlEUTdkn1L&uniplatform = NZKPT.

于涵，张弘，2015. 大学招生亟需科学合理的顶层设计 ［J］. 中国高等教育（2）：10-13.

于喜繁，2008. 制度成本与社会主体的理性选择［J］. 韩山师范学院学报，29（2）：33-37.

余澄，王后雄，2015. 我国高考科目设置的发展历程及其改革价值取向［J］. 教育理论与实践，25（35）：22-25.

余小红，2016. 特殊需要儿童全纳教育研究［M］. 杭州：浙江大学出版社.

袁茵，2002. 残疾人高等教育的理论思考［J］. 大连理工大学学报（社会科学版）（4）：60-63.

袁振国，2000. 教育研究方法［M］. 北京：高等教育出版社.

袁振国，2001. 教育政策学［M］. 南京：江苏教育出版社.

张峰，周艳，2004. 治理理论视角下高等教育管理的社会参与［J］. 科技情报开发与经济（9）：170-172.

张国庆，1997. 现代公共政策导论［M］. 北京：北京大学出版社.

张金马，1992. 政策科学导论［M］. 北京：中国人民大学出版社.

张金马，2004. 公共政策分析：概念·过程·方法［M］. 北京：人民出版社.

张骏生，2006. 公共政策的有效执行［M］. 北京. 清华大学出版社.

张宁生，王峥. 为探索我国视障者高等教育模式所做的初步尝试：一位视障学生与一位特教工作者的体会［J］. 中国特殊教育，2000（3）：51-53.

张宁生，2000. 残疾人高等教育研究［M］. 沈阳：辽宁人民出版社.

张庆霞，2007. 影响普通高校招生计划制定的因素分析［J］. 牡丹江大学学报（6）：127-128.

张秋硕，2016. 高校内部教学质量评估组织的发展机制研究［D/OL］. 武汉：华中师范大学［2020-05-06］. https://kns.cnki.net/kcms2/article/abstract?v=3uoqIhG8C447WN1SO36whLpCgh0R0Z-ifBI1L3ks338 rpyhinzvy7Oqqxn5XqBTdup2gPyC-LGnKrdiiNYgTUd6LhzJSycz4&uniplatform=NZKPT.

张淑华，李海莹，刘芳，2012. 身份认同研究综述［J］. 心理研究，5（1）：21-27.

张曙光，1999. 制度·主体·行为：传统社会主义经济学反思［M］.

北京：中国财政经济出版社.

张耀灿，2006. 思想政治教育学前沿 [M]. 北京：人民出版社.

张耀萍，2007. 高考形式与内容改革研究 [D/OL]. 厦门：厦门大学 [2020-05-08]. https：//thinker. cnki. net/bookstore/Book/bookdetail? bookcode=9787562276128000&type=book.

张耀萍，2009. 高考改革中的利益主体分析 [J]. 中国考试（研究版）(10)：45-51.

张翼，2017. 基于特殊儿童障碍特征的我国特殊教育学校建筑设计研究 [D/OL]. 广州：华南理工大学 [2020-05-10]. https：//kns. cnki. net/kcms2/article/abstract? v = 3uoqIhG8C447WN1SO36whLpCgh0R0Z - iTEMuTid-Dzndci ＿ h58Y6oua4tKwq50oMvu7oEzuViCovDYWJR8ty4eCzfTA ＿ 6M5Kw&uniplatform=NZKPT.

张宇燕，1996. 制度经济学：异端的见解 [M]. 北京：商务印书馆.

赵凯农，李兆光，2003. 公共政策：如何贯彻执行 [M]. 天津：天津人民出版社.

郑敬高，2005. 政策科学 [M]. 济南：山东人民出版社.

郑若玲，宋莉莉，徐恩煊，2018. 再论高考的教育功能：侧重"高考指挥棒"的分析 [J]. 全球教育展望，47（2）：105-115.

郑若玲，万圆，2015. 统一高考制度的问题及其成因评析 [J]. 华中师范大学学报（人文社会科学版）(4)：160-166.

郑若玲，2011. 苦旅何以得纾解：高考改革困境与突破 [M]. 苏州：凤凰出版社.

郅庭瑾，陈佳欣，2018. 教育发展的不平衡与不充分 [J]. 清华大学教育研究，39（3）：10-13.

中国残联. 2017 年中国残疾人事业发展统计公报 [EB/OL]. (2018-04-26) [2018-11-07] http：//www. gov. cn/shuju/2018-04-26/content_ 5286047. html.

中国聋儿康复研究中心，2013. 听力言语语言康复词汇教育学部分 [M]. 北京：华夏出版社.

钟秉林，赵应生，2007. 我国高等教育大众化进程中教育公平的重要特征 [J]. 北京师范大学学报（社会科学版）(1)：5-10.

周柏春，2011. 提高公共政策执行力的思路选择 [J]. 理论学习

（5）：54-56.

周晨琛，2014. 政策执行模式理论变迁梳理［J］. 人民论坛
（35）：182-184.

周丹，王雁，冯雅静，2016. 合作教学论视角下我国残疾人高等教育
教师团队建设路径研究［J］. 现代特殊教育（12）：61-65.

周薇薇，王丽皓，2010. 从语气标记语视角分析残疾人共文化的形成
［J］. 沈阳农业大学学报（社会科学版），12（6）：742-744.

朱宁波，2003. 发展残疾人高等教育的目的追求［J］. 中国特殊教育
（5）：92-96.

朱玉山，2006. 美国高等教育管理体制中的社会参与及借鉴［J］. 医
学教育探索（7）：598-600.

祝素香，2018. 我国高校自主招生政策执行中的问题及对策研究［D/
OL］. 石家庄：河北大学［2020-05-31］. https：//kns. cnki. net/kcms2/
article/abstract?v=3uoqIhG8C475KOm_ zrgu4lQARvep2SAkWfZcByc-RON98J6v
xPv10dekldxUaNGiExmqvIto9bhaNmbxFhKJl5bNBkvncPYo&uniplatform
=NZKPT.

左小娟，李元元，2016. 我国高等特殊教育发展及其专业设置情况
［J］. 湖北函授大学学报，29（10）：38-40.

ANSELL C，GASH A，2008. Collaborative governance in theory and prac-
tice［J］. Journal of public administration research and theory（4）：543-571.

BARDACH F，1998. Getting agencies to work together：the practice and
theory of managerial craftsmanship［M］. Washington：Brookings Institution
Press.

BOLT S E，2004. Five of the most frequently allowed testing accommoda-
tions in state policy：synthesis of research［J］Remedial and special education
（1）：141-152.

BURNS E，1995. Testing accommodations for students with disabilities
［J］. Remedial and special education，16（5）：260-270.

CAMARA W J，COPELAND T，1998. Rothschild，effects of extended
time on the SAT I：reasoning test scores growth for students with learning disabil-
ities［R］. New York：The Collegel Board.

JONES C O，1984. An introduction to the study of public policy［M］. 3rd ed. Monterey, California: Brooks/Coles Publishing Company.

CHRISLIP D D, LARSON C E, 1994. Collaborative leadership: how citizens and civic leaders can make a difference [M]. Hoboken: Jossey-Bass Inc Pub.

Educational Testing Service, 2009. ETS guidelines for fairness review of assessments [Z]. Princeton, NJ: ETS.

ELBAUM B, 2007. Effects of an oral testing accommodation on the mathematics performance of secondary students with and without learning disabilities [J]. The journal of special education, 40 (4): 218-229.

ELLIOTT S N, 2011. Handbook of accessible achievement tests for all students: bridging the gaps in policy, research, and practice [M]. New York: Springer.

FLETCHER J M, FRANCIS D J, BOUDOUSQUIE A, et al., 2006. Effects of accommodations on high-stakes testing for students with reading disabilities [J]. Exceptional children, 72 (2): 136-150.

FUCHS L S, FUCHS D, EATON S B, et al., 2000. Supplemental teacher judgments of mathematics test accommodations with objective data sources [J]. School psychology review, 29 (1): 65-85.

FUCHS L S, FUCHS D, EATON S B, et al., 2000. Using objective data sources to enhance teacher judgments about test accommodations [J]. Exceptional children (1): 67-81.

GRAY B, WOOD D J, 1991. Collaborative alliances: moving from practice to theory [J]. The journal of applied behavioral science, 27 (1): 3-22.

GREGG N, 2010. Under served and unprepared: post secondary learning disabilities [J]. Learning disabilities research & practice, 22 (4): 219-228.

GREGG N, NELSON J M, 2012. Meta-analysis on the effectiveness of extra time as a test accommodation for transitioning adolescents with learning disabilities: more questions than answers [J]. Journol of learn, 45 (2): 128-138.

HEANEY K J, PULLIN D C, 1998. Accommodations and flags: admissions testing and the rights of individuals with disabilities [J]. Educational assessment, 5 (2): 71-93..

HARTYGOLDER B, 2002. What accommodations does a hearing-impaired patient require? [J]. Mlo med lab obs, 34 (4): 9.

INNES J E, BOOHER D E, 1999. Consensus building and complex adaptive systems: a framework for evaluating collaborative planning [J]. Journal of the American Planning Association, 65 (4): 412-423.

KILPATRICK S, JOHNS S, BARNES R, et al. , 2017, Exploring the retention and success of students with disability [J]. International journal of inclusive education, 21: 1-16.

LAUE K L, 2011. Students with disabilities at degree-granting post secondary institutions: NCES 2011-018 [Z]. [s. l.]: National Center for Education Statistics.

LEACH W D, PELKEY N W, 2001. Making watershed partnerships work: a review of the empirical literature [J]. Journal of water resources planning and management, 12 (7): 378-385.

LEE K S, 2010. Testing accommodations for university students with AD/ HD: computerized vs. paper-pencil/regular vs. extended time [J]. Journal of educational computing research, 42 (4): 443-458.

LEWANDOWSKI L J, LOVETT B J, ROGERS C L, 2008. Extended time as a testing accommodation for students with reading disabilities: does a rising tide lift all ships? [J]. Journal of psychoeducational assessment, 26 (4): 315-324.

LOVETT B J, LEWANDOWSKI L J, 2014. Testing accommodations for students with disabilities: research-based practice [M]. Washington, DC: APA Books.

OFIESH N, HUGHES C, 2004. Extended test time and postsecondary students with learning disabilities: a model for decision making [J]. Learning disabilities research and practice (1): 57-90.

POISTER T H, 1978. Public program analysis: applied research methods [M]. Parkville: Park University Press.

PRESSMAN J L , 1973. Implemenialion: how great expectation in Washington are dashed in Oakland [M]. Berkeley: University of California Press.

PURDY J M, 2012. A framework for assessing power in collaborative governance processes [J]. Public administration review, 72 (3): 409-417.

RALPH S, BALLBOY K, 2005. Visible images of disabled students: an analysis of UK university publicity materials [J]. Teaching in higher education, 10 (3): 371-385.

RAUE K, LAURIE L, 2011. Students with disabilities at degree-granting institutions. First Look: NCES 2011-018. [Z]. National center for education statistics.

ROSE H D, MEYER A, STRANGMAN N, 2002. Teaching every student in the digital age: universal design for learning [J]. Association for supervision and curriculum developme, 55 (5): 521-525.

RYAN C M, 2001. Leadership in collaborative policy-making: an analysis of agency roles in regulatory negotiations [J]. Policy sciences, 34 (4): 221-245.

SAZ-CARRANZA A, LONGO F, 2012. Managing competing institutional logics in public-private joint ventures [J]. Public management review, 14 (3): 331-357.

SCOTT W R, MEYER J, 1983. The organization of societal sectors [M] //MEYER J, SCOTT W R. Organizational environments: ritual and rationality. Beverly Hills: Sage: 129-153.

SHELVING M, KENNY M, MCCLELLAN E, 2004. Participation in higher education for students with disabilities: an Irish perspective [J]. Disability & society, 19 (1): 15-30.

SIRECI S G, SCARPATI S E, LIH S, 2005. Test accommodations for students with disabilities: an analysis of the interaction hypothesis [J]. Review of educational research, 75 (4): 457-490.

SOODAK L C, 2003. Classroom management in inclusive settings [J]. Theory into practice, 42 (4): 327-333.

THURLOW M L, THOMPSON S J, 2006. Considerations for the administration of tests to special needs students: accommodations, modifications, and more [M] //DOWNING S M, HALADYNA T M. Handbook of test development. Mahwah, NJ: Lawrence Erlbaum: 653-673.

UNESCO, 2005. Guidelines for inclusion: ensuring access to education for all [Z] Pairs: [s. n.].

YSSELDYKE J M, THURLOW M L, MCGREW K S, et al., 1994. Recommendations for making decisions about participation of students with disabilities in statewide assessment programs [R]. Minneapolis: University of Minnesota National Center on Educational Outcomes.

ZURIFF G E, 2000. Extra examination time for students with learning disabilities: an examination of the maximum potential thesis [J]. Applied measurement in education, 13 (1): 99–117.